刘乃忠　崔学森 主编

中国近代法制史料

刘乃忠　崔学森 编

第五册

中华书局

目　　录

平时国际公法

［日］中村进午　述

公益法学社　编辑

第一编　国际公法之主体

第一章　国家之要素

能为国际公法之主体者，其惟国家乎？然必有国家之要素，而后得称为国家。要素者何？土地、人民及主权是已。主权者，统治一国之土地、人民者也，故又谓之统治权。然必有一定之土地，一定之人民，而后能有一定之统治权，可与列国对等并立，得为国际公法之主体。近欧洲如麻纳哥国，其幅员不过数十方里，其人口不过三千余，而亦得与各国相交际者，则以其有三要素而已。今将此三者分举于下。

第一节　土地

土地者，人民赖之以生活，而国家主权之范围，必以是为定者也。此中之关于国际者有二：一曰领土之取得，一曰领土之区域。今先言其区域，至于领土之取得，俟论主权时详之。

区域之要，在于国界。自昔定界之法，惟以地面为限。降及今日，空中能乘气球，于是空中境界之问题生。地下能凿隧道，于是地下境界之问题又生。昔普法之战，英人为法间谍，乘气球以窥普军虚实，可知空中境界亦有国者之所当知也。至于为隧道于人国者，虽近日尚无实例，然安知异日之有斯事乎？故此二者均当于国际法规定之。但今日尚有未议及者，其原则如何，不能悬断。兹但就已规定之地面言之。

地面国界向分两种，一曰天然，一曰人定。天然者，谓山河之类，如中国与日本以海为境是也；人定者，谓标石穿沟之类，如中国与俄罗斯之立界碑是也。又有分为精神与物质两种者。精神者，谓五官不能知，如以经纬为度之类是；物质者，谓五官所能知，如以石木为识之类是。然其类虽不一，而要之定界之法数者足以尽之矣。

国界之轻重于国家今昔不同。昔行属人主义，国家主权仅及于人民之间，土地则非所问，故土地之关系于国家者浅。降及今日，则属人主义一变而为属地之法，虽外人之居内地者，亦必服从内国法律。然则土地之关系于国家可知矣。此不独平时然也，战时亦然。今日俄开衅，中国宣告中立，划定辽河以西为中立之地，即宜严守疆界，不令两战国侵入之。现俄败，舰遁至上海，日领事照会上海道，求其饬令退去，以上海为中立地也。若国界不定，则孰为战地，孰为中立，不几茫无适从乎？此有国者所当慎重者也。

　　国界之争议，自昔屡见，甚至有以此肇衅者。近人思一解纷之法，定例以界务冲突必归海牙仲裁裁判以判之。仲者，中也。犹中人之义，各国之注意于此，可谓至矣。独中国则视此为无关紧要之件，千八百五十八年五月（咸丰八年四月）与俄结《瑷珲城条约》，其约文有作为两国共管之地者，此万国所未有也。夫国土境界，原以定国家权利、义务所及之范围，既为两国共管之地，则范围将何在乎？若此条约者，可谓国际间特别之事矣。今欲知此约之失当，先知定界之方，试即水陆分言之。

　　附录《瑷珲城条约》第一条

　　黑龙江、松花江左岸，由额尔古讷河至松花江海口，作为俄罗斯国所属之地；右岸顺江流至乌苏里河，作为大清国所属之地；由乌苏里河往彼至海所有之地，此地如同接连两国交界明定之间地方，作为两国共管之地。由黑龙江、松花江、乌苏里河，此后只准中国、俄国行船，各别外国船只不准由此江河行走。黑龙江左岸，由精奇里河以南至豁尔莫勒津屯，原住之满洲人等，照旧准其各在所住屯中永远居住，仍着满洲国大臣官员管理，俄罗斯人等和好，不得侵犯。

第一款　陆地

　　陆境之天然标准，当首推山脉。盖山脉不特能左右风土气候，且与文明有大关系。以交通机关如今日可谓发达极矣，而分欧洲为南北二部，使二部人群各异其趣者，非以阿尔伯斯山脉乎？天然成蒙古、高加索两人种之界限，使两人种各异其类者，非以喜马拉耶山脉乎？故因山脉以为国境标准，实至当不移之理也。

　　昔时以山脉定国境，大抵自分水最高峰而定，然其脉之高低起伏不一，最高峰未必为分水界，而超出高峰之外，亦有为远峰瀑流者，则此似未可据为原则也。故近日所采用，或以分水线，或以山脉之最高点，不拘一法。若夫无山脉以为界者，则大概由某地至某地划定界线，或据经纬度以为准，亦无一定规则。要而言之，则在结约者之悉心考察而已。

第二款　水面

水面分数类：一曰海，二曰河川，三曰运河，四曰湖。

第一项　海

海之区别有二：一曰公海，二曰领海。

第一、公海

公海，乃交通不可缺之航路，非一国所能专有，此义近数百年已发明矣。但古昔之时，则多有私为领海者。千四百九十二年，哥仑布发见美洲，罗马教皇分大西洋为二，以其一属西班牙，以其一属葡萄牙，使二国专备海贼。二国以教皇之言，亦遂极力沮排他国，于是太平洋墨西哥湾归西班牙节制，亚非利加及东方亚细亚海权归葡萄牙占领，公海几为一国私海矣。自是以降，英国于绕围己国洋海，丹麦、挪威于波罗的海，奴亚于利古利安海，威内萨于亚度里亚海，皆据为己有，行以专权。他国之通航、渔业无不因以妨害。至荷兰人葛罗丢氏（字虎哥）[①]出，始著《海上自由论》（中国译为《公海论》），主张开放洋海，而其时之专海权者，亦著《闭海论》以抵抗。若葡国之巫来大氏、英国之赛敦氏是已。然主持葛氏之议而继起者，有荷兰之宾克耳、德国之布范德、瑞士之发得耳，天下亦靡然从之。可见公理自在人心也。今日公海交通，任各国自由，无复有专属一国者矣。

第二、领海

领海者，谓其属于一国主权之下也。盖国家欲维持和平，避不意之攻击，则其主权不可不及于沿海；欲维持国民之贸易及渔业，则其主权亦不可不及于沿海。此主权所及之范围，称曰领海，盖谓为一国所领也。领海有广义、狭义之分，狭义领海者，六海里以外而有防御力之境内是也；广义领海者，则合通常领海而统称之之名词也。其所领之广狭、所享之权利，以下论之。领海区域之广狭，据彬家尔学说，谓当视炮弹之距离为度。当时各国均遵其议，〈第〉其时炮弹只能达三海里，故领海以三海里为限。近则技艺发达，炮弹所及之地三四倍于前，则旧说不可再行。千八百九十五年，巴黎开万国国际法协会，决定平时领海区域

---

① 即格劳秀斯。——整理者注

以距海岸六海里为限,战时则视其守御之线以延长之。至于超出六海里以外,而犹得为平时所领者,则又另有原因,未可一概论也,其故以后言之。

领海应享之权利,就其大概言之,则领此海者,得画海岸之地,设兵备,筑炮台,以自固其疆域。就其中细别之,则各国主张者,(一)则谓他国超越我领海,本国有诘问理由之权;(二)则谓有司法及警察之权;(三)则谓有封港及禁遏偷漏之权;(四)则谓有沿海渔业之权;(五)则谓有制定税关之权;(六)则谓拒绝外国船舶之权。但此权虽为领海者所应享,若所领当两洋之冲,则其权亦不能不稍杀也。

领海之区别有四:(甲)沿岸海;(乙)海峡;(丙)内海;(丁)港湾。其领海之名虽同,其情形亦各有异,今以次分别言之。

(甲)沿岸海

沿岸海者,沿大洋以为岸也。凡大洋不可为领海,固为近世所公认,然与其国境毗连,亦不可不与以领海之区域。不然,则其国之防备不固,故就原则言之,应以其沿岸六海里为领海。

(乙)海峡

海峡者,两岸逼近陆地,其中有水以接于海也。此峡之类别有二:一为自公海入领海之海峡,二为通两海或两大洋径路之海峡。自公海入领海者,其两岸属一国,幅员不超出六海里以上,则全为其国之领海;倘属两国,则两国主权各及其半;若属两国而幅员又不及六海里者,则以中央之一线为界,所享权利照领海原则行之。通两海或两大洋径路者,则定例无论何国,商、兵船皆可通行,不能执领海之说,以禁万国航路。若英、法海峡,西至大西洋,东北至北海,英法不禁人之航行,是其例也。又若西班牙、摩洛哥之直布罗陀海峡(现属英吉利),日本之津轻海峡,亦与英法同例。以大洋非经此不能通,故虽领海之国,亦不能不稍杀其权也。但其权虽杀,若值兵乱之时,领峡国告中立,则其权亦得禁战国军舰之通过。至于商船,则不得以此阻之。

海峡之规定既如上所述矣,然其中又有例外。若土耳其之波斯福尔峡(一名君士但丁峡)、他大尼里峡是已。此峡无论平时战时,均不许军舰通过。以寻常原则言之,平时似不能限制,而此顾如是规定者,则以防俄黑海舰队由君士但丁以出地中海也。盖土耳其建国于欧亚之间,其存亡绝续,实欧洲全局之所系。土存则欧洲诸国恃为拒俄之屏障,土亡则俄因以撤欧洲诸国之藩篱。各国有见于此,故为是限制,此其所以与寻常海峡不同也。其条约于千八百四十一年在伦敦决定,复于千八百五十六年、七十一年、七十八年在巴黎、伦敦、柏林再确定之。

(丙)内海

内海者,由领海一方之水曲入于国内之一部分也。此海虽渺阔无边,然其四围陆地及其扼守海峡,苟同属一国,则虽超出六海里以上,亦得为其领海,而行应享之权利。例如,董多尔克湾广逾六海里,英国主张属其版图;康加鲁湾广及七海里,法国主张属其版图是也。

案,领海原则本以六海里为限,然内海超出六海里以上,亦足为一国领海者,则以其防备坚固,陆路炮台足以监制之也。若防备不完,则内海亦为公海矣。例如,甲午以前,我国金州、山东两半岛,有旅顺、威海卫之炮台,故渤海得为我领。自此备撤去,遂变为公海。盖我无力以防御,则主权亦因而消灭。此固国际法之定例也。

(丁)港湾

港湾者,陆地削落之部分而海水由之以曲入者也。此地若属一国流域,其幅员不逾六海里以上,则主权能及其全部;六海里以外,则视其防备若何。此与内海规定盖同一例,属于两国者,两国各有其主权之一部。

第二项 河川

河川,属于一国版图者。主权能及其全部,如中国黄河、扬子江之类是;介于两国之间者,主权各有其一部,如中俄共黑龙江之类是;大抵河不通航路者,以河之中央为界;通航路者,以水之极深为界。盖河流湍急,若其界专就中央为定,一旦生有浅濑沙洲,必致一国全失河流之利,一国独占水运之益也。故近日于河流之介在两国者,以通航路与否定之。

河川经贯数国者,一国主权可自流入之部分至于流出之部分。但其界虽定,而航路则仍应无阻。下游之国不得禁阻上游国之通海,上游之国亦不得禁阻下游国之航行,以彼此交相为用,乃能不失水运之益也。

万国通航之河流,谓之国际河。其普通之规则有三:(一)曰领河国对于河,可不失其主权(如司法权、警察权之类),航行国亦不得侵犯领河国之权利;(二)曰领河国当许万国自由航行,不得征收租税(若河流损坏,则亦可课缮修费);(三)曰领河国于国际河有议决之事,须开列国委员会。若美洲之密士失必河,欧洲之多恼河、来因河,非洲之公额河、尼罗河,皆今日国际河之最著者也。今以次言之。

密士失必河发源于美国之依大斯加湖,经密士失必国以入于墨西哥海湾,世界之第一大河也。当西班牙领有美洲时,惟西班牙及加拿大诸国得以航行。千七百九十五年,北美合众国独立,与西班牙定约,许各国通航,而后此河乃变为国际河。

多恼河发源于德意志之巴登国阜林英城西北山,行四千七百三十里,以东入于黑海,欧洲之著名大河也。此河之条约较其他国际河为尤著。千八百五十六年,各国在巴黎会议公认多恼河为局外中立。自此次定议以后,无论何国军舰,均不得在此开战,沿河两岸亦不必修炮台,沿河房屋亦均作为中立。自此次定议以后,千八百七十八年、八十三年,更在柏林、伦敦再加修改,设多恼河委员会。凡关于此河之事,均归此会判断。

来因河发源于瑞士之哥他得峰,经德意志、荷兰境土以入于北海,亦欧洲著名大河也。千八百十五年,瑞、德、荷订互相航行之约,而其余诸国则不许其有航行权。千八百三十一年之约亦然。至千八百六十八年,各国要求改约,而后诸国乃得以航行。千八百七十九年,复于伦敦确定之。来因河遂为世界国际河之一矣。

公额河发源于丹牙尼加湖,贯流于公额国,以入大西洋,阿非利加之第二大河也。千八百八十五年,各国会议于柏林,公认为国际河,设国际委员会以保护之,并认其永久局外中立,以领河之公额国,亦永久局外中立国也。

尼罗河发源于维多利亚尼亚萨,贯流于埃及全境,以入地中海,世界之第二大河也(长约一万五百里)。千八百八十五年,各国会议于柏林议定,无论何国船舶,均许其航行,与公额河一律。但公额河则认为中立,尼罗河则未议及此也。

案,国际河有一变而为领河者,公法定例,凡国际河流,应任万国自由航行,若变为一国领河,则各国航行之权利仍历久长存。如欧洲之破河是已。考破河本贯流数国,迨意大利统一,遂为意国所领,而各国航行之权利仍无异于往日。盖河流可变,而各国通航权利则不能变。以各国于此河有既得权,故不能以一国之废兴,自弃其权利也。

第三项 运河

运河者,两面皆接大洋,中隔陆地,用人力凿以通之也。(此专指两面通海者而言,若内地运河,则与国际无涉,故不论)准公海自由航行之例,则运河通大海者,应任万国之航行,故今日运河所有权虽仍属与领河国,实则各国所公有。如苏彝士、巴拿马、尼加拉哇三运河是已。今将此三河之规则言之。

苏彝士运河长八十七英里,欧亚交通之第一孔道也。千八百五十九年,法人励节夫募资开凿,及其告成,各国定约于君士但丁(土耳其都城),以此河为永久局外中立,无论何国商、兵船皆许通行。但河为公司所开,过者皆须纳税,以为河工修理之用。缘该河多沙,随时皆须修理也。今将此河中立之规则言于左:

(一)苏彝士运河无论平时战时,各国商船皆许自由航行;

(二)苏彝士运河之两端港口,一国军舰不准停泊至二艘以上;

(三)苏彝士运河交战国军舰虽不禁其通行,然非遇天灾暴险,不得停泊过二十四点钟;

(四)交战国军舰非经过二十四点钟以后,对敌国之军舰不得驶行;

(五)交战国军舰不许在河内三海里开战,即军用武器、煤炭亦不许装载;

(六)土耳其皇帝及埃及王掌握此河之警察权。

巴拿马运河长四十六英里,凿之者亦法人励节夫,但其长虽只半于苏彝士,而地质复杂,则较凿苏彝士为难,故此河两易公司,尚未竣工。现时亚美利加建设铁道,自亚斯宾窝尔(一名高伦)至巴拿马,以便世界之交通,然由汽车而船舶转运甚难,故美人现议开凿尼加拉哇运河。

尼加拉哇运河长百七十英里,其必须人力开凿者,不过三十英里,余则可借用天然河湖。较诸苏彝士之八十七英里,巴拿马之四十六英里,则知此河定可告成。千九百一年,英美结《华盛顿条约》,即议开凿此河也,其条约内容与苏彝士之例同。此河位置在中央亚美利加,当地球之中带点。异日竣工,六大洲交通之一大枢纽也。

第四项 湖

湖在一国领土内者,与国际无涉。如中国之五湖、日本之琵琶湖、俄之贝加尔湖是已。介于两国或数国以上者,谓之国际湖。如俄与波斯之共里海;德、奥与瑞士之共康斯但湖是已。国际湖之原则与河流同，但河流易生浅濑沙洲，湖则此类甚少，故介于两国间者，定例以水面之中央为界。

国际湖之原则虽如上述，但其中亦有例外。如，里海介于俄与波斯之间，以原则论之，其渔猎航行，两国应共享其权利。无如波斯积弱，里海遂为俄所专有。此千八百二十八年，两国在土耳其之图尔各曼赛所定约也。总之，虽有国际公法，无平等之权力，亦难享国际法之权利。波斯其前鉴已，至于黑海亦为俄所专有。以国内湖之例推之，他人本不应有驶行之权，而欧洲诸国尚能通航于其地者，则以其通于地中海，与国内湖微有不同，且各国权力亦足与俄相抗也。

第二节　人民

人民之居国内者有两种，一曰内国人，一曰外国人。然既居国内，则无论内外，皆为本国主权之所及而当受其统治。但内国人服从本国法律，宜绝对服从；外国人则不然，以故所享权利、所尽义务亦与本国人异。例如，当兵义务亦与本国人异，例如，当兵义务，为官权利，外人均未有之。

权利，义务，内外人既各不同，欲知此中之区别，当以国籍定之。日本除宪法所认定之国民外，国际上所定者，一曰国籍之取得，一曰国籍之丧失，一曰外人之权利，此数者国际私法当详言之。然人民为国家要素之一，是亦言国际公法者所当知也。今以次略言之。

第一款　国籍之取得

日本取得国籍之法共有十种：一曰出生，二曰婚姻，三曰养子，四曰入夫，五曰割地，六曰回复，七曰认知，八曰归化，九曰妻从夫，十曰子从亲。今分举于左：

第一、出生

出生者，谓其生而得日本之籍也。此中之主义有二：一曰以血统为主，不问其生于何地；一曰以出生地为主，不问其生于何人。欧洲当上古之时，大抵采血统主义；至中世，乃采出生地主义；及乎今日，则又采血统主义。若南美之以出生地为主者，则以其国为外人所组织，不采此主义，则全国将为外人也。然专以血统为主，亦有不能适用之时。如，有人生于日本，不知其父母为何人。专采血统主义，则此人不永无国籍乎？夫有国籍，乃有权利，以今日人类之平等，而使天下有无国籍之人，

有非权利之人,非法之得也。故日本以血统为原则,其不能确知血统者,则以出生地定之。今揭其详于左:

(甲)父为日本人,母为外国人,虽生子于外国,亦认为日本人;

(乙)父不知为何国人,但母为日本人,则其子亦认为日本人;

(丙)父无国籍,惟母为日本人,则所生子亦为日本人;

(丁)父母皆无国籍,但生于日本,即认为日本人;

(戊)外国人为日本养子,入夫时,当其妻怀孕以后,离缘、离婚而归本国,其所生之子认为日本人。

第二、婚姻

婚姻者,谓其以结婚得日本之籍也。如,日本人娶外人为妇,则其人为日本人,此为夫妇同籍主义,不欲以一家之人分隶两国也,日本《国籍法》第五条之一规定之。至于男女结婚,女子必从男子者,则以男子为家庭之主,且其对于国家有兵役之义务,若女子则无此责任也。

案,中国与德意志协商者,其规定同于此条。光绪十四年,北洋大臣札津海关道云:"准总理衙门咨开(前略),现与德使议定,如有华女嫁德人者,应归其夫治管辖,惟德员应将华女嫁德人之事知照中国该管地方官(中略)。若未知照中国地方官,将来被人控告,应归中国官审断。至中国人娶德国妇人,亦应援女嫁夫之例,归其夫治管辖。"云云。玩其语意,与日本此条略同。其云未知照中国地方官,应归中国管辖,可见已经知照即从其夫为德人也。德妇人之嫁于我国者亦然,可见从其夫而得我国国籍也。中意之约亦与此同,系光绪十五年所定。

第三、养子

养子者,谓外人养于日本人,因而得日本之籍也。此为日本家族之习惯,若西洋则不然。盖西洋重个人主义,一人自了一身,故无养子之事。(亦间有养外人为子者,但此不过欲其承受家产,并非欲其相续家族)若东洋则重家族主义,身后祔祀之说最足入人心胸,其以不得已而养子,亦本乎人情之事故。日本从其习惯,特于《国籍法》第五条之四规定之。

第四、招夫

招夫者,谓外人招于日本女,因而得日本之籍也。以妇人从夫之义推之,夫无归女之理,而此顾如是规定者,则以其为招夫也。则女归男即从男姓,男赘女则从女姓。招夫者,男赘女也,故从女为日本人,日本

《国籍法》第五条之二规定之。

第五、割地

割地者,谓外国割地于日本,则其地人民即得日本之籍也。盖人从土地,此地既割于日本,则其人亦宜属日本。此法各国皆用之,不独日本而已也。割地之原因有二:一为平时,如以价值买卖,或以交谊赠与是已;一为战时,如此国战胜彼国,或战败国割与战胜国是已。但现今割让之例,大抵出于战国时,若平时则无有割让者,以近世土地之观念日深也。

土地割让之后,人民本应随土地而转移,但亦有听其自便者。盖此中之理由有二:一则人人有自由之权利,拘束人民之自由,殊非文明之道;二则人民若有故国之思,必致为害于新领国,反不任其自便之为愈。有此二理由,故人民不愿隶新领国者,新领国亦不能强之也。但彼既不愿入其籍,则不能仍住其地,财产之为动产者可自携去,不动产只能转售,否则不能为己有,以其人非新领国之人,则不能有新领国之所有权也。日本之法如此,若德、法诸国则不然。今就日本而论,则此为定例。如《日俄千岛桦太交换条约》(明治八年),《中日媾和交割台湾条约》(光绪二十一年即明治二十八年)是已。今录其条文于左:

《日俄交换千岛桦太条约》第五款云:"交换两地之人民(日本人,俄人)有欲归本籍者,听其自便;愿留于交换之地者,一切权利俱受国家保护,与新领地之属民无异。但受国家之保护,即其政府支配之下,其听人选择去留,期间以二年为限。"

《中日媾和交割台湾条约》第五条第一项云:"割与日本之台湾住民,欲居住台湾之外者,由本约批准之日起算,限二年间,得自由卖却不动产迁去,但期满尚未迁去该地方,则视为日本国民。"

割让土地之人民,其种类不一。有土著之人民,有寄居之人民,此时人民之籍隶新领国者宜以何种当之?或谓当以生于斯者为定;或谓当以有住所于斯者为定;或谓当以生于斯且有住所于斯者为定;或谓可以生于斯者为定,亦可以有住所于斯者为定。就此四说衡之,则以第二说认为当。盖第三说失之狭,第四说失之广。一狭一广,交割时必生轇葛,以割让国必取狭义,而让受国又必取广义也。如普法之战,法割爱尔色斯、罗兰于普,普取广义,是其例已。日本采用第二说,故得中国台湾,未以国籍之事相争,以能得其平也。

第六、回复

回复者,谓日本人入外国籍,异日又求复本籍也。此与归化人不同。归化人入籍以后,日本虽视同本国人,而其权利究有限制。若回复者之权利,则与日本人无异,以其原为本国人也。且归化必条件具备,方得日本之许可。若回复之条件,则极为简单,如下所陈列者是已。此法各国皆然,惟英国异。是英国于既归化他国之人,则纯以外人待之,异日若求复本籍,亦必照归化人之规则办理。其余各国则名之为回复,既曰回复,则与归化者异矣。今将各国许回复者之条件言之。

(甲)须有住所(指生活之中心点而言);

(乙)须得行政官厅及内务大臣之许可。

以上两件皆各国所通用者,日本亦然。但日本人若以婚姻而失国籍,异日回复,必在婚姻消灭之后。据此是,常人只须两条件,而此须多一条件也。既回复以后,则权利与本国〈人〉平等,其妻子亦如之。至如归化人,既失国籍,异日若求回复,仍只能照归化之规则办理,不能援回复之例,以其人原本非本国人也。

第七、认知

认知者,谓日本人遗留子女于外国,日后父母认知,即得日本之籍也。然此指父母同籍者而言,若父母不同籍,则认知时之从父从母,视时之先后以定之。父先认知,则其子女归父;母先认知,则其子女归母;同时认知,则必归父。但此必在未成年(日本以二十岁为成年)之时,若已成年则不能,以成年则子女有独立之权也。至于子女已与人结婚,则虽未及成年,亦不能认知,以女子从夫乃理之常。许其父母认知,势必从其父母,是为离人之夫妇也。此条日本于《国籍法》第五条第三规定之。

第八、归化

归化者,谓外人之入日本籍也。此二字本中国所固有,有归、化二义,日本当千五百年以前,中国、朝鲜归化者极众。天智五年,百济国归化者三千余人;持统元年三月,朝鲜归化者五十六人;垂仁三年,新罗马王子亦来归化日本,均待之优渥,以其时土旷人稀,不得不优待,以广招徕也。然此事惟日本为然,若他国当往古之时,则以归化为不忠,不轻允许。今则世界交通,人民皆可自由,愿为某国人,即可归化某国,非复如昔时矣。其中条件如何,效力如何,以下陈之。

（甲）归化之条件

归化条件有六，其详如左：

（一）意思

意思者，听本人自由，不用强制之法也。古时各国欲人归化，多以强制行之，即近今亦有行之者，如丹麦、挪威是已。二国以增殖人口为政策，凡居其国内之外人，过二年即令入籍，不问其意思如何，强制极矣。日本及各国法律，则皆置重于本人意思，以为归化准则。

（二）能力

欲归化者，必须具有能力。日本之法以满二十岁为有能力年限，若英国则其限只十八岁。但英人欲归化日本，则必依日本之法，其有特别勋劳者不在此限。

（三）居住年限

日本《国籍法》定住居年限，以接续五年以上为率，英、俄亦然，法则必须十年，有住所则三年亦可。盖住所与住居不同，有恒产者为住所，无恒产而租寓者为住居。故法于有恒产者，虽三年亦许之也。若德则无论住所之有无，即未住居五年者亦得入籍。

（四）品行端正

归化之人必须品行端正，若有罪之人则不能，恐其害善良风俗，紊安宁秩序也。

（五）生计

必能独立营生之人，方许归化。以国家有救贫之典，若其人无生活程度，则多一归化之人，即多一救恤之人，国家将被其损害也。至于营生之方，或以资产，或以技能，则在所不论。

（六）除本国之籍

一人有两国国籍者，不许归化，防国籍之抵触也。抵触有两种：未失本国之籍，又得他国之籍，谓之积极抵触；既失本国之籍，又未得他国之籍，谓之消极抵触。就积极言之，则两籍之人将从何国主权？就消极言之，则无籍之人将赖何国保护？日本之不许归化人有本国籍者，盖防积极抵触也。至于防消极抵触之法，则各国法律均规定一人有一国籍之文，其未得他国之籍者，则本国国籍绝不除之也。此其故国际私法当详详之。兹但述其大概于此。

具有以上条件，始可投愿书于内务大臣。一经内务大臣许可，则当抄录许可书一通，申呈户籍吏，由户籍吏登之户籍簿（其详见《户籍法》第百五十九条），而后权利、义务与日本人一律享受。但条件虽备，若内务大臣不许可，则归化者亦无必入籍之权，以内务大臣原可自由也。此法各国皆然，惟美国则异。是其国法定有归化之条件，苟其人条件具备，则有必入籍之权利，裁判官不能阻之（美国管理归化之事在裁判官，不在行政官厅）。独其施于中国，则以人种不同之故，无论其条件具备与否，均不许归化，甚至并华工而亦禁之。中国既无实力以抵御，而于定结条约之时又复漫不经意，此旅居外洋之人所以多被其欺凌也。日本则无论何国人民，皆许归化，视美国之以人种为限者，相去远矣。

（乙）归化之效力

效力者，谓其归化之后，其权利应否与内国人一律也。此效力各国不同，而其权利之限制则一。法国法律，归化人非十年以后，不得为国会议员；北美合众国法律，归化人不得为大统领，七年内不得为国会议员，以其本系外国人，新来归化，未能尽信之也。日本《国籍法》十六条之规定其所以限制之者，亦有七端，今列举于左：

（一）不得为国务大臣；

（二）不得为枢密院议长、副议长及顾问官；

（三）不得为宫内敕任官；

（四）不得为特命全权公使；

（五）不得为海陆军将官（大将、中将、少将）；

（六）不得为行政裁判所长官及大审院长、会计检查院长；

（七）不得为帝国议会议员。

以上限制不独归化人为然，即养子、入夫亦然，以其原非日本人也。惟此限制初非一成不变，十年以后内务大臣得敕裁解除之（见《国籍法》第十七条）。至于经内务大臣之特许，或有特别勋劳者，则解除此限制，亦不必待十年之后也。

案，我国法律不完全，凡外人之可得我国籍与否，律无明文。惟光绪十四年北洋大臣行天津海关道之札似可参考。札云："准总理衙门咨德国巴公使来署，面递节略一纸，内开远人入中国籍一事，办理甚难，不如中国预先禁止。中国若许远人入籍，亦应于入籍前照会某国钦差、领事等。因查西洋各国与中国律例均不相符，若洋人入籍，势不能照中国律例一体管辖，究治事多碍，徒烦辩论，该使所请禁止洋人入籍之处似属可行(中略)。嗣后遇有洋人请入中国籍者,即饬所属地方官毋庸批准,以省葛藤。"云云。据此,则我以德使之请,已不许各国洋人入籍矣。至于法人毕乃尔之许籍隶合肥者,则以其有特别勋劳(助剿粤匪),且其时为同治五年,尚未有此禁令。

第九、妻从夫

妻从夫者,谓其夫得甲国之籍,妻亦从而为甲国人也。此主义日本、英、美、俄、奥、意用之。若法、荷、西、比诸国,则谓男女原自平权,不得以夫之故侵女之自由,故其法律无此规定。然以理衡之,妻从夫自为允当,何则? 家庭必有所统一,女而自由则夫妇之伦理灭矣。且今世为女子当任其自由者,不过指结婚之时而言耳。夫既已结婚,则其同心可知,既同心,则夫之自由则妻之自由也。若其夫得他国之籍,其妻不从,非惟夫妇异籍有害国家之统治权,而夫妻之间不已不同心乎? 夫昔以同心而结婚,今以不同心而异籍,是则其所谓自由者乃自背而已。故日本用妻从夫之规定,其有离夫而归化者,则日本不许之。

第十、子从亲

子从亲者,谓其亲得甲国之籍,未成年之子亦从,而为甲国人也。日本、英、美、德、法、奥、意诸国均采此主义。若俄、比、西、荷、丹、瑞则不然。要之,未成年之子当以从亲为当,以其当受教育也。若与父母异籍,则家庭教育无所施矣。故日本采子从亲主义,于《国籍法》十五条规定之。

第二款　国籍之丧失

出籍之法,各国不同。法兰西之例,凡法人为官于外,或充兵于外者,均谓之无爱国心,除其国籍;意大利《民法》亦然;日本《旧民法》人事编第十二条第二号亦同此例。今则此禁已除,以其虽有此等行为,尚未可谓之无爱国心也。

近今《国籍法》所规定者仅有六种:一曰归化,二曰婚姻,三曰认知,四曰离婚、离缘,五曰妻从夫,六曰子从亲。今述其概于左:

第一、归化

归化者,谓日本人之入外籍也。准今日自由之理,人民有愿入外籍者,自应悉听其便。但彼既得他国之籍,则不能复有日本之籍。日本《国籍法》第二十条规定之。

第二、婚姻

婚姻者,谓日本女之嫁外人也。以妇人从夫之义推之,则此女之当脱本籍明矣。日本《国籍法》十八条规定之。

第三、认知

认知者,谓外人生子女于日本。异日其父母认知,则除其子女之籍也。但已为日本养子、入夫,或已届成年期限,则有所不能。日本《国籍法》二十三条规定之。

第四、离婚及离缘

离婚及离缘者,谓外人为日本养子、入夫,日后离而归本国也。以一人无二籍之例推之,则彼既得本国之籍,其不应另有日本籍明矣。日本《国籍法》十九条规定之。

第五、妻从夫

妻从夫者,谓日本人归化外国,其妻亦从而变更国籍也。以夫妇同籍之义推之,则此法自为允当,但其中亦有不尽合者。盖各国之法律不同,有效力能及于其妻之国,亦有效力不能及于其妻之国。若于效力不能及者,亦将其妻之国籍消灭之,则是其妻为无籍之人矣。日本《国籍法》第二十三条仅有妻从夫之规定,而未另设一例外。此法律之缺点,所亟宜改正者也。

第六、子从亲

子从亲者,谓日本人归化外国,其子亦从而变更国籍也(指未成年者而言)。以人子当受教育之义推之,则此法自为正当,但亦须视归化国之法律如何。归化国有子从亲之法,则当除其籍;无子从亲之法,则不当除其籍。盖恐其为无籍之人也,此与上所述妻从夫之例盖同一理由。日本《国籍法》二十三条但有子从亲之规定,亦未另设一例外。他日更正法律,此条亦必更正也。

以上所言,皆日本人所以失其为日本人之例。若在当兵之年满十七岁以上,及已出仕为官吏者,则不许脱籍。盖不许当兵之年脱籍者,防人民之畏尽当兵义务也;不许官吏脱籍者,防其泄露本国行政机关也。

第三款　外人之权利

权利者,人之所恃以生存者也,无权利则不成其为人。故近日文明各国,不论其人之内外,均与以应有之权利,浸浸有平等之势矣。然其及于此者,亦非一旦所致,盖其中有四阶级焉。在上古之时则行敌外主义,一变而为贱外主义,再变而为相互主义。若今日之平等主义,则又由相互主义而来者也。但中国则不然,前则待人过刻,今则待人过宽,甚至本国人不能有之权利,外人亦得有之,是皆两失之道也,何者?闭关主义既不能行于今世,彼此已互相交通而犹内其国外他族。就道德言之,本非仁人所为,况乎彼此有报施之道,我可以薄人,人亦可以薄我乎?而中国乃犹守王者不治夷狄之说,视外人不啻如蛇蝎,此前日之所以失也。然以近日受逼之故,遂不惜听客之所为,则又有所不可。盖世界既未至于大同,则国界之见自不得不存。欧美诸国,闻其与外人以权利矣,未闻其不可与之权利,而亦与之也。若中国则非惟国民应有之权利,尽以与之,甚至国民所不能有者,而亦与之(中国人由此处运货至彼处必完厘金,外人则完子口税即通行无阻)。天下事有如是之倒置者乎?窃谓中国之待外人,其不可行者,宜与之始终坚持,百折不回;其可行者,宜示豁达大度,片言立定。此无他,在知公权与私权之分而已。今将此二者分言于左:

第一项　公权

公权者,国民最重之权也。此种权利外人不得有之。但今亦有以一二种与之者,盖以不与为原则,以与为例外也。今将其得有,不得有者列举之:

第一、外人得有者

(甲)名誉领事

名誉领事者,谓外人为领事于外国,日本托其代保护本国人民也。此种名誉权各国皆许外人有之,以其难享名誉之权利,实则彼犹尽保护之义务,无损于国家之主义也。

(乙)学校教师

学校教师者,谓聘外人以教本国人也。此种权利,各国亦许外人有之,以欲求新智识于世界,仅就本国人以教授,必阻文明之输入也。

第二、外人不得有者

(甲)官吏

官吏惟本国人能为之,外国人则不能。日本法律,凡非日本臣民,不得有为官吏之资格,以其关于国家之政治也。但各国亦有许外人为之者,如俄之任用客乡是已。然此必权限分明,始能人为我用。中国今当改革之秋,势不得不借才异国,然亦须师俄之成法,始能收用人之效。

不然,持其柄以授人,如埃及之已事,是又大可惧也。

(乙)议员

议员亦惟本国人能为之,外国人则不能。日本法律凡上下院、市町村议员,外人均无选举与被选举之权利,以议会为立法之机关,许外人为之,是许其干预本国之立法权也。

(丙)兵役

兵役之为权利,为义务,论者不一,然就其振武扬威言之,可谓为权利;就其行役劳苦言之,又可谓为义务。由权利以言,则军政为国家安危之所系,自不宜轻用外人;由义务以言,则外人无与于本国之休戚,强其以就兵役,亦非文明之道。日本不许外人充兵者,盖为是也。

(丁)辩护士

裁判所之机关,辩护士亦其一也。日本法律,凡为辩护士者,必本国专门法律之人,若外人则绝对不许之,以其与本国之司法权有关也。

第二项　私权

私权者,人人生活之所必需也。此种权利外人均得有之,但亦有一二种不与者。盖以与为原则,不与为例外也。今将其得有,不得有者列举之。

第一、外人得有者

(甲)往来住居权

往来住居,无论内外人均有之,以今日行〔不〕能行锁国主义也。但另有原因,则拒绝外人入境(如其人品行不端或有传染病之类),放逐外人出境(如其人害公安秩序之类),移交罪人于外国(谓其人在甲国犯罪,甲国来索则可交之),本国均有自由之权。若内国之人则不能如此办理,以内国人乃绝对住于国内者,外人则非绝对住于国内也。

(乙)身体自由权

身体自由者,谓其无害善良风俗,得以自由行动力。此种权利,外人之受本国保护,与本国人无异。如有不法之逮捕拘留,外人得以抗议之。至于遇内乱而受害,则本国有赔偿之责,不与内国人同。盖内国人为国家之一分子,安乐忧患当与国家共之。若外人则与内国之休戚无关,故仅有受护之利益,无与共患难之义务也。然此亦视国家之维持治安如何,如治法详密,则本国亦能不任其咎,以其事乃出于意外,非本国有自取之道也。

（丙）〈信〉教自由权

信教自由权，内国人得享之，此各国宪法所公认也。若外人则言语不同，习惯不同，其不能强以信何种宗教明矣。日本与各国立约第一条即言此事，再观之各国亦然。此世界法律上之一大原则也。

（丁）言论自由权

言论自由权，日本许外人年满二十岁以上者得有此权利，但在东京、横滨、神户出新闻纸，则必增加保证金。如，日本人只须五百圆者，外人则必须一千圆，以间接限制之。此明治三十二年改正条约后所定也，其详见《新闻纸条例》第六条。

（戊）营业自由权

营业自由者，谓通常工商之事，外人得为之也，此为人人生活之所必需，故日本法律许之。

（己）民事诉讼权

民事诉讼者，谓外人于损其利益之事，得以诉于内国裁判所也。此权向惟本国人有之，近则外人亦得享此权利。独中国则不然，以外人在中国有领事裁判，无庸有此权也。然被领事裁判，最与国家之主权有损，中国若能使其撤去，而以民事诉讼权与之，则被之服从我裁判不难矣。

（庚）行政诉讼权

行政诉讼者，谓行政官对外人有违法处分，外人得诉之于其长官也。但此权外人不常用，遇有此事故，多告己国公使，转与居留国政府辩论之，不必如民事之必由己诉讼也。盖民事诉讼与行政诉讼不同，民事诉讼关于国家司法之大权，行政官之权力不能施于裁判官之上，故不受外人之干涉。行政诉讼则关于行政长官之特权，长官之权力得施于下级官之上，故得徇外人之请求。此所以一须当事者之诉讼，一得由公使之转告也。

（辛）财产权

财产权有三种：一曰物权，一曰债权，一曰智能财产权。物权除土地、船舶外，外人均得享之；而债权更无论矣。智能财产权又分三种：一曰文学著作权，一曰美术著作权，一曰工业所有权。日本当明治三十二年以前，此等权利外人均未有之，至是年改正法律，而内外人一律均沾。工业所有权又有三：一为特许权（谓其发明一新理用于工业之上，则国家许其专此利),一为意匠权(谓其就已有之物推陈出新,则其利亦归意匠之人独享),一为商标权(谓商人于自己所造就之物用徽号以广其信用,则他人不得仿造)。此种权以智能财产名之者,乃别于物权与债券之谓。盖物权乃有形体之物,此则无形体之物,债权乃对于一定之人,此则对于一般之人,彼此各不相同也。

(壬)亲族权

亲族之缘,始于婚姻,近日各国法律均许内外人自由结婚,则亲族之权不能不许外人。日本法律,凡外人在日本者,得适用日本之亲族法。欲用本国亲族法者,亦听其便,以此无损于国家之统治权,故可各从其习惯也。《日英通商航海条约》第三条尝言之。

(癸)相续权

相续权之关于外人者有两种:一曰外人相续外人,一曰外人相续日本人。相续有家督,有财产。日本法律,外人相续日本人,只能相续其财产,至于家督相续,则必俟诸归化以后,不然则不能然。财产相续权亦惟近世为然,若昔日相续财产,亦必没收其几分以入官,其归于相续人者不过一部分而已。至今日则其例已久废矣。

第二、外人不得有者

(甲)土地

土地所有权日本不许外人享有,以地狭人稠,不得不为是限制也。然维新以前,外人亦有得此权者,今虽另立禁令,而外人已得之土地,一时不能收回,故另立一名,谓之永代借地权,实则其权与所有权无异,而必立此名者,以既不许外人有此权,法律上不得不如是规定也。他如质权、抵当权,外人亦不得有之,盖以防土地自相移转之故。若欧洲当二十年以前,其制与日本同,近则此禁已驰;法、意、英、德诸国皆许外人有之;美则为合众国所组织,其各邦法律互异,有许外人有此权者,亦有不许外人有此权者;俄国之法则与英、德、法、意同,但地面与各国接壤者则不许其享有,以其中有危险也。要之,此权之当放任与否,当视其政治生计如何。有害则禁之,无害则许之,亦视国势如何耳。中国之于外人开港通商之场,既许其有之矣,而边徼及腹心诸地,外人复纷纷购置,是当师俄之成法,其地面与外人相接,若则万不可许,至沿海之区,则许外人有之可也。然其地可小不可大,可犬牙相错,不可田连阡陌。是又在谋国者审时度势耳。

（乙）船舶

船舶所有权，日本不许外人享有，以船舶必受国家保护，而后营业乃发达，许外人有此权，国家必受其损害也。盖就船舶行于国内言之，外人既营此业，则有损国民之生计；就其行于国外言之，外人既悬国旗，则必生国际之争议，以外人之情形，本国不能周知。倘彼以不法而被拘留，本国既负保护之义务，国际间又多生一问题也。

（丙）诉讼担保金

诉讼之必有担保金者，恐外人逃走也。日本法律，凡内国人民无所谓担保金，若外人则必有之。但日本在甲国，甲国免其担保金，异日甲国人至日本，日本亦免之。此为报酬主义，从德意志之法也。其详见《民事诉讼法》九十二条。

（丁）诉讼救助金

日本人之极贫者，遇有诉讼事件，得免讼费，若外人则不能。但日本在甲国，甲国免其讼费，则日本之待甲国人，亦必如其待日本人者以待之。此与前条之规定盖同一例。

（戊）航海奖励金

日本人之得有航海奖励金者，盖国家欲其竞争于经济之场也。若外人则与日本无关系，故不得有之。

（己）免许营业权

免许营业者，谓其事必经政府许可，不得任意为之也。此权有绝对不许外人者，亦有许外人而加重其条件者。此中种类有七，今详述于左：

（子）保险营业内外人不同，日本人欲营此业，只须纳保证金千圆。若外人，则须纳二千圆以上，但彼虽如数纳付，其许可与否，农商务省仍有自由之权。不能谓已纳若干税，居留国遂不能阻之也。

（丑）仲买营业（如中国交易之中人）外人不得为之，日本《取引所法》第十一条（商人在一处讲买卖谓之取引所，犹中国行栈之类）言："非日本臣民不能为取引所会员，或为其仲买人。"以此业必实知财产之多寡，保证之虚实，始得许其经营。若外人则底蕴难知，任意许之，其影响于商界者大也。

（寅）矿山营业外人不得为之，以矿业为国家之富源也。日本《矿业法》第三条言："日本臣民非从日本法律，不得为矿业人。"以日本人犹如此,则外人可知。中国开采矿山之权,尽授于外人,此无论富源断绝,而以外人有领事裁判于中国,能服从中国之法律乎？既以宝藏与人,复以主权授人,循是不变,后患诚有不堪言者矣。

(卯)渔业之不许外人有者,以其为沿岸贸易国民所恃以为生活之业也。国际法定例,凡领海之内均不许外人享有此权,故日本亦沿用之。

(辰)运送业分水陆二种,陆路运送全恃铁道,外人敷设铁道于国内,路权所至,国权亦随之以至,故各国不许外人为之,日本亦然。中国敷设铁道之权多归外人掌握,此以不知铁道关系利害也。水路运送又有两种:一曰海面,一曰内港,海面运送,彼此原可通行,并不必论。若内港运送,则非外人所得有,以其为外岸贸易也。但日本于长崎、神户、横滨诸内港,英人于沿岸及其殖民地亦有许外人为之者,则以航业极为发达,许外人亦无损于本国,且可借此以起人民之自由竞争心也。

(巳)职业以才能为限,有何能即营何业。如医士、辩护士、机关师、船舶长,各国以不许外人经营,于原则因业此者必有专门学问,外人则不能确知也。但其中亦有例外,若英美之许外人充医士是已。日本当维新以前,西医遍于国中,今虽未禁外人操此业,而外人亦无有为之者,以本国医学极发达也(现全国只有西医院一所,以本国医术极精,外人虽有医院亦无人就诊,故均相率休业)。至机关师、船舶长,各国均不用外人,日本则驾驶尚未娴熟,故多以外人充之,是又随国情以为变易者矣。辩护士为本国司法权之所关,此则无论何国,均不许外人为之。前已言于公权中矣,兹不复论。

(午)银行关于国家经济界者最为重大,日本不许外人为之。如日本银行、正金银行、劝业银行、台湾银行,外人均不许设立,并日本银行股票,亦不许购买,以此业影响于社会者大也。但外人在本国已有会社,再至日本设支店可许之。然亦必经内务大臣之承认,且必条件具备。条件有三:一曰支店商号,二曰支店所在地,三曰支店资本金之数(其详见《银行条例施行细则》之第三条)。不然则不能。至于新立一名号,则日本法所不许也。

第三节　主权

主权者,国家最高之权,对于外有独立不羁之实,对于内能实行统御之方,独一无二之最高权也。

国际公法之主权与民法所有权不同,民法之所有权,乃私人对于私有土地,或对于个人而有自由行动之实。至于主权之权力,乃统治全体之土地、人民而有自由行动之实。一私有权,一统治权也。

国际公法之主权与国内法之主权不同。国内法主权有在君、在民之别,国际公法主权则惟国家有此权力。国内法就对待人民言之,其主权在使人服从者也;国际法就对待各国言之,其主权在使人平等者也。盖必有平等之权力,而后有完全独立之主权。故互相平等之国家,其国内之土地、人民,但在其本国主权之下,必不容他国之干涉。如稍有退让,则他国即得行权于其土地、人民之上,而其主权不完全矣。若中国许外人以领事裁判权,虽曰两国合意,而主权不已为他人所侵乎?至于土地之割让,更无论矣。

欲知主权之取得,当先知土地之取得,以主权之范围必以土地为定也。此中取得有两种,可以土地取得名之,亦可以主权取得名之。今分述于左:

第一款　主权之天然取得

主权之天然取得者,谓其得无主之属地也。如海有荒岛,陆有荒漠,我因取而有之,即为此类。若是者有三种。

第一、天然增殖

天然增殖者,谓此地出于天然,非以人力取之他国也。例如,砂砾堆积,渐成洲渚;潮流干燥,忽呈陆地,则归领土国所有是也。

第二、时效

时效者,谓国家领有土阅时既久,遂归其掌握也。如,有一地于此,虽非我所应有,但已为我领若干年,则他国亦无从唱异议是也。

第三、先占

先占者,谓先人而占有之,如哥仑布之发见美洲是也。此中必有意思,有实体而后,始能为先占者所有。意思者,举一地置诸己国权力之下,汲汲以经营之也。实体者,既领之后,从事开垦,广筑炮台,有统治之权力也。

第二款　主权之传继取得

土地之传继取得者,谓甲国所有土地移而归于乙国也。但此必两国合意,因条约而取得,不得以强力取之。虽割让有近强权举动,然欲实行占有,非藉条约之力不能也。今世所常行者,其类别有五。

第一、交换

国际间交换之事最为繁多,如明治八年日本以桦太岛换俄之千岛,是其例也。至于交换之原因,或以媾和条约,或以境界条约,所在皆有,即以特别条约而交换者亦有之。

第二、买卖

买卖者,谓以金钱购买也。例如,千八百十六年,美买俄之亚拉斯加;千八百六十六年,英买土耳其之沙格德腊是也。

第三、赠与

赠与之出于自由意思者,由来甚稀,其见诸实际者,如千八百六十三年,英国赠约尼亚群岛于希腊,意大利赠尼斯于法兰西是也。

第四、割让

割让之事,大抵出于战后之结果。如千八百四十二年(道光二十二年),中英鸦片之战,英割中国香港;千八百七十四年,法德师丹之战,德割法国爱尔色斯、罗兰是也。

第五、合并

合并者,谓此国并于彼国也。例如,千八百九十八年,美国占有布哇(即檀香山)全部;千七百九十一年,俄、德、奥瓜分波兰是也。

又有似得之传来而非者,占领及租借是已。占领与先占不同,暂时之先占由战争,平时之占领由条约。此占领者,即由条约而生之效力也。例如,千八百七十八年,英与土结约而占其沙伯拉岛,同年奥遵《柏林条约》而占其薄斯尼亚及海尔赛古皮那,是其例也。

租借无成例,有此创局者惟中国。千八百九十八年(光绪二十四年),德国向中国租借胶州湾;翌年,俄向中国租借旅顺、大连湾;英向中国租借威海卫、九龙;法向中国租借广州湾,皆租借之成例也。考中国与诸国所定条约,于胶州,则谓该五十启罗米突①界内之主权仍为中国皇帝所有,于旅大,则谓惟中国帝权不得稍有损碍;于广湾,则谓中国主权毋得妨碍,据此似中国主权犹未全失也。然诸国既租借以后,即极力经营,实不能行权于其间。名为租借,实与让割无异,不过巧避其名而已。虽定有归还年限,日后之能有效与否,未可必也。今将《俄租借旅

---

① 即公里。——整理者注

大条约》录于后以供参考,其余诸国租借条约均可以此推之。

《俄国旅顺大连湾租约》第一款

因俄国愿在中国北海滨境有方便地方,以资俄国水师得天然形势之地,而保俄国水师无意外之虞。故大清国皇帝陛下特允将大连湾、旅顺口两处及邻近相连之海面租与俄国,惟中国帝权不得稍有损碍。

第二章　国家之种类

国家之种类千差万别,曰专制,曰立宪,此政体上国家种类也;曰君主,曰民主,此国体上国家种类也。然此与国际无关系,国际法所当知者,一曰国家组织上之种类,一曰国家主权上之种类。以此二者有对外关系也。

第一节　国家组织上之种类

国家组织上之种类大概可分为四,即单独国、君合国、政合国、联邦国是也。

第一、单独国

单独国者,内有政治机关,外有完全代表权,无一事受制于人之谓也。今世界单独国,其著者惟中国、日本、英吉利、俄罗斯、法兰西、意大利诸邦,此等国代表主权者只一人,故以单独国名之。若美本为合众国,然与日本立约代表者只大统领一人,故在国际上亦可称为单独国。盖合众国诸小邦,其外交之权皆让于美国,诸小邦并不选派公使缔结条约也。

第二、君合国

君合国者,国不同而君同也。如公额以比利时之王为国王,汉纳福以英吉利之王为国王,纽社得以普鲁士之王为国王,皆可以君合国名之。此等国之由来有二:一则由于政略,如弱小之邦将为强邻所并吞,他国欲尽保护责任者,起而兼王其国,以泯他人窥伺,是谓政略之结合;一则由于系统,如有国者继嗣已绝,他国与之亲切者出而兼王其地,以待后起之人,是谓系统之结合,然其关系惟止于此。他如宣战、结约,彼此均有独立之权,除同一君主外,其他绝不相干焉。欧洲此类甚多,若东洋则未之前闻。盖西洋以国家为重视,君位为无关紧要也。

第三、政合国

政合国者,内政各不相同,外交则合为一国也。如奥大利、匈牙利各有政府,而外务、财政、军务三省则两国共之;又如瑞典、挪威,内政各不相干,而外交则合意定之,是其例也。此等国与君合国不同,一国宣战,则其他之政合国亦为交战国;一国中立,则其他之政合国亦为中立国。以君合国仅同一君,无对外关系之结合,此则有对外关系之结合也。

第四、联邦国

联邦国者,联邦自成一国,而其中各小邦又能各保其为国家也。此与合众国不同,合众国惟中央国家操外交之权,其余诸小邦不过能统治其内部之政务而已。联邦国则各邦对内对外具有无上主权,但以联邦之故,稍限制其外交,此其与合众国不同者也。若千八百八十六年以前之德意志联邦正即此类,若今日则德位于合众国与联邦国之间,非复如昔日矣。

第二节　国家主权上之种类

国家主权上之种类大概可分为二,即半主权国、全主权国是也。

第一、半主权国

半主权国又名一部分主权国,谓其欲行国政必经上主权国之许可也。上主权者,在其主权之上之谓。然此等国亦有等差,就狭义言之,则事事受制于人者,谓之属国或附庸国;就广义言之,则一事受制于人之半主权国,与事事受制于人之属国、附庸国,均可以半主权国名之。若杜兰斯哇之于英,凡外交一切条约,必由英吉利裁可,此一事之受制于人者也(此指千八百八十五年而言,至近岁则杜国全为英领,事事受制矣)。若安南之于法,凡内外一切事宜,必由法兰西认可,此事事之受制于人者也,此等国与上国之关系大概由条约而定,若有违反条约者,则上国可责问半主权国,半主权国亦可责问上国。

半主权国于战争之事,对外国应否有宣战之权利,对上国应否有助战之义务,此为昔日一大问题。今则非得上国许可,不得擅与外国开战。若谓防御之战争,则亦仍能自主。如巴尔干之伯迦里亚,自千八百七十八年《柏林条约》以来,即为土耳其半主权国。及塞尔维亚攻之,伯国未得土许可,即与开战,国际法不以为非,以国家宜有正当防卫也。

至于上国与他国战争，半主权国应否助战，则视其条约所定如何。条约有助战之文则必助战，条约无助战之文则不必助战。

半主权国虽因条约而定，然条约亦非永久不可消灭者，如能振奋，即可为全主权国。总之，事在人为。上国不振，可降为半主权国，半主权国能自立，亦能脱人羁绊而为上国。若中国本为人上国，而事事听外人要挟，处处受外人愚弄，其异于半主权国者几何？此以不知条约之关系，故受害如是之甚也。

第二、全主权国

全主权国又名独立主权国，谓其无论国内国际，皆有完全自主之权也。然以条约之故，亦有不尽完全者。如中国许人以领事裁判权及租借土地于外国，其异于半主权者几何？而究不得称为半主权国者，则以其上无上国也。日本关税之受限制颇类中国，要之，均可以全主权国名之。至于英、俄、德、法、奥、意诸邦，则其为全主权国，更所不论矣。

全主权国中，又有一种特别之国，名曰永久局外中立国（亦名永世局外中立国）。中立者，谓其永久不问他人之事也。此等国之由来有二：一则恐列强侵掠其土地，致列国之权力不均，故设此永久中立国以防之；二则恐两强以国境相触，易生纷争，故设此永久中立国以避之。中立国之权利、义务有三：一曰永久不能与外国战争；二曰永久不能援助何国，此其当尽之义务也；一曰永久不许何国侵犯其土地，此其应享之权利也。

近世永久局外中立国有四：在欧洲者曰瑞士共和国，曰比利时王国，曰卢森堡侯国；在非洲者，曰公额王国。瑞士先为法兰西所并，及拿破仑既窜各国，以其地居欧洲中央，恐他国复萌野心，故定为永久局外中立国，以杜各国之兼并，此千八百十五年维也纳会议所定也。比利时初本为荷兰属国，千八百三十一年离荷兰独立，自愿为永久局外中立国，各国因于伦敦结约承认者，盖其人与法同种，若并于法，则失列强均势之局，此其所以不得不承认也。卢森堡初为日耳曼联邦之一，维也纳会议各国约普以兵成之，其后法兰西欲购其地，几至与普开衅，俄皇出而调停，因于千八百六十八年结约于伦敦，定为永久局外中立国，以免两国之战祸。公额位于非洲中央，握商业之枢要，欧洲列强瓜分非洲，各垂涎焉。因于千八百八十五年结约于柏林，定为永久局外中立国，使比利时之王兼王之以免列国之纷争。凡此皆中立国成立之由也。然其成立必因条约而定，且必得各国保护书，不得以一己之意为之。若一经公认,则久不与战事,全主权国中之一特别国也。

或曰以国家种类之定议而言,凡待他国保护,必为半主权国。今永久中立者必得他国保护书,而亦为全主权国者,何也? 曰永久中立之待保护者,乃保护其中立,非内政、外交不能自主,必待上国之许可也。且天下未有无全主权而能中立者,况永久中立者乎? 故此等国实可谓之全主权国。

或又曰半主权国得上国之许可,尚能与他国宣战,永久中立国则永久无战事上之权利,似彼于半主权国尚不能及,而反得为全主权国者,何也? 曰永久中立国之不能与战事者,以各国无论何时不得侵害其主权,彼自可不与战事也。且半主权国之欲与他国宣战者,岂非以其国受人侵害,故欲以战争自卫乎? 今永久中立国无人敢加以侵害者,非全主权国而何?

永久局外中立国与普通局外中立国不同,普通中立惟战时有之,且中立与否可听其自由。如日俄战争,中国守局外中立,是中国有守中立之权利也。设不欲中立而援助一国,是中国亦有不守中立之权利也。若永久中立,则必由各国公认,以条约定之,既定之后,则无论平时战时,永久局外中立义务上之中立也。

第三章　国家之承认

国家之承认者,谓以既成立之国家加于公法上之团体也。此与国家之成立不同,成立属于自立,其要在有国家要素;承认属于他力,其事任凭各国自由。如瑞士自十七世纪以降即已独立,然必经《魏史发利亚承认条约》,而后得与各国相交际;美利坚自十七世纪以降即已成立,然必经《白尔塞又条约》,而后得与各国相交涉。可见承认之权操于人,即国家已成立,亦不能必人人之我许也。总之,无国家要素,断难得各国之承认;有国家要素,亦不能必各国之承认。但近日世界日进于文明,既已成立为国家,亦自无不承认之事。所难者属地离母国而独立,母国之艰于承认耳。

第一节　承认之种类及其原则

承认之目的物虽以国家为原则,然亦有不仅限于此者。若交战团体及国际团体是已。今将此三者分述于左：

第一、国家之承认

国家之承认者，谓承认其为国家也。此中之种类有二：一曰无主土地之承认，一曰属地独立之承认。就无主土地言之，但问其要素（指土地、人民、主权而言）已具与否。若已具，即可承认为国家，如亚非利加之公额国，成立伊始即受各国之承认，是其例也。就属地独立言之，则各国之承认为两难，何者？承认其为新立国家，则殊为蔑视母国之主权；不承认其为新立国家，则又为蔑视新立国之权利。故遇此等国之独立，绝对承认之不可，不绝对承认之亦不可也。近世学者谓承认此等国家，当视母国之承认与否以定。然母国与新立国之利害极不相容，自古以来从未有独立之国先得母国承认者。如葡萄牙离西班牙而独立，千六百四十年列国已皆承认，惟母国至千六百六十四年始承认之。美利坚离英吉利而独立，千七百七十八年法国即已承认，惟母国至千七百八十三年始承认之。使他国必待母国以为权衡，是新立国永无承认之日矣。窃谓此等国之当承认与否，不当视母国之是否承认以为向背，惟当视其与母国之关系如何。如母国方筹镇定之策，独立者之成败未可知，而他国忽起而承认，是明与母国有抗敌之情，母国抗议之可也。若母国既无镇抚新团体之力，而彼独立之根基已固，则他国起而承认，母国亦不可得有责言。以母国力不能讨，虽承认其为国家，亦无损母国之主权也。

第二、交战团体之承认

交战团体者，谓其国内自起叛乱，为团体之交战也。如中国洪杨之内乱，日本德川幕府之反抗，皆可以交战团体名之。此团体他国之当承认与否，国际法尚无定例，惟视第三国利害之关系以定之。如叛乱仅在一国之内地，则与他国之利害无关也，他国断无先起而承认之理；若叛乱与他国之壤地相接，则以利害关系之故而承认，亦属第三国自由之权。但陆战之范围极小，他国亦只能随事之发生以交涉，若必先起而承认，则母国不能不疑其援助叛党也。至于叛乱而出于海战，则关系于他国之利害者大，他国之起而承认，母国亦不能抗议，是今日承认交战团体之原则也。然此惟限于战时，与承认为国家者不同，故曰交战团体之承认。今将其利分述于左：

（甲）交战团体之利

凡交战团体之未被承认者，母国对于其俘虏可杀戮之，他国对于其母国可助剿之。若一经承认，则母国之待其俘虏必守战时公法之例（详战时国际公法），他国之对此团体必守局外中立之法，此交战团体被承认之利也。

（乙）母国之利

凡交战团体之未被承认者，本国对于外人有保护之义务，虽外人为此团体所损害，本国亦当赔偿之，以此团体仍属本国人民也。若一经承认，则交战团体为主体，母国可不负责任，此母国承认交战团体之利也。然母国每不愿以此认之者，则以怨积之，故欲得而甘心之，是又不计其利害之所为矣。

（丙）第三国之利

凡交战团体之未被承认者，对于他国可为一切之暴动，以第三国并未以主体视之也。若一经承认，则必守战时国际公法之规定，不敢妨害他国通商航海之权利，此第三国承认交战团体之利也。

第三、国际团体之承认

国际团体者，谓许其与各国相交涉，不以公法外视之也。据国际法原则而论，凡已成立为国家者，均不得以公法外之。但各国文明之程度不同，往往此国尽国际法之义务而彼国不尽者。国际法既无制裁之力以临之，惟有不以公法待之而已。故未进于文明之国家承认其独立则可，承认其为国际团体则不可。如土耳其建国已久，各国以其未入国际团体之故，均不以公法待之。千八百五十六年各国会议于巴黎，始认其入国际团体。可知欲享国际法之权利，仅承认其为国家不能也。至于必具如何文明程度始得加入此团体，则此原无一定标准，不过随外交官之意见而已。

第二节　承认之方式

承认之方式有二：一曰明认，一曰默认。其详如左：

第一、明认

明认者，谓表彰其意于外也。若是者有三：一曰一国宣言承认之，二曰数国相合宣言承认之，三曰订结条约承认之。其以条约见于实例者，如《中日媾和条约》第一条谓："中国确认朝鲜为完全无缺独立自主之国。"《日韩修好条约》第一款谓："朝鲜国为自主之邦，享有与日本平等之权。"此等条约皆明示之承认也。

第二、默认

默认者,谓第三国与新立国相交涉,虽未宣布承认之明文,而能暗守国际公法规则也。如派遣公使,缔结条约,惟国家能享此权利。今新立国虽未受第三国之承认,而第三国竟以国际公法之主体视之(指派遣公使、缔结条约而言),是与承认无异矣。若此者皆默认之类也。

第三节　承认之效力

承认之效力者,谓被认国对于承认国得以行使其权利、义务也。此中效力之最大者有二:一曰未承认以前效力可以溯及,一曰既承认以后效力不得注销,但此惟指已经承认之国而言。若甲国承认,乙国不承认,则其效力只得及于甲国;欲及于乙国,则俟乙国之承认不能也。

第四章　国家之权利

国家之权利有分为根本权利与关系权利者。根本权利指国家固有权利而言,如生存权、独立权、维持权、正当防卫权是已;关系权利指国家对外权利而言,如授受公使、缔结条约、拘交罪人、交通贸易是已。然此不过就对内对外言之,实则无所分别。盖不有客体,必不能称曰主权;不对外国,必不能名曰独立,二者实相因而及也。且今日门户大开,锁国之主义不行,则国家欲维持其生命,尤贵对外之得行权利。是则根本权固含于关系权之中,二者固不必强为区别也。

国家有独立权,自不应受外人之干涉,然英之霍尔氏、非里墨氏、德之哈尔蒲伦氏,皆主张干涉之说,各国学者皆认许之,则以其干涉为正当之理由也。霍尔氏谓正当之干涉有四:第一,可以保护己国之利益而干涉;第二,可以反对外国之横暴而干涉;第三,可以对人之违约而干涉;第四,可以尽友谊于一党而干涉。非里墨氏之论亦然。哈尔蒲伦氏谓正当之干涉有二:第一,国家因直接维持其安全而干涉;第二,国家因保持其本原利益而干涉。其后主张干涉者,皆以三家之说为鼻祖。要之,干涉本非正当,若干涉之原因,或以遵条约,或以应请求,或以防御他国之暴行,则皆为公正举动,不得以干涉目之,如各国干涉俄土胜斯戴芬之约是已。则三家之主张，此说固未可厚非也。

有全不主张干涉者，美国之门罗主义是已。门罗为大统领时，见欧洲竞求殖民地于美，恐美洲土地为其侵占，又见欧洲俄、德、奥结神圣同盟，以尊君主抑民权，因思美为民主之国，恐其干涉。故于千八百三十二年布告天下，谓美洲土地，他人不得占领；又谓欧洲政事美不干预，美洲政事欧洲亦不得干预。其后西班牙倡民主之义，卒为各国所压制。美洲之得免者，实门罗不干涉主义为之也。要而言之，干涉虽非正当行为，而事实上究多不免者，则以未能势均力敌之故。若门罗之得实行其主义，则以美洲有防御之实力耳。

国家之权利有四：一曰立法权，二曰司法权，三曰行政权，四曰形式权。今以次分论于左。

第一节　立法权

立法权者，制定国法之主权也。自半主权国而外，凡有国者皆有之，非他人所能干涉。若甲国与乙国定有特约，于其立法而亦限制之，则为例外之事，非原则所宜有也。

立法权本无限制，然自国际法观之，亦有自然限制。如，公使有治外法权，使某国立法不与公使，以此权则不能也；又如，大洋为公海，使某国立法定为己国领海，则不能也。

第二节　司法权

司法权，以原则言，我自立法，我自司之，不能受他人限制。然就国际法以言，亦有受限制者。令举其要言之，则治外法权、领事裁判权、混合裁判权、移交罪人，皆司法权之受限制者也。

第一款　治外法权

治外法权者，谓人物在驻扎国有不从其国法律之权也。此为属地主义之例外，亦即国家司法权之例外。盖古行属人主义，凡域外之人俱可不从本国法律，故不必有治外法权。至今日行属地主义，又无论何国之人居何国，即宜受何国统治，故不能不有治外法权，以尽行属地主义。其中亦有窒碍也，然此与古之属人主义相合，故就今日言之，则为属地主义之例外。

案，治外法权与领事裁判权不同。治外法权者，我许其免我法治之权也;领事裁判权者,我许其用彼裁判之权也。吾国解释领事裁判权,多以治外法权当之。《中英条约》第十二条云:"中国深欲整顿本国法律,以期与各西国律例改同一律(中略)。一俟妥善,英国即允弃其治外法权。"此盖指领事裁判权而言。若治外法权,则各国元首公使等皆得共享此权利,英国岂允弃之? 又考黄遵宪《日本国志》,谓西人于所治之地之外而有行法之权,谓之治外法权。然治外法权之解释,但闻其有不受人法治之权利,未闻其有能行法之权利。黄氏所谓行法之权者,其亦为指领事裁判权无疑矣。盖吾国用此名词,源于日本。日本之治外法权以立于所驻国法治之外解释之,吾国之作为领事裁判权者,则以"治外"二字有合于西人之领事裁判,故据中国文义以释日本名词,不知日本之定义固不如是也。窃谓此二字易涉误解,若欲求其显著,则于西文之 Exterritoriality,不如译为立于所驻国法治之外之权,或译为不受所驻国管辖之权,较为清晰。

第一项　治外法权之由来

治外法权之由来,约在十七世纪以降,其初惟公使得享此权,以公使乃一国代表,若使其服从驻扎国主权,则难尽本国之职务也。嗣后以其便利,则享此权者又不仅公使矣。

第二项　治外法权之人物

治外法权之人物,各国公认者有八种:一曰国家,二曰元首,三曰公使,四曰领事,五曰罗马教皇,六曰军舰,七曰商船,八曰军队。其详如左。

第一、国家

国家之有治外法权者,指国有财产在外国时而言也。盖国与国相平等,故甲国财产可不服从乙国主权。近世学者分财产为二种,谓公财产有治外法权,私财产则不能。公财产者,谓军用火器之类也;私财产者,谓营利产业之类也。此说固为正当,然其性质亦难区别。如国家有火药于外国,不以备战争而以猎禽兽,则其用之公私又曷从而推知乎?故国有财产应不问公私,均与以治外法权。

第二、元首

元首有二种:一曰君主,一曰大统领。此为国家最高机关,在本国有无上权利,故不可不予以治外法权。但其得享此权利,惟平时能之,战时则否。平时无论公出私出,均一体享受。盖以理论之私出本不应有此权,然元首为治人而非治于人之人,故不若失之宽大,一体与之也。例如,美国大统领在巴黎购一金指环,延不偿值;波斯王在巴黎购一摘录通信,亦不偿价,两店主诉之裁判所,裁判所以其有治外法权,不允其诉,是其例也。但外国虽不能有裁判之权,若至其本国诉讼,则未始不可。

治外法权非惟君主有之,即扈从元首之后妃、臣仆,以及御用品物亦均有之。学者谓元首之得享此权者,以其为国家代表,若其后妃、臣仆,非代表国家者,不当予以治外法权。然自事实上观之,则其得享此权利,固已多历年所也。

有谓大统领不当有治外法权者,法国堆拔利野氏、瑞士铺逢朵乌氏、俄国马鲁典斯氏、德国哈妥莽氏均谓大统领亦国民一分子,不当与君王同有此权。然大统领亦国家最高机关,名虽不同,代表国家则一,又安可使其服从外国主权乎? 故以理论之,仍应与以治外法权。

第三、公使

公使驻外国,代表本国以办外交,必与以治外法权而后得自由尽其职务,不然则办理诸多窒碍。此权不独公使有之,即依附公使之参赞、随员、翻译,附属公使之海陆军将校,以及公使之家族、使用之役人,亦莫不在此权。就理而论,公使之家族、役人本不应有此特权,惟以尊敬公使之故,故并其家族、役人而亦优待之。但役人必专为使馆服役者,若暂时服役则不能。例如,昔年德公使驻法国,请法国妇人教方言,其后此妇犯法,法国捕之,公使不允,法国谓其虽在使馆教方言,究与专服役者不同,卒拘而治其罪,是其例也。

使馆之役人应有治外法权,上既言之矣。然此役人非本国之人,乃驻扎国之人,其得有此权与否? 此近日学者所聚讼也。据理而论,亦当有治外法权。盖非此则不能为公使尽其职务,且公使之治外法权亦为不完全也。例如,明治二十九年,日本驻奥公使馆雇奥人以司阍,及其犯罪,警察捕之,公使不许,其后公使辞退此人,奥国始得治其罪,是其例也。

公使及使馆人员在驻扎国犯民、刑事之罪,驻扎国不能裁判,亦不能受原告之诉讼,以其有治外法权也。然此中若漫无限制,则使馆以为作奸之薮,故现今国际法之规定,公使及使馆人员虽不能服从驻扎国之主权,然若有不法行为,亦可至其本国裁判所控诉之,以彼虽有不服从驻扎国法律权,而其于本国法律固当遵守也。

公使之官舍及财产亦有治外法权,不然则其权全归无效。近世学者谓财产之有无治外法权,当以公私分之。然既为公使之财产,大都是个人私有之物,可不必分公私也。此与君主之财产不问其公私者为相类。

公使之有治外法权,以其为代表本国行政之官,至其余募债委员、万国邮政会议使者,则不能与公使同享此权利,以其虽奉命出使外国,究非代表本国行政官也。

第四、领事

领事者,代表本国财政上事,非代表本国政治上事,其职务不过保护商人,调查商务,监督通商条约之实行而已。国际法定例,凡无与政治、军事者,均不得有治外法权,则领事之不得有此权可知矣。然亦有例外,如总领事兼理公使事务,则其权与公使同。或定有领事职务条约,如日德、日比所订结,则亦有此特权。领事既有此权,则其家族、役人、财产亦如之。但此权之范围如何,全视条约所定之广狭而异,不能一认其有此权,即视同元首、公使也。若日德、日比所结条约,犯轻罪者有治外法权,犯重罪者则与常人一律处断,是其例也。

领事有二种:一为任命领事,一为名誉领事。任命领事者,由本国专派;名誉领事者,托第三国代理也。任命领事之有治外法权与否,可由条约定之。若名誉领事,则决无定约而与以治外法权者。

第五、罗马教皇

罗马教皇在古为君主,今则无甚特权,不过意大利传教之一代表人耳。据学理而论,凡无土地、人民主权者,不得谓之国家,即不得以国际法主体相视。今教皇无国家,其不能为国际法主体,固理之至明者也。然欧洲各国与之授受公使,缔结修约,几无异与国家相交际。因之,治外法权教皇亦得有之,实则其位置虽尊,仍无异于恒人,与之以治外法权者非也。

第六、军舰

军舰之有治外法权者,何也?或谓军舰所至之地,即国权所及之地,亦即其土地伸长之地。土地伸长,故停泊国之主权不能及,而军舰得有治外法权。是说人多主张之,而其实非也,何则?公海者,无论何国军舰,皆可自由出入者也,如其所言,若有一国军舰至公海,可谓公海为其国土地之伸长乎?是则此说之不当于理明矣。盖军舰者,代表本国执行公务者也，无治外法权将不克全其代表之职，与以特权者，亦以此而已矣。

军舰之受治外法权非惟本身有之，即舰中人物亦有之。但其中有二要件，一为限于平时，若两国以干戈相见，则无治外法权之可言。如日俄开衅，俄舰若至日本，必不能有此权，以日本宜有正当之防御也。二为军舰至他国，必经他国许可，若未允许而入港，亦无治外法权。盖各国有各国之主权，任意闯入，殊于彼之主权有损也。此事德国柏林大学教授列斯德氏极反对其说，谓军舰所至之地，无论彼国许可与否，均当有治外法权。然按之于理，实不合也。

军舰之有治外法权，近世分三主义：第一主义谓无论在舰中舰外（指登陆而言），军人均有此权。此主义日本采之，盖舰者无知之物也，若军人登岸而无此权，倘有为陆上拘留者，则此舰将失其运动，而本身之特权为无效也。且军人上陆，或购煤，或通信，或备食物，皆军舰应有之公务，又安得以一离军舰遂以私人目之？日本之与以治外法权者，盖为此也。第二主义谓军人在舰中者有此权，在舰外则无有。此主义英吉利采之，昔年日本军舰在地中海毛尔塌岛停泊，水兵登岸犯罪，英国警察官逮捕之，是其前例。然军舰缺水兵，行动即多困难，是则靳其登陆之治外法权者非也。第三主义谓公事上岸则有之，私事则否。此主义颇为学者所称道，实则公私之间极难区别。以衣服别之，则水兵不问公私事，常穿军服，虽欲别之而无从。以舰长证书之有无别之，则舰长之于士卒，畴不欲其有此权？恐军人上岸，舰长无不以证书与之也。且上陆之时，名为公事而实为私事，或先为公事而后为私事，又谁办之？是则此主义亦窒碍难行矣。总之，此三主义当以第一主义为当，故日本采用之。

军舰之有治外法权前已言，舰员亦得同享矣。然此指本国人在本国军舰而言，若甲国军舰，乙国人乘以至丙国，则其得有治外法权与否，视在军舰之有无职务以定之。有军舰职务，则与以治外法权；无军舰职务，则不能不问其人为何国之籍也。至于本国人有职务于他国军舰，异日若乘此舰至本国，则仍不能享此权利，以彼于本国主权理应服从也。

案，本国人服役于驻扎本国之外国使馆，各国以优待公使之故，虽本国之人，亦与以治外法权。准是以推，则本国人服役于外国军舰，苟此军舰至本国,本国亦应与其人以此权矣。而此顾言其不能享有者,则以军舰为武器也。考国际法定例,凡公使驻扎之国,无论其许可与否,均有治外法权。若军舰之得有此权,则必俟停泊国之许可。是则军舰与公使不同,各国优待公使之例,自不得一律施于军舰。故本国人服役于使馆则有之,服役于军舰则不能也。

国家之运送船是否与军舰一律看视,国际法尚无定例,只能依各国专约以衡之。如日本明治三十二年,美与菲律宾有战事,其运送船(德摩斯)过长崎,一舰员登岸犯法,日本许其有治外法权,因定运送船与军舰同等待遇之例。其大旨有四:一、船须为政府所有;二、须受本国军人指挥;三、专供军事之用;四、不载旅客。具此条件,则运送船亦有治外法权。但此惟日本为然,其余各国之与以此权与否,由各国自主,国际法无必与之例也。

此外,寻常船而有治外法权者,则惟君主、大统领之乘船有之。若义勇舰队之有此权与否,则视其时以为定。战时则视同军舰,平时则视同商船。至于邮船,虽便于万国交通,然以其非国家代表,故不得有此权,其得有者,则以条约为之,国际法无此例也。

第七、商船

商船与军舰不同,入他国领土,必服从他国主权。但服从其主权必在停泊以后,若仅经过他国水面,则他国主权不能及,而彼得有治外法权。如千八百七十八年德船(佛兰歌尼)至美国,途经英、法两国间,与英船(斯德剌格鲁特)相冲突,英死一人,船主诉于英裁判所,裁判所以沿岸通行船舶英国无裁判权却之,是可为商船有治外法权之证。嗣后英以与此权与经过商船为不利,因定《管辖领海章程》,不与经过商船以此权。然此惟英国为然,各国尚不认领海国有此权利。可见经过商船今犹有治外法权也。商船既有此权,不独及于船身,船员即其装载货物亦有之。

第八、军队

军队者,海陆军之通称。在他国得其许可,即有治外法权。此权非惟军人有之,即其马匹、粮草、枪炮等物亦得一律享受,以非是则军人之治外法权将归于无效也。

军队亦有时不能有治外法权者,如交战国军队假途中立国,或逃入中立国,则不能有此特权。中立国且有监督之职务,可勒缴其军用武器,以非此则战祸无已时也。且军队逃避至他国,则彼已失军人之资格,无其资格,则不能有其权利,此固国际法所公认也。今日俄开衅,俄军若逃入中国,则中国当严为监督,不能与以治外法权也。其待遇之法如何,俟论局外中立时详言之。

第三项　治外法权之内容

治外法权之内容者,谓人物何事而能有此也。此中内容约可分为三类,即行政上之特权、财政上之特权、裁判上之特权是也。其权限如何,以下论之。

（一）行政上特权者,言其可不受行政官之强制也。如不遵检疫制度,不受行政执行之类是。

（二）财政上特权者,言其可不负纳税之义务也。盖私人所有财产无不纳税,有治外法权者则除间接税、邮政税外,凡直接之税皆可免除。

（三）裁判上特权者,言其事事可自由,得免裁判所之强制执行也。此可分为民事、刑事二种。犯刑事者,所居国不能裁判,惟有要求其本国使之科罪,但本国之科罪与否,仍只能听其自由,所居国不能干涉也。若关于债务、婚姻之民事,则除诉于本国外,驻扎国不能裁判,更无论矣。但遇国际私法所明定事件,亦得请求第三国裁判之。

第四项　治外法权之消灭

治外法权消灭者,谓其有享受此权之时,亦有消灭之时也。此中有种种原因,试分言之。

（一）物件有治外法权者,若一旦离有此权者之手,则其权即消灭。如元首赠物于他人,公使出售其书籍之类是也。

（二）有权者归化入籍,则其权即消灭。如英人在日本有治外法权,若一旦归化日本,则不能复有此权。盖本国人须服从本国法律,既归化日本,即与日本人无异,故不能复有之也。

（三）本国人为外国公使于本国,则本国可不与以治外法权而拒绝之。盖本国人于本国法律,理应绝对服从,与以治外法权于本国主权有损也。但本国人来驻扎之时,本国并不拒绝,则仍当以公使相待,以公使有此权乃各国所公认,既不拒绝,是已默认其有此权也。

（四）有权者自弃其权,则其权亦即消灭。如有治外法权者,在所居国投呈诉讼或甘为被告等事,是为放弃其权利。彼既放弃,即可消灭之。但其放弃之可否,必须为本国法律所许可,不然则不能。以彼虽甘于放弃,若竟行消灭,殊于彼国主权有损也。

(五)滥用治外法权,则其权亦消灭。如有治外法权者,在所居国妨害治安或煽动民变,则不妨剥夺其权。盖彼为不法行为,非以是惩戒,则驻扎国将受其害也。

(六)有治外法权者,一旦去其所居国,则其权即消灭。如公使归国之类是也。

第二款　领事裁判权

领事裁判权者,言此国人民寓居彼国,凡民、刑诉讼,不服从彼国法律而由此国驻派彼国领事以裁判也。此与治外法权不同,治外法权之范围颇广,凡有此权者,其人物俱可不服从所居国法律;此则范围极狭,不过裁判一事不受所居国之管辖而已。

领事裁判权之由来,因甲国人居乙国,以乙国法律为不完全,不愿受其裁判,乃自立领事裁判之。又或乙国以甲国为化外客族,不足受我法律,听其自设领事裁判之。古时皆取属人主义,故此事甚多。今则取属地主义,无论何国人民,入何国即当服何国裁判。若令他国裁判权及于境内,是损其主权也。故近日欧洲各国,无有容他人之领事裁判者,不过于非、亚法律不完全之国,则以此施之耳。然其行此权于人,亦必有特别条约,不然则不能也。欧洲在东洋有领事裁判权,始于土耳其。千五百二十八年,土与法结约,许其领事裁判,此以厌外政纷纭,故令各国领事自理其民,非由威逼势劫而与之也。至其施此权于中国,则又以兵威得之矣。考英在中国有此权,在千八百四十二年(道光二十二年),法则迟一年,俄则在千八百五十一年(咸丰元年)。其在日本有领事裁判权,则始于千八百五十四年(我国咸丰四年,日本安政元年),至千八百九十九年(我国光绪二十四年,日本明治三十二年),各国已一律裁撤,无复有此权于日本矣。

日本之能使各国撤去领事裁判权者,在能改良法律。盖欧洲行此权于日本,以其法律不完全,不能保外人之权利,故必以本国领事裁判之。若能改良其法律,则亦无庸用此权矣。日本明治二十七年与英国订约,议定五年后撤去领事裁判权,嗣与美、德、法、奥立约亦然。其必迟至五年者,以日本国内必须定正当之法律;裁判官吏,必须行正当之裁判,而后各国始能将其权撤去也。日本欲各国实行撤去之约,故于撤去之前年公布法典,使各国信其法律完全,不能以为口实。又入万国工业财产保护同盟,以示各国新发明之器物,日本不仿造侵害;入万国著作权同盟,以示各国新出书籍,日本不翻译翻刻。外人见日本法律与各国一致,于是自三十二年以后,各国遂无此权于日本。中国若能仿行,则诸国亦必应允。观《中英条约》第十二款云:"中国律例异日若能与西国一律,英国即允弃其治外法权。"此所谓治外法权者,即指领事裁判权而言也。中国如欲实行撤去,则改良法律其急矣。

领事裁判权有二种:一为一面行之者,一为相互行之者。一面行之,如欧洲在中国有领事裁判权,中国在欧洲无领事裁判权是也。相互行之,如彼有此权于我,我亦有此权于彼是也。现今领事裁判权惟有一面行之者,相互行之者则无之。日本明治四年,《中日条约》第八条有互行之例,至甲午后而此约废矣。其约文云:"两国指定各口,彼此均可设理事官,约束己国商民。以后凡交涉财产词讼案件,皆归审理,各按己国律例核办。两国商民彼此相控诉,俱用禀呈理事,应为劝息,使不成讼。如或不能,则照会地方官,公平讯断。其窃盗捕欠之案,两国地方官只能查拿追办,不得追偿。"据此约文,是中日两国固互有领事裁判权也。今此约既废,非惟东洋无互行之例,即世界亦无此例。盖既行属地主义,则领事裁判自非正当。两强相遇,则彼此可不必有此权;强与弱遇,则惟强者有此权,弱者自不能有之也。如其有之,则强国亦不必用此权于弱国矣。

日本自明治卅四年以来,各国对于日本无领事裁判权,而日本对于各国则犹有行其权者,如中国、朝鲜、暹罗是已。然此亦有一定范围,非能事事有之也(参照三十二年法律关于领事官职务之件)。今将在三国有此权之沿革言之。

第一、中国

中国与日本向本互有领事裁判权,自甲午战后其制始废。明治二十九年(光绪二十二年),《中日通商行船条约》第三款云:"大日本国大皇帝陛下酌视日本国利益相关情形,可设立总领事、领事、副领事及代理领事驻中国,已开及日后约开通商各口岸、城镇,各领事等官,中国官员应以相当礼貌接待,并各员应得分位职权、裁判管辖权及优例、豁免利益,均照现时或日后相待最优之国相等之官,一律享受。大清国大皇帝陛下亦可设立总领事、领事、副领事及代理领事驻扎日本国。现准及日后准别国领事驻扎之处,除管辖在日本之中国人民及财产归日本衙署审判外,各领事等官应得权利及优例,悉照通例给予相等之官,一律享受。"云云。自有此约,而后昔日相互之领事裁判权遂一变而为单独之领事裁判权。单独者,谓惟彼有此权于我,我无此权于彼也。

第二、朝鲜

日本在朝鲜领事裁判权,因明治九年《日韩条约》第十款及十六年条约第四十二款而定。其九年条约第十款云:"日本人民在朝鲜指定各口,如有犯罪交涉,即朝鲜国人民皆归日本官审断。"十六年条约又加入第四十二款,其约文云:"现时或将来朝鲜政府有何权利、特典及惠政恩遇施与他国之官民,日本官民亦得一体均沾。"云云。此日本在朝鲜领事裁判权之所由来也。但此权惟日本在朝鲜有之,朝鲜在日本则无有,非如中日曩昔之互有裁判权,至甲午战后惟日本有之也。

第三、暹罗

日本在暹罗领事裁判权与在中国、朝鲜者不同,此系遵明治三十一年《日暹条约》附件所定。其约文云:"暹罗将来将民法、刑法、民刑诉讼法、裁判所构成法五者改正,日本即撤去领事裁判权。"惟此时暹罗法律尚未修改,故日本亦未撤去。但撤去以后,民法中之亲族相续诸法亦可各从其便,以此乃家族习惯,无损于其主权也。以此观之,日与暹约较中国之约为宽矣。

第三款　混合裁判

混合裁判者,言于本国裁判所准外人为裁判官,同本国官以审理也。此种制度大概由条约而定,就其中区别之可分为二种:一曰会审裁判,一曰纯正混合裁判。其详如左。

会审裁判者,言外人与本国人争讼,外国以驻本国领事会同本国官以审理也。中国上海会审公堂即是此制。日本昔亦许外人行之,今则日本对于中国有此制,外人对于日本则无有。明治四年,《中日条约》第十三条云:"倘此国人民在彼国聚讼滋事,及诱结同谋彼国人民作害地方事情,听彼国官吏径行查拿。其在各口者,知照理事官会审;其在内地者,由地方官审实,照会理事官查照,均在犯罪地方正法。"云云。此等约文即日本与中国会审裁判之所由来也。

纯正混合裁判者,言以外人为本国裁判官,驻本国裁判所(裁判所衙署不能驻裁判官吏,各国皆然。此所谓驻者,指其常川〔驻〕在国而言),与本国裁判官共执裁判之权也。埃及、土耳其有此制度,其由来以下言之。

　　会审裁判与纯正混合裁判不同,会审制度有事则会审,无事则分散。外国领事不能驻于本国裁判所之内,故此在法律不完全之国,许外人以此权尚无大害之可言,以彼尚不能全执本国司法之权也。至于纯正混合裁判,则与会审之制异其制,凡外国官吏与本国官吏,均得常驻本国裁判所,以掌理一切民、刑诉讼。是则本国司法之权已操于外人,而本国之主权不完全矣。何则? 裁判所者,国家司法之地也;裁判官者,国家司法之人也。以司法之地而使外人驻之,以司法之人而使外人充之,则国家之立法、司法、行政三大权不已缺其一乎? 缺其一即不能立国,尚何独立之可言? 故纯正混合裁判所较之会审裁判,其为害尤甚也。

　　近世行混合裁判之国,惟土耳其、埃及有之。土耳其之有此制,在千八百四十七年,其裁判所设立于君士但丁内,分第一审与第二审两级,裁判官除土耳其人外,有欧洲人二名。埃及之有此制,在千八百七十六年二月十五日,当设立之前九年,英、法要求其设混合裁判所,又久而德、奥、意继之,埃及允其要求。于是五国定埃及《混合裁判所构成法》,又颁《混合裁判所应用法典》,凡其中所用法律,均以此为主,埃及非得诸国允许,不得擅变。盖非惟失其司法权,即立法权亦并失之,较之土耳其,害固尤加甚也。当初定此制之日期以五年,今则定为永远继续,有长此终古之势矣。

　　混合裁判所之权限有二,其陈如左:

　　第一、民事

　　(甲)欧人在埃及不动产;

　　(乙)欧人与埃人之争竞。

　　第二、刑事

　　(甲)一切违警罪;

　　(乙)犯混合裁判所法规之罪;

　　(丙)妨害混合裁判所判决执行之事;

　　(丁)混合裁判所裁判官之因公犯罪。

　　埃及除混合裁判所外,尚有领事裁判所、本国裁判所。领事裁判所者,判断外人与外人之诉讼也。本国裁判所者,判断埃人与埃人之诉讼也。然此必与外人无关系,若稍有牵涉则不能,盖其国不过万国之公地而已。日本当未改正条约以前，外人亦屡欲设混合裁判，日本不许。中国今虽有会审裁判，而纯正混合裁判亦无之，均可谓万幸。不然，其侵害国家主权正不知伊于胡底也。

第四款　移交罪人（移交日本作引渡）

移交罪人者，言其人在甲国犯罪，逃于乙国，甲国请乙国将其人移交也。现各国于罪人之移交与否，大抵视条约而定。盖此国对于彼国移交罪人，则损国家之主权；不移交罪人，则为逋逃之渊薮。故就理言之，负绝对移交之义务，固不可；不负绝对移交之义务，亦不可。有此两难，而彼折衷之主义出焉。此折衷主义者，即视其所犯为何罪，应否移交，概以条约定之也。

日本明治十九年与美国结约，彼此罪人互相移交。翌年详订何罪当移交，何罪不当移交。三十年与西班牙所结约亦如之，此两面移交约也。既有此约，则三国均负移交义务，至其余诸国罪人，三国之移交与否，则视与他国有无约文。若未订约国而请求移交，则三国有自由之权，未订约国不得强迫。

日本明治二十九年与中国订《通商条约》，内有移交罪人一条，其二十四条云："日本人在中国犯罪，或逃亡负债者遁入中国臣民房屋或船上，一经日本领事照请，即将该犯交出。中国人在中国犯罪，或逃亡负债者潜匿在中国之日本臣民所住房屋或中国水面日本船上，一经中国官照请，日本官即将该犯交出。"此尚非完全移交条约，以日本移交罪人只许在中国日本人所居地方，未尝言逃至日本，日本亦移交也。

移交罪人条约通常所规定者有四要件：第一，犯罪必与条约相合，而后可移交，若罪名为条约所未定，虽定有约文，此国亦不得向彼国滥请；第二，处罚须合条约所载，不得于移交以后以强盗之律治诈欺取财者之罪；第三，移交须付于外交官，不得交于普通之人，彼请求国当得其犯罪实据方可交付；第四，移交费用由请求国担任，被请求国只负移交之义务，不负费用之义务。现各国所结移交罪人条约大概皆如此。

移交罪人固必由条约，然亦有两种为条约所不言者，本国人与国事犯是也。此中理由以下言之。

第一、本国人

本国人者，谓其人在他国犯罪，犯后仍逃归本国也。就属地主义言之,在何国犯罪,即应从何国裁判。而近日移交条约多不言本国人者,则以国家有处理本国人之主权,保护本国人之义务也。盖各国法律现尚未能一致,使本国于移交罪犯以后,他国处以严酷之刑,则本国非惟失其主权,而国家保护人民之责任不已放弃乎?各国之不结此条约者,盖以是也。然此究与属地主义不合,异日各国法律若能尽数改良,则废去此例亦不可知。如近日瑞士与西班牙之约,英吉利与美利坚之约,均须移交本国人,是其例也。至于日本与美所订约则不然,是则欲以此著为公例,固必俟之异日矣。

第二、国事犯

国事犯者,谓其人在本国反对政府事败而逃于外国也。此罪移交与否,昔为一大问题,今则不移交认为公例。以彼仅关于其本国之政治,无关于国际之利害也。若日本与美利坚之约,瑞士与德意志之约,均言国事犯不移交,是其往例。然此究与公理不合,何者?天下之恶一也。此罪之而彼纵之则为恶者将不知所惩矣。且国事犯虽只对本国为有罪,然若无政府主义又曷尝不影响他国乎?是则此罪之当移交明矣。而今日无有虑及者,不可谓法律之完全也。至于以国事犯兼常事犯,则近日移交条约恒以其罪之轻重为衡,重在常事者以常事犯办,重在国事者以国事犯办。

现世移交罪人必由条约而定,既已述之于前矣。然一国与数国立约,有人在数国犯罪,逃于此国,数国俱请其移交犯人,则此国将交何国耶?近日学者之说有三:第一说谓当移交于先犯罪之国,第二说谓当移交于犯罪人之本国,第三说谓当移交于先请求移交之国。此三说俱合公理,若今日各国之所行者,则第三说也。但此说虽为各国所遵,若一国既处罚犯人以后,他国与此国订有专约,则亦得要求其移交,再加处罚,以各国皆有独立处罚罪人之权,不能以一国既处其罪,遂于其人在本国所犯之罪置之不理也。

此外,又有不必为犯罪而亦可移交者,则船舶之逃走人员是也。盖船员为船舶最重要之人,失其人即船舶不能行动,故船员于停泊国脱走,此停泊国苟与彼国有约,则船长可于所在地索还之。但此非犯罪脱走,订入移交罪人条约于理不合。近各国于此项均订入通商条约中,若日本明治二十九年(光绪二十一年)与中国所订《通商条约》,其二十五条有移交船员之文,是其例也。至于军舰中脱走人员,则为军事上之犯罪,以原则论不能移交。若其移交者,是又有特别条约矣。

第三节 行政权

行政权者,国家施行政治之权也。昔时惟国内法有此权,国际法无之。至今日交通渐繁,而行政权亦及于国际矣。然此权在国内则甚广,在国外则甚狭,盖国内法之权无限制者也,国际法之权有限制者也。若奥国师丹氏、德国列斯德氏、俄国马丁斯氏皆持此说。然则国内、国际之行政权虽同,而其限制固又有别矣。

国际法之行政权分两种:一为政治上之行政权,一为社会上之行政权。其详如左。

第一款 政治上行政权

政治上行政权者,谓国家主权行动之作用也。此中种类有五:一曰同盟,二曰国际地役,三曰保护国,四曰定疆域,五曰中立国。

第一项 同盟

同盟者,谓国与国订彼此相助之约也。此中种类千差万别,有平时同盟,如德奥同盟以保和平之类是(千八百七十九年);有战时同盟,如英法同盟以攻天津之类是(咸丰八年,西历千八百五十八年);有攻守同盟(一曰防御同盟),如德奥意同盟以防俄法之类是(千八百八十七年)。然同盟之种类虽不同,而目的则不能大异。一言蔽之,则不外彼此订相助之约而已。既订约以后,则彼此之行政权俱受限制,不能任一国自由矣。其限制之大概如左:

(一)此国与彼国同盟,则彼此〈不〉视为而有相助之义务;

(二)同盟国中之一国与他国开战,则其同盟国必中立,若有第三国助交战国,则其同盟国亦必助与人宣战之同盟国;

(三)同盟国若彼此订攻守之约,则一同盟国有战事,他同盟国必助之。

近世同盟凡三见,一为德奥意之同盟,二为俄法之同盟,三为英日之同盟。德奥意同盟者,防与俄法有冲突也。俄法同盟(千八百九十一年)其约文未宣布,不能周知。然德、奥、意既结合,则俄、法自不得不尔。英日同盟(明治三十五年,西历千九百二年)其目的在维持亚洲和平,无与于他事。

同盟有一定年限,如德奥意同盟限以六年,英日同盟限以五年,是其例也。至于俄法同盟，其约文未宣布，不能知其年限，然其中亦必有一定之期，不过未发表于外耳。若期限已满，亦可继续。但继续必须彼此同意，不然则否。

第二项　国际地役

国际地役者，言此国领土彼国得有役使之权也。此中有积极、消极两方面。积极者，谓我授人以此权，如国内许外人造铁道，过军队之类是；消极者，谓人强我无此权，如外人不许我设警察，修炮台之类是。若罗马尼亚与俄罗斯订约，许俄军队通过己国，此积极者也；若英吉利与卢森堡订约，要其将己国城垒毁坏，此消极者也。以国际法原则而论，凡有国家者，必不受人限制，若外人得我地役，则行政权之限制甚矣。至于瑞士，位于德、奥、法、意之间，不得四国之地役权，则不能至他国，此又与民法之地役相同，不能以国际地役视之矣。

案，吾国敷设铁道之权半操于外人，而《庚子媾和条约》又有"大沽炮台及有碍京师至海通道之炮台一律削平"之文(见第八款)，是则吾国领土自积极、消极两方面观之，外人均有役使之权矣。

第三项　保护国

保护国者，谓此国为彼国保护，此国之行政权遂受彼国之限制也。如安南受法保护，法之行政权遂及安南，即是此类。

第四项　定疆域

定疆域者，谓此国与彼国清理界务，彼此之行政权以是易其位也。如中国与俄罗斯订约以乌苏里河为界，日本与俄罗斯订约以千岛、桦太互换，皆是此类。

第五项　中立国

中立国者，谓其永久中立，无与于战争之场也。此等国有不受人侵侮之权力，亦有不得侵犯他人之义务，其行政权之限制全部受之，若瑞士、比利时、卢森堡、公额是已。至于一部受限制者，则惟苏彝士与多恼诸河。盖此等河虽中立，而其领河国未中立。此等河不过领河国之一部，故谓其为一部限制也。

第二款　社会上行政权

社会上行政权者，谓国家保护财团之行为也。此中种类有七：一曰交通行政，二曰税关行政，三曰卫生行政，四曰宗教行政，五曰道德行政，六曰货币行政，七曰度量衡行政。今以次分述于左。

第一项 交通行政

交通行政有五：一曰邮政，二曰电信，三曰河川，四曰铁道，五曰船舶。其别如左：

第一、邮政

邮政在国内无限制，在国际则有限制，以各国邮税不能无畸轻畸重之分也。然邮税不一，则交通因以阻碍，故各国咸思破国之境，组织万国邮政同盟以行画一邮税之政策。若千八百七十八年巴黎之万国邮政同盟，即以是而创始也。

万国邮政同盟发起者惟数国，今则多有加入者，其办法设中央事务所于瑞士，以为万国邮政之总机关。所中置局长一名，以六人辅助之。凡书信无人收者，归此所布告，邮政有争讼者，归此所裁判。每月以英、法、德三国文刊报告一次，发布于入此同盟之国。至千八百九十七年，各国复会议于华盛顿，以前此准邮寄之物件为未足，复加入汇票、商品、标本之类。盖前此邮政之准寄者，惟明信片与印刷物也。至于炸药等项，则为危险之物，若有寄此类者，则各国无论何时何地均可抛弃之。

万国邮政同盟虽创立有年，然亦有未入此盟者。如日本至欧洲书信，邮政重于日本内地者三倍余，是其例也。近时日本设局于中国、朝鲜，其税与日本内地一律。此虽似统归一致，然设局于二国，究有损二国主权，何者？邮政只可彼此互递一国领土之内，他国不得有行动之权也。今日本乃以特别条约而得之，是谓二国有主权不能矣。

第二、电信

电信有陆上电信、海底电信之分。陆上电信无关紧要，海底电信则关系最为重大。千八百八十五年，各国在巴黎订电信同盟，设中央事务于瑞士；其明年又详订保护海底电线之约，决议平时保护规则，凡有损坏此线者，无论为何国船舶，该政府有赔偿之责任，亦无论在何国领海，所在国有捕获之权力。至于战时之可损坏与否，则各国学说不一。至千九百二年，各国在比利时开国际法协会，而后战时始许损坏，但其中亦有限制：一、中立国之海底电线不得损坏，但中立国亦不得用此电线以救援交战国；二、两交战国有相联海底电线，彼此可以切断，若电线有通过于中立国之领海者，则不得侵犯；三、公海之海底电线不得切断，若封港时损坏之，则战局告终，损坏者有接续之义务。

电话（一名德律风）无万国同盟，惟欧洲同盟则有之，以此物不能行于数千里以外,故不必万国议之。欧洲同盟者,若千八百九十年法兰西与瑞士之约,千八百九十五年德意志与比利时之约,是其已事也。

无线电信发明不久,国际法尚无限制之规则,如日俄开战以后,芝罘俄领事馆常通消息于旅顺,他国不能执战时之国际法以禁制之,以国际法原未议及也。

第三、河川

河川之关于国际者,为多恼河、莱因河、尼罗河、公额河;运河之关于国际者,为苏彝士河、巴拿马河、尼加拉哇河,此类前已于土地款中言之。至于桥梁,虽与交通有关系,然关于国际者颇少,兹可不论。

第四、铁道

铁道为交通之大利器,故有同盟。然此惟大陆诸国有之,若四面环海者则不然。如千八百九十年法、俄、德、奥、意、荷、比诸国结铁道同盟,英、日未尝入会,是其例也。然英、日虽不入此同盟,至英于中国,日本于朝鲜,均有铁道之约。环海为国者,固不能谓其绝不入此同盟也,但其同盟惟两国之关系,若以语于万国同盟,则国际法无此例。

第五、船舶

船舶之可否通行他国,以有无国际船籍而定。有国际船籍者,则他国负保护之责任,否则视为海贼船舶,可捕拿之。船舶之隶国籍,虽依国法以为衡,而国际船籍之由来,则必在于条约。如日本明治三十二年定《船舶法》,既于有关国籍之事详晰载明,而与各国结通商条约又必言及者,可见欲确定国际船籍,非有条约不能也。

辨别国际船籍之有无,其法有二:一视其船外之国旗,一视其船内之国籍证明簿。

船舶之性质,各国学说不一,而英、德之说为尤著。英学者谓船宜分公船、私船,德学者谓船宜分军舰、商舰。然公私之间既难区别,而探险船、司灯船亦不能归于军舰、商舰之中,是则二说固皆有所不合也。窃谓欲辨船舶之性质,当以是否代表国家定之。代表国家者,如军舰运送船、水上警察船、君主、大统领、外交官乘坐船之类是也;非代表国家者,如商船之类是也。

船舶所在之地,惟有治外法权者,可不从所在国主权。至其余船舶,在何国即宜服从何国主权,此其故前已言之矣。若夫在大洋海面,则虽无治外法权,他人亦不得限制之,惟有例外五端。其详如左:

（甲）甲船犯罪于乙国领海，逃往公海，则乙国可追踪捕拿之。若逃于丙国领海，则乙国不能擒获，应听丙国处分。

（乙）凡无国际船籍者皆可视为海贼船，无论其在何洋海，各国均可捕拿之，裁判之。

（丙）贩卖奴隶之船，无论其在何洋海，各国遇之均可捕其船，释其奴。

（丁）私船必奉其政府训令，始能在公海捕拿外国船只，否则为越其权限，各国可以捕获其船，此系千八百五十六年各国在巴黎开万国平和会所规定。

第二项　税关行政

税关之制，至十七世纪始有之，若往古则不然。英国昔时法律极严，英人与外人互市之禁，即外人偶有运货于其国者，亦必藉英国之船以运之。观此亦可知昔日交通之困难矣。降至今日，门户大开，各国均订通商条约，凡船舶之有国际船舶〔籍〕者，皆许其通行无阻，而后税关始得而设立焉。但其中亦有禁制品，既禁止者，则外人亦不得违犯。今具述于左。

（一）时禁

时禁者，谓其禁制与否视时以定之。若战时之煤炭、武器不许出口，平时之疫牛不准入口，皆其类也。

（二）物禁

物禁者，谓其物毒害人类，伤败风俗，设禁令以防之。如鸦片、淫画之类，各国不许运入境内销售，皆其类也。

（三）地禁

地禁者，谓其地重要，不许外人轻入。如军港之类，各国恐泄露机关，禁止外人出入货物，皆其类也。

近世收税之规则有三：一曰输入税，谓外国货物之来内地者；二曰输出税，谓本国货物之往外国者；三曰通过税，谓他处货物非输入此地而但由此地经过。通过税又有二种：一为在一国内，由此处达彼处之税，一为由甲国通过乙国至丙国之税。中国于输出、输入、通过三税均征收之。《中日通商条约》第十二款云："日本购买中国货物、土产为运出外洋者，除出口时完出口正税外，如照以上第十一款所列数目，照出口税则核算完纳子口税（厘捐创办之初，洋人之货亦在各子口征课，迨咸丰八年十一月中西重订条约,每两货物除纳正税外,另征银二两五钱,谓之子口税。纳此税则无论运往何处,均不再征,不然则逢关仍旧抽厘。)以抵各子口税 。"此子口税即通过税之第一种也(指在一国内由此处达彼处之税而言)。至其余各国则但有输出输〈入〉税,通过税概不征收。英国法律凡船入口者必税之,若其货原封出口则必将原税给还。

收税之标准有二:一曰从量税,一曰从价税。从量者,谓收税之多少以物之轻重定之;从价者,谓定税之高下以物之贵贱分之。今各国大抵用从价税,以物之贵贱不一,从量则成本极轻之物反课重税,有阻商务之进步也。然从价亦有困难,盖收税者议价必高,纳税者议价必低,彼此争执,国际间亦不能无冲突。故非有法以平之,则从价亦不能用。现《中英条约》言明,议价冲突之时请第三国商人公断,是则中国固有防其争执之法矣。或谓议价之时,当在海关设鉴定官以定之;又有谓彼报价太贱,可即以其所报之价提买之;又有谓纳税可取其货物几分之几,不税以货币。要之,此数法均可免彼此争议,近世各国所用,大概不出此范围。

收税欲免彼此争执,其法既已述于前矣,然有物于此议价时,将议其出产之地值乎? 抑议其所在地之现价乎? 今各国所采用大概于出产地值之外,另加运费、保险费、库敷料(库敷犹中国堆栈,即贮藏之义)计算之,以仅议出产地值,则其税过轻;估其所在地现价,则商人又无利可获也。至价之涨落,朝夕不同,日日变更,则彼此不胜其繁,宜定价一次,或半年以内,或三月以内,均照前次所定核算,俟限期已满,再估其时价,令以后遵行之。

收税之定额有二:一曰国定税,一曰协定税。国定税由本国主权自由定之,协定税由彼此主权结约定之。就其利害而言,则国定税多取其重,取重则利归于本国,而不利中于外人;协定税则多从其轻,从轻则利归于外人,而不利中于本国。两税固各有其利害也。虽然,税则者一国主权之所作用也,以税则之权授人,则虽经费支绌,亦不能于条约之外再议增加,若今日之中国是已。故有主权之国家,大都皆用国定税,其有行协定税者,则必彼此均有报酬者也。中国以税则载于约章,但以特别利益施于人,而人从未有以此还之者,是则诚理之所不可解者矣。

第三项　卫生行政

卫生上之行政权,近日始为发达,以交通日便,病疫易于传染,尤不能不加意也。然此事无一定规则,惟检疫之制颇多举行。今各国于滨海之区设检疫所,虽于政治注意,亦未能始无关于卫生也。但其法惟限于海岸,大陆则否,就其制言之,则今日所常行者有三。

（一）隔离

有疫之船不许近岸;

（二）遮断

有疫之船令标黄旗以为识,有此旗则本船人不许登岸,他船及岸上人亦不许登此船;

（三）消毒

有疫之船于病人则诊治之,于船体则洗刷之。

检疫法始于十四世纪,其时土耳其船至意大利遭疫,意使其停于港外检查,之后欧美沿以为例,因各订专约。千八百九十三年,各国在德国所结《防吐泻病条约》;千八百九十七年,各国在意大利所结《防鼠疫病条约》,皆其例也。日本于明治三十二年亦定此制,独中国未之加入,不知其宗旨为何。欧美以检疫杀中国人生命,毁中国人财产,惨恶极矣。而彼乃以消毒名之,中国亦不复过问,此诚可为浩叹者也。

以上所言,皆为人类卫生条约,至于以条约保护动植物者亦有之。若千八百五十年欧洲有《驱除葡萄虫条约》,此保护植物者也。若英、美各国有《禁止在白令海滥猎獭虎条约》,德、瑞于莱因河,德、法、英、荷、丹麦于北海有《禁止捕小鱼条约》,此保护动物者。彼之禁捕小鱼,其犹中国鱼不满尺,市不得鬻之说欤。

第四项　宗教行政

欧洲自中世以来,宗教之战争最烈。千六百四十八年,各国结约于魏司发里,听人信教自由。至千八百七十八年,各国复会于柏林,再申其约,日本宪法亦许人信教自由。盖已成为国际法,彼此不复干涉矣。

第五项　道德行政

行政权之关于道德者,莫如严贩卖奴隶之禁,当未禁以前,贩卖奴隶之风极为盛行。千八百十五年,英、法、俄、德、美、奥会议于维也纳以禁之,然未能实行。至千八百四十一年,各国在伦敦复设严禁,而后其迹始绝。方未禁以前,中国人在南美洲充苦工者以万计,未闻有生还者,中国如未之闻见,是亦可怪之甚矣。若今日则虽中国未防范,而各国固已代为禁之,此世界进化之征也。今将维也纳会议条约列于左:

（一）贩卖奴隶者，以其本国法罚之；

（二）船舶内有似贩卖奴隶者，可以严加搜索；

（三）拿捕贩卖奴隶之船，其国可裁判之，如有实据，可没入之。

案，同治十一年，秘鲁人李家尔耶鲁列在澳门拐华人二百三十名，以其船"玛利雅住"号载之，遁出横滨，为日本所扣留，交其人于我国，照例将其船充公，是其例也。

第六项　货币行政

各国货币不同，最不便于交通，故有货币同盟之议。然此仅见于数国，未有万国同盟之事。其见于欧洲者，不过千八百五十九年丹麦、瑞典、挪威有货币同盟，千八百六十五年法、意、比、瑞、希腊有货币同盟而已。至于纸币，则无有议之者，以各国之信用不一也。方今交通日烦，而货币乃如此纷歧，诚为遗憾。若中国则无论为何国货币，各视其势力范围圈而用之。此虽有便于交通，然外国货币能用于中国，中国货币不能用于外人，甚至本国货币，国人信用反不如外国货币焉。是则又不如彼此不通用之为愈矣。

第七项　度量衡行政

各国度量衡之单位不同，交易亦极行困难，故有度量衡同盟之议。千八百七十二年，俄、法、德、意、美、西、比、土、奥匈诸国会议于巴黎，至千八百七十五年其议始定，以密达（德国尺名）为单位，凡同盟国之不同者，均以此为比例差。日本于明治十九年四月十六日亦加入此盟。

第四节　形式权

形式权者，谓国家对于外部而有一切表彰之权利也。国际法之原则有二：一曰彼此不相干涉，二曰各国均相平等。若形式权者，则无国而不平等者也。

国际法者，所以维持国与国之秩序者也，欲维持其秩序，则不得不讲平等。盖就事实上以观，国家不能无大小之殊，不能平等者也；就形式以观，国家各有其独立之实，正宜平等者也。近世学者洛里摩氏、陆伦师氏，均谓形式上亦不能平等，是不知国际法为维持国与国之秩序矣。不观之俄罗斯与摩洛哥乎？夫俄世界最大之国也，摩世界最小之国也，然俄、摩与各国交涉，俄不以国大而权利亦大，摩不以国小而权利亦小，是则欲维持国际秩序者，固必在于平等矣。以此事求之中国，古义若滕介于齐楚之间,不知修政以自强,而以事齐事楚为保全之术,此不知平等之义者也。若汤事葛,文王事昆吾,孟子谓其以大事小,此知平等之义者也。明于此则国家领土之广狭,兵力之强弱,帝王之名称,国内之贫富,政体之现象,皆可不必问矣。

欧洲当中古之时,以民主国为不及君主国,盖犹有重君轻民之习。自克林威尔行共和政体,法兰西继之,而后民主国始得与君主国一律相似,以二国之能日臻强盛也。降至今日,平等之义益明,虽名称有帝王公侯之别,国际之形式权则无不以平等相视矣。

国际虽曰平等,而欧洲尚有二等之分,则以出于习惯之故。二等者何? 有君礼国及无君礼国是已。君礼,法文曰翁诺鲁耶,凡帝国、王国、大公国、大共和国皆是。有君礼者,得以派遣大使(中国译为头等公使);无君礼者,则仅能派遣公使(公使乃头等以下各种之称)。其区别不过如此,至其余则无不平等也。

国际间之形式大概可以三类分之:一曰形式之关于名号者,二曰形式之关于位次者,三曰形式之关于仪文者,其详如左。

第一款　名号上形式权

名号者,指国号与王号而言,凡此等名称,各国均可自由称谓,外人不能干涉之,若干涉,则与其形式权有损矣。今即此二者分言之。

第一、国号

国号者,表彰国家之荣誉,如帝国、王国、大公国、公国、共和国之类是也。此等名称本国可以自由称谓,他国不得轻蔑。如法国忽称君主,忽称共和,朝鲜先称王国,后称帝国,各国不能有异词,是其例也。至于中国称日本为倭奴,日本称荷兰为南蛮,殊于外国之形式有损,此以昔时不知国际仪文,故其称如是。若今日则最不可者也,但本国自称其国多以"大"字冠之,如大清国、大日本,均自称之词。至于外人之称谓,则从其普通之名词可也。如法国称中国为支那,称韩国为高丽,他国或沿称其名,均可听之,不得强人之称己为大国也。

第二、王号

王号者,元首所有之尊号,如帝王、公侯、大统领之类是也。此等尊称各国亦可自由称谓,如俄国元首对本部称皇帝,对芬兰则称大公;英国元首对本部称国王,对印度则称皇帝;德国元首对联邦称皇帝,对普鲁士则称普王,是其例也。凡元首已有之尊称,他国不得袭用之,若袭用则为轻蔑其形式权。如昔年英国元首用法国元首名称,论者以为不合是也。

第二款　位次上形式权

位次上之形式权有二:一为会议,一为条约。盖国于地球之上,其形式权无不平等。然会议时之序次,结约时之署名,不能无先后之分,则平等似亦未能实行也。各国欲息此争议,以行平等之实,故适用一定规则,使彼此无异言。今将二者分言之。

第一、会议席次之先后

会议有两种:一曰大会议(康格雷),一曰会议(康费伦)。大会议为事之最重要者,各国以大使临之,或元首亲至会议;为事之稍寻常者,各国多以公使临之。然此不过名称不同,就其实际以言,二者亦无大区别也。会议之关于形式者,无如席次之先后。自古以来,以此而起争端者,所在多有。于是席次之间,以教皇所排列而分先后者有之(教皇排列位次,首罗马皇帝,次则法兰西王、西班牙王、阿拉根帝、葡萄牙王、英兰王、西细利王、匈牙利王等),以轮流法而分先后者有之,以抽签法而分先后者有之,以元首年龄而分先后者有之,以元首即位年间而分先后者有之。然其法令皆不用,而惟定以法文字母,盖教皇当全盛之时,其权力能令各国遵从,若今日则诸国有灭亡者,有强大者,故不能依其所定也。至于其余诸法之不用者,则以其法乃出于一二国之意,非万国所公认,今日环球交通,不能不适用万国之公例耳。排列法文字母之法以合于第一字母音为主,如甲国合于第一字母音,乙国合于第二字母音,则甲国为首,乙国次之。两国俱同第一字母音,则以第二字之母音定之。近日会议以德意志为首而比利时、智利、中国、英吉利、日本、俄罗斯次之者,皆以法文字母定之也。

万国会议时所用语言以法语为主,亦有用英吉利、德意志、意大利、西班牙语者。两国议会则由两国议定用何国之语言,或均用本国语,再以舌人译之,亦听其便。

第二、条约署名之先后

条约署名之先后,亦以法文字母定之,但此乃指万国之同盟条约而言,若两国结约,则视其约文存于何国。存此国者则此国署名在先,存彼国者,则彼国署名在先。如中日结约,两国必各存一分,在中国者,以中国之元首及其全权大臣居先;在日本者,以日本之元首及其全权大臣居先。

　　万国条约文字向为拉丁文,今用法文,两国立约则用两国文,或两国文只用一国文,或两国文俱不用,竟用第三国文者亦有之。此因为两国之约与万国条约不用,故可任其自便也。

第三款　仪文上形式权

　　形式权之见仪文者有二:一为交际仪文,一为海上仪文。其详如左:

　　第一、交际仪文

　　交际仪文各国不同,然欲其划一,莫如以所居国定之。盖各国之礼俗不同,有以跪拜为礼者,有以免冠为礼者,有以握手为礼者,有以鞠躬为礼者,居他国而行本国之俗有淆耳目,故不得不从所居国之礼节也。然其中亦有例外,如中国本行跪拜礼之国,据理而论,外人在中国者,当从中国之俗,而彼顾不行者,则由西人以跪拜为敬天之礼,不愿施于中国也。此不合国际法原则,故谓为例外。

　　第二、海上仪文

　　海上仪文有二:一为升炮,一为举旗。发一百一炮,敬元首之炮也;发二十一炮,敬国旗之炮也;高悬其旗,喜式之旗也;低悬其旗,吊式之旗也。此中仪文有用于两国船海上相遇者,有用于甲国船入乙国港者。就两国船海上相遇言之,其行礼之先后以官职之卑尊而定,如军舰与军舰相遇,舰长位卑者先礼,尊者答之;商船与军舰相遇,商船先礼,军舰答之;单军舰与军队相遇,单军舰先礼,军队答之;他国船与元首、公使船相遇,他国船先礼,元首、公使船答之(不答亦可)。就甲国船入乙国港言之,则无论甲国为何等船舶,由甲国先礼,乙国船答之。

　　此外,国旗、国玺、军旗亦为国家形式权之所关。盖此等物件均所以表彰本国荣誉,若对之侮辱损坏,则与侮辱其国无异。如千七百九十七年奥国将俄旗损坏,法国人民将德国士官服装裂碎,遂至彼此互相龃龉,是则此等仪文亦言国际者所当知也。

第五章　国家之义务

　　义务者,与权利相对而生者也,有权利即有义务。私法如此,公法亦然。近世学者以责任解义务，谓不负责任者即为违犯公法，此说极得其平。至于分义务为地役义务、移交罪人义务、追放外人义务，则其说未免隘矣。今将国家所应尽者言之。

第一节　何人之行为为国家之义务

国家之行为有两种：一曰代表者，一曰一私人。

第一、代表者

代表者之行为有二：一为从命令者，一为反命令者。从命令者有不法行为，是为国家积极责任。如某国公使奉其政府训令干涉驻国内政，则其国当负责任。反命令者有不法行为，是为国家消极责任。如昔日俄国公使反俄国正当命令，扰乱巴尔干半岛，则其国亦当负责任。盖反命令虽与从命令有别，然彼既为国家代表，则其国有监督之责，故不得以其反命令遂谓此不法行为，无与于国家之责任也。

第二、一私人

一私人不法行为，大概尽为反命令者，然私人为国家一分子，则其国亦有管理之责，故彼对外人有不法行为，国家亦当任其咎。如中国拳匪之乱戕害德公使、日本书记生，虽非中国政府之意，而中〈国〉政府亦不能辞其责，以国家原有管理人民之权也。

第二节　对于何人有义务

国家对人之义务有二：一为内国人，一为外国人，其详如左。

第一、对内国人

国家对内国人之负责任与否，视其人在外国、在本国以分之。在外国有不法行为，本国不负责任，以其人既在外国，则外国有管理之权也；在本国有不法行为，则本国当负责任。如日本人在内国杀外国人，则日本必负责任，以其有管理之责也。然此亦视其管理如何，管理不严则负责任，管理而严则不负责任。

第二、对外国人

国家对于外国人，如赤十字之类，皆当负责任者也。

第三节　免除义务

免除责任之法共五种，有用一二种而免除者，有全用而免除者。若

全用尚不能免除,则国家为自卫之故,不得不出于战矣。今即免除之法具陈于左:

　　(一)责罚行为;

　　(二)回复旧状;

　　(三)谢罪;

　　(四)损害赔偿;

　　(五)土地割让。

第二编　外交官及领事官

第一章　外交官

　　外交官有广狭二义。以广义言之,凡外务大臣、海陆军大臣皆可括于其中;以狭义言之,则仅驻扎外国之公使始足以当此名。今所言者,狭义外交官也,故仅就公使言之。

　　公使者,代表本国驻扎外国,以办理一切之政治者也。当古昔闭关之时,公使不常驻于外国,即与他国有交涉,亦不过偶一派遣而已。若春秋时之行人,是其例也。自十四世纪以来,而后公使始有永驻外国之事。但当时宗旨在窥伺他人形势,以为攘利之谋。若今日彼此之互相派遣,则其意全在维持和平,非复昔日之阴谋矣。

　　公使有辅助之官,若参赞、随员、书记是已。至于使馆之附设武官者,则由昔年以伺察军政为目的,故有此建置。若今日则无此宗旨,其设立者不过仍旧日之习惯而已。或谓武官为保护使馆而设,其言亦非。夫公使驻扎何国,则何国有保护之责,不必赖武官之保护也。

　　公使有永久者,有临时者。派遣永久驻外国公使,其原因有三:一曰交际上彼此互表亲交之义,二曰调查两国条约之实行与否,三曰保护本国人在外国之财产。派遣临时往外国公使,其原因亦有三:一曰媾和,二曰清界,三曰庆吊。

第一节 公使之种类

公使之种类有四:一曰全权大使,二曰特命全权公使,三曰代理公使。此千八百十八年各国会于维也纳所议也。至千八百十八年各国又会议于艾克司,添办理公使于特命全权公使之后,代理公使之前,自是公使阶级共有四等(中国译为头等、二等、三等、四等)。但其位虽有等差,权则无有大小,不过礼式上稍有不同而已。

公使之阶级虽有四种,而各国派遣则可听其自便,如法派大使于瑞士,瑞士派公使于法国,是其例也。然此为例外之事,若普通原则,甲国派大使于乙国,乙国亦当派大使于甲国。盖大使与公使之权限虽同,而仪式则微有差异。彼国既派遣大使,则此国亦不得不然也。至于瑞士不派大使于法者,则以大使之费用浩繁,瑞士国小,财力不足,是又出于无可如何者矣。

各国公使当驻扎外国时,必推一人为之长以为各公使代表,即所谓外交团长(中国译为公使会长)者是已。外交团者言,萃各国之外交官而结一团体也。此团长以公使中爵位最尊者充之。若爵位无尊卑之殊,则以公使中先赴任者充之。团长无权利、义务之关系,惟遇行礼之时,各公使不能悉数发言者,团长得为之代表。

第一款 全权大使

全权大使者,奉本国元首之命,既代表国家,而又以代表元首者也。此种大使各国不常派遣,惟有第一流之外交家而后派任此职。盖公使中之最尊贵者也。其特权如左:

一、能直接与驻扎国外务省交涉,直接与驻扎国元首谈判;

二、能直接拜谒驻扎国之元首;

三、能受阁下之尊称;

四、能受驻扎国各国公使之访问;

五、能在驻扎国居普通公使之上席;

六、能在驻扎国为各国公使之团长,以代表各公使;

七、能驾六头之马车,马首得覆以赤绢。

第二款 特命全权公使

特命全权公使,其权限与大使同,而礼式则在大使之下。盖大使代表国家与元首者也,公使代表国家者也。当古昔君权最盛之时,故极崇大使礼节,而公使不能与之并。降至今日,则虽公使权限亦与大使无异,但积习相沿,礼节不能不稍出其下耳。

第三款　办理公使

办理公使,其阶级较特命全权公使为卑,其权限,其礼节,则与特命全权公使无异,所异者名称之不同耳。

第四款　代理公使

代理公使有两种:一曰永久代理公使,一曰临时代理公使。若维也纳决议之代理公使,此永久代理者也;若公使或归国,或旅行,而以使馆之参赞或书记任其职务,此临时代理者也。永久代理公使之由来,盖以国家不欲派上级使臣,或不能派上级使臣,故以此种充之,其职务与公使无异,其信任状由本国外国〔务〕大臣交付于驻扎国外务大臣。如日本明治二十年派至朝鲜国之近藤真氏,是其例也。临时代理公使之任职,由本公使以文书通告于驻扎国外务大臣,或与驻扎国外务大臣面言之,则彼即行其职务而与本公使无异,所异者仪式之稍杀而已。

第二节　公使之任命

任命公使之权,虽随各国之国法而异,然其信任状、全权状、训令书则有关于国际,盖无此等文书,则他国不认其为公使也。至于必具如何资格而后得为公使,则此为国内法之规定,非国际法所问矣。今但就信任状、全权状、训令书三种言之。

第一、信任状

信任状者,记载公使姓氏、职务之状也。其在全权大使、特命全权公使、办理公使者,由本国元首署名,以达于驻扎国元首。其在代理公使者,则由本国外务大臣署名,以达于驻扎国外务大臣。

第二、全权状

全权状者,公使奉特别使命以赴外国所携带之书也。凡重大之事必有全权状,而后他国始与谈判。状中所记载盖言此公使有若何之权限也。但全权不必各公使皆有之。

第三、训令书

训令书者,专记载公使职务以授于公使之书也。此书在驻扎国有可宣布者,有不可宣布。盖信任状记载公使职务,仅言其普通应尽之职,此则或有秘密交涉而特命公使办理也。

第三节　公使之拒绝

公使为一国代表,此国已派遣者,则彼国不得拒绝,以拒绝则于其主权有损也。然其间亦有不能不拒绝者,故今日各国将简派使臣,必先通告于驻扎国,问其是否接待。待其覆答而后饬其赴任,是亦免彼此争议之法也。若派遣国未先通告,则驻扎国亦有拒绝之权利。如下所陈者是已。

第一款　因遣使之国而拒绝

因遣使之国而拒绝,其理由有二:

(一)新立国主权未确定,其所派公使,他得拒绝之,以一经接待,则是承认其为国家也。

(二)派遣国与驻扎国权利不相容,则其国派遣公使,驻扎国得拒绝之,如德意志之新教诸邦不接待罗马公使,是其例也。

第二款　因公使一身而拒绝

因公使一身而拒绝,其理由亦有二:

(一)公使为本国人任他国公使,使于本国,则本国得拒绝之。若普鲁士于千八百十六年之宣言,谓普人为他国公使于普,普国不接待之,是其例也。

(二)公使于未派遣之前与此派往驻扎国有隙,则其国得拒绝之。如奥国不接美使蒲安臣,是其例也。

案,光绪壬辰年,美派使臣卜雷尔特于我国,我国以其在美洲仇视华商,刻待巴拿马华工,因不接待,是其例也。

第四节　公使之职务

公使之职务,大别有三:一曰对本国政府之职务,二曰对本国人民之职务,三曰对驻扎国之职务。

第一款　对本国政府之职务

公使者,国家官吏之一也。凡官吏应尽职务,使臣均当尽之。但公使犹有特别者,今言其详于左:

第一、代表本国政府之职务

公使代表本国驻扎外国,其宗旨在敦睦两国友谊。故为公使者,当重视驻扎国之习惯,慎其语言,和其风采,不得妄自尊大,以失两国交好。

第二、遵训令之职务

公使职务之范围,当遵守本国政府训令,不得于训令之外别有作为。但其中若有不适于用者,则公使亦有便宜行事之权。此即春秋所谓乡大夫出境,苟有利于社稷,得以专之之意。然此以事机危迫,不得不然,若政府正当训令,公使亦不得擅自更改。

第三、守秘密之职务

公使一言一行,关系国家之安危,故遵守秘密尤为职务之第一要件。日本当改正条约时,所谓井上案者谓〔为〕荷兰公使公于世,日本要求其政府召还,是则遵守秘密又为公使者所当知也。

第四、守品昧之职务

公使为一国代表,品行不敦,非惟辱身,并以辱国。若昔年俄公使驻扎美国,娶娼妇为妻,美国要求其政府召还,是则谨守品昧,亦公使职务之所当尽也。

第五、视察之职务

公使驻扎外国,凡利害之有关于本国者,均当精细采访,以报告于本国政府。若驻扎国议会之演说,内阁之方针,政府之意向,全国之舆论,各种新闻杂志之论说,皆视察者之所当留意也。然此虽为公使之职务,若以贿赂而探访秘密,则又为国际法所拒。盖今日公使原以维持和平,非如昔日之侦探政治、崇尚阴谋者可比,若以行贿赂而视察,则其视察为阴险也。

第六、通信之职务

公使视察之事实,欲报告政府,必藉信以通之,故通信亦为公使应尽之职务。通信有两种:一为有定期信,一为临时信。有定期信者,谓其拜发之日有一定之时也;临时信者,谓有事则告知,不拘其为何日也。

第七、与驻扎国政府商议之职务

商议有两种:一为直接商议,一为间接商议。直接者,谓竟与驻扎国元首交涉也;间接者,谓先与驻扎国外务大臣交涉也。凡商议无论为直接,为间接,用文书,用面语,均听其便。文书商议又有二种:一为使臣遵本国政府之训令自作文书与驻扎国交涉,二为本国外务大臣发文书于使臣,使臣持此书以与驻扎国交涉。

第八、监视条约之职务

公使有维持国家权利之义务。条约者,国家权利之所以生也,故公使监视条约,实为其应尽之职。凡已结条约之履行如〔与〕否,新结条约之利害与否,公使均当监视之。

第九、维持其特权之职务

公使之特权,国际法上之权利也。如驻扎国侵害其权利,则公使当有以挽救之,以此虽为礼式上之末节,实于国家之权利有损也。

<h2 style="text-align:center">第二款　对本国人民之职务</h2>

公使驻扎外国,有保护本国人民之责任。如驻扎国违反国际法原则,束缚本国人民之自由,或变更国内法所规定之诉讼规则,加重其刑罚,则公使当设法恢复之。盖公使者,国家之代表也。国家有保护人民之责,公使既代表国家,则当尽国家之职务。故凡遇此等事项,公使不必仰本国训令,可竟与驻扎国争议。

<h2 style="text-align:center">第三款　对驻扎国之职务</h2>

公使职务,在调和两国之交际。既欲其交际调和,则宜重视驻扎国之权利,故公使对于驻扎国亦有当尽之职务。今将其所应尽者言之。

第一、守驻扎国国法之职务

公使于国际法上享有不可侵犯之权利,但此权利者,指驻扎国之国法不能加于公使之身而言,非谓公使可侵害驻扎国之权利也。故公使蔑视驻扎国国法,则驻扎国可要求其本国召还,或命其退去。若有重大之关系,则虽逮捕拘留,亦无不可。夫至于逮捕拘留,则其辱身、辱国为已甚矣。故公使之当守驻扎国国法,非惟对于驻扎国所当然,抑亦对于其本国所当然也。

第二、不干涉驻扎国政策之职务

各国内政,他国不得干涉,公使若不守此职务,则与驻扎国主权有不相容之势。故公使惟得与驻扎国外务省交涉,若其余官厅,公使不应与之往还,以其为国家内政之机关,非公使职务之所及也。

<h1 style="text-align:center">第五节　公使之特权</h1>

公使之特权有四:一曰治外法权,二曰不可侵权,三曰信教自由权,四曰自为裁判权。此种特权,公使皆得享之,若一部分之外交官则不得与公使同享此权利。一部分外交官者,谓其外交只限于一部分,如派遣

官吏探索外国之情形，调查寓居外国之本国人民，或往外国募公债，临万国博览会，皆一部分之外交官也。公使之职务较一部分外交官为繁重，故得享有此特权。今将其四种特权详言之。

第一、治外法权

治外法权者，谓其于行政上、财政上、裁判上享特别之权也。此权不独公使有之，即与公使有关系者，亦得有之。其故已于治外法权中详言之矣。

第二、不可侵权

不可侵权者，谓公使身体、名誉之不可侵犯也。盖公使为一国代表，尊崇公使即与尊崇其国无异，倘以暴行加于其身，或侮辱讥评之，则是轻蔑其国矣。春秋时晋郤克聘于齐，齐顷公帷妇人以笑之，遂启衅端。是则公使之不可侵犯，中国古义固亦有之矣。

第三、信教自由权

信教自由权者，谓其教无论为驻扎国禁制与否，公使均可自由信之也。据今日各国之国内法而言，凡为人民者，均许其信教自由，则此似不是为公使之特权矣。然人民之能自由者，必其教为国内法所规定，而后始许其任意尊尚，若有害于公安之教，则政府犹得禁之也。至于公使之信教自由者，则无论其教为驻扎国禁制与否，公使均有自由之权。故此亦当谓为公使特权之一也。

第四、自为裁判权

自为裁判权者，谓公使役人犯罪得以自为裁判也。此与治外法权内之裁判权不同。治外法权内裁判权者，谓驻扎国对于公使不得有裁判之权也。自为裁判权者，谓公使对于使馆役人得有裁判之权也。但此权在昔日则极盛，至今日则国家权利之观念渐次发达，承认公使之自为裁判权则与国家自主权有不相容之势。故今日惟从者之非讼事件及违警罪，公使得有管辖之权而已。若重罪则仍不能不送驻扎国惩治也。然此惟欧美诸国为然，若土耳其及东洋诸国，则各国公使犹能行使其裁判权，非惟使馆之役人，即其寄居驻扎国之本国人民亦得裁判之。是又今日例外之事矣。

第六节　公使之终结

公使职务之终结可大别为二：一曰职务全行终结，一曰职务一时终止。

第一款 公使职务之全行终结

公使之全行终结其职务,原因有八,具述于左:

(一)本国灭亡;

(二)驻扎国灭亡;

(三)本国召还;

(四)驻扎国逐还;

(五)公使辞职;

(六)公使免官;

(七)公使满任;

(八)公使死亡。

第二款 公使职务之一时终结

公使之一时终结其职务,原因有三,具述于左:

(一)公使旅行;

(二)两国开战;

(三)驻扎国内乱。

第二章 领事

领事者,亦本国派遣于外国具有外交官之性质者也。但其中与公使不同,公使为政治之代表,领事则仅商业之代表,是其职务有不同也。公使在一国只派一人,领事则通商口岸均可派遣,是其人数又有不同也。公使之派往驻扎国不能拒绝,领事则驻扎国有拒绝之权。或以不便而拒绝,如日俄未战以前,日本派领事于海参崴,俄国不允,及改派贸易事务官,俄国乃允之,是其往例;或以条约而拒绝,如中日所订《马关条约》,除沙市、重庆、杭州、苏州四埠外,不得开港设领事,又其一例。是其派遣亦有不同也,有此三不同,故领事不得与公使并称。一言以蔽之,公使为代表国家之人物,领事则不过代表财务之人物而已。

第一节 领事之类别

领事之种类有三:一曰因其委任而区别之;二曰因其阶级而区别之;三曰因其权限而区别之。其详如左。

第一款　领事委任之区别

领事委任之区别有三，即任命领事、选举领事、名誉领事是也。其详如左：

（一）任命领事者，由本国政府所命令之官也。此种领事在有领事裁判权之国，则有裁判本国人之权；在无领事裁判权之国，则仅有管理本国商业之权，今之普通领事即此类也。

（二）选举领事者，由寄居外国之本国人公同选举，而后再由本国承认之也。此种领事与任命者无异，惟无一定俸给，故其他职务得兼营之，不似任命领事之不得营商也。近各国惟德意志有此例，余则此等领事不多见。

（三）名誉领事者，谓托外国人兼理其事，不以本国人为之也。此种领事惟得专理商业事宜，与任命及选举者不同。至其俸给之无一定则，与选举领事无异。各国之有此等领事者，盖以在外国人少之故，又或以另有不便之故。若中国在暹罗无领事，请德领事兼任之，是其例也。

第二款　领事阶级之区别

领事阶级之区别有四：一曰总领事，一曰领事，一曰副领事，一曰领事代。其详如左：

（一）总领事有监督各部领事之权，公使有故，总领事得代理之；

（二）领事专理其应尽职务，其权限较总领事为稍杀，公使有故，此等领事不得代之；

（三）副领事者，补助正领事之官也。正领事即指普通领事而言；

（四）领事代者，当总领事与领事不在该地方之时，代行其职务也。

第三款　领事权限之区别

领事权限之区别有二：一曰通商领事，一曰裁判领事。其详如左：

（一）通商领事即指今日之普通领事而言，此种领事在驻扎国无裁判权；

（二）裁判领事由特别条约而生，欧美各国无之，惟在东洋诸国有此例，其由来前已言之矣。此种领事即指通商领事之有此权者而言，非谓受领事裁判权之国既有通商领事，又有裁判领事也。

第二节　领事之任命

领事之得行其职务，必以命令书及认可状为凭。命令书者，本国政府之所发给也。认可状者(准其执行职务文凭),驻扎国政府之所发给也。有命令书而无认可状,则驻扎国能不以领事待之。

第三节 领事之拒绝

领事之是否接待,驻扎国有自由之权,派遣国不能强之。但驻扎国虽有此权利,而拒绝亦当视其为何时。当初至之时而拒绝,则可不必言其理由;若既与以认可状复欲拒绝,则必言其理由,不能由驻扎国之任意也。

第四节 领事之职务

领事之职务大别有三:一曰管理商业,二曰保护人民,三曰视察条约。其详如左:

(一)本国人在驻扎国有通商航海之权利,领事须保护之;

(二)本国与驻扎国所结条约,其履行与否,领事须视察之;

(三)本国人寄居于领事驻扎口岸,领事须保护之。此与公使职务相同,其寄居之地近于公使者归公使保护;近于领事者归领事保护。但领事所保护亦有不仅限于本国人者,其例外有四,其详如左:

(甲)有人民所在之地,本国不设领事而托他国领事代保护者。如中国在暹罗人民,或托法领事保护,或托德领事保护,是其例也。然此国领事有保护彼国人民之义务与否,今日国际法尚无定例,是知此事固极窒碍难行,故近日中国旅居暹罗商人自相团结,公推一会长以保护之,是亦无法之法也。

(乙)有以人少不设领事而托他国领事代保护者。如昔年葡萄牙人在日本者不满五人,葡萄牙遂调回其领事,托西班牙领事代保护之,是其例也。

(丙)有以两国交战之时,彼此公使领事归国,而各托他国领事代保护者。如日俄之战,俄人之在日本者,托法领事保护,日本人之在俄国者,托美领事保护,是其例也。此以战争之故,彼此不得不然。若战局告终,则必各派领事保护之。今之托人保护者,乃一时之计,与中国旅居暹罗人民永久托人保护者不同。

(丁)有以条约之故,甲国派领事于乙国,非惟保护本国人民,而并以保护驻扎国人民者。如土耳其本奉回教之国,其人民之从耶稣教者,土耳其不保护,法领事代为保护之,是其例也。此以宗教冲突之故,法人以特别条约得之,非今日之普通法也。

以上所言领事职务尽于此矣。然就其中细别之,又可得其种种分类,今详于下:

(一)人民寄居于领事驻扎之地,凡本国户籍吏所应执行之事,领事均当执行之。如婚姻、死亡、养子、更名等件,均归其管理,以报告于本国政府。至于遗产之无经理者,贫病之无药资者,归国之无旅费者,亦均归其设法保护。

(二)本国人民在领事驻扎国口岸,或欲至驻扎国之他地方,或至他国之境内,领事当付以旅行券,免其至该处留难。若驻扎国人欲至本国,其旅行券亦由其给付之。

(三)在驻扎国之本国人民,或自相争讼,或与驻扎国人争讼,领事均当解释之。至万不得已,始得许其至该处裁判所控告,有领事裁判权者,不在此限。

(四)船舶在领事驻扎国停泊,领事有保护之责任,若商船则领事并可监督之,有警察权,有裁判权。至于船舶之为军舰者,则领事但有保护之义务,无监督之权力。又无论何等船舶,如其中有欲自此港至彼港者,领事当与以健康书,免其至彼处留难。船长或死亡,领事可派人代之;船员或逃走,领事可于所在地请求拘执之。

第五节　领事之特权

领事之特权,有自国内法定者,有自条约上定者。国内法所定,如日本有《领事职务规则》(见明治三十三年四月敕令第百五十三号),他国至日本领事,日本至他国领事,均按此规则,以享其固有权利,如下所陈者是已。条约上所定,其中又有二种:一为通商航海条约,一为领事职务条约。通商航海条约乃日本对于各国普通之约,领事职务条约则日本对于一二国之约。如日本与德意志、比利时所结约,领事犯重罪,归驻扎国裁判,犯轻罪则归本国裁判,是其例也。今各国领事犯民事、刑事之罪得免驻扎国裁判者,惟订有专约则能之。至于领事之自有裁判权(指裁判本国人民而言),则人世界所仅见矣(惟在东洋数国有此权)。兹就其普通特权言之,共有四种:

(一)领事在驻扎国得用本国徽章;

(二)领事之记录、书信不可侵犯;

（三）领事之身体不可侵犯；

（四）领事在驻扎国得免其国之身上税、奢侈税、动产税。

第六节　领事之终结

领事之终结有六，其详如左：

（一）本国灭亡；

（二）驻扎国灭亡；

（三）两国开战；

（四）领事辞职；

（五）领事转任；

（六）领事死亡。

第三编　条约

第一章　条约之性质

条约之成立须具二种性质：一曰必国家与国家相交际，二曰必文字与文字相结合。盖国家者，主权之所由行动也；文字者，证据之所由确定也。有主权而后条约能履行，有证据而后条约有效力。故必国家与国家相订结，而后得以条约称之。若国家募国债于外人，虽有一方主权之行动，不得名为条约，以彼此无有行动之主权也。推而至于私人与私人之交涉，更所不论矣。亦必文字与文字相结合，而后得以条约称之。若两方为停战之宣言，虽有彼此遵守之义务，亦不得名为条约，以二面非有确实之证据也。推而至于私人与私人之口约，更所不论矣明乎。此则知条约之成立，非具此二种性质不能也。

第二章　条约之要素

条约之要素有三：一曰主体要素，二曰客体要素，三曰目的要素。

第一节　条约主体之要素

条约主体之要素有四,一曰意思,二曰主权,三曰代表者,四曰批准。今述其详于左:

第一、意思

条约有以合意而订结者,有以威逼而订结者。就私法言之,凡私人受人威逼之约均无效力之可言,以其非道德行为也。就国际法言之,则无论其为威逼与否,一经订结,即彼此均当遵,以国家非私人之比,且两国和平条约多有结于战争之后者,若谓其无效,则战胜国虽不强其立约,而以未遂欲望之故,恐战祸之未必即停止也。有此原因,故今日虽威逼之约,国际法亦认其为有效,但以私事威逼君主与公使者,则不得与此同例。

第二、主权

条约之有效力者,必在主权完全之国,若其国为半主权,则不得与人订结条约。苟其订结,则国际法视为无效,如杜兰斯哇为英之半主权国,安南为法之半主权国,若二国与他人结约,则英、法干涉之,能使其约归于无效也。

第三、代表者

代表者,与人结约必须具有全权状,若无全权者,则他国不得与之开谈判。如中日之役,中国使张荫桓、邵友濂议和,日本以其无全权拒之,是其例也。若他国与无全权者开谈判,则虽立有条约,亦不能认其为有效,如崇厚越权行事,割让伊犁于俄罗斯,中国不认,复使曾纪泽议之,是其例也。

案,崇厚实赏有"全权"字样,其详见光绪二年《总理衙门核定出使外洋各员俸薪等第疏》,及《曾惠敏改订俄约办事艰难疏》。中村博士谓崇厚无全权者,盖未细考当日情事也。

第四、批准

条约之效力,据国际法原则言之,当以其国之批准为据,但其中亦有不尽然者。若万国平和会条约(千八百九十九年在荷兰海牙所订结),各国未批准以前,即公认为有效,是其例也。盖国家以全权付于公使,公使既签字之约,则其国未有不批准者。若以未批准而迟其效力,则有约于此甲国已批准,乙国尚未有批不准,以乙国之故迟甲国之效力乎? 故今日条约之成立,虽以批准之日为主,而条约之效力,则以签字之时起算。至于批准之权属于何人,则各国国法不同,有属于元首之大权者,有属于议会之协赞者。此国法之问题,非国际法所问也。

第二节　条约客体之要素

条约客体之要素有二:一曰目的物之存在,二曰目的物之同一。目的物存在者,谓实有其物也。例如,以台湾割让于人,台湾本实有其地,故其割让之约为有效,若其地为假设,则其约必无效矣。目的物同一者,谓彼此合意也。例如,中国欲割台湾于日本,日本亦欲受台湾于中国,故其割让之约为有效,若中国欲割台湾,日本欲其割威海卫,则其约亦必无效矣。

第三节　条约目的之要素

条约目的之要素在不违反乎国际法。盖国际法者,所以定条约之有无效力者也。如其违之,则虽定有专约,亦不能认其有效矣。如大洋为万国所公有,若两国结占领大洋之约,则其约必无效;贩奴为万国所共禁,若两国结贩买奴隶之约,则其约亦必无效,是其例也。

第三章　条约之效力

条约之效力有及于永久者,有及于一时者。若保护权利条约之类,此永久者也;若攻守同盟条约之类,此一时者也。至于效力对何人始有之,则其中种类有二:一曰两国结约之效力,一曰对乎第三国之效力。今就二者分言于下。

第一节　两国结约之效力

两国结约之效力者,谓彼此既合意订结,即宜遵守之谓也。此具当遵守之由,在昔为崇神教之日,谓违约即为违神,故效力能及之;在今为重信义之日,谓违约即为违信义,故效力尤能及之。若其间之有不效者,则为违反国际法,非国际法之所许也。

第二节　对乎第三国之效力

对乎第三国之效力者,谓两国所结之约,其效力能及于第三国也。

就国际法原则言之,结约国以外之国家必无何等之效力,然其中又有例外。如千八百七十八年,俄、法、英、德在柏林结宗教条约,公额不在约内,而效力及之;千八百八十五年俄与奥普结瓜分波兰条约,波兰不在约内,而效力及之,是其例也。

第四章　条约之种类

条约之种类,虽有千差万别,然就其实质言之,则惟有政治条约与社会条约而已。若欲细为区别,则其中种种不同。有所谓取报(决定)、协商宣言者,此名称之不同也;有所谓对等(权利、义务平均者,谓之对等)与不对等者(权利、义务不平均者,谓之不对等),此内容之不同也;有所谓约定(一时者谓之约定)与条约(永久者谓之条约)者,此历时之不同也;有所谓万国(关系万国之事则有万国条约,如各国在巴黎所结海上法之类是)与数国(关系两国或三国以上之事,则有数国条约,如各国通常所缔结,或以特别事故而缔结之类是)者,此众寡之不同也。然其种类虽不同,而要皆可名为条约,如中日有修好条规,有通商章程,虽其字面各异,而均以条约名之,是其例也。故今日所论者,不问其为何种类,而但以政治与社会二者分之。

第一节　关于政治上之条约

政治上条约者,谓其关于国家之事也。其种类七,今详于下:

第一、同盟条约

同盟条约有两种:一曰永久同盟条约,一曰一时同盟条约。永久同盟者,如合众国条约、联邦国条约是也;一时同盟者,如攻守同盟条约、军费救助条约是也。

第二、局外中立条约

局外中立条约亦有二种,一曰永久局外中立条约,一曰一时局外中立条约。永久中立者,如瑞士、比利时之类是也;一时中立者,如两国交战,第三国宣告中立之类是也。

第三、法权条约

法权条约其种类颇多,一曰领事裁判条约,一曰移交罪犯条约,一曰会审条约,一曰执行判决条约。

第四、领土条约

领土条约其种类亦多,一曰国际地役条约,一曰土地交换条约,一曰领土割让条约,一曰移民条约。

第五、媾和条约

媾和条约者,战局告终时之所缔结也。其内容如何,视彼此之谈判以定之。

第六、保护条约

保护条约者,保护国与被保护国之所缔结也。其保护国之权利若何,被保护国之限制若何,均视其约以定之。

第七、担保条约

担保条约有二种:一曰附随独立担保条约,一曰独立担保条约。附随担保者,谓担保他国之遵守其约也;独立担保者,谓其于国际上之关系以保守己国之领土,或以维持己国之政府,或以保护本国外人之约也。

第二节　关于社会上之条约

社会上条约者,谓其关于社会上之事也。此中种类有八:一曰通商条约,二曰航海条约,三曰检疫条约,四曰关税同盟条约,五曰货币同盟条约,六曰度量衡同盟条约,七曰著作权保护同盟条约,八曰工业保护同盟条约。凡此皆于社会有关者也。

第五章　条约之履行

条约之履行者,谓一经订结之后,彼此即当实践之也。强其履行之法,今昔不同。昔有宣誓及人质两种,今则有占领土地及保证两种。以国家互相平等,无主权以强制之,故不得不如是也。今将其法言于左。

昔时强其履行之法有二:

第一、宣誓

宣誓之法,在中国有歃血为盟之事,在欧洲则宣誓之后有罗马法王以强制之。迨其后法王之势力渐坠,加以人智进步,群知人权,为不足恃,于是其法遂废。自千七百七十七年法兰西与索洛生宣誓以后,无复有用此法者。

第二、人质

人质者，谓质其君之子弟，使之必践条约也。此法东西洋皆有之，若春秋之周郑交质，其最著者也。然以一人而代一国，即使其不履条约，亦不过杀之而已耳。杀一人何损于彼国，且以一人之生命而挽一国之权利，在质者亦愿一死以报国，则受质者将如之何？况近日国际公法犹有禁杀质人之例也，故此法自千七百四十八年英、法用人质以后，亦无有复用之者。

今日强其履行之法有二：

第一、占领土地

占领土地者，谓权利国恐义务国不履条约，占领其地以挟制之也。如中日之役，赔款未清，日本占领威海卫，即其往例。盖条约之不履行者，大抵为战后之约。战后约者，强制之约也。若平时之约，则彼此均以合意而订结，既合意，则未有不履行者。惟战后之约则不然，故必占领其土地以挟制之也。

第二、担保

担保者，谓权利国与义务国所订之约，第三国担保义务国之必履行也。如其不履行，则第三国必代为践之。盖第三国既有担保之责，即有监督之权，有其权故不患其不履行也。

第六章　条约之解释

条约之解释者，谓约文各执一是，当立法以解释之也。在私人与私人之约解释其争议者，有本国法律；在国家与国家之约解释其争议者，则有荷兰海牙仲裁裁判。以此国法律断不能强彼国服从，非交仲裁裁判，则其争议不能解释也。如外人在日本者，以日本言之，外人租地应纳家屋税；以外人言之，居留之地不应纳家屋税，彼此争议乃付于仲裁判以判之（明治三十二年改正条约时之事），是其例也。

第七章　条约之消灭

条约之消灭有两种，一曰平时之消灭，一曰战时之消灭。

第一节　平时条约之消灭

平时条约之消灭有三：一曰合意，二曰片意，三曰无意。今将其详列于左：

第一、合意

合意者，谓由两国之意以消灭也。如有一约于此，此国欲消灭之，彼国亦欲消灭之。若是者，谓之合意。

第二、片意

片意者，谓由一国之意以消灭也。此中有两种：一曰预定，一曰绝对。预定者，谓条约定有限期，限期已满，一国欲继续，一国不欲继续也；绝对者，谓条约之限期未满，此国不问彼国之许可与否，竟行消灭之也。此消灭与违背无异。

第三、无意

无意者，谓目的物之消灭不必履行其条约也。如两国订有捕鱼条约，一旦河道污塞，则其约即消灭；或订有采伐森林条约，一旦林木已尽，则其约亦消灭，即其例也。

第二节　战时条约之消灭

条约之在战时，有永久消灭者，有一时中止者，有仍旧行使者。今将其详列于左：

第一、永久消灭

永久消灭者，大抵在于政治之约。盖两国宣战，不外政治上之意见，故当其宣战之日，以前之政治条约必归于消灭也。至于军事上之枪炮火药，昔以条约而受限制者，至今日彼此战争，则其约之无效，更不待言矣。

第二、一时中止

一时中止者，谓通商、邮政、渔业所结之约也。盖此等条约非战争所自起，故可不必消灭，其必中止者，则以战时之不便履行也。但其中亦有全行消灭之例，如《中日马关条约》第六条，谓"两国所有约章，此次失和，自属废绝"。观于"所有"二字，是无论为何条约，均以战争消灭矣。

第三、仍旧行使

仍旧行使者，谓虽当战争之时，条约犹依旧有效也。如赤十字条约、海牙万国平和会议之陆战条约、休战条约、交换俘虏条约,战争时仍行使之是也。

第八章 最惠国条款

最惠国条款者,谓甲国优待乙国,丙国亦援例以享受也。中国之所谓利益均沾,盖即指此例。如《中日马关条约》第六款云:"由本约批准互换之日起,新定约章未经实行以前,所有日本政府官吏、臣民及商业、工艺、船只、行船及陆路通商等,与中国最为优待之国礼遇护照一律无异。"又《中日通商航海条约》第二条云:"两国所派全权大员应照各国公法,得享一切权利,并优例及应豁免利益,均照相待最优之国所派相等之大员,一体接待。"又第九款云:"凡货物由日本运往中国者,或由中国运往日本者,其进出口税亦比相待最优之国人民运送出口相同。"此等条约即最惠国条款也。

最惠国条款,有由条件者,有无条件者。有偿者谓之有条件,无偿者谓之无条件。就有条件者,设譬以明之。如甲国优待乙国公使,乙国以是轻课甲国之税,丙国苟欲援例均沾,则亦必优待乙国公使。若是者,谓之有条件最惠国条款。例如,《日美通商航海条约》第十四条云:"两国约定若无报酬,许与别国时亦无报酬。许与若附条件,而许与时亦必附均一之条件,而后可许与。"是其例也。就无条件者设譬以明之。如甲国与利益于乙国,丙国不问甲国之得报酬于乙国与否,必均沾其利益。若是者,谓之无条件最惠国条款。例如,《中日通商航海条约》第二十五款云:"中国已经或将来如有给与别国国家或臣民优例,豁除利益,日本国家及臣民亦一律享受。"是其例也。

最惠国条款其范围惟限于社会上事,不得及于政治,如英日同盟,此为政治条约,他国不得援最惠国之例要求加入;又如中国租旅顺、大连湾于俄罗斯,亦为政治条约,他国不能援最惠国之例要求租借,是其例也。至于俄租旅大以后,英藉口于均势之局,强索威海卫,则为强权举动,非国际法之所规定矣。若缔约之国,此国人民与彼国人民同一待遇,则此非惟最惠国条款有之,凡普通条约皆有此语。

最惠国条款各有其利害之可言。就其害言之,则在不能自由。如中日为最亲密之国,或中国欲与日本以特别利益,或日本欲与中国以特别利益,而以恐他国援例之故,不得竟行其志,此结最惠国条款之害也。然不结此等条款,虽可任意亲厚一国,而他国以未亲厚之故,设法以图报复,则所得者不偿所失矣。如千七百零三年最惠国条款未通行之时,英之羊毛输入葡萄牙者,葡人轻课其税;葡之葡萄酒输入英者,英亦轻课其税以报之,而法输酒于英国,其税较葡重三分之一,故法国图报复,亦重课英之输入品,英人大困,是英虽有得于葡,而失于法者固多也。况其得于葡者犹必有以报之乎? 以是言之,则最惠国条款固亦不得不行也。若中国之所谓利益均沾者,则为无条件之最惠国条款,非有条件之最惠国条款,一矢中的,百矢交集,宜乎? 外人之援例要求,而中国莫之能拒也。

战时国际公法

[日]中村进午 述

公益法学社 编辑

第一编　战争外之争议

国家间因权利之抵触，或意见之冲突，势不能不起国际纷争。国际纷争者，战争之近因也。纷争不已，遂成战争。夫国家间至于战争，则于世界之和平颇多妨碍，即于交战国亦多所不利者也，是以欧洲大儒多倡废战争之议，如德之康德（著有《永久和平论》）、英人边萨马米鲁罗兰斯（著有《和平进化论》），皆力持此说。但此目的万难达到，何者？盖凡属国家皆有战争之权利，国际公法亦认之故也。故欲绝对废之，必不能焉。遂逐次减少，相对废之，则国际公法上人人之同心也。

昔法皇拿破仑第三曾倡和平会议，不克行；现俄皇尼古剌第二亦于西历一千八百九十九年在荷兰之海牙立万国和平会议，此时在会者有二十六国，然俄皇虽倡此主义，其国现即与日本见战，是其说仍不行也。今将当时在会之二十六国列之于左：

中国　德意志　澳大利　匈牙利　比利时　丁抹　西班牙　美利坚　墨西哥　法兰西　英吉利　希腊　意大利　日本　卢森堡　门的利哥　荷兰　波斯　葡萄牙　罗马尼亚　俄罗斯　塞尔维亚　暹罗　瑞典　挪威　土耳其　瑞士　勃尔利亚

又有合多数人而倡此议者，如瑞士之万国和平局与英国之仲裁及平和协会。虽私人所组织，亦皆以减少战争为目的者也，卒不能实行。

现万国共立之条约以减少战争为目的者也，只一千八百九十九年《海牙国际纷争平和处理条约》，其第一条云："列国如有关于兵力之事，凡在会各国，宜于国际纷争之际以平和处理之。"其处理之方法甚多，今分述其最要者于后。

第一章　第三国介入

第一节　周旋

国家间有争议之时，第三国介立其间，无直接为纷争谈判之关系，只传达纷争国两方之意思，而为谈判之媒介者，谓之周旋。为周旋之第三国,大概由纷争国之条约而来。如一千八百五十六年四月十四日,《巴黎条约》之议定书谓国家间生纷争之时,当使第三国周旋之;又一千八百八十五年,《孔哥条约》谓缔结国间如生争议,当于未战争以前使第三国周旋之。

《国际纷争平和处理条约》第二条云:"记名国中有重大意见之冲突,或生纷争之时,其事若可转圜,则必使交亲国中之一国为之周旋调停之。"故加盟此条约之各国相互间生纷争之时,未战争以前必使第三国周旋调停也。

第二节　居中调停

国家间生争议之时,第三国立于其间,有直接谈判之关系,须尽力谋和亲之方法,以止其争议。既和解争议之后,且须努力融合争议国两方之恶感情者是也。(《国际纷争平和处理条约》第四条参照)故居中调停国所负之责任颇重,与周旋国仅传达两方之意思,以为谈判之媒介者绝然不同。

第三国有自进为周旋及居中调停之权利,但争议国可以拒绝与否,亦一问题也。自《平和处理条约》第三条观之,则谓周旋、调停皆于纷争国有益,不可拒绝。且周旋、调停无论自出、请出,未战之先及已战未了之时均可。不过未战之先,争议国仍可为战争之准备;已战未了之时,必不即停止其攻伐。至于周旋、调停之方法,争议国受与不受,皆可自由。周旋、调停国无强迫之权力,即争议国亦无服从之义务,因周旋、调停全系劝告之性质故也。(《平和处理条约》第六条及第七条参看)

第三节　仲裁裁判

仲裁裁判古时即有,不过未发达耳。现世界各国关于法律上之事,如有争议不决者,大概请仲裁裁判,故近时仲裁裁判颇有势力。自一千八百七十三年至一千八百九十五年,二十二年之间统计仲裁裁判之事有七十三件,可谓多矣。目下英美结约,谓将来如何,有争议不决之事,即请仲裁裁判,是将来仲裁裁判之发达可以预知也。

仲裁裁判之人无一定之资格,只在争议国合意之承认耳。

欧洲从前争议不决之事,大概请罗马教皇裁判,因罗马教皇之权力出乎各国君主、大统领之上故也。其裁判最著之事,为一千八百八十五年西班牙已占可罗岭群岛,德国又争占之,两国争议不决,公请罗马教皇裁判。德国谓西班牙放弃占领之责任,故德国争占。西班牙谓并未放弃占领之责任,德系无理争占。罗马教皇察明西班牙实未放弃责任,此岛仍归西班牙是也。现罗马教皇之势力已衰,各国争议不决之事,无请其裁判者。

国君亦可以为裁判者。日本明治六年(中国同治十二年,西历一千八百七十三年),秘鲁在中国广东买人为奴隶,其船"马和亚罗夫"号由日本经过,待所买之人甚虐,日本取而放之。秘鲁谓干日本之事,日本不宜干涉;日本谓以人为奴隶于世界公理不合,宜放之。两国争议不决,请俄皇亚历山大第二裁判,俄皇谓日本理直,秘鲁遂已。

又私人亦可以为裁判者。一千八百七十一年,南美与北美争战,北美将南美军港封锢,南美有逃出之"阿若巴马"等船,至英之属港,窃备战具。此时英系中立国,北美谓英于中立不合之义,遂起争议。于是英、美、意、瑞士、比利时五国各选一人出而裁判之,谓英不直,罚一千五百万弗米是也。

以上所举系裁判临时之事,荷兰海牙则又有一常设裁判所,其组织之法,二十六国皆可派人为裁判官。但每国所派之人数不得过四人,裁判所之共数不得过一百零四人。如某国所派之裁判官仅一二人而不满四人,或不派本国人而派他国人者,均听之。至甲乙两国有争之际,则两国皆可于一百零四人之中各选二人,其所选之人无论本国人与外国人均可。此两国所选定之四人再于一百人之中同选一人为长,五人共裁判之。如所选之长争议国两方或一方不甚合意,则另推两国出而选之。又或甲国顾〔愿〕推丙国代选,而乙国愿推丁国者,则由丙丁两国公选一人亦可。

各国所派之裁判官,任职以六年为限。(《平和处理条约》二十三条)若六年之中有死亡及他故不能任职者,其国即可另选一人补之。(《平和处理条约》三十五条)

裁判官在驻在国有治外法权,等于公使。若至他国则与等无治外法权矣。至于判定之事以何日为实行之期,则由争议两国两方商定,裁判官无此权力。

裁判官有如何之权限,及如何之事方归仲裁裁判,《国际纷争平和处理条约》尚未定明。在争议国仲裁裁判时,以特别条约定之耳。如阿若巴马之事,系先结约于华盛顿,然后方归五国裁判之例是也。

仲裁裁判之时,争议国可派委员,或特别代理人,或顾问,或辩护人,以维持本国之权利。至于四种同时皆派,或不皆派而只派一二种,则皆争议国之自由,毫无限制。

裁判官之语言无一定,在裁判时斟酌其相宜者用之耳。

裁判之手续,最要者有二:

(一)准备书面之提出

即争议国两方之派遣员对法庭及相手方提出一切公文及其他之书类是也。此提出之书面,裁判官必交争议国两方互看,以便按条申辩。故此书面有豫防事务滞涩之限制。(《平和处理条约》四十二条)

(二)口头辩论

即争议国两方在法廷演述理由之口头是也。(以上《平和处理条约》三十九条参照)

有此二手续,然后裁判官方可判断。

公文及书类之中如有疑义,裁判官不能明析者,可问争议国派来之人。如派来之人不肯明言,则裁判官再问其国家,并将派来人不明言之故记录之。

争议国一方提出之书面或口头辩论之事,若对手国谓其所言不合,则可以抗辩。至于辩论之时,又有新理由发生,所谓中间之争议者,则宜俟前问题决后,再归裁判官判之。

裁判官判断,系采秘密主义,并不公开。(《平和处理条约》五十一条)若争议国合意,又经裁判官许可,则公开之时亦有。裁判官已听辩论后,即将所有之辩论宣告于众,谓之宣告辩论之终结。

不公开判断则以裁判官之多数决之。已决之后,将此案之执直执曲及如何判定宣告于众,谓之宣告书;再将此案系因如何之理由始,如此判断亦布告于众,谓之理由书。宣告书、理由书之上均宜裁判官之姓氏记名。至其中少数不合意者,亦宜将其反对之理由及其姓氏记载而布告之,以明非以多数压少数也。若选五裁官之中有引嫌不愿加入裁判者,则记明其理由,即不加入亦可。

裁判官判定之后,如争议国有不服者,无处上告,因国家上再无最高之权力故也。然可以请求再审,但请求再审亦须有理由,或辩论时新事实发生,裁判官未能明析者,或特别仲裁契约豫留,有请求再审之权利者,均可。若毫无理由任意不服,要求再审,则裁判官可以拒绝之。

争议国之费用均归自备,若裁判官之费用(如争议之事须至其他考察后方可判断之类之一切费用),则归争议国平均负担。

第二章　争议国相互

第一节　和平手段

和平手段最普通者,为最后通牒。此方法系争议国之一方以公文或使臣向对手国言明:某日内,尔国须将某事允许。至某日若尚不允许,吾国即以兵力相见。受通牒之国如不愿轻启战祸,将要求之事允许之,则两国可以相安也。

第二节　强行手段

强行手段者,即以暴烈手段强制他国是也。其手段有四,今分举于下:

第一款　报复

甲国对乙国立法上或行政上及其他权利保护上,以不正之行为加损害者,乙国亦以同一不法报之者,谓之报复。例如,甲国对乙国课过重之关税,或拒绝输入货物,乙国对之亦为同一之行为即是。

实例如德国放逐阿若萨斯、罗连(皆德地)之法人,法国亦将在法之德人放逐之。一千七百九十三年,法国没收在法国内西班牙人之财产,西班牙亦将其国内法人之财产没收之类是也。

第二款　复仇

甲国对乙国应行之义务拒而不行,或犹豫未行,致害乙国权利之时,乙国可因此理由以不法行为报之者,谓之复仇。此时之手段,则无论积极的(如攻击加害国之臣民,抑留加害国之船舶)、消极的(如应返还加害国之物,应偿还加害国之债,皆不履行之类),施于行政上或司法上,均可较之。报复则有激烈之性质焉,其种类甚多,而方法亦不一。例如,加害国之军舰、公使馆、领事馆及人民之财产在被害国者,被害国可以留置;或加害国之商船在被害国之领海者,被害国亦可留置之,名为商船之差押;或加害国与被害国所结条约,被害国对加害国有义务者,可以停止而不履行;或拒绝加害国人民之渡来及电信、电话、邮政等之连续；或加害之人民在被害国者，被害国可以追放之、抑留之；或加害国之代表者及其他之官吏如在被害国，则被害国可捕缚之，以为质（如一八一〇年俄国公使阿罗批斯瑞典抑留之）。凡此皆属复仇之类。

实例如一千八百五十年，为英国臣民之犹太人巴西飞优者，其家在雅典被劫掠，对于希腊要求赔偿，希腊不应，于是英国命自国军舰，凡希腊之船舶，不问军舰商船，尽拘留之。此事后系法国调停始了。又一千八百八十四年，法国兵士在中国被害，法国对于中国要求赔偿，中国不应，于是法国提督以强制手段破坏福州之堡垒，捕获中国之商船。[①]

复仇与战争往往相接续。至于复仇以何时为止，自何时起，如为战争，则事实上之问题也。

第三款　船舶抑留

两国不和，其不和之一方将对手国在本国领海内停泊之船舶差押者，谓之船舶抑留。但此船舶只可差押，不可没收，宜俟平和后返还之。至于战争始开，则没收可也。

实例如一千八百三十九年，英国对西昔里有船舶押留之事。此事因西昔里国违反一千八百十八年《英国通商条约》，其国内仅认法国有专卖硫黄之权，英国求其特许之取消，西昔里拒绝之。于是英国出复仇行为，命地中海舰队在埒布罗斯及西昔里之海上揭西昔里之国旗，并将其船舶抑留之。此事后系法政府调停，英始返还抑留之船舶。

第四款　平时封港

平时封港有二义：一己国领海之封港，一他国领海之封港。此处所言封港之宗旨，专在妨害敌国之交通。故只封敌国之港口可也。自十九世纪以来，适用此例者颇多，今举之于后：

一八二七年，英、法、俄之军舰将土属之希腊沿岸封锁，遂成挪巴里罗之战；

一八三一年，法国强制葡萄牙将他乌斯河封锁；

一八三三年，法英国因承认比利时独立，封锁荷兰；

一八三六年，英国封锁柳岛挪打；

一八三八年，法国封锁墨西哥，二年后，遂起战争；

一八三八年、一八四〇年，法国两次封锁绕补绕达，一八四五年、一

---

① 此处记述不准确。——整理者注

八四八年,法、英两国又两次封锁绕补绕达;

一八六二年,英国封锁柳典家垆鲁;

一八七九年,波鲁比阿封锁智利;

一八八〇年,列国因强制土国履行条约,封锁朵西乌罗;

一八八四年,法国封锁台湾;

一八八六年,英、澳、德、意、俄五国封锁希腊;

一八八七年,列国封锁苦里拖岛;

最近之实例,列国封锁魏优垆鸠绕。

第二编　战争

第一章　战争之定义

战争之定义,学说甚多。今简单言之,战争者,即国家间以兵力相争斗是也。若日本西乡隆盛之乱,则属内乱,非国际法上之战争,因尚未成国家故也。内乱之团体,若他国认为战争主体者,亦可称为国际法上之战争。如南北美战争之时,南美原非国家,因他国认之为战争主体,遂可称为国际法上之战争是也。

战争必用兵力,若无兵力,仅以文字或使臣往来冲突,则不得谓之战争。又,用兵力必有两国,然后谓之战争。若两国不和,一国以兵力为争斗行为,一国不之应,则亦不得谓之战争也。

国际法上正当之战争必先用和平手段,至不得已之时,然后继以兵力。但事出仓卒,一切和平手段从未经过,突然开战,国际法上亦认之。

两国战争之理由有正当者,有不正当者;其所争之利益有为本国者,有为第三国者;战争之地方有在本国者,有在敌国者,有在第三国者,有在海者,有在陆者。国际法上统谓之战争,毫无区别,因系国家以兵力相争,与战争定义不相背谬之故。

古时之国家,皆欲世界之亡,只己国一国独存,故尔时之战争,大概以侵略为目的。现则不然,盖文明进化,知世界之上万无仅一国独存之理,至其战争之理由,则大半因敌国不从己国主张而起。故战争之时,敌国一经服从,即可终了,决不欲妄逞兵威也。

第二章　战争之种类

战争自各方面观之,可分数种,曰攻击战〈争〉,防御战争;曰公战,私战;曰外战,内战;曰政治战争,权利战争;曰完全战争,不完全战争;曰陆上战争,海上战争。然此不过学说为然,而国际公法上则有认之者,有不认之者。

(一)攻击战争及防御战争

甲国与乙所不和,以兵力加于乙国者,即攻击战争也;乙国因甲国之攻击,起兵与之相抗,即防御战争也。如现在日俄交战,在日则为攻击战争,在俄则为防御战争。其所以区别之实,益因永久中立国(如比利时等)只可防御,无攻击之权,又一部主权国(如埃及等)亦只可防御他国之以兵力加于己国者,若己国欲以兵力加于他国,则非得上国之许可不能。

(二)公战及私战

以国家之资格而与他国交战者,谓之公战;以私人团体之资格而与他国交战者,谓之私战。自国内法言之,私人不得行使交战权,如有擅违国法对外国开战端者,必受刑法之处罚焉。但有交战权行使之委任,则亦可称为交战权之主体。例如一千六百六十年,卡连斯二世与英国东印度会社战权是也。

(三)外战及内战

国与国相争谓之外战,国际法上认为战争若国内诸侯与国家战,或叛徒之团体与国家战,则皆属内战,即内乱是也。古时颇多,现则国际法上概不认为战争,只从国内法处断焉。

(四)政治战争及权利战争

国与国有为政治起见而战争者,有为权利起见而战争者,古时分为二,现则国际公法上统谓之战争,毫无区别。

(五)完全战争及不完全战争

两国交战,凡两国内所有之土地,皆可作为战地,两国内所有之人民,皆可与战争者,谓之完全战争;若条约言明某地不可作战地,某等人不可与战争者,谓之不完全战争。俄国学者马尔天斯、美国学者火依顿、南美学者卡尔瓦,皆主是说,国际公法上则不认也。然自甲午中日之役观之,中国法上不准作为战场,则完全与不完全之说,国际公法上仍宜认之也。

（六）陆上战争及海上战争

陆上战争,凡私有之财产则不可侵夺,无防御之处则不可攻击;若海战,则私有之财产亦可取之,无防御之处亦可攻之,此陆战、海战区别之实益也。但陆上无防御之处,海军如可攻击者,则攻之仍无不可。《海牙条约》关于陆战法规惯例之条约有云:"关于由军舰炮弹可以攻击之港、市、村、町之问题,本会未议决,尚望后日万国会议之审议焉。"

第三章　战时国际公法之沿革

战时国际公法之沿革,自历史上言之,可分为三时期,今略述之如后。

第一期　古代

上古无平等之国,咸欲他国服从己国主权之下,故战争之事颇多,虽间有弭兵之说,诚变例也耳。且其时又无国际公法,是以两国交战,甲国胜,乙国败,则甲国即将乙国之土地取尽,财产掠尽,老幼男女杀戮之、奴隶之,皆无不可者。至战胜国不十分残酷之事,亦间有之。其原因有三:

（一）人种思想

同种之人,其相待则差强于异族。如古时希腊之雅典与斯巴达虽为敌国,而相待不甚残酷之类是也;

（二）宗教思想

上古之时,人多迷信,以为凡具官骸之人皆上帝之赤子。若待之过虐,则神人之谴责难逃。故虽战胜国之人民,亦不敢肆行残酷;

（三）政略思想

两国交战,战胜国若待战败国过虐,恐他国见而寒心,将来皆不愿服从己国主权之下,于己国之政略反为不利。故不愿待之残酷也。

第二期　中世

中世之战争残酷之事愈少,其原因亦有三:

(一)战争观念之变更

上古之世,个人之人格及个人之权利,各国皆不承认。故战争之时,虽遇敌国,私人之生命、财产亦可肆行杀掠。至中古之世,始承认个人之人格及个人之权利,且知战争为国家间相互之行为,不得以私人为战争之当事者。是以私人之生命,私人之财产,任意侵害掠夺之事渐少,此关乎战争原则之第一大变迁也。

(二)宗教及道德之力

上古之世,凡遇敌国人民,不分妇人、孺子及不服兵役者,皆可任意杀伤。至中古之时,人人皆知宗教、道德,遂不忍杀伤妇人、孺子及不服兵役之人。且知己系骑士、武夫,若杀伤妇人、孺子及不服兵役之人,则深以为耻。即与敌兵交战,亦知敌所以能与我相抗者,因其有战斗力之故,故一去其战斗力即可已矣,并无必欲杀害之心焉。

(三)从事于战争之人有限制

古时争战无一定之人,至中古时期始定限制,凡两国交战,除服兵役者之外,余者不得加入战争。故胜败之数,只以军人决之,而不服兵役之人遂不至受杀戮之苦也。

第三期　近世

国际公法自中世之后,遂渐有影响。然各国究无遵之规条,降及近世,始有成文之规定焉。其原因有五:

(一)军人之限制较中古更狭

中古之世,各国有一定之战兵,至于近世,皆攻战兵之制用常备兵之制。所谓常备兵者,每人不过应役三四年,三四年之后仍系平民,故服兵役者人数虽多,而其范围实狭也。

(二)军队组织之完全

古时军旅规矩不严,故虏掠之弊指不胜屈。近世则条约言明,故此弊较从前遂少。如一千八百六十三年英国所定陆战法规,一千八百八十一年法国路易十四世所定海战规则,即其例也。

(三)学说之发达

国际公法自研究之学者日多,而条例亦遂日进于详密。故战争之时,两国皆有遵守,不敢任意暴残。如瑞士学者补尔秋里著《近世国际公法》;美国学者飞尔拖著《国际法典》;英国学者垱比著《国际法提要》;德国学者达伦著《战时法规》,皆于战时国际公法上有绝大之功绩者也。

(四)局外中立之发达

古时两国交战,第三国可以加入,故发乱端者虽只两国,每有世界各国同受其影响者。自中立发达之后,两国交战,第三国不得加入,且不得供给战争国之战时禁制品,第三国之土地、人民及贸易商船,战争国亦不得侵害。由是战争之范围遂狭,而战争之祸亦不似从前之惨烈矣。

(五)万国条约及学会之决议,今举之于后

一千八百五十六年,英吉利、法兰西、土耳其、塞尔维亚在苦里米亚与俄国争战,战后在巴黎会议议决四条,谓之《巴黎宣言》,皆关于战争之条约也:

第一条　自今以往废止以私船供拿捕只用;

第二条　挂局外中立国旗之船舶所载敌国货物,除战时禁制品以外,不得捕获;

第三条　挂敌国旗之船舶所载中立国之货物,除战时禁制品以外,不得捕获;

第四条　封锁港口须具实力,方能有效。即敌国海岸附近之处,若欲防止,亦必有满足之兵备。

此条约结时只英、澳、法、普、俄、塞、土七国,后加入者凡四十国,现共四十七国。日本系明治二十年(即西历一千八百八十七年)始加入;中国、朝鲜、北美合众国、西班牙、墨西哥现尚在条约外也。(按北美合众国因此条约不仅中立国之私货不可捕获,而且敌国之私货亦不可捕获,故不愿加盟焉。)一千八百六十四年,各国在瑞士之鸠勒蒲府会议议决关于战时负伤者之事,即世所称之《赤十字社条约》是也。此条约之起源,因一千八百五十三年至一千八百五十六年间,苦里米亚之役负伤者多染疫疠,极尽人生之惨,英国之女子夫鲁伦期乃清格尔者,颇有势力,悯其惨状而欲救之,遂偕同志赴苦里米亚,尽看护负伤者之职。赤十字之条约,实胚胎于此。后一千八百五十九年,澳大利帝自将精兵

十余万击意,法皇拿破仑第三因援意独立,亦偕意帝帅精兵十余万与
澳战于索希利那血战,亘十五时之久,其惨恶之状实足令人酸鼻,于
是瑞士之博爱家安里与鸠南者,倡战时负伤兵及病兵必需救护之议,
游说各国君主。普鲁士之公益协会会长摹治里尔,极赞其业,遂于一
千八百六十三年十月二十六日在鸠勒蒲府开万国会议。此时英、法、
澳、西班牙、瑞士、荷兰、普数国所派之代表者已达三十六名之多,该
会议决各国皆需组织赤十字社。翌年自八月八日至九月二十二日,
会议凡十四次,拘束各国承认条约,瑞士、法兰西、比利时、巴、典、荷
兰、意大利、西班牙、丁抹皆即时批准,英、普、瑞典、希、澳、俄等国次
之。至一千八百七十年,欧洲各国几无未加盟者。日本系一千八百
八十年(即日本明治十九年)始加入。中国一千九百四年六月二十九
日(即中历光绪三十年五月十六日)始加入。自今计之,已加盟之国
盖有三十七国之多云。

　　赤十字之保护旗系白方旗,中书赤十字(《赤十字条约》第七条所
定),其所以用此制者,因《赤十字条约》成于瑞士,瑞士之国旗系红方旗
白十字,故赤十字社之保护旗特仿其形,以为纪念,又变其色以示区
别也。

　　《赤十字保护条约》只陆战从其规定,海战因救护方法较陆战为难,
故尔时尚未议定适用也。至一千八百六十六年,普、澳因休勒斯苦、火
尔达引二州之处分,遂动干戈。意大利从普鲁士之约,举兵助普,与澳
战于里萨海峡,备极惨苦,于是倡海上战争宜适用《赤十字条约》之议者
甚多。至一千八百六十八年,各国又开会于瑞士之鸠勒蒲府,结《赤十
字追加条约》,凡十五条,自六条以下,皆关乎海战之规定,已结后各国
皆未批准(按此次不承认此条约者以英为最)。然虽未批准,两国在海
上交战,适用此条约者亦多。如一千八百七十年普法之战、一千八百九
十八年美国与西班牙之战,皆遵守此条约之类是也。至一千八百九十
九年海牙会议时,俄皇又将此条约提出,各国始批准焉。

　　一千八百六十八年,俄皇招集各国会议议决数条,谓之《圣彼得堡
宣言》。其大概谓缔盟国相互之间战争之时,凡四百格兰以下之爆裂弹
(按过四百格兰以下,则其弹甚小,击人颇苦。)与燃烧性物质之炮弹,及
发射性物质之炮弹皆禁止使用。因此等残酷之炮弹于战争毫无裨益,
只足增生人之痛苦而已。然尔时各国皆未承认,不过文明国间之战争

尚有遵守者。

一千八百七十四年,俄皇亚历山大第二在比都补柳色尔提议陆军法规海战亦宜遵守之,各国皆未承认。然虽未承认,而间接用之者颇多。

一千八百八十年,英国学者开国际公法会于阿苦琐尔朵,编《陆战法提要》,以为陆上战争一定之标准。编成后,自协会送达各国政府。然非各国政府承认及约定者,故无遵守之效力。

一千八百九十九年,俄皇尼古剌第二在海牙万国平和会提议之事,关于战争者甚多,然各国有已承认者,有未承认者。

已承认之事除《陆战法规惯例》《赤十字条约》海战亦准用之之外,尚有三事,所谓《海牙宣言》是也。

甲、自轻气球上(又相同之新方法)投射物、爆裂物击人者禁止之。(按此条定时只公认五年,自一千八百九十九年七月二十九日起至一千九百四年七月二十八日,且限期满后即无效。今限期既满,已无效焉。)

乙、投之使人窒息之瓦斯及有毒质之瓦斯禁止散布。其他同一害敌之投射物禁止使用。(按庚子义和团之乱,联军攻北京时所谓绿气者,即有毒物质之瓦斯也。)

丙、外包硬固,入人身体易于展发之弹丸及扁平之短短弹(入人身体有短短之声,故曰短短弹)禁止使用。(按此条附有一条件:两国战争如皆在条约内,则宜遵守条约;若一国在条约内,一国不在条约内,虽用短短弹,亦无不可。)

此三宣言,缔盟国中之二国或数国间战争之时,有遵守之义务。至对缔盟国外之他国,则无庸拘守此宣言也。

提议未承认之事亦多,今举之于后:

(一)各国自今以后,陆军、海军之兵额不得加多;

(二)新发明之武器及较现时猛烈之爆裂弹,禁止使用;

(三)潜水水雷及铁嘴舰等,禁止使用。

以上所举,如各国从俄皇之提议,则战争之痛苦必稍减,而生人之幸福必日增。惜乎各国之不承认也。

一千九百二年,比利时学者在补柳色尔开国际法协会,讨论战时海底电线之问题。德人封巴尔为报告委员,议决之事各国皆遵从之。今述之如左:

（一）联络中立国间之海底电线不可侵害；

（二）连交战国间及一方交战国二地点间之电线，如在中立国领域及中立国地域以外，则不问何处，均可切断之；

（三）连交战国及中立国之电线，（甲）在中立国领海及中立地域，不得切断；（乙）在公海封锁有效之范围内所含之电线，可以切断；（丙）在敌国之领土、领海，距干潮三海里之内，可以切断。

第四章　战争之直接效果

两国开战以前及交战之际，必因交战而生种种之直接效果，今述其大概于后。

第一节　对人之效果

对人效果可分两种：

（一）对外国人之效果，又可分为二：

　（天）对敌国人民之效果，又可分为二：

　　（子）对敌国人民在留内国者之效果；

　　（丑）对敌国人民在留第三国者之效果。

　（地）对第三国人民之效果，又可分为二：

　　（甲）对第三国人民在留内国者之效果；

　　（乙）对第三国人民在留敌国者之效果。

（二）对本国人之效果，可又分为二：

　（乾）对本国人在内国者之效果；

　（坤）对本国人在外国者之效果，又可分为二：

　　（日）对本国人在留敌国者之效果；

　　（月）对本国人在留第三国者之效果。

　　（子）对敌国人民在留内国者之效果

战争开始之后，在留内国之敌国人民，内国或追放之，或抑留之，或不追放，皆可自由。其追放之例，如一千八百七十年普法之战，法皇拿破仑第三追放德人；一千八百七十九年，跛里比阿追放智利人，皆是其追。追之理由，因敌国人民在留于内国，则内国军事上秘密情形不免有泄露于敌国之弊，故内国可以追放之。然自理论上而言，此究系不平之处置。

抑留之例，如一千八百三年，拿破仑与英国交战，将英国在法国之人自十八岁以上至六十岁以下，皆禁锢之类是也。其不追放之例，如一千八百七十七年俄土战争，在留俄国内之土耳其人，俄国未追放之；一千八百九十四年中日之役，日本国内之中国人，日本亦未追放之是也。

以上所述，战争国固可自由，然现在世界日进于文明，究以不追放之事为最多，且不惟不追放已也，而并认在留内国之敌国人有私权与诉讼权。惟英国主义只认其有私权，不认其有诉讼权，并未战以前之诉讼有未了结者，亦且中止。此主义颇不善，何者？盖敌国人既无诉讼权，则私权万不能不受他人之侵害，是有私权与无私权仍无异也。至大陆各国主义，则私权与诉讼权皆认之，不过学者之议论各有不同。如哈勒苦火衣顿、巍斯丙可休苦皆主张英国主义者也，牛帖尔害夫、打马尔天、斯补尔秋里皆主张大陆主义者也。因其主张之不同，故现时国际公法上尚无定论。

甲午之役，中国之人在日本大阪未战之先已有诉讼未了，而悬厅有登录者，战时仍可诉讼；若无登录之事件，则无诉讼之权。是日本虽非大陆主义，亦非绝对之英国主义也。现与俄国交战，未宣言在日本之俄人不可诉讼，是亦可推定认俄人有诉讼权矣。

（丑）对敌国人民在留第三国者之效果

在留第三国之敌国人民因受第三国保护，交战国之一方不得稍加侵害，此公理之当然，亦世界各国之所公认者也。

（甲）对第三国人民在留内国者之效果

国家平时外国人有紊乱内国之安宁秩序者，尚有放逐之权利，况战争之际，外国人在内国不免有危险之虞，故第三国之人民虽放逐之，亦无不可。

（乙）第三国人民在留敌国者之效果

第三国人民如有入交战国军队者，则对手国可以以敌人相看待；若仅居交战国内，并未入其军队，则交战国、非交战国之人民尚不可妄加侵害，况第三国之人民何可侵害乎？至第三国人民有在占领地者，则可以征发之、课役之。因征发、课役原为维持军队起见故也。（征发、课役俟十二章《占领》言明）

（乾）对本国人在内国者之效果

在内国之本国人，一切皆从国内法之规定，非国际公法上之问题也。

（日）对本国人在留敌国者之效果

战争开始之际，本国人在敌国者，本国有召还之权利。至敌国恐召还之人民归后于对手国之战斗力有所增加，己国之机密情形未免泄露，故对所召还之人民无必需听其归国之义务，是以现在最普之事实。本国在敌国之人民，以托交亲国领事保护者为最多。如此次日俄之战，日本在俄之人民，则托美国保护；俄国在日本之人民，则托法国保护之类是也。

（月）对本国人在留第三国者之效果

战争之时，本国人在第三国者，一切皆与平时相等，非国际公法上之问题也。

第二节　对财产之效果

将开战之时，敌国之财产欲知应如何处置，当先辨明其种类。按财产之种类大别有二：

一、国有财产；

二、私有财产。

国有、私有之财产，又皆有战用、非战用之别。战用与非战用之财产又有在敌国、在本国、在第三国之别。今只就在敌国者言之，因在本国与在第三国之财产非敌国势力所能及者，故无庸赘述。

交战国在敌国国有之财产，如系战用之品（如军舰在敌国军港敌之类），敌国可没收之；若非战用品（如公使馆中之物之类），则不可没收也。私有之财产在敌国者，如敌国明知系战用品，亦可没收；若不得其详，则不可妄没收也。至非战用之品，国有者尚不可没收，私有者自更不可待问焉。关于财产之事，此处只言大略，俟十一章《敌国财产》详言之。

第三节　对通商航海之效果

敌国海商，自理论言之，不可稍加限制，以至妨害交通。然国际公法上尚未定明，故各国亦无从遵守。现在最普遍之事实，凡敌国海商所运之货物，不问其系战用品与否，皆可拿捕，不过不即时没收耳。至于不知战争而来通商之商船，则不惟不可拿捕，且需设定期以保护之。如苦里米亚之战,英、法等国议定,凡俄国之商船在六周间之内者,均宜保护出港,若过六周间而尚不出港,始可拿捕。现日与俄战,日本明治三十七年二月初十日敕令第二十号谓:"二月十六日以前由日本港口航出之俄国船舶,及二月十六日以前入日本港口而后出之俄国船舶,皆不可拿捕。"即其例也。

关于交战国相互通商之学说有二:一谓战争之时若仍与敌国交通,则己国之军情不免有泄漏之弊。己国之军情一泄漏于敌国,则于敌国有极大之利益,而己〈国有〉极大之危险也。故战争开始之时,敌国之军情以绝对的禁止为当。一谓战争之时,若与敌国交通,则可以探知敌国之军情,以图己国之利益。是通商于己国之政治上及经济上皆有绝大之影响。且有非通商不可之国,此时若亦勉强断绝交通,则于立国之根本上即大有妨碍,遑问战争乎?故交战之时,虽通商,亦无不可。此二说也,以可以通商之说为最当,不过此时通商当特别注意,如一部分实于敌国有利益者,则当禁止其一部分;全部分于敌国有利益者,则当禁止其〈全〉部分,不可任意交通,与平时相等耳。然现在国际公法上尚未议定焉。

第四节　对条约之效果

从前之学说,谓战争开始之际,则凡所有之条约皆当消灭。其理由,一谓战争之时,当归复无法律之自然状态;一谓条约由合意而成,战争因不合意而起。既不合意,则条约即当失其效力,此二说也。前说实非,后说亦误,至于近世战争之时,对条约之观念始为之一变。然近世究无论何种条约,均有绝对之效力也,亦视其种类如何,以为有效中止消灭耳。

第一款　有效之条约

有效之条约有两种:一、豫期战时条约;二、战时新结条约。所谓豫期战时条约者,如《赤十字社条约》《陆战法规》之类即是。此条约如只交战国两国所结,则战争之时当有实行之效力;若有第三国在内,则条约有效不过只交战实行耳。如《赤十字社条约》有三十七国,现日本与俄国交战,只日、俄两国当实行之,其余各国虽在条约之内,不必实行,即其例也。所谓战争新结条约者,如关于土地之中立交战之限制、通商之自由、财产之保护、退去之期间、俘虏之交换之类即是。此条约有结于开战之先者,有结于交战之时者,在交战国皆宜有效,且宜实行之。

第二款　中止之条约

关于国家臣民间之交通及司法上之条约,如通商条约、移交罪人条约、邮便条约之类,只交战国两国所结者,则战争之时当中止之;如不仅交战国两国所结,有第三国在内者(邮便万国同盟之类),则两交战国虽然中止,而对于交战外之第三国仍宜实行焉。

第三款　消灭之条约

两国交战,凡平时所结修好条约、同盟条约及其他政治上与军事上之条约之类,皆同时消灭,因此等条约之性质与战争不相合之故也。

第五节　对外交官及领事官之效果

外交官及领事官,所以维持派遣国与驻在国间之平和者也,战争始开,则与驻在国之目的大相径庭,故此时之外交官及领事官皆宜归于本国。至于驻在国则恐敌国之外交官及领事官驻在己国,于己国机密之事不免有泄漏之弊,可下其旅行券,限以一定之期间,使之退出己国国境之外,此一般之通例也。若战争之时仍使之驻在己国,不令其出境,则例外焉。旅行券下后已达一定期间,若仍不出境,则驻在国可以逐之。但此时有一问题,即敌国驻在己国之外交官职务既已终了,则其特权亦应从而消灭,不过如此行之于实际上甚不便焉。现在通行之例,战争一经开始,则外交官之特权本应消灭,特从权于其未离驻在国国境以前,仍使之享有也。

敌国驻在己国之外交官及领事官,己国既命其退出国境,敌国之外交官及领事官同时亦应召还。不过,己国之外交官及领事官既已召还,则己国在敌国人民将何所依赖乎? 现在国际公法上有二方法:一、敌国保护。如现在日俄交战,日本明治三十七年二月初十日,内务省训令第三号谓俄国在日本之人民,日本宜保护之类是也。二、托交亲国保护。此例对人效果内已言明,毋庸赘述。

第五章　宣战

国家当开战之时而为战争开始之宣言者,谓之宣战。此种类有五:一、对内国国民宣言;二、对内国军人宣言;三、对敌国国民宣言;四、对第三国宣言;五、对敌国宣言是也。今依次述之于后:

第一、对于内国国民宣言

第二、对于内国军人宣言

对内国国民与内国军人之宣言,即国家所颁布与敌国开战理由之告示是也。此告示全系国内法之问题,与国际公法毫无干涉。如日本明治十八年五月布告第三十七号,即此类也。

第三、对敌国国民宣言

对敌国国民宣战,其例甚少,惟一千八百七十年普法之战,普曾给法国国民之宣告书,其大意谓此次普法之战普只击法之军舰、军器、军人,与和平之人民毫无妨碍。尔时国际公法尚未发达,此举最为适当。现在国际公法定明敌国和平之人民自然不可侵害,故虽不给宣言书亦无不可。

第四、对第三国宣言

国家战争开始之际,先将其旨通知第三国者,谓之对第三国宣言。此宣言在古时不过述战争之理由,大概谓敌国不善,己国万不得已不得不出乎战争。如拿破仑第一与敌国交战,其对第三国宣言惯用此举意。中日之战,中国对各国宣言亦如之。

附录　中日战争中国照会

大清钦使、总理各国事务王大臣

　　为照会事前因朝鲜全罗道有乱民滋事,该国王备文请援,经北洋大臣奏明,我朝廷因该国前两次变乱,经中国为之勘定,故特派兵前往,不入汉城,直赴全城一带进剿,该匪闻风溃散。我军抚恤难民,方谋凯撤。讵日本亦派兵赴韩,托名助剿,实则竟入汉城分踞要隘,嗣又屡次添兵,至万余不止,竟迫胁朝鲜不认中国藩服,开列多款,逼令该国王一一遵行。查朝鲜为中国属邦,历有年所,天下皆知,即该国与各贵国立约时均经声明有案。日本强令不认,于中国体制有碍,已失向来睦谊,至比邻之国,劝其整理政务,原属美意,但只能好言劝勉,岂有以重兵欺压逼勒强行之理?此非但中国忍可坐视,即各国政府谅皆不以为是。英国政府及俄国政府先后屡饬驻扎该国大臣向其外务劝阻,并经英国外务大臣劝其将兵撤出汉城,与中国兵分扎两处,和平商办朝鲜事务。此议甚为公允,乃该国悍然不顾,反更添兵,朝鲜人民及中国在彼商民日加惊扰。中国念各国共敦和好之意,断不肯与开衅,致生灵涂炭,商务有伤。后虽添兵前往保护,亦距汉城尚远,不至与日本兵相遇启衅。何意该国忽逞阴谋,竟于六月二十三日在牙山海面突遗兵轮多只,先行开炮,伤我运船,并击沉英国"高升"轮船一只。此则衅由彼启,公论难容。中国虽笃念邦交,再难曲为迁就,不得不叨筹办法。想各国政府闻此变异之事,亦莫不共相骇诧,以为责有专归矣。今特将日本悖理违法,首先开衅情事始末备文照会,贵署大臣转达贵国政府查照须至照会者。

右照会

光绪二十年六月二十九日

现时对第三国宣言之意与从前绝然不同,盖现时两国交战,第三国有助甲国者,有助乙国者,有不助甲国亦不助乙而中立者。宣言之意,不过使第三国揭明其主义,以免开战后出意外之变而已。至于宣言之手续,最普通者有两种,一交于本国驻在第三国之使臣,使之亲呈于第三国;一交于第三国驻在本国之使臣,使之转达于第三国是也。

第五、对敌国宣战

国家未开战之先,对敌国宣言将开战之旨者,谓之对敌国宣战。古时之成例,国家欲与他国交战,距战期三十日以前,必须将开战之旨通知敌国。若不宣言而乘他人之不备,则己之军人必引以为耻,即交战外之第三国不免亦生异论。此十七世纪以前之大概也。十八世纪以还谓对敌国不必宣战之学说遂多,近世更盛,而国际公法亦认之。其所以古时必须宣战,近时国际公法又认不必宣战者,因古时战争日多,和平日少,若不宣战,则敌国必至忙无所措,将何以御战乎?此两国未开战之先所必需宣战也。近世则和平日多,战争日少,即有战斗,当未战以前,战机必易知之故,虽不宣战,亦无不可。今举宣战之例如后:

宣战之例

一八五四年苦里米亚之役,英国对俄国宣战;

一八七〇年普法之战,柏林驻扎法国代理公使尔斯尔七月十九日对普国政府通知法国开战之决意;

一八七七年俄土之战,俄国政府对俄都在留之土国大使为开战之通告。

不宣战之例

一八一二年英国与北美合众国之战;

一八三八年法国与墨西哥之战;

一八四六年北美合众国与墨西哥之战；

一八八四年中国与法国之战；

一八九四年中国与日本之战；

一八九八年美国与西班牙之战。

对敌国不宣战而开战，少数学者有反对之说。谓不宣战而开战，则两交战国究以何时为战争开始乎？且不宣战而交兵，战争外之第三国其中立究始于何日乎？不知此二问题，均可于事实上决定。所谓战争开始者，简单言之，即交战国相互间为事实上战斗开始之时是也。战争开始之时既确，则战争外之第三国即可由此时而中立焉。至战争未开始以前，交战国有妨碍第三国者，必无之事也。

第六章　交战者

适用战时国际公法规定之人民，谓之交战者。从前称为敌人，至一千八百九十九年海牙万国平和会议《陆战法规惯例》第三条称谓交战者，现遂成战时普通之名称焉。交战国何种之人民始可称为交战者，此事最当注意。其在古时，凡敌国所有之人民均可作为交战者。因尔时战争之目的在灭人之国，以杀尽其人民之故。至于近世，战争之观念与从前绝然不同，故战争之人民交战者与非交战者显有区别。所谓交战者，系从事战争之人民，适用战时国际公法之规定者也。此等人民对手国或杀戮之，或拘束之，均可自由，战时国际公法毫无限制。若交战者外，不从事战争之非交战者，则战争国相互间谓之敌国人可也，然不可稍加侵害。

从事战争之人民分为两种，一战斗员，系有战斗能力者，如军人之类是也；二非战斗员，系无战斗能力而与战争者，如军医之类是也。凡军队之组织，必合此二者，始能完成。故战时国际公法皆以交战者相看待焉（《陆战法条》参看）。

两国交战之时，彼此可相加以暴力。但暴力只可加于交战者，不得加于平和之人民，不过平和之人民亦不得有私携军器击杀敌国交战者及妨害敌国交战者之举。若平和人民擅违战争规例，则敌国一经捕获，即可加刑法之惩罚焉。

军医为交战者之一种，自理论言之，原可加以暴力，但如有本系军医而又兼任赤十字社义务者，则不可侵害，因《赤十字条约》定明军医须保护之故也。

关于交战者与非交战者又有一问题，即未经国家许可之义勇兵是也。自古以来至于十九世纪，从未尝以交战者相看待，因其无交战权利、义务之故。昔拿破仑第一与各国交战，不认义勇兵为交战者，故捕获之后从无俘虏之待遇；又惠灵吞谓义勇兵不可作交战者，只可以叛乱相看待，皆此例也。至十九世纪之后半，始有谓义勇兵当认为交战者之事，今举其例于后：

一千八百七十年普法之战，法有义勇兵，欲普认为交战者，普不之应。于是法国命其义勇兵皆着青衣，普仍不应，谓法之农夫原系青衣，今义勇兵亦着青衣，是与农夫毫无区别。后法又命义勇兵加二红条于袖，普云红条在袖，远而难见，是仍不知其为兵也。最后法国通知普国，谓法国之义勇兵必有如何之识别，普始认为交战者乎。至一千八百七十年八月，普之布告谓法之义勇兵如欲普国以交战者相看待，须具左之四条件：

（一）有法国政府所与记号；

（二）服从法国士官命令；

（三）属正式兵队而组成其一部；

（四）着制服。

一千八百七十四年，欧洲十三国之代表者会议于比都补柳色尔，议决民兵及义勇兵。虽一般人民，若为国防从事于战斗，则一具以下之四要件，即当以交战者看待。然尔时未实行焉，今录其宣言第九条第二项之规定于左：

（一）有立于团体之上，代部下负责任者；

（二）有确定且分明之徽号，自远方得识别者；

（三）公然携带武器者；

（四）其动作遵守战争法则及惯例者。

一千八百九十九年海牙平和会议，《陆战法规惯例》关于民兵、义勇兵可适用战时国际公法亦有规定，然其实不过依《补柳色尔宣言》稍加修正耳。其第一条云："战争之例规，权利及义务，仅陆军可适用之，又民兵及义勇兵合次之条件者亦可适用：

（一）有头领为部下负责任者；

（二）自远方认识有固着之徽章者；

（三）公然携带武器者；

（四）其动作守战争之例规者。"

《陆战法规惯例》民兵及义勇兵所以必需其以上四条件，始可作为交战者之故，因无头领为部下负责任，则义勇之兵大概起于乌合，一无督率，势必有不法行为。普法之战，普之布告第二正所以防此弊也。义勇兵之徽章如自远方不能认识，则果系交战者与否必无从分辨。既不能分辨，防御必甚困难矣。且徽章即自远方可以认识者，然着不牢固，则时取时着，敌国仍不免大受其欺害焉。武器如不公然携带，则藏匿而行，敌国欲防不得，冥冥之中必至大受其损害。动作如不守战争例规，则暴动之弊势不能免。如中国庚子义和团之乱，即不能守战争例规之例焉。由是观之，因民起义之时，上四条件若缺一不具，欲享交战者之权利，益可得乎？

军人与义勇兵战争时，当以交战者看待，前已言之矣。又有一例外，即本国被敌国袭击之时，本国人民不及遵守《陆战法规》第一条，编成义勇兵队，突然携带武器侵入军队，与敌相抗者，此时敌国亦当以交战者相看待。其所以然者，因此种人民有爱国热诚之故也，例在《陆战法规惯例》第二条。但其地若已为敌国占领，则凡在占领地上之人民，均有服从敌国之义务。若仍举兵相抗，则只可以暴乱论，不可以交战者看待焉，何者？盖其地为某国占领，则在其地上之人民均有受某国保护之权利，既受某国之保护，而又与之相抗，于理论上颇不合也。

战争之时又有一复杂问题，即交战国外第三国之人民投入交战国军队，此时交战国之一方亦当以此种人民作为交战者看待与否。是也自理论上言之，第三国原非交战国，其人民即不当认为交战者；然自事实上言之，此种人民若不认为交战者，则碍难之处必多，故国际公法上仍以交战者相看待焉。实例如中日之战，德人投入中国军队；西美之战，葡萄牙人卖武器于西班牙是也。但第三国政府若使其人民助交战国之一方，则第三国当以违犯公法论焉。又古时有募集他国人为兵，所谓佣兵之制者，现国际公法亦不认之。

第七章　俘虏

古时战事系以多杀人为目的，故凡遇敌国之人，无论老幼男女均可任意杀戮,别无待遇之方法。后世界各国日有进化,始知杀戮之无益,不若作为俘虏尚可供种种使用。如昔时埃及、犹太等国即用此主义。不过俘虏之人若与捕获国之人原系同种,则不可待之甚虐,至不同种之人,则无论如何处置,敌国与第三国不得稍有异议。此等主义,在昔印度与希腊均同用者也。至欧洲中古之世,国际公法学者多谓俘虏之人可以作为奴隶而虐待之。如荷兰学者姑乐秋司之类即主张此说。要其目的,不外乎报仇与赎金二种。自今思之,于理论上甚不相合,且尔时所谓奴隶,并非属于国家,实属于捕获者之个人。盖国家因捕获者有功,遂以俘虏为酬劳之品。捕获者一得俘虏之后,与得死物之所有权相同。听其如何处置,他人不得稍加干涉焉。呜呼,人而至于与死物相同,欲其人格、人权之不失,岂可得乎?至于近世,则俘虏之待遇与中古迥异,今于后详言之。

第一节　俘虏之定义

关于俘虏之定义有二,一必敌国之交战者在敌国军队权力之下,始可捕获;二捕获俘虏之人必己国之交战者在己国军队权力之下,始可行使捕获之权利。若敌国人民无交战者与非交战者之别,一律捕获,己国人民无交战者与非交战者之别,一律可行使捕获权,此从前战争时之通弊。现时国际公法之所不许者也,至于第三国之人民有在敌国军队中观战者,亦不可以俘虏相看待焉。

第二节　俘虏之目的

俘虏之目的在减少敌国之战斗力,以图己国之安全,故被俘虏之人限于敌国之交战者。既捕获之后,亦不以虐待相加,不过使之不得再入敌军与己相抗者,人数因之稍减而已。从前一遇俘虏,或加以痛苦,或藉以供种种使用,其用意之不同,不啻有霄壤之别矣。

第三节　俘虏属于何人

古时俘虏有属于私人者,有编入军队者,此等处置自理论上言之,甚不合也。现国际公法定明,凡俘虏必须属于国家,故关于俘虏一切之事均国家主之,私人不得干涉焉。

第四节　俘虏起于何时

凡两国不和于将战未战之先，相互间不得捕人民为俘虏，必战争开始之后，敌国军队权力之下之交战者，被己国军队权力下之交战者所获，自此时起，始为俘虏焉。

第五节　俘虏之权利、义务

关于俘虏之权利、义务，可分为十种，今述之于后：

一、私权；

二、衣；

三、食；

四、住；

五、劳动；

六、赁银；

七、法规；

八、处罚；

九、杀戮；

十、状况。

（一）私权

俘虏之私权有两种：（甲）身分权；（乙）财产权。

（甲）身分权

俘虏身分之自由，决不能与寻常人民相等，如散步、旅行之类，均必加以限制，所以防其有窥探军情，得间逃走之弊也。至于娶妻、养子或购买饮食，则均宜听之，不可干涉。若购买武器，必绝对禁止，毫无例外。如此之类，不胜枚举。总之，于战斗无关，不妨害己国安宁之事，均宜许之。反乎此者，则均不许可也。

（乙）财产权

财产有国有、私有两种。国有之财产如枪炮之类，系由俘虏携带而来者，捕获国可以没收。若俘虏私有之财产，如时计或金镯之类，则不可没收。但俘虏私有之财产若系短刀之类，则宜暂时没收，俟平和后返还之，此现在文明国之通例也。

（二）衣、（三）食

俘虏之衣食自国际公法原则言之,宜视其在本国之地位如何,以与己国之军人一律看待。现日俄交战,日本明治三十七年敕令第五十号谓俘虏之衣食,其数量与品质均归陆军大臣规定之(赁银亦同)。此即视俘虏地位如何,以为看待之意。昔普法之战,德国所获法国之俘虏给以白面包之食,而己国军人反食黑面包。因法国饮食程度素高于德国,德国之黑面包法人不能下咽之故。然此不过德国之道德心,并非国际公法之原则也。如现在日俄之战,日本所获俄俘,给以日本饮食,与日本军人相等即可,断不得谓系西洋人,必给以西洋饮食,不给以西洋饮食即违反公法也。至俄俘以日本夏服清凉而欲着之,则给与不给均可自由。因此系事实上之问题,非国际公法所规定之故。

(四)住

战时所获之俘虏,不惟牢狱不可使之居住,而且污秽之处,空气不流通之处,碍于卫生有害健康之处,均不可使之居住也。自国际公法之大原则言之,凡俘虏之待遇,皆宜与本国之军人相同,此系一千八百九十九年《海牙陆战法规惯例》第七条第二项所定。其条文云:"交战国间无特别约定之时,凡俘虏之食料、寝具及被服均须与本国军队受同一之看待。"但与以绝对之自由,毫无限制,则又不可。何者? 盖捕俘虏之目的无非为减少敌国之战斗力也,若毫无限制,则不免有阴图报服〔复〕之虞,故现在文明诸国,给俘虏之居住必有一定之场所,所以防其有妨害己国安全之故。例在《海牙陆战法规惯例》第五条,其条文云:"俘虏可拘置于市邑、城塞、阵营或其他之场所,使之负不可轻出于一定境界以外之义务。"但俘虏有万不得已必须外出之时,则仅监守焉即可,不得仍禁锢之也。至于实例,如一千八百十二年至十三年俄法之战,俄国所获法国之俘虏,置之西比利亚。西比利亚系原俄国拘留本国犯之处,故尔时各国学者多谓俄国处置不当。俄国谓若非拘留于西伯利亚,则其余地方均距法甚近,俘虏必有逃归之弊焉。当时是非尚未论定,今自吾人观之,置之西伯利亚不得遽谓之不当,何者? 因待俘虏之宽严原不在道里远近上区别也,若使之与犯人同居,或受犯人同一之看待,则始于国际公法不合矣。

以上所举俘虏衣、食、住之给养,自理论上言之,原宜归俘虏之本国,何则? 因俘虏战争平和之后必归其本国,故在敌国之给养亦归其本国任之。至于其本国不任,使捕俘虏国任之,则以甲国之人民而乙国为之给养，于理颇不合也。但战争之际，必欲如此实行，则与实事上有碍难之处，故现在各国，各国俘虏之给养均系捕获国任之，不过平和之后尚可要其求本国偿还耳。至于俘虏劳役之赁银，如有余之时，亦可扣除给养之费用。(《陆战法规惯例》第六条第六项云："俘虏之给料因改良彼等状态支出之余分，扣除给养之费用，于解放之日将其残额交付之。")又，俘虏携带之财产有国有者，有私有者，国有财产可以作为俘虏之给养，不待问也；至私有之财产，或谓亦可扣还给养，如美国国法，谓俘虏私有之财产如自愿扣还给养费用者，听之，即此例也。此说颇不当，何者？盖战争乃国家与国家之事，并非国家与私人之交涉也。今取私人之财产以供国家之费用，不亦失乎？

(五)劳动

关于俘虏之劳动，学说不一。《海牙陆战法规惯例》第六条云："战时所获俘虏，可应其技能及阶级而佣役之，但不得使其劳动过度，或作与战争有关系之事。"日耳曼学者卡尔波与意大利学者非优勒木反对此说，谓俘虏者，系敌国之军人，不可使之任劳役之事。然现时赞成陆战法规之学者则颇多焉。

俘虏劳动之种类有二：一服属于自身之劳动，如关于俘虏自身衣、食、住之劳动是也。此等劳动一般学者均已认之，毫无异议；一服自身以外其他之劳动，此系《海牙陆战法规》第六条所定，多数学者亦赞成之。然其中颇有限制，任意使用则违反国际公法之事必多焉，今述其限制于后：

(甲)应阶级

俘虏所服之劳役，必与其阶级相当。若原系敌国之高等武官，故使之服下等兵卒之劳役；实系敌国之下等兵卒，反给以高等武官之职务，则甚不当也。

(乙)应技能

俘虏所服之劳役，不可任意加之。因人各有能，有不能之故也。如甲仅能用力者，而必使之用智；乙仅能用智者，而必使之用力，则用违其能，欲求事之有成，不可得矣。

(丙)不关战斗

关于战斗之事，其绝对者颇难言也。至于直接与战斗有关之事，莫如制造军器。俘虏之中长于制造军器者必多，然虽有长于制造军器之人,捕获国断不可使之服其劳役。所以不可使之服此等劳役者,原因有二:因俘虏制成之军器,用之以攻其本国,则不惟有伤俘虏之感情,而且于己国之道德心亦有妨碍也;二因使俘虏制造军器,俘虏不免设机器于其中,若己国不知其详,则为害颇巨也。

（丁）不害健康

凡人劳动过度,必至害其健康,故俘虏虽可命其劳动,万不可使之服力不能及之役,及日夕从事劳动,毫无休暇也。

（戊）不损军人之名誉

俘虏所服之劳动,必与内国军人相同,此《陆战法规惯例》第六条第三项所定。至以俘虏供官衙、公署或私人之驱使以及卑贱之役,则俘虏一失军人之资格,即与名誉有关,决不可也。

（六）赁银

俘虏既服劳役,捕获国即当给以赁银,此亦《陆战法惯例》第六条第三项所定。同条第六项又谓可于赁银之中扣除给养之费用,此说一般学者均已承认。然自吾人观之,则颇不适当,何者? 盖劳动之赁银原属私有财产故也。捕获国即扣除之后,其本国政府仍宜如数付还。或谓俘虏对于本国有服从之义务,劳动所获之赁银,用以供在敌国之给养,原无不可,不知俘虏对于本国不过有服从战斗之义务,断无偏任钱财之义务也。

（七）法规

俘虏在捕获国当服从捕获国之法律,此万国之所同者也。其服从之法律有三种:

第一、以俘虏之故服从特别之法律规则;

第二、军事上之法律规则;

第三、一般人民服从之法律。

（八）处罚

俘虏应服从之法律规则有违背之时,谓之犯罪,即当处罚。不过俘虏之处罚当视其犯罪之种类,如犯逃走之罪者,为军事上之犯罪,即当依军事上之法律规则处置之,不可归通常裁判所管辖焉。（如日本军人犯逃走之罪者,军法会议以住营仓处置之,若所获俄国之俘虏有犯逃走之罪者,其处置亦当与日本军人相同焉。）

（九）杀戮

俘虏从一般法律,有犯死罪者可处以死刑。但俘虏在捕获国妨害其国之安全,捕获国放之,则又增其本国之战斗力。当此之时,可以杀戮与否,亦一问题也。自理论言之,捕俘虏之目的原为维持本国安全,减少敌国之战斗力起见,今目的既难达到,于万难之际,杀之亦无不可。若无二原因,杀俘虏以报仇,则决不可也。

第六节　俘虏之消灭

俘虏消灭有六,原因今分述之于后:

(一)死亡;

(二)国籍取得;

(三)逃走;

(四)解放。

俘虏解放有单纯、宣誓两种,今分言之:

(甲)单纯解放

解放之时并不附何等之条件者,谓之单纯解放。此解放之原因,或捕获之国欲减临时给养之费用,或俘〈虏〉被捕之时,未加害于捕获国,或俘虏之身体弱病,不能有为,数种而已。既解放之后,俘虏或再入本国之军队,或不入本国之军队,均可自由,因捕获国解放之时,未附条件故也。

(乙)宣誓解放

俘虏对捕获国政府宣誓再不从事于此次战争,捕获国政府因而解放者,谓之宣誓解放。此等俘虏被解放之后,即当严守约,不得再加入战争。此《海牙陆战法规》第十条所定,若有违反宣誓,复加入战争者,则捕获国一经捕获之时,即可加以处罚,不必仍以俘虏相看待焉。

(五)交换

交换者,系战争继续中,交战国双方合意,互易俘虏是也。此事古时即有,不过如何交换之方法,战时国际公法上尚未定明,如以将官易兵卒,以多数易少数,均在交战国临时合意,以特约定之耳。至于古时有以金赎之者,现不可用,恐失军人之资格故也。

(六)媾和条约

两国交战,平和之后均当将所获俘虏送还其本国,此《陆战法规》第二十条所定。且媾和条约成时,捕获国当未送还之先,即不得以俘虏相看待,不过仍有监督之权耳。至俘虏所犯之罪,则亦可处罚,因俘虏之资格虽已消灭,而普通外国人之资格尚未消灭之故。若所犯之罪归国后而始发见,则不得处罚,因己国主权不可及于外国也。

第八章　病者、伤者以及死者

古时战争,交战国两方肆行一切残酷手段,皆毫无限制。虽遇敌国之病者、伤者,亦可俘虏杀戮,即已死之人亦可以加以辱害,是古时惨虐之状可想见也。至于近世,战争之目的仅在减少敌国之战斗力,与从前之欲虐待敌国人民者绝然不同,故遇病者、伤者及已死之人,不惟不可加以残酷,而且须保护之。其外,医师、病院、看护妇、病院所用器具、僧侣运搬之类,均与病者等相同,交战国皆须保护也。主张此说者以瑞士学者安里与鸠南为最,是以《赤十字条约》第六条云:"凡负伤及罹疾病之军人,不论属何国国籍,须授接看护之。"《赤十字条约》既定此条,故各国相互间均宜遵守。但敌国之病者、伤者既愈之后,若尚有战斗能力,则交战国不以拘留之;至虽愈而成废疾,再不能加入战争,则送还之可也。

关于救护之设备,亦不可侵害,此系《赤十字条约》第一条第一项所定。其条文云:"战地假病院及陆军病院以局外中立看待,如患者或负伤者在该病院之中,则交战者当保护之,不可侵也。"由此条推之,救护病伤者之处虽极小之民房,与临时军队之绷带所,亦当保护。但以上所举不受交战国保护之处,己国若以兵力守之,则失局外中立之资格,此第一条第二项所定。第一项所以区别战地假病院与陆军病院者,其实盖在第四条其第一项云:"陆军病院之器具什物等,从交战条规处置,故该病院附属之各员,其退去之际,除各自私有品之外,不得携带其余物品。"第二项云:"但战地假病院于前项之时,其器具什物等得保有之,其所以然者,因陆军病院中之器具作为军用品看待之故。"

救护之人员亦当保护,此系第二条所定。其条文云:"战地假病院及陆军病院任用之人员,如监督员、医员、事务员、负伤者搬运员并说教各从事其本务,均可享有局外中立之利益。但此数种人员,若不守其职,则不可也。"

战地假病院与陆军病院若为敌军占领之时,当如何乎? 关于此事,系第三条所定。其第一项云:"前条所举从事之各员,虽战地假病院或陆军医院为敌军占领,各员尚可行其本务,或随本国军队退去之。"又二项云："于前项之场合,各员罢职之时,须由占领军队送至敌军之前哨。"由是观之,服病院职务之人员,占领之时,亦不可侵害也。

救护病伤者之病院与人员等,皆当保护,前已言明。至于救助地之住民,则亦当保护,此系第五条所定。其第一项云："救助负伤者,土地之居民不得侵害,且不可妨其自由。"二项云："交战国之将官,得怂恿住民为慈善之举,且为慈善之举,可享有局外中立之资格,将官有豫告其旨之责。"三项云："于人民家屋内接受负伤者,看护之时则免其战时课税之一部,且免其家屋供军队之宿舍。"

第九章　间牒

一方之交战者,入他方作战地带内为隐密行动,或构虚妄口实以探知各种情状,通知交战国之一方为目的者,谓之间牒。此系《陆战例规》第二十九条所规定。自理论言之,交战国两方原互有探知军情之权利,交战国一方之军士或军士外之人民为间牒行为,被敌国捕获之时,不得谓之有罪。然欧洲学者多以间牒为不正之事,如瑞士之哇夫帖尔谓间牒非战之必要,意之非优勒谓间牒甚卑劣,不过现时国际公法上尚无禁止之规定耳。

窥探敌军之间牒,国际公法虽不禁止,然敌国捕获之后仍可加以处罚。其所以可加处罚,不能享有军人之权利者,因间牒非服军人之服,未必非受贿而来,其行为颇卑劣故也,英国学者哈勒苦即主是说。但此说只可责第三国人民,不可责交战国、本国之人,何者?因交战国、本国人民为间牒行为,无非出于爱国热诚之故。故德国学者极反对英国学者之说,谓间牒虽被捕获,不可加以处罚。然《陆战例规》第二十九条则谓可以处罚焉。不过虽可处罚,亦当付裁判判定,不可随意耳,此《陆战例规》第三十条所定也。至于显著军服与传达书信之人,则不可以间牒看待,例在《陆战例规》第二十九条二项。

乘轻气球窥探敌军,现在事实上颇多,究宜以间牒看待与否,亦一问题也。自一千八百七十四年《补柳色尔宣言》言之,则乘轻气球窥探敌军者,当以间牒看待。然各国已有之事实,究以不作间牒看待者为多。窥敌之例,如一千八百七十年、七十一年之间普法之战,英人有乘轻气球窥探德军者,为德所获,德未以间牒看待是也。通过两军之例,如普法战时，法军为德所困，法之大将马苦罗夫乘轻气球由战地至巴黎，命兵救援，经过德军，为德所获，亦未以间牒看待是也。

乘轻气球于战地并非通过两军者，可以以间牒看待与否，亦一问题也。自吾人观之，乘轻气球者如有隐密行为，或构虚妄口实之时，则可以作为间牒。至于因观战而来之人，概不得以间谍看待矣。且可以视为间牒之人，必未遂被获之时，始可处罚。若既遂者，则其人已满本国领地，或本国军队交战国之一方非其权利所及，万不能加以处罚焉。

间牒被捕获之时，其罚极重，通常皆处以死刑。实例如一千七百八十年，美国离英独立之战，美之大将阿尔诺尔朵为英内应，英常使其大将安拖尔乘轻气球与之相通，后为美所获，美以安拖尔未着军服，遂不处以锐杀，而以常人相待，缢死之。尔时英国学者飞里莫尔、哈勒苦等皆谓美之处罚不当。自吾人观之，安拖尔所为本系隐密之事，而又实未着军人之服，则虽以常人相待，处以缢死亦无不可也。

第十章　军使

军使者，由交战一方之军队派赴他方之军队，为谈判或通一方之意思于他方，而助战争中两国军队之交通者是也。战争之时，交战国两方相互传达之事甚多，故军使必不可少。不过派遣军使须由军队，若由政府派出者，则敌国不必以军使看待，此军使与使者之区别焉。

军使原系有战斗力之人，因其欲达传达之目的，故国际公法特与以不可侵权。若军使无不可侵权，只以通常之交战者相看待，则敌国杀戮之、俘虏之均可自由，而军使必不能达其目的，此不可侵权之所以由来也。其由一方至他方之时，必揭白旗以为表示，此《陆战例规》第三十二条所定。其条文云："带交战者一方之命与他方为谈判，揭白旗而来之军使，并军使随从之喇叭手、鼓手、旗手及通译者皆有不可侵权，所以然者，欲使军使能达其目的，完其职务之故。"

战争之时，交战国两方均有派遣军使之权利，但对手国对于军使无必受之义务，何者？因军使出现，对手国有禁止发炮之原则。设一方所派之军使，他方必有受之义务，则甲乙两国当酣战之际，甲之胜败决于一举，而乙遽命军使出现，使战争中止，则甲国瞬息之间不免失千载一时之遇矣。故国际公法定明，一方所派之军使，他方无必受之义务。例在《陆军例规》第三十三条一项,至于一经承受,则军使即有不可侵之权焉。

军使经对手国承认之后,虽有不可侵权,然不得携带武器,且不得滥用其权。如有利用使命为间牒行为者,即以违反军使条规看待,而不可侵权即失矣。《陆战例规》三十三条三项云:"军使滥用其特权之场合,对手国有一时拘留之权利,但已归本营之后,若将敌国军情告知本国,则敌国亦莫可如何。"是以军使未去之时,一般原则可用种种防御之手段,或蔽其目,或使之由迂道,以达谈判之场所,军使皆不得拒绝之。此《陆战例规》第三十三条第二项所定。

第十一章　敌国财产

上古之时,两国交战,凡遇敌国人民,皆可加以暴力,至遇财产,则不问其所属,不分其性质,概以无主物目之。至于近世,此等严酷之观念已消灭殆尽,其遇敌国财产,首当辨明其属,所属既定,然后再分其性质,断不可概视为〈无〉主之物,一律没收焉。倡此说者即荷兰之姑药〔乐〕秋司是也。今将其分类述之于后。

所属之分类有三种:

(一)国有;

(二)公有;

(三)私有。

性质之分类有三种:

(一)单供战争用;

(二)单供平和用;

(三)供战争、平和两用。

姑乐秋司之分类,其同国之丙可休苦即大反对其说,谓世间之物无一不可供战争、平和之两用,端不可分有绝对之留限。自理论言之,其说颇当,但现在事实上,各国皆取姑乐秋司之说,故吾人亦主分也。

(一)国有

国有财产有三种性质,其单供战争用者,则又有动产与不动产之别。动产之类,如枪炮、弹药等即是,敌国可以没收之;不动产之类,如要塞、城池、铁道、炮台等即是,敌国只可破坏,不得没收也。

(二)公有

公有财产之性质，只有单供平和之一种，如学堂、病院、庙宇、博物馆、美术馆之类即是，敌国占领之时，皆不可加以暴力，因其与战斗无关故也。

（三）私有

私有财产亦具有三种性质。海上战争之时，皆可没收，陆上战争则不可没收，此战时私有财产之大原则也。陆战之规定，例在《陆战例规》四十六条，其条文云："凡家族之名誉及权利，个人之生命及私有财产，并其信教、礼拜之仪式，当尊敬之。"又二项云："私有财产不得没收。"

第十二章　　战时占领

第一节　　占领之性质

交战时，己国在敌国一部分土地上可以实行其权利，使敌国之土地立于本国军队势力范围之下而无敌军者，谓之土地之占领。

古时占领其土地即可取得其主权，近世则不然。不过被占领国其主权暂时不能行使，占领国可暂时行使其主权耳。故其土地上之人民，不得为占领国之属役，但占领国于军事上必要之时，有可以命令之权利。

第二节　　占领地之法律

占领地原有之法律仍然成立，不得因占领而废止，然占领国可以以权力防其行使。如被占领国在占领地征兵，占领国可禁止之；被占领国在占领地收税，占领国可停止之。其余如居住转移自由、书信往来自由、集会结社自由，皆被占领国法律所已许者，占领国可不许之是也。但此不过就有妨于己国军队而言，若非万不得已，则仍宜听占领地之人民，从其本国之法律与习惯之为当。

占领地之裁判所以原则言之，仍宜归被占领地之本国，但一切归其本国裁判，恐于占领国之军事上多所妨碍，故占领国可命其停止，或只关于普通人民之事，命其裁判，其余之事，则命军事会议判断焉。

第三节　　占领地之行政

占领地自原则言之，原宜听被占领国行政，但于军事上有妨碍之时,则占领国亦可停止其行政权。至在占领地之人民,占领国因军事必要,可以命令之,但不得命其为反抗本国之事,且占领国本国人民所当尽之义务,亦不得命其绝对服从焉。

第四节　占领地之财产

占领地之财产,前敌国财产节已略言大概,今再依所有者如何,分为三种而详言之:

（一）国有财产;

（二）公有财产;

（三）私有财产。

占领地之财产,自种类言之,有二种:

（一）动产;

（二）不动产。

自性质言之,亦有二种:

（一）供战用者;

（二）非供战用者。

以上所举各种财产,何者方可没收,何者不可没收,前已言其大概,今再详述之。

占领地国有之动产,凡供战用者均可没收,若不动之产,则虽国有者亦不可没收也。

占领地国有之动产,占领国可以没收,系《陆战法规惯例》所定。其第五十三条第一项云:"占领一地方之军队,凡本来属国有之现金、基本金(不必专属现金)、有价证券、兵器厂输送材料、仓库粮秣及其他供战用之品得没收之,但国有动产之外不得略取也。"由此规定观之,则国有供战用之动产,占领国可以没收,殆无疑义。至于不动之产不可没收,亦《陆战法规惯例》所定。其五十五条云:"占领政府在占领地内对于属敌国所有之建筑、不动产、森林及农作地,只可为其经理者及用益者。至于保护此等财产之方法,当依用益权之法规经理之。"

占领地之公有财产与私有财产,无论动产与不动产,及供战用与否,皆不得没收。惟供战用之动产,限于战争继续之中一时可以差押,至平和回复之后,则仍当返还之。若因差押而生损害,占领国且须补偿也。

公有财产与私有财产,《陆战法规惯例》第四十六条、第五十三条二项、第五十六言之极详,今述之于后。

私有财产一切不得没收,前已言明,但私人若以所有之武器抵抗占领军队,则虽私人所有之动产,亦可以没收也。

第五节　占领地之铁道

铁道、电信属国有者均可没收,若公有、私有则不可没收。然可以使用,但使用之时,当给以贷价,如有损害,且须给以赔偿,此《陆战法规惯例》第五十三条二项所定。

第六节　占领军与住民之关系

占领地之人民,其权利、宗教、名誉、信仰、生命、身体、财产,占领军不得侵害。至于军事上有必要之时,对其身体、财产有可以使令之者,今分言之于后:

第一款　课役

课役者,系对占领地人民之身体而言,课其劳役是也。自理论言之,占领军不加害于占领地之人民,亦不拘束其自由,则仅课其劳役亦不为不当。但虽可课其劳役,而占领国与占领地人民之关系,只可与雇佣契约相同,断不可谓系占领地之人民对占领国服务劳役也。

第二款　征发

征发者,系占领国之军队对占领地人民强收、强用其食料、饲料、衣服、运送器具及建筑物之类是也。自战时国际公法言之,占领军队在占领地原有征发之权利,但征发之物,非战争必要之时不可,且即必要之时而征发之,亦有二限制,今分言于下:

(一)征发物品之限制

凡征发之物品,以军事上必要者为限(必要与非必要亦难绝对划清),若非军使上必要之品,则不可征发也。

(二)征发方法之限制

凡占领地,非司令长官,不得下征发之令,此系《陆战法规惯例》第五十二条二项所定。且征发之时,亦须给以相当之价值。此《陆战法规惯例》第五十二条三项所定。

第三款　课金

占领军队因战争必要上,可以征收占领地人民之金钱,此法美独立战争之时始实行之。《补柳色尔宣言》第四十一条认定可以课金者有三种：

（一）租税之课金；

（二）代征发之课金；

（三）刑罚之课金。

第十三章　攻围与炮击

交战国一方之军队将敌国之城寨、市府、村邑围之者，谓之攻围；既围之后，复以炮弹击之者，谓之炮击。此两种手段之行使，为交战国对于敌国应享之权利。但现时之交战与上古不同，上古之时，系以杀戮敌人为目的，故交战国可以任意妄为，毫无限制。至于今日战争之目的，无非为减少敌人之战斗力而已。故攻围、炮击之时，颇多限制。如敌国之人民，非服武装者不可攻击；敌国之村市，非有兵守者，亦不可攻击是也。此系《陆战法规惯例》第二十五条所定，其条文云："无防守之市府、村邑、居住及建筑物不得袭击或炮击，若海上战争，则攻击炮台自无异议。"至于由军舰攻击陆上无防守之处，以理言之，固为不可。然海牙平和会议尚未议决，故现时虽攻击之，亦无妨也。如一千九百四年日俄之战，俄国攻击日本福山之街市，日本不得谓俄国违反公法之类是也。

陆战无防守之处不可攻击，《陆战法规惯例》固已定明。然行军必要之时，非经过此地不能到达敌军者，则攻击之亦无不可。但欲攻击其地，须先通知其地无战斗力之人民，使之于未攻击以前移出之，以不至受战争之惨祸。实例如一千八百七十年德法之战，德国欲攻击法之斯朵柔丝补尔洗，先通知其地之中立国外交官与中立国臣民，及其他无战斗力之人民，劝其移出是也。此时法国若恐其地之人民移出，不免有泄漏军情之弊，则禁止之亦可。若事出仓卒，非骤攻之不可者，则虽不通知亦不得谓违反国际公法焉。

无防御地之人民虽可移出，而人民之房屋则万不能移出。以理言之，交战国原不可攻击，但此时之攻击，交战国实出于必不得已，非无故而欲侵害人民也。至于其地有公有之物，于社会上有公益者（医院、学校、美术馆、图书馆之类），国际公法许管理人通知敌军，然后以旗识别之，则敌军不可攻击，此系《陆战法规惯例》第二十七条及二项所定。然炮弹如有误中之时,亦属莫可如何之事,不得向敌国求请赔偿。例如,一千八百七十年德攻斯朵柔丝补尔洗之时,伤其图书馆;二年攻巴黎之时,又击毙其小学校生徒二人,皆不得谓德国为违反国际公法,因非出于有意故也。

被围地平和之人民,无论何人接济粮食,均国际公法所不许。以理而论,平和之人民原不可听其粮食缺乏,然要之被围之中,不仅平和之人民已也,若一旦接济之粮食致为敌军所获,则敌军之战斗力必因之增加,于是交战国之一方颇为不利。且平和之人民本可自由转移,设因食尽而移出,则交战国两方之战争更为便利,故国际公法绝对不许也。

第三国之人民在被围地者,应服从交战国之军令,不可通信自由。且不惟第三国之人民已也,即第三国之大使,亦当唯命是听。实例如一千八百七十一年德国围攻巴黎时,美国大使在巴黎欲通信于其本国,德国谓通信于行军有碍,遂不许之是也。

第十四章　陆战禁止方法

古时战争之目的在灭人之国,故害敌手段毫无限制。至于近世战争之目的惟在减少敌国之战斗力而已,是以害敌手段亦不得出乎达此目的必要范围之外。若其范围以何者为限制,则从前实无规定,至一千八百九十九年海牙和平会议时,始有俄皇尼古剌第二提出之三宣言,及《陆战法规惯例》第二十三条,皆所以限制害敌手段者也。俄皇提出之三宣言,前已言明,今将《陆战法规惯例》第二十三条述之于后。

《陆战法规惯例》第二十三条云,除特别条约禁止之外,左之行为一般皆禁止之:

(一)使用毒物及施毒之武器

按使用毒物者,即直接用毒,如投毒如水源,使敌人饮其下流而死之类是也;使用施毒之武器,即间接用毒,如涂毒于刀剑,使敌人一经着身不能复生之类是也。此二种手段,国际公法皆禁止之,然有一例外,若以毒为消极行为,则不禁止。例如,置毒于井,使水变色,敌人望而易知,必相戒不饮,则即可藉以灭其战斗力矣。

(二)以欺罔行为杀敌人之国民及军人

(三)杀伤解除武器及无自卫手段乞降之敌兵

凡降服者,即失战斗力之人,若杀伤之,非战争上之必要也,故国际公法禁止之。

（四）无救命之宣告

例如,预言凡属敌国人民皆当杀尽,并不受降是也。此等行为,在近日实违反战争之目能〔的〕,故亦禁止之。

（五）使用于战争无益,徒增生人痛苦之武器、弹药及其他物质。例如,极小之爆裂弹,及以玻璃细末所代之弹丸,皆于战争无益,徒增生人之痛苦者也,故非禁止之不可。但有一例外,如交战之时一方之弹丸忽尽,万不得已以玻璃细末或砂石代弹丸而为防御之术,亦无不可。

（六）滥用军使旗章,或敌之国旗与其他军用之标章及敌军之制服,并赤十字条约之徽章

（七）非战争必要之万不得已,破坏敌之财产与押收

非万不得已破坏敌之财产,及押收敌之财产者,即侵害与战争无关之财产是也,故国际公法禁止之。

又,《陆战法规惯例》第二十四条云:"必要之时使用奇计,并侦察敌军及地势之手段,不得谓之违反公法也。"由是观之,设伏待敌、滥登新闻之类皆无不可,何者？因战争不能全然无诈之故。

第十五章　封港（海上封锁）

第一节　封港之性质

交战国之一方在对手国之港湾、河口、海岸,遮断其交通,使港内之船不得出,港外之船不得入者,谓之封港。封港者,交战国应享之权利也。但"封港"二字不及海上封锁之确,何者？盖封港之意似仅及于敌国之军港,而海上封锁则凡可以与敌军港通往来之海面,均可限制也。

第二节　封港之范围

封港为交战国应享之权利,对于敌国港湾等固毫无部分区域之别。然有数种港湾等,交战国不可封锁者,今述之于后:

（一）局外中立国之港湾、河口、海岸

甲乙两国交战,丙国中立,其所领港湾、河口、海岸如不与甲乙两国

相连,则两国皆不可封锁。即与交战国一方相连,并非交战国之军港,则交战国仍不得封锁焉。

（二）局外中立水

所议局外中立水者,如苏彝士河之类是也。万国已承认永久局外中立,故无论何国交战,皆不得封之。

（三）交战国之中立水

交战国之水面,交战国双方合意认为中立不在其水面交战者,谓之交战国中立水。如中日之战,因各国请求中日两国承认上海为中立水之类是也。

（四）交战国共有之领海

此例在事实上颇少,然亦间有之。因两方均有权利,故不可封也。如日本北海道侧之萨哈林岛（即桦太）,日本明治八年与俄国立约,定为共有,现日俄交战,皆不可封之即是。

封港之目的,在昔则一战而胜即可据为己有,现则不然,不过封锁国于军事上得一时之便利耳。战争和平之后,仍当返还之。至于公海,则更不可因一战而胜即可取得,无庸赘述也。

第三节　封港之要件

封港须有一定之要件,方能有效,今述之于后：

（一）封港须有司令长官之命令；

（二）宜有实力；

（三）封港须先告知；

（四）封港必须继续。

第四节　破坏封港及其制裁

交战国已封之港,无论何国船舶,必有如何之行为始可谓之破坏封港,各国主义各有不同,今只就日本言之：

（一）破坏出港封锁

（甲）已脱封港区域或未脱出而欲脱者,皆谓破坏出港封锁；

（乙）已脱封港之船,如另有他船在港外转载其货物,或货物尚未转载而事实上实有欲转载之情形者,则已脱之船与转载之船皆谓破坏出港封锁。

上举二条系原则也,有时出港之船亦不得谓之破坏出港封锁者,则为例外,今举之于后:

(子)受特许驰名之船,不得谓之破坏出港封锁;

(丑)未受告知封锁后入港之船,如空载而出,亦不得谓之破坏出港封锁;

(寅)封锁成立之时(指正封锁时而言,非先非后也),在港内之船如空载而出,亦不得谓之破坏出港封锁;

(卯)未封锁之前在港内之船,如原载而出,亦不得谓之破坏出港封锁。

(二)破坏入港封锁

(甲)已侵入封港区域之内或未侵入而企图侵入者,皆为破坏入港封锁;

(乙)在封锁附近区域之内发航向港内行者,亦为破坏入港封锁;

(丙)在封锁区域之外将本船之货物转于他船输送入港,或企图送入港者,亦为破坏入港封锁;

(丁)船虽未入港内,而其目的实以港内为到达地者,则亦可谓之破坏入港封锁。

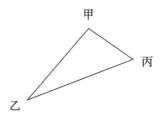

但关于此处有一疑问,如封港之处如甲,乙甲与丙甲均为中立国至封港之船路,乙丙则中立国至中立国之船路。设有乙船本欲航入甲港,乃不先走乙甲航路,而走乙丙航路,则封港之国可以捕获与否,自各国学者之主张而论,则以可以捕获者为多,因此等行为实属继续航海主义之故。实例如南北美战争之时,有美船"斯普领阿枯跛苦"号者欲至南美军港,乃先由加拿大之拉萨乌经过,为北美所获。当时学者皆以此举为当,因认为继续航海主义之故也。日本捕获规程,虽未定明,而由此条解释之,则亦取此主义。

上举四条乃入港之原则,至其例外则亦有之,今述之于后:

（子）受特许入港之船，不得谓之破坏入港封锁；

（丑）船长原知某港现属封锁，拟定到达之时，封锁必已解除，或未解除而改向他处到达地者，亦不得谓之破坏入港封锁；

（寅）船长本以封港为到达地，而中间抛弃其目的者，亦不得谓之破坏入港封锁；

（卯）其船本不欲驰入封港，因海啸、大风不可抗力，或粮食、薪炭半途断绝，舍此港之外无处避灾、无处接济者，则入港之后亦不得谓之破坏入港封锁。

以上所举，日本现行《海上捕获归程》二十七条至三十条参看。

破坏封港之船，一经交战国捕获，即可没收，此各国处罚之相同者也。至船中所载货物，如与船舶同属于一人，则货物亦可没收；若货物系他人所有，并不知此船将为破坏封港之行为，则交战国不可没收，仍宜返还于所有者为当。但货物所有者如知此船之行为，则没收之亦可。至于船内之人，如船长、水夫之类，交战国不可虐待，并不可作为俘虏。然必要之时可以拘留之。

又有一当注意者，破坏封港之船如已逃归本国之后，交战国再与相遇，不得捕获、处罚。盖陆战俘虏逃归之意也。

第十六章　　海上财产

海上财产仅动产一种，其原则无论国有、公有、私有，均可没收，与陆战规定大相反对，其理由勉强言之，因陆上占领可以征发、课役、课金，海上则无此事，故交战国稍用强暴手段，亦无不可。然自理论上言之，则实不当也，是以各国学者时有异论。一千八百二十余年，美国大统领门罗倡议，谓海上战争宜用陆战之规定，尔时英、法、俄三国皆反对之，其中尤以英为最力。因英国海上势力颇大，若用陆战规定，则于英不便之故也。故一千八百六十八年，《赤十字追加条约》谓海战宜用陆战之规定，英国亦反对之。一千八百七十五年八月三十一日，国际法协会提议海战当与陆战相同，私有财产不可侵害，当时亦未决定。至一千八百八十二年，国际法协会议决《海上捕获规程》，其第四条云："私有财产依相互之条件，除第二十三条规定之外，不可侵害。"然亦未实行焉。所谓二十三条之规定交战国可捕获者，约分三种：

（一）与战争行为之船舶；

（二）破坏封港之船舶；

（三）载战时禁制品或有嫌疑之船舶。

第十七章　战时禁制品

为供战争目的使用之物，由第三国输送于交战国之一方者，谓之战时禁制品。以字义言之，似当绝对禁止，然其实即输送之亦无不可，不过不能受交战国一方之保护，其他一方发见之时，可以没收耳。

第三国输送之物品可分三种：

（一）单供战争用者；

（二）供战争、平和两用者；

（三）单供平和用者。

上之分类，系姑乐秋司之说，其单供平和用者，如弄物之类即是，交战国不可没收，此一般学者之所公认也；单供战时用者，如刀剑、枪炮之类即是，谓之绝对战时禁制品；两用者如石炭、马匹、粮食、材米、货币之类即是，谓之条件附之禁制品。凡此二种，交战国一经捕获，即可没收焉。

英国学者大尔览朵则分为两种，皆可没收者也。

（一）绝对战时禁制品

（二）条件附战时禁制品（如军马、铁道、电线、电话及各种之材料等皆是）

现日俄之战，中国政府所定之绝对禁制品亦有数种，今述之于下：

（一）炮弹、铅丸、火药及各项军械；

（二）硝磺及制造各种火药之材料；

（三）可充战用之船及其材料；

（四）关涉战争之公文。

又，第十条规定云：“除战国船只在中国口岸买办行船必需之物应遵守后列条外，不得售粮食、煤炭于战国。”此即条件附者也。

一千八百九十四年，巴黎之国际法协会议决关于战时禁制品之事，其第一条一项、二项已定明焉。至第十三条则云左之诸品亦以战时禁制品看待，今列之于后：

（一）货币；

（二）食粮谷物；

（三）织物、罗纱衣服；

（四）船舶；

（五）船用之器具；

（六）制造武器或其他军用品之原料；

（七）武器或军用品之物品；

（八）石炭；

（九）马匹。

上之所举，皆国际法协会决议认为战时禁制品者也。然现时尚未实行，是以交战国两方何者认为战时禁制品，何者认为非战时禁制品，均可自定。此次日俄之战，日本明治三十七年二月十日所定之战时禁制品有二种：

（一）绝对之战时禁制品

兵器、弹药、爆发物并其材料（铅硝石、硫黄等包含在内）及制造机械，又塞门朵（消毒药）、陆海军军人制服及武装具、铁甲板、舰船之制造及舣装之材料，并其他单供战用之物品及材料。

（二）条件附之战时禁制品

粮食、饮用品、马匹、马具、马粮、车辆、石炭、木材、通货金银块，并电信、电话及铁道建设之材料。

上举二项之物品，如系供该船舶之自用者，则不以战时禁制品看待焉。

俄国二月二十八日政府所发布认为战时禁制品之物，其类甚多，今列举于后：

（甲）各种用兵器及铳器（全部或一部）并兵甲；

（乙）火药之部分品及弹药（炮铳、弹信、管铳、丸雷管、火药包、子〈弹〉盒、硝石、硫黄等）；

（丙）爆发用物料及其部分品（地、水雷及各种爆发物导器及地、水雷爆发必要之各种物）；

（丁）炮兵工作及属于炮兵行军之各种用具（炮车、火药、包子盒及弹药箱、野战锻工具、野战厨器、运送用器具、荷车、浮桥、桥架铁线、马具等）；

（戊）军队用服、武装用具、携带皮行囊、剑柄、甲装具、掘濠用具、鼓、野战铜鼓、鞍马具、制服、天幕等；

（己）敌国港行船舶，其构造内部之装置，或其他之指示明为军用建造，在敌国港卖于敌国，或交于敌国者（船上所揭之旗，虽中立国商船旗亦不问。）；

（庚）各种之船舶器械及汽罐（装置品及部分品）；

（辛）各种薪炭（石炭、火酒等）；

（壬）电话、电信及属于铁道各种之物件；

（癸）供陆海战斗使用之各种目的物品，并米及食料品与其他军用为目的之马匹、驼兽及其他动物，以敌之费用，或为敌定购而输送者。

今自吾人观之，俄之禁制品亦系绝对与条件附两种，自（己）以上皆绝对之战时禁制品，自（庚）以下则条件附之战时禁制品也。

战时禁制品之外，又有战时禁制人与战时禁制书。所谓禁制人者，如敌国之军人及第三国人民入敌军之军人，皆是所谓；禁制书者，如关于敌国军事上公务之书类皆是也。

以上三种禁制如有违反者，则捕获国可加以处置。其为禁制品也，则绝对与条件附两种均可没收，若禁制人则可作为俘虏，至于禁制书，亦可没收焉。

载禁制品之船舶，如同一所有者，则可以没收；若非一人所有而船长知情，则没收之亦可，但关于此处各国之主义不同，英国则禁制品与船舶虽非一人所有，概可没收，并不计所载禁制品之多少；法国则所载禁制品与船中其他货物，共计非有四分之三以上，不没收其船舶；澳国则所载禁制品与船中其他货物共计非有过半之数，亦不没收其船舶；德国则船中所载需全属禁制之品，始没收其船舶；日本现之主义则与英相同，不计禁制品之多少，概可没收其船焉。

载禁制品船内，非禁制品，自原则言之不可没收。然亦有二例外，一非禁制品与禁制品系同一所有者，则可以没收；二虽非同一所有者，然非禁制品之所有者如实知情，则亦可没收。

第十八章　休战

当战争继续之时，因交战国两方合意，在一定期间内，或无定期间停止战争者，谓之休战。

　　凡两国之战争也，必因不合意而起。既战争而复合意，学者原不能无疑，然要之合意休战，如在古时则必无之事，因古时战争之目的在杀尽敌国人民故也。至于近世之战争，不过两方之交战者相为仇敌，并不欲侵害平和之人民，故合意休战于理论上毫无背谬。且也两国战争如无休战之事，则相延而不和平尚有望乎？又有谓国家交战之时，其友谊尚存，休战之举即属友谊关系者，此说欧洲学者多主之，如罗马之达西打斯与荷兰之姑乐秋司之类是也。

　　休战之中何等行为交战国可以为之，何等行为交战国须停止不为，国际公法尚无明文，在交战国休战时以条约定之耳。至于军需品，或谓休战时可以运送者，或谓不可运送者，在国际公法上均无势力，仍交战国以休战条约定之可也。

　　休战之种类有二，今分述之：

　　（一）一部休战

　　两交战国合意，在战争继续中认定某区域，或某军队停止战争行为者，谓之一部休战。例如，中日战争之际，两国以条约定明，认定盛京、直隶、山东等地，两国之陆海军均须休战（《中日休战条约》第一条）；又一千八百九十七年土耳其与希腊因苦利多岛权利不清，遂起争战，战时以两国合意认定希腊北方之陆地均须休战是也（按：此役土胜希败）。

　　（二）全部休战

　　两交战国合意，无区域、军队之别，凡关于战争行为，均一律停止者，谓之全部休战。

　　两交战国所以有全部休战者，大概为豫备媾和而起，其例则甚多也。凡条约之效力，自普通言之，有谓约成时即生效力者，有谓交换时即生效力者。至于休战条约，则皆不可焉。必约成之后送达交战国两方之军中，此时始发生效力。

　　休战后如再开战，须以条约之定期为准。如休战之时系出于交战国两方之随意，并无条约，或虽有条约而开战之期并未定明，则两交战国无论何时均可开战。

第十九章　　战争之终了

　　战争终了，自普通言之，大概由于媾和条约；以实际观之，因事实终了者亦同。但自学理而言,由于事实者并无条约,战争不得谓之终了,不过不认为终了,则不为于交战国不便,而且于第三国亦不利也。是以终了虽由于事实,各国亦不得不认焉。实例如一千八百六十七年法兰西与墨西哥交战,正战之际,德国忽出而与法战,法之兵力因不能与两国为仇,尔时遂将与墨交战之兵由墨撤归,而法墨之战因之终了,并无条约焉;又一千八百六十六年,德国与澳地利交战,澳之同盟国里西典斯他引随与德战,后德澳以条约媾和,德并未与里西典斯他引结约,而里西典斯他引亦随澳终了,亦一例也。又交战国一方灭亡之时,战争终了,必无条约。例如一千八百九十八年,英国与杜兰斯哇交战,至一千九百年,杜为英国所灭,战争告终,并无条约。因杜无结条约之能力,只得听英国一方之意思终了而已。

缔结媾和条约以平时缔结普通条约为原则,其机关则属之国家。至于国法内有不同者,如日本结盟为天皇大权(日本宪法十三条);法国结约须上、下议院议员及大统领之合意(一千八百七十五年法国宪法第八条所定);美国结约须大统领与上议院议员合意之类,在国际公法上毫无影响焉。

议和条约之种类有二:

(一)假议和条约;

(二)本议和条约。

假议和条约者,系本议和条约之前提所谓草约是也。此约结成后至结本约之时,或增或减者颇多,甚至将内容废尽,另结本约者亦有。例如,一千八百七十七年俄土之战,战后在散斯帖法罗结假议和条约,后英、澳观之,见其内容不仅有害土之权利,而且于欧洲各国权利皆有妨碍,于是将假条约废止,至次年始在柏林结本约焉;又,一千八百七十一年普法战后正月,结假条约于法之巍尔萨依优,因其中有不适当者,至五月又在夫远苦夫尔朵改订本条约焉。

议和条约之效果有二:

(一)一般之效果;

(二)特别之效果。

凡条约应生之效力,谓之一般效果。其最普通者,莫如终止战争。然终止战争与休战绝然不同,其区别之处甚多,今述之于后:

(一)议和条约成后,战争即宜终了;休战条约成后,战争并不终了,不过一时停止而已；

（二）议和条约成后，交战两国对于开战之原因，将来再不可开战，休战条约成后，交战两国对于开战之原因，将来尚可开战；

（三）议和条约成后，交战两国一切须回复未交战以前之原状（如封港之军舰必须撤退，因战争而权利被限制之人民必须回复之类即是）。休战条约成后则可以不必也。

甲国之土地因战争而被乙国占领，议和之时乙国当返退与否，亦一问题也。自古以来即有二主义：

（一）现有说；

（二）复原说。

所谓现有说者，谓议和之时土地归何国占领即何国有之，不必让与他国是也；复原说者，谓媾和条约原系回复战争以前之原状，则占领地应脱占领国之羁绊，归复于被占领国主权之下是也。自从前之实事观之，大概皆采用一说，现则多采用第二说焉。

特别之效果由交战之原因而起，其种类甚多，约而言之可分三种：

（一）赔偿金；

（二）割地；

（三）担保。

（一）赔偿金

战败国赔偿战胜国之兵费，谓之赔偿金。其理由大概谓战败国不善，战胜国因无故而损兵费，故战败国当赔偿之。至其金额，则国际公法上尚未定明焉。

（二）割地

战败国割土地于战胜国者，谓之割地。既割之后，战败国在其土地上即无主权，战胜国在其土地上即有主权。但其土地上私人之所有权，战胜国不可侵害。然有一例外，如受割让国之国内法不许外国人在其国内有土地所有权者，则可设一期限，使之卖于本国人焉。

（三）担保

权利国与义务国约定之条件，将来义务国履行与否不可得而知也。普通之方法大概义务国须供土地为担保，至不履行条件之时，权利国即可将其土地占领。但此时所谓占领，与战时土地占领绝然不同，今述其异点于后：

（一）一属平时，一属战时；

（二）平时占领条件履行之后，即当返还；战时无论占至何时，均可，无定期也。

（三）平时占领以合意，战时占领以暴力；

（四）平时占领适用和平国际公法，战时占领适用战时国际公法。

第三编　局外中立

第一章　局外中立之意义及其发达

两国交战，第三国与其战争毫无关系，无论积极消极，均不加入两国之战争行为者，谓之局外中立。此局外中立国对两交战国，除战争行为外，其余如庆吊之事，仍可继续平时之交际，因庆吊之事无非表同情而已，并非助其战争故也。

局外中立国对交战国自理则言之，应系纯粹和平之关系。然因两交战国有战争之故，其纯粹和平关系有不能不被限制者，如平时甲国之兵队至乙国，或乙国运军器于甲国，无所不可。至战争之时，则中立国有不受交战国侵害之权利，同时又有不可违反中立规则之义务，此即纯粹和平关系被限制之大略也，后当详述之。

战时局外中立国当宣言与否，亦一问题也。自历史上观之，中立国宣言者与不宣言者皆有，如中日之战，德国中立也，尔时并未宣言；现日俄交战，德国又宣言中立是也。然以吾人而论，究以宣言为当，何者？因中立国既宣言之，后则交战国不得稍有疑心故也。

故意违反中立之中立国当如何处置，国际公法上尚未定明。在事实上有命违反国对交战国一方谢罪者，有命其损害赔偿者，有宣言不认其中立者，例如一千八百七十七年俄土之战，巴尔干半岛北之路麦里亚（非罗尼亚也，罗马尼亚在巴尔干半岛之南）曾宣言中立之国也，后与俄约，准俄之兵队经过其国境，尔时土耳其即取最后主义，谓路麦里亚与俄国同谋，不认其中立是也。

局外中立有海上与陆上两种,海上中立十三世纪之时即已发达,如地中海沿岸各国所编之海上法,关乎中立者有三规定是也,今述之于后:

一、友船上之敌货不可没收;

二、敌船上之中立货物不可没收;

三、中立国之船舶如被交战国取去之时,中立国有命其解放之权利。

陆上中立至十八世纪之末始发达,较之海上中立之发达,则在四百余年后也。因其发达之不同,而性质遂迥然有别,后再详言之。

第二章　局外中立之种类

第一、通常局外中立及永久局外中立

通常局外中立及永久局外中立,其性质前已言明,今只即二者差异之处分述之。第一,战争时其国始中立者,谓之通常中立,无论何时其国皆系中立者,谓之永久中立;第二,通常中立仅有单独之意思即可,永久中立则非得他国之许可不能焉;第三,通常中立系与战争相终始,永久中立则非因战争而始有,盖与战争毫无关系者也;第四,通常中立不过对交战国有权利、义务,至对其他之第三国,仍可为战争行为,永久中立则无论对于何国均无战争之权利焉;第五,通常中立已宣言后,至半途忽不愿中立,则虽加入战争,亦无不可。如一千八百五十四年俄土苦里米亚之战,英、法等国皆已宣言中立之国也,后又助土而与俄战,即其例焉。至永久中立,则无论何时,均无战争之权利;第六,通常中立于交战国未开战以前,可以与之结交战同盟之条约,至永久中立,则无论何时,皆不可与他国结交战同盟之条约也;第七,通常中立系独立之表示,无须他国保证,至永久中立,则非有他国保证不可也;第八,通常中立当他国战争之时,已国有宣言中立之权利,永久中立,则无论何时皆有守中立之义务也。

一、瑞士

瑞士系一千八百十五年十一月,英、俄、澳、法、德五国在巴黎结约,认为永久中立者也;

二、比利时

比利时系一千八百三十一年十一月，及一千八百三十五年四月，各国在伦敦结约，认为永久中立者也；

三、卢森堡

卢森堡系一千八百六十七年五月《伦敦条约》得英、法、澳、俄、德五国之担保，认为永久中立者也；

四、孔哥

孔哥系一千八百八十五年二月《孔哥条约》各国认为永久中立者也；

五、安多拉

安多拉国，界乎法、西间之小国也。法国恐西班牙掠夺，西班牙恐法国掠夺，至一千八百五年两国结约，遂认其国为永久中立；

六、门的利哥

门的利哥一千八百七十八年《柏林条约》，仅许其国练陆军，不得有练海军之权，盖亦永久中立国也。

已有永久中立效力之国，如为他国所并，即失中立之效力。例如，苦若可一千八百十五年《维也纳条约》第六条曾认为永久中立之国也，至一千八百四十六年，其国为澳地利所并，遂失永久中立之效力是也。

永久局外中立有并非国家，仅一部分土地者，又有并非土地仅某种之目的物者。所谓目的之物，如房屋永久中立之类即是，不过其小耳，今只述永久局外中立之土地于后：

一、河流

苏彝士河

苏彝士河系一千八百八十八年十月《君士但丁条约》认为永久局外中立者也，无论何国军舰、商船均可由此河通行。但通行后之时须纳河税。至于战争行为，则河内绝对禁止，且军舰停泊时间亦必不得过久焉。

多恼河

多恼河系一千八百五十六年《巴黎条约》认为永久局外中立者也。沿岸炮台悉行拆毁。后经一千八百七十八年柏林会议、八十三年《伦敦条约》更加详密，又设有委员会，凡多恼河事件，悉归裁判委员，及其官舍皆可受中立保护焉。

二、海峡

波斯福尔

波斯福尔系一千八百七十八年三月《散斯帖发罗假条约》第五条所定,谓此海峡无论平时、战时,凡局外中立国之商船,皆可通行。至七月《柏林条约》第八条谓波斯福尔无论平时、战时,各国均可自由船行,故此海峡有永久中立之效力也。

三、岛屿

爱里亚群岛

此岛在希腊之西,一千八百六十三年英国与希腊议定认为永久中立,各国皆不可侵害,此岛亦不得设立炮台。

四、界地

抹勒斯勒

抹勒斯勒在德国与荷兰之间,两国定国界时皆未收入疆域之内,此地遂成无主物焉。后两国恐因此地致起争端,于是合意,承认为永久局外中立。

已永久局外中立之地,又可以条约废之。例如黑海,一千八百五十六年《巴黎条约》认为永久局外中立,各国军舰皆不得在此海停泊。至一千八百七十一年《伦敦条约》又废其禁,其原因因黑海原系苦里米亚之役,法国欲困俄国,得各国之同意,遂宣言此海永久中立。后一千八百七十年至七十一年,德法之战,德恐俄攻其后,于是与之结废《巴黎条约》之约。尔时法国适当多事之秋,无人反对,故俄国倡议,《巴黎条约》竟废焉。

第二、完全局外中立及不完全局外中立

完全局外中立者,无论何时皆需守其中立;不完全局外中立者,仅限于时间或原因当守其中立是也。然此种区别系旧时学者所采,现则认之者殆少焉。所谓时间与原因者,如甲国与乙国平时结约,谓自某时起至某时止,或因某原因,乙国与他国交战之时,甲国即可助乙国。战争后乙国若在约定时间内与他国交战,或交战之原因适与平时所约之原因相合,则甲国虽交战外之第三国,可以不必守局外中立是也。例如,一千七百八十八年俄国与瑞典交战,丁抹曾与俄国结有助战之约,尔时即助俄之军队,供俄之船舶即是。但此种议论欧洲学者如巴典尔、可尔跛满领、枯害夫打等皆反对之,因此种议论不过两国政治上之观念,自国际公法法理上言之,毫无价值故也。

第三、全部局外中立及一部局外中立

凡版图之内，无论何处，皆可守局外中立，谓之全部局外中立；交战国或第三国所有版图内之土地一部分中立，或一部分战争者，谓之一部局外中立。故一部中立与一部战争实相同也。例如，一千八百五十九年意大利与澳地利交战，意大利罗马教之领土不可战争；又，一千八百六十三年德国与丁抹交战，丁抹国内仅西勒斯巍、火尔斯他引及优拖南朵三处可以战争；又，一千八百九十四年中日之战，两国因各国之请约，定上海不可战争即是；现日俄之战，中国东三省认两国作为战场，盖亦一部局外中立矣。

第三章　中立国之权利、义务

中立国之权利、义务与交战国之权利、义务实相反对者也，但海上、陆上，其规定迥然有别。例如，海上中立，交战国之军舰若航入中立军港之时，中立国于二十四点钟之内可命其退出；陆上中立，交战国之交战者如有入中立国境之时，中立国当拘留之是也。此二规定既不相同，则海上中立之权利、义务与陆上中立之权利、义务即当分述焉。

第一节　海上局外中立之权利、义务

海上局外中立对交战国之权利、义务有六，今述之于后：

（一）中立国领海以内，交战国不得为战事行为；

（二）中立国领海内，交战国不得设捕获审检所；

（三）中立国军港，交战国不得封锁；

（四）中立国领海内之海底电线，交战国不可切断；

（五）交战国军舰至中立军港之时，中立国有不可售军需品或赠军需品之义务；

（六）交战军舰入中立军港，二十四点钟内可命其退出。

第二节　陆上局外中立之权利、义务

陆上中立之权利、义务有八，与海上中立之权利大概相同，然不同之处亦多，今于后详言之：

（一）中立国领土之内，交战国不得战争；

　　此规定与中立领海内不可战争者相同,现日俄之战在中国满洲为战争行为者,因中国已承认故也,虽然已承认,亦属例外焉。

　　(二)中立国领土之内,交战国不得购军需品;

　　(三)交战国军队不得侵入中立领土之内,即违反规定则侵入之时,不可征发、课役;

　　(四)中立国有不许交战国军队经过其领土之义务;

　　(五)中立国之土地,交战国不得占领;

　　(六)中立国人民对交战国无服从兵役之义务;

　　(七)交战国在中立国之人民,其本国不得编成军队;

　　(八)交战国战争之际,中立国有派军人观战之权利。

　　中立国之义务无论海战、陆战,又有最要者二条,今述之于后:

　　(一)中立国不得供交战国之军需品

　　中立国不可供交战国之军需品,此中立国义务之最要者也。但此义务不过就国家而言,若中立国之人民售军需品于交战国,则无所不可,因其目的在营利,并非助战故也。一千八百九十四年国际公法协会曾提议此事,谓供给交战国军需品不惟中立国家不可,即中立国之人民亦当禁止。尔时各国皆未承认焉。

　　(二)中立国不可应交战国之公债

　　此义务亦中立国之所最要者也。但中立国之人民如应交战国之公债,不得谓之违反中立。然有学者谓中立国人民应交战国之公债,亦当以违反中立论者,其说以英国学者飞利摹亚为最,后各国学者多排斥之,现在国际公〈法〉上毫无势力。实例如一千八百四十二年墨西哥与得撒战争之际,美国人民应得撒公债甚多,墨西哥对美国提议,美谓人民所为国家不能任其责,墨亦莫可如何焉。以上二条,不可就现在而论,至于将来国际公法发达,或者中立国之人民不可供给交战国之军需品,不可应交战国之公债,亦未可知也。

第四章　中立国之商业

　　中立国与交战国原系平和之关系,则商业仍旧似,勿庸赘述。然有时不能不受侵害者,如临检、搜索之类是也,陆上无之。

　　交战国之强力,海上较陆上为尤甚,故中立国之财产亦有侵害之时。但中立国之财产虽有时可以侵害,然究当辨明其性质,如中立国之船舶所载,系中立国非军需品之货物,则交战万国不可侵害。因其与战争毫无关系故也。现普通之例,中立国之货物,交战国可以侵害者,必具下之三性质方可:

(一)船舶所有者系敌人;

(二)货物所有者系敌人;

(三)货物之性质系战用。

欧洲自十三世纪之末,地中海沿岸有海上法(第一章内已言明)之后,至一千六百八十一年,法国路易十四著有《海上法令》,此法令所采系敌性传染主义,凡敌船内之中立货及中立船内之敌货,皆可没收,因其传染故也。英国主义则与地中海沿岸之海上法大概相同。至一千八百五十六年,各国在巴黎会议议定《巴黎宣言》(前已言明),法、英主义毫无所取,但其中关于中立船内之中立货尚未定明,此其缺点也。现世界各国所用最普通之主义亦有数种,今述之于下:

(一)关于货物者

(甲)非战时禁制品不没收;

(乙)战时禁制品则没收。

(二)关于船舶者

(甲)载战时禁制品之船与所载者如系一人,则皆可没收;

(乙)载战时禁制品之船与所载者虽非一人,如船舶所有者知情,则亦皆没收。

(丙)船舶所有者与禁制品所有者并非一人,其情船舶所有者又不知之,然其中之禁制品甚多,则亦皆没收。至其甚多之程度,各国主义不同,前已言明矣。

又有一当注意者,即载禁制品之船中如有非禁制品,则同主所有者始可没收,非同主所有者不可没收是也。

第五章　违反中立之制裁

交战国侵害中立国之权利,中立国违反所应负之义务,皆谓之违反中立。凡违反中立者,皆有制裁,但其制裁如何,国际公法上尚未定明。在事实上,如交战国侵害中立国权利之时,则有原状返还(如交战国所捕中立国之货物,依其原物返还之类)与损害赔偿(如交战国对中立国有损害之时,以金钱给付之类)二种;中立国违反所应负义务之时,则对于交战国有赔偿者,有谢罪者,有交战国宣言不认其中立者。一不认其中立之后,则交战国可将中立国以敌国看待,凡可以加于敌国之行,中立国〈对〉为均加之可也。交战国侵害中立国之权利,中立国可以反抗,如不反抗,可以以默认目之。例如一千八百七十余年,达留布河原系永久中立之河流也。英俄战争之际,俄舰忽航入之,尔时英国提议,俄谓达留布河在土耳其主权之下,俄舰航入之时,土耳其并未申明,是土耳其不认此河为中立,俄又何认之为中立乎? 英国遂亦莫可如何焉。

　　交战国违反中立与中立国违反中立,又有一当注意者,即两种行为系出于国家,方受制裁。不然,则私人所为,决不可加制裁于其国家是也。

各国宪法

英吉利宪法

（一）大宪章（纪元千二百十五年纪庸　王即位之第十七年）

享有天祐之英国王、爱尔兰大主、"那尔蒙底"、"阿克丁"公，兼"昂久"伯，朕纪庸。诏告尔忠爱之大僧正、僧正、诸侯、裁判官、林务官、地方官，及诸有司臣庶，今朕于神明之前，因慰朕及朕之祖宗后嗣之灵，并表彰神明之显荣，谋神圣寺院之发达，以增进我国家领域之安宁。与我诸师父(指康达派利大僧正以下诸僧正、司长、师兄及伯爵长官式部长等诸贵族)及朕之臣庶，议定此宪章，先昭告于神明，自朕及朕之子孙，世世遵循，无敢或越。尔等其共识之。

第一条　英国寺院得以自由得享有完全之权利，俾无侵害。其必不可缺之选举自由，朕以宪章许与确认之。此等自由，得罗马教皇英农生特第三世之承认，视为朕与诸侯构隙之前，既以此自由之意思许与之者，且尊重之。嗣今以往，大宪章不独为朕所准据，朕之子孙亦世世遵由之。

第二条　朕以后列诸自由，朕及朕之后嗣所永远遵由者，许与我王国之自由民。俾其对于朕及朕之后嗣世世享有之。即凡诸侯以下，诸臣庶曾以兵役仕于朕而死者，继嗣若已成年，应负有纳冥加税之义务者，则从古例，以纳此冥加税；而继承家督，例如嗣伯爵者，继承伯爵领之全部，纳百磅；嗣男爵者，继承男爵领之全部，亦纳百磅；嗣士族者，继承士族知行地之全部，最高纳百仙令；所有因古例纳较少额之税金而已可者，则将来亦准其较少额。

第三条　是时该嗣子若未成年，或已成年，而有后见人者，无需别纳冥加税，及何等免许费，即继承其家督可也。

第四条　相续者当未成年时，管理其领土之人，除收相当之收获，行相当之征税、征役外，不得于其领土再有征收及损害；该领所属之人及物，若受任管理领土之人，如地方官及就该领之收获，对于朕有责任者，凡有毁损，朕偿还之，且更委该领内之适当及确实人二名，为之管理其地，此时所领之地卖出或让与于他人者，如受任者于其地有所损害，则应失其管理之权,当别委该领内之适当及确实人二名管理之。

第五条　管理者管理其领地时,当区别该地所收获,及家产、庭园、牧畜场、池沼、制粉舍,该地所属之物件等,善为保存。俟相续人达于成年时,将领地全部及收获季节必备之耕具车辆,并该地相当之收获,如数交还。

第六条　相续者得以自由结婚,但婚约前,相续者应通知于其血缘最近之人。

第七条　寡妇于夫死之后,得以自由结婚,及享其所有之遗产,且受遗结婚及夫死之时所有之遗产。寡妇及其夫无提供之义务,寡妇于夫死之后,可留住四十日,即于此时受与遗产可也。

第八条　凡寡妇有不欲再婚者,无受强制之事,但寡妇之直隶于朕者,可提供朕不承诺不结婚之担保,其属于领土者同。

第九条　凡负债者之动产,足以偿还其负债,朕及朕之官吏,固不致押留其土地及贷地金,且其资力足以偿还其负债,朕及朕之官吏,亦不致强使保证人尽完偿之义务。惟负债者无偿还之资力,因而不偿所负,则保证人有偿还之义务,尽此义务以后,负债者应偿其所负于保证人,此项债务未还之前,保证人得以保有负债者之土地及贷地金,但负债者对于保证人有释免之证明,不在此限。

第十条　无论何人,从犹太人借入之物,在未偿还前负债者而死亡,俟其相续人已成年,再支付负债应偿之利息。

如上所言,不问其土地领有属于何种,但其负债归于朕时,朕当收其证书所记载之动产。

第十一条　凡未还犹太人之债而死亡者,其寡妇受其所应得之遗产,于其负债无偿还之义务。若死者遗有未成年之子女,受得遗产时,则视死者资产之多寡,先除其养育之资,及应纳于领主之税役,然后以其余偿犹太人。此法对于犹太人以外之债主亦同。

第十二条　朕于王国应课之税金及补助金,当于王国之全般会议行之。但偿于朕及朕之长子加冠、长女初婚时,不在此限。如上所言,视为有应纳相当补助金之义务,伦敦府之补助金亦准此例。

第十三条　伦敦府所有古来之自由,及自由之惯习,不问其关于水或关于陆,均得通行。且朕对于此外一切都府、市邑、港所,有种种之自由,及自由之惯习,亦依此条。

第十四条 如第十二条以外之补助金及税金,开王国全般会议时,朕当各发手书,召集大僧正、僧正、僧侣及诸侯,以及直隶于朕之一切众庶,由地方官以一定期日(最少须在集会前四十日前)、一定地方,及召集理由,载于令状通知之。召集以后,所有集会当日之事务,依出席者之助言行之。被召集之总员,设有未出席者,仍如议行。

第十五条 朕将来无论对于何人,若欲得有从自由借他人征收补助金之权利,概不许与。但为偿其一身及其长子加冠、长女初婚时,不在此限。

第十六条 无论何人,对于士族知行地及其他自由借地,不得使其负有税役多于从来所负者。

第十七条 普通法庭设有一定地方,不与朕之宫廷并为转移。

第十八条 关于自由领地横夺之诉讼、祖先权利领地之诉讼,及寺领让与之诉讼,裁判以上三种讼事,各于其郡处理之,其方法则由朕或朕之裁判长官(朕在国外时)每岁四次遣二名裁判官,至各郡会同该郡民所选之士族四名(自郡内各州选出)择定其郡内一定处所,及一定时期,开设巡回裁判所。

第十九条 所开设之巡回裁判所,设有事项不能于所定期日内判决者,可就其从事于巡回裁判之士族及自由领地者中,暂留数名处理之,其人数视事务之多寡为定。

第二十条 凡自由民不得因细微之过失,漫有处罚,须视其过失之状态罚之。虽所犯系大罪,而应行处罚者,仍当从其罪恶之轻重,酌留其领地几成,为犯人生活之资;商人则酌留其商品、奴隶;若朕有特恩者,亦依前例处分之,酌留其日用之器具。

以上处罚,非有良实邻右之证言,不得核定。

第二十一条 至于诸侯,则非有同列贵族之证言,不得科以罚金,即科罚亦依其相当之程度而定。

第二十二条 僧侣则从前二条之比例,只于其俗领科以罚金,不得从寺领之僧格核定。

第二十三条 凡市及借地人,非古来负有筑造桥梁、堤防之责务者,不得强行。

第二十四条 朕之地方官、警务官、检视官,及此外官吏,不得开国王之法庭。

第二十五条　郡及市町、村之地租,当常存古来之额,毫不加增,但朕之直辖地不在此限。

第二十六条　凡由朕受俗领而死亡者,其所负朕之债务,地方官及朕之官吏,宣示朕所与之召唤状,须于正当人之前,视其所负债之全额,将死者俗领之动产,押收登簿。在未全偿之前,无从其领内取出物品之职权,至偿还后有余者,则交付于其财产管理人,践行死者之遗言。若不负朕债者,则酌除死者之妻及子女应得之分,所余以充死者之用。

第二十七条　凡自由民无遗言而死亡者,则于寺院之前,分配其动产于最近之亲族及朋友,但当先偿还死者所负之债务。

第二十八条　凡朕之警务官及官吏,非以现金或卖主美意免除其义务者,不得收受谷米及各动产。

第二十九条　凡士族之于城砦自行卫戍者,或有适当原因,不能自行卫戍,以适任者代之者,警务官不得复求其支出金钱。若朕自率士族或将其编入军队时,则是士族奉朕命从事军务,不复负戍卫之责务。

第三十条　无论朕之地方官、官吏,及其他何人,不得因搬运之用,收用自由民之车马。但基于自由民之愿意者,不在此限。

第三十一条　朕及朕之官吏,无论对于何人,非得其承诺,不得以供朕之城郭,及其他之用,而收用各人所有之材木类。

第三十二条　受重罪宣告之犯人之土地,朕只保有一年有一日,其后仍交于该知行地之领主。

第三十三条　将来泰姆士河、美特外河,及此外英国诸河之一切堰类,概行撤去,但在海岸者,不在此限。

第三十四条　将来所谓《勃赖息甫》之令状,不得对于自由民发之,使其无申诉于法庭之余地。

第三十五条　朕划一国内葡萄酒类、麦酒类之量法,谷物之量法亦然。概用伦敦量染物布帛类之尺度,亦概以幅二(爱尔)为定尺,其他秤衡均当通国一致。

第三十六条　将来于死伤检视状,不须要求,应自由交付之,决不得有所拒绝。

第三十七条　若有人用"费福尔姆""酸课基""巴尔该基"(皆借地方法)等名义,以取得朕之土地,或取得士族领之土地者,朕以此而就他人之知行地,行其所有之相续管理及土地管理,且"费福尔姆""酸课基""巴尔该基"亦任其自行管理,但士族之役务因其"费福尔姆""而生",当授管理权于朕。又负有献其刀剑弓矢之类朕之义务者,就朕而享有"派地索尔忒里"(劣等借地法之一),朕亦任其有相续者之管理权。士族有因役务而取得之管理权者同。

第三十八条　无证明事实可信之证人,官吏不得以一面之揭告,遂据之而置人于法律。

第三十九条　非依国法及本于同列之适法判决,凡自由民不得妄有拘囚,或强夺或追放于法外,以及无论用何方法,亦决不能使之稍受损害,否则朕固不得侵入自由民之地,亦不得有军力及于其地。

第四十条　无论对于何人,其正义及权利朕不得卖之或拒之。

第四十一条　凡商贾依旧惯营业者,不问水陆均得自由出入、寄居、经过于英国地方,决不课以不正之税金。但战争时该商贾属于敌国者,不在此限。若当开战之初,朕之商贾在敌国者,其所受之待遇如何,朕或朕之长官未知之前,敌国商贾之在国内者,当暂受拘禁,然其身体财产,毫不加以侵害。若既知朕之商贾在敌国可以保其安全,则敌国商贾之在英国者,当受同等之待遇。

第四十二条　将来无论对于何人,苟对于朕不失忠勤之义务,则不问水陆,皆得安全出入于王国地方,但于战时为国家共同安宁起见当禁之者,不在此限。至如囚徒及法外人,应别依国法。而敌国之人民,及前条所载之商贾,皆为例外。

第四十三条　无论何人,取得朕所管掌之名誉奉还地,及男爵领奉还地者,该继嗣于其死后,所负担者,仍无异于男爵领其地时,不必纳冥加税,及服役务于朕,朕则仍依男爵已行之方法。

第四十四条　凡与山林无关系者,将来不得依普通之召唤状,使受山林裁判官之裁判,但既被诉者,及关于山林事件,而被拘禁者之保证人,不在此限。

第四十五条　非通晓国法而适于施行者,朕不使其任裁判官、警务官、地方官及官吏。

第四十六条　凡创置寺院而有英国王所与之住职选举权特许状,及古来借地权之诸侯,而住职缺位之时,有适当管理之之权。

第四十七条　凡在朕之世编入森林者,将来可使复旧,其编入堤防者亦同。

第四十八条　凡关于森林庭园,森林官、庭园官、地方官及其僚属,并河川,及其保护官之不法惯习,将来由各郡之确实人,各选举其区域内曾经宣誓之士族十二名,逐件审查,审查毕后四十日内即当废止。而使之复旧,但先应通知于朕。朕在国外,则通知于朕之裁判官。

第四十九条　朕为保证守平和教忠节起见,英国臣民曾经交纳人质及证书者,当速还之。

第五十条　朕由各地方厅悉免黜格兰得达塞司之亲族,使彼等将来于英国内永无地方管辖权。朕更由衡平法裁判所免黜恩格兰得诸人,并斥罢喀伊翁特诸人兄弟及其侄的阿夫赖,而其家臣亦免黜之。

第五十一条　朕因平和恢复,其具兵马而来自外国,以致为害我英人民之士卒、弓队、雇兵等,俱即时遣散之。

第五十二条　凡未依同列之适法裁判,徒以朕故而剥夺人之土地城砦、自田权利者,朕当速还之。若因此事起争议时,则判定此事之权,委之六十一条所载之二十五诸侯。若因朕考海林王及朕兄里加德王未依同列之适法判决,而土地、城砦等所有剥夺以入于朕手或入于他人之手之物,朕有保护救正之义务。惟受犹豫期限之利益,同于许十字军从征者,但现在诉讼中之物件,或十字军远征以前,奉朕命审理者,不在此限。然朕若远征而归或万一不与远征之役,朕当从速救治之,实行正义无怠。

第五十三条　于废止朕考及朕兄所命编入之森林,亦应如前例犹豫之。从前朕以士族役务之代金,而所有其知行地,其后见权发生者,及朕所保管之知行地,创设寺院,于朕直辖地外之知行地,该地领主主张其所有权者,其救治之方法同前。朕若自十字军远征而归,或不与远征之后,关于此等事者,必速谋救正无怠。

第五十四条　凡关于人死之案,其由妇女起诉者,不得即据以拘囚人民,但于夫死之情形,不在此限。

第五十五条　凡朕所定不正不法之罚金,及违反国法所科之过怠金,悉废止之。否则须委其权于六十一条所记维持国安之二十五诸侯,或其多数与大僧正司的朋,及适于共行其职者合议而判定之。若大僧正司的朋不能出席,此职将仍进行,然设在二十五诸侯中。有关系该事件为原告者,则应忌避,则由均候选举及补缺员,共合议而判定之。

第五十六条　未有同列之适法判决,而从威尔斯人剥夺其土地自由,及其他物件,不问其在英国与在威尔斯者,朕当速回复之。若关于此事生争议时,应于英国及威尔斯之境,由同列判定之。判定准据之法,在英之借地,则从英国法;在威尔斯之借地,则从威尔斯法;在两国境之借境,则从其国境法。而威尔斯人对于朕及朕之臣民亦如之。

第五十七条　凡威尔斯人,非依同列之适法判决,徒以朕考及朕兄之故,而受剥夺者,无论现为朕有或为他人所有,朕有保护之义务。所有一切物件,朕亦得受犹豫期限之利益,同于许十字军从征者。但现在诉讼中之物件,或十字军远征以前,奉朕命审理者,不在此限。然朕若从远征归或不出征时,当以威尔斯及其他前记各地之法,即实行正义无怠。

第五十八条　朕于赖威林之子,及凡威尔斯之人质即释放之,无稍犹豫。而威尔斯人为保持平和与朕所约定之义务亦免除之。

第五十九条　朕于苏格兰王亚历山大之姊妹、人质、权利、自由,悉归还之,等于待遇英国贵族者,但朕从苏格兰前王维廉亚姆所受之特约,有应依据者,不在此限。此事之如何,当任在庭之贵族判定之。

第六十条　英吉利王国既属于朕,则无僧无俗,苟为朕王国之人民者,于以上各条所许与之一切惯习自由,与此相关系之点,彼等亦应遵行以待其隶属。

第六十一条　朕为谋神明之显荣,王国之进步,及朕与朕之诸侯间之辑睦,故允许以上数项之事,朕欲使此事永远确实,故以下开保证与吾臣民。即各诸侯于王国内选举适任之诸侯二十五名,使其尽力于朕所许与彼等者,即朕以大宪章确认之平和自由,有无实力奉行及臣民间遵行与否,慎为注意。若朕或朕之裁判官、官吏及其他诸有司,有不遵行上述之义务,或触犯大宪章关于平和安固之条项者,则不问其为如何事、对于如何人,其违宪之罪,即由二十五诸侯中复选四名,由此四名诸侯,对于朕,或朕之裁判长官,"朕在国外时"开陈其苦情之旨趣,请求救济。若朕或朕之裁判长官受此告知后,四十日间,尚不与以救济,则其四名诸侯,即以其旨告知于二十五名中之其他诸侯,此时二十五诸侯即与全国之众庶协力以据朕之土地、城郭,及其他之所领,尽其所能,百方以强迫之。但对于朕并朕后及子女之身体,绝对不得侵犯。至其苦情得所救正之时,诸侯当依旧服从于朕。此种权利,凡在王国者,无论何人,皆得因其执行从二十五诸侯之命,协力以求达其目的,相为誓约,朕应与以完全之自由，不得妨之。

第六十二条　凡在臣民有不欲与二十五诸侯协同以强迫朕者，朕当发命令，使如上所誓约。若二十五诸侯中有死亡，或在国外者，以及无论依何种方法，苟有妨其实行前记之权利者，则依二十五诸侯中无故障者之意见，协议选定他诸侯以补其缺。此时补缺员之誓约，等于各诸侯委任于二十五诸侯所行事件，当该诸侯全员集会时，有众议不一、故不出席，及不能出席者，则以出席者之多数决之。其决议之效力，与得全员之同意者无异。二十五诸侯，应宣誓各自诚意遵守前记之条项，且尽力以使他人遵守之。朕对于此条项，永无废止或减少之权能，倘竟废止或减少之者无效，自朕与诸侯争议以来，凡朕及僧俗之臣庶间，所起之恶感、愤怒、怨恨，朕悉宥免之，不复质问。且自朕即位第十五年之基督更生祭，至平和恢复之日，其间因朕与诸侯争议所生之犯行，不论僧俗臣僚概宥免之。朕因彼等使使大僧正司的朋、海林及诸僧正司长，证认前记诸条项作成朕之敕状。

第六十三条　朕今命于尔众庶，英国寺院，均得自由王国内之臣民，无论何人，从其自身及其子孙，无论于何事何地，从朕及朕之子孙，享有前记完全无缺之自由权利，及许与万世不渝，朕又誓于诸侯无相疾恶，对于前记诸条项共遵守之。

朕即位第十七年六月十五日，于喇尼美特地方，当上记证人，及有众之前，朕自署名以此大宪章附与之。

（二）权利请愿（纪元千六百二十八年查尔斯王第一世即位之第三年）

于本期集同之议会，僧俗贵族及庶民，关于臣民种种之权利自由，呈奏于国王陛下，于全议会得陛下之敕答之请愿。

第一条　集同议会之僧俗贵族及庶民，诚惶诚恐，谨奏于我至尊国王陛下。昔在爱德华第一世王陛下之朝，制定关于无承诺课税之法令，凡国王及国王之继嗣征课租税或补助金，必须得大僧正、僧正、诸侯、士族、市民及其他众庶之任意承诺。又，爱德华第三世王陛下御宇之二十五年，于议会决定，将来无论对于何人，不得反其意思，强使贷附金银于国王，以其背戾于道理及本国之权利也。再按其他法令，并定有无论何人，均不负所谓冥加税之赋课，及其他同类之义务。要之，古来陛下之臣庶，非经议会共同之承诺，不得强使负担何等之租税及补助金，并其他义务,其自由也明矣。

第二条　乃至近来派遣种种委员,授以各项之委任、训示,纷至诸郡,招集人民于各所,谕令彼等献资财于陛下,多数人民往往以不允之故强为国法无所保障之誓词。使至枢密院及其他处所,负陈辩之义务,甚有因之而受禁锢系累之辱,及蒙其他种种之妨害烦累者,且知事、副知事、治安裁判官,并其他有司,每藉陛下或枢密院之命令,违反于法律及自由惯习,使诸郡人民负担种种赋课,盖有行之者矣。

第三条　英国自由之大宪章,凡自由民,除依同列之适法裁判及国法外,不受非法之捕缚拘禁,其所领自由及自由惯习,不受褫夺,并不得排斥或放逐于法外,亦规定之矣。

第四条　爱德华第三世王御宇第二十八年,于议会发布之法令,规定凡人不问其有何等财产、居如何地位,非依法律上之手续,与以答辩之机会,不得逐之于其所有地,及借地之外,并不得捕缚拘禁,绝家致死等,皆规定之矣。

第五条　乃至近日往往悖于宪章,及其他祖宗之良法,陛下之臣民,未知其理由,而漫然被拘禁者,不一而足。加之释放囚人,由陛下所发之人身保护状,遂致裁判官之前时,其保监者,应证明其拘禁之理由,而竟不为证明,惟依枢密院副署之,陛下特命抑留之而已。此时对于彼等囚人,科以何罪,并不许其依法律答辩,即逐还于囹圄矣。

第六条　近来又有多数之陆海军士,分派于全国都郡,往往反于住民之意,强行住宿于其家宅,且不依国法、惯习,不顾人民疾苦,而任其引续寄宿矣。

第七条　在爱德华第三世王之御宇第二十五年,依议会权能所定之法律,其中关于司法之最要者三:(一)无论何人,背于大宪章及其他国法,不受关于生命肢体之裁判;(二)不问依大宪章,或国法及惯习,与出于议会之法制,苟越夫王国设定法律之外,不得处以死刑;(三)无论何种犯罪人,除依王国法律所定之裁判手续及罚则外,不适用别定之方法。然近来陛下御玺之下,发有种种之委任状,因而付与人以下列各权能,即陆海军人,及其他与之共为横行者,所犯杀人罪、强盗罪、暴动罪,及重轻罪时,从战时法之正义,进行于其所在地,以战时军中所用之简易手续及顺序,实行此犯人之审判处断,竟得依战时法处以死刑矣。

第八条　因前条委任,而陛下之臣民中,既有以委员处以死刑者矣。即所犯果为国法上应论死刑者,亦应以裁判处分之,非可以依他法而裁断实行者也。

第九条　于是丑恶罪人,托于委任之旨,巧为要求除外,陛下之诸有司裁判官等,明知不当,亦主张此犯人惟依战时法委员之权能以处断之。而拒绝国法上之处分,且以巧避之故,遂免陛下国土内之法律上当然应受之刑罚,此等委任,皆违背陛下国土之法律之甚者也。

第十条　是以臣等诚惶诚恐,以下列各件,请于我圣明之至尊陛下。将来无论对于何人,非以议会之所为,表明一般之承诺,不得强令负担赠与、贷附、冥加金、税金,及类似以上之义务。又无论何人,因此事或因拒绝此事,不得强令誓约、出席,或拘禁,及受他种妨害,凡自由民非以前列方法,不受捕缚及拘禁。分派诸郡之海陆军士,陛下应撤去之无异议,使陛下之臣民,将来不复负如前所记之重务。至关于战时法手续之委任,无论何人,不可授之。是实恐其托此权力,违反国法及特权,而致陛下之臣民于死也。

第十一条　凡臣等所为诚惶诚恐,以请于我圣明之陛下者,愿从国法而授臣等以权利自由也。仰希陛下发布诏敕,宣誓前记为害人民之授权、行动、手续,将来无论有何原因,不许援为典例。更愿陛下为增进人民将来之安全幸福,发优渥之御词,使陛下之百官臣僚,咸能遵依国法,以忠诚奉仕陛下,以宣扬陛下之盛德,以增进王国之繁荣,臣等无任惶恐。

查理士王对于此请愿,于议会敕答,其词曰:宜以尔等之所好为法。

(三)权利法典(纪元千六百八十九年维廉亚姆第三世王及美利女王即位第二年)

第一条　我主降生之千六百八十八年,代表英国全国民,各以其适当之资格集同于"威斯多密斯达"之僧俗、贵族及庶民,谨奉书于我维廉亚姆王及美利女王两陛下,其词如左:

先王塞姆斯第二世,依其役使之恶逆顾问官、裁判官及诸重官之助虐,以直接反对之种种方法,破坏"布罗的斯当"教、"耶稣新教之一派"并王国之法律,及自由剥夺殆尽,即:

第一、不经议会承诺,而法律及法律之执行,妄有省除及停止之权力;

第二、服从前条权力之各高贵僧侣,因欲恳请宥免者,皆受系狱处刑之处令；

第三、关于宗教事件之委员裁判所，创设此裁判所时，发布钤有国玺之委任状，且实行之；

第四、不依议会所许与之时期及方法，藉大权之名，微收供奉国王之财用；

第五、不经议会承诺，而于平和之顷，接续征发常备兵于国内，且违背法律，使兵士妄有舍宿；

第六、武装罗马教徒，违反法律，使之从军，而各良民则因系"布罗的斯当"教徒禁止其武装；

第七、应于议会奉仕之议员，破其选举之自由；

第八、仅应关于议会之事项，而于国王坐席裁判所处断，且有违法之手续；

第九、近年选用偏颇无耻之陪审官，既不适任，而使之参与审判之职，如审判重反逆罪，参与之各陪审官，皆此类也。况此等陪审官，又非自由领地人；

第十、对于因刑事事件而系狱之被告要求过当之保释金，而因臣民自由所定法律之利益，亦为所剥夺；

第十一、课过当之罚金，加违法且残忍之刑罚；

第十二、对于应课罚金及没收制钱之犯人，当裁判断决前，豫就罚金及没收，有各种特许或约束。

综以上各条，皆直接反对英国法律及自由者也。

又，先王审姆斯第二世去此政府时，王位空虚，阿任基公殿下，曾致书于"布罗的斯当"教徒，又致书于各郡府，确定无侵害宗教、法律自由之危险，故代表等于千六百八十八年一月二十二日，在应行集同开议之议会选举，应得出席之人，且依此书状，以行选举之事。

如上所言，僧俗、贵族及庶民，既各以其书状有所选举，合即集同英民之完全，自由代表者，秉其求达前记目的之最良手段，慎重熟议，公示如次。总之，仍使古来之权利及自由，确实明显而已。

第一、不经议会承诺，恣用王权，停止法律之效力，及停止法律之执行违法；

第二、如近时取得及实行之王权，用以省除法律，及省除法律之执行违法；

第三、设置关于宗教上事件之委员裁判所之委任，及类似此等委任并裁判所，皆违法而且有害；

第四、无议会之许与，藉大权为名，不如议会所许与之时期、方法、处所，征收供奉国王之财用违法；

第五、请愿于国王者，乃臣民之权利，将请愿之人系狱或处分者，违法；

第六、不经议会承诺，而在平和时继续征发王国内之常备兵，违法；

第七、凡"布罗的斯当"教徒按臣民之身分，得以携带武器自卫者，应由法律许之；

第八、选举议会之议员，不可不自由；

第九、议会内言论自由，凡讨议及讨议手续，不得在议会外，受裁判所或裁判所以外官厅之告诉及质问；

第十、不得求过当之保释金，不得课过当之罚金，不得加残忍异常之刑罚；

第十一、凡陪审官必经适当之登录及选举者，凡审理重反逆罪之陪审官，必系自由领地人；

第十二、在裁判之先就特定之人，关于没收及罚金时之特许或约束，悉违法而且无效；

第十三、凡因救正苦情，及因修正保全法律者，不可不时开议会。

以上皆我僧俗、贵族、庶民，所无少疑虑之权利及自由也，宜按前例诸条项要求之，确执之，不问关于其中之何点，凡为人民障害之公示、裁判行为手续等，将来不得以之生有他种效果，及他种例示。

要求以上权利之僧俗、贵族及庶民，于此权利，以圆满之救济，为唯一之手段，盖依阿任基公殿下所公示而奖励者也。

即阿任基公殿下，既进而从事于救正之业，而贵族及庶民，其权利既被侵害，则对于宗教、权利、自由，固应希冀回复，以保全贵族及庶民，所可以确信者也。

第二条　凡我僧俗、贵族及庶民，会同于"威斯多密斯达"决定事项如次。

阿任基公及阿任基女公，即维廉亚姆及美利，乃英国、法兰西、爱尔兰并属于此等诸领土之国王及女王。

此宣言之两殿下御世时，及其一方生存时，得以保有王国及领土之王位及王威,王权之专有完全执行权。公及女公御世时,仅阿任基公所独有,而阿任基公则以其名及女公之名行之。其薨去后,王国并领土之王位及王威,阿任基女公血属之继嗣受之。若无继嗣时,则丹墨之女公安(译者案,安为先帝塞姆斯第二之女、阿任基皇后之妹,嫁为丹墨王之妃)及其血属之继嗣受之。若此继嗣亦无之,仍阿任基公血属之继嗣受之。

令僧俗、贵族及庶民,即恳请于阿任基公及阿任基女公两殿下,允其议定者也。

第三条　凡我僧俗、贵族及庶民,更为议定,凡于法律上应为忠勤及最高权之宣誓者,将来须如次所记载之约为之。而从前之关于忠勤及最高权之宣誓,自今废止之。

某某对于维廉亚姆王陛下及美利女王陛下,当尽忠诚无二之忠义,以诚意为约,且誓之曰:

"神明其佑我。"

某某对于所谓以罗马法王或罗马宗之权能,而破门或贬黜之国君,其臣民亦得废立弑戮之暴恶,教旨视为邪说异端,厌绝而排斥之,并宣言,凡外国帝王及僧侣等,不得于王国内,有何等之裁判权、权力、最高权、高位或宗教上及精神上之威权,且誓之曰:

"神明其佑我。"

第四条　于是两陛下,从前记宣言书中所包含之贵族及庶民之决议并希望,享受英兰、法兰西、爱尔兰三王国,并其国诸领土之王权及王威。

第五条　自此僧俗、贵族及庶民,成立议会之两院,继续会同。经两陛下之承认,关于国王之宗教、法律、自由,皆一一确立,制定有效之条规,将来不得再破坏之。僧俗、贵族及庶民,咸无异议,而赞同之。

第六条　今依前条项,于僧俗、贵族及庶民,所会同之议会,以议会之权能,适当之方式,制定法律,依其效力,请愿于陛下,追认前记宣言及其中所含之条款事项,巩固之、确实之,即前记宣言中确认及要求之权利自由,通全部各部,皆王国人民古来明白袭行者,且皆熟虑、认定、判断、了结者也。应如前记各项,通全部各部,确切遵依保守之。而百官有司,将来亦当依此宣言,奉仕陛下及陛下之继嗣。

第七条　僧俗、贵族及庶民,敬维陛下即祖先之王位,治吾辈臣民。

两陛下之玉体，最保全其幸福者，即全能可惊神明之职掌，及其对于国民优渥之感情，宜如何方适神意，慎重考虑，乃以真正确然之诚意，考校次列事项，确认而宣言之。

自塞姆斯第二世王，去此政府，两陛下即以享受王位及威严，即两陛下依英国法律，为英兰、法兰西、爱尔兰及属于此诸国之各领土之王及女王，前既有此尊荣，今亦同于前也。且其权利上，所当然附属于王位及王威之一切荣誉、记号、名称、王权、大权、权力、裁判权及权能，均正当完全，联结附属于两陛下之玉体。

第八条　凡我僧俗、贵族及庶民，因有对于王位主张其虚伪之权力者，遂使国内发生几许纷争，且欲保全王位继承之确固，爰奏请于两陛下，凡属于王位及王权所规定之诸条项，当为两陛下所享有，两陛下有一方去世时，则生存之一方所享有，故规定且宣示之。

若王权及王政之完全执行权，两陛下皆在世时，则国王专有，且实行之。若两陛下崩御后，其王位及诸条项，当为女王血属之继承所专有；无继嗣则丹墨女公安殿下，及其血属之继嗣所专有；若并此继嗣而亦无之，则国王陛下血属之继嗣所专有。僧俗、贵族及庶民，以人民全体之名，至恭至诚，世世遵奉此事，无敢或渝，且进而为至诚之约。

凡为王国人民，当尽其全力，及其生命财产，为两陛下并此特定王位之限定及继承，尽辅翼支持防御之任。无论何人，有为反对之所为者，须剪除之。

第九条　受服从罗马法王权力之君主所支配，或为与法王教徒结婚之国王及女王所支配者，皆与"布罗的斯当"教国之安固及和平，两不相容。此盖已有经验者，僧俗、贵族及庶民，更奏请于陛下，如下所规定：

即无论何人，凡现与罗马宗及罗马寺院一致者、或将来可一致者、或可与之交通者、或公信法王之教，及与法王教徒结婚者，于我王国及其领土之王位及政权，均不得继承，且掌握而享有之，并不得于其中领有王权、权能，及管辖权，使用或执行之。永远定为国法，不使罗马教人有此能力。倘其有之，则王国之人民，自其执权之日，断绝忠勤之义务，而以王位及政权，属之"布罗的斯当"教中之当然继承者；若此人与罗马教徒一致，或相交通，或相信仰，或相婚姻时，则视作自然死亡者。

第十条　凡英国王及女王,将来无论何时,既继承王位者,当于践祚后第一次议会集会之第一日,于贵族及庶民之前,亲临贵族院,或于行即位式之日,行即位宣誓时,于其司掌宣誓人之前,朗诵查尔斯第二世王御宇第十三年所制定《罗马教徒无列席议院之权能及国王之身体国中之政治更谋保全有效之法》之法律中,所记载之宣言,且反复以使人得闻之。若其国王及女王践位之时,未满十二岁,则于其行即位式之日,或达于十二岁后,于最初议会集会之第一日为之。

第十一条　凡于两陛下所表示满足之事项,依现在议会之权能,宣誓确定之永为王国之法律,且上述事项,依集同议会之僧俗、贵族并庶民之劝奖承诺及其权能,即陛下所宣示且确定之者也。

第十二条　依前记之权能,更宣誓规定如次:即现时议会会期以后,不得就一种法律或其一部分,许开免除效果之例,否则无效。但该法律本许此事者,不在此限。本议会会期内,凡可为法律之一二法案中特别规定者亦然。

第十三条　虽如前数条所规定,但我主降生千六百八十九年十月二十三日以前,所许与之特许、准许、特免,不依此法典侵害或废止之。其效力仍等于此法典制定前,且无异于未尝制有此法典也。

(四)皇位确定法(纪元千七百年维廉亚姆第三世王即位第十二年)

是为皇位更进一层之限定,及确保臣民之权利自由之法律。

第一条　陛下及至仁之故后美利女王御宇之第一年,议会所制定之名为《宣示臣民权利义务及确定王位继承法》之法律,从中规定下列事项,且宣誓者,即:(一)凡我英兰、法兰西及爱尔兰诸王国,并其诸领土之王位及王政,陛下及故女王御世时,则属于陛下及女王;若仅一方生存时,则属于一方;陛下及女王皆崩御后,则属于故女王血属之继嗣,则专传于丹墨之女公安殿下,及其血属之继嗣;若并此继嗣而亦无之,则传于陛下之血属子孙;(二)凡当时或后日与罗马宗及罗马寺院一致者,或相与交通者、或公信罗马法王之教,及与其教徒结婚者,均不得相续、掌握、享受王国及爱尔兰,并其诸领土或一部分之王位及政权,且拒绝其领有、使用、执行前列各项,著为法律,定其永远不得有此能力;(三)设如上条,本法律内规定王国人民,悉断绝其忠勤之义务,并王位及政府,当然以"布罗的斯当"教徒,继承享有之,且相续享受之。若此人与罗马教徒一致，或相交通、或相信仰、或相婚姻时，则视作自然死亡者。

右法律及其中所包含之确定事项，既经制定以后，陛下之良民，受陛下恢复人民之宗教、权利、自由之完全享受之恩。切望其祖先自古在欧罗巴为改革、宗教、自由主宰之今上陛下，及国内臣民所尊重之女王陛下，诞降皇裔。而孰知女王，及前途最有厚望之克罗斯托公维廉亚姆，全能之神，取之而去，此盖陛下及臣民所不堪言之悲悼也。臣民等际此困厄，所始终祈祷者，即望陛下及女王长寿。陛下及女王，依前记法律之限定，获有王位及王政权之继承者，殆全能之神意所相祐者乎。

臣民等敬维陛下因王国现在及将来之平和，劳于轸念。即因国家庆福，宗教安固，关于“布罗的斯当”派之王位继承，更应确有规定，皆在睿虑之中，臣民等所悉知者也。

且于前记法律限定范围之外，别无可据之规定，则防止虚伪权利之主张，免致王位继承，有疑念争议之纷来，必豫为确定其继承之事，俾臣民得临事赖以安全，盖为王国之平和安固，所不可缺者也。职是之故，于“布罗的斯当”派之王位继承更欲进而有所规定，陛下最忠诚之僧俗、贵族及庶民于会同之现议会，奏请于陛下。伏望至尊陛下，依僧俗、贵族庶民之劝奖及承诺，并其权能，依下列规定宣示之。

即故王塞姆斯第一世、故海米亚女王、至尊埃利索拜司之女、哈诺瓦之女主、至尊淑菲亚女公，依“布罗的斯当”派英兰、法兰西、爱尔兰诸国，及其诸领土王位继承之顺序，若今上陛下及丹墨女公安之后，安女皇之血属继嗣，及今上陛下之血属继嗣，并无之者，则次位者如下：

即今上陛下及丹墨女公安，皆无血属继嗣之时，英兰、法兰西、爱尔兰王国，及所属领土之王位、王政，英国王家之尊严，及所属之荣誉、王权、大权、权力、管辖权及权能，皆至尊淑菲亚女公，及其血属之继嗣，且为“布罗的斯当”教徒者，得当王位继承之次位。僧俗、贵族及庶民，综英国人民，自其身至其子子孙孙，至恭至诚，遵行此事，且诚实约束如下：

今上陛下及安殿下崩御后，均无血属继嗣之时，凡我贵族及庶民，当从法律中王位之限定及继承，尽其力与生命财产，以辅翼淑菲亚女公及其血属之继嗣。无论何人，有为反对之举动者，应协同以防遏之。

第二条　依此法律之限定,其应继承王位者,不问现在或将来,若与罗马教徒一致或相交通、或相信仰、或相婚姻时,则法律确定其为失此能力。

依此法律,即应继受英国王位,其继受王位之国王及女王,应各从陛下及故女王美利,共同御宇之第一年议会,所制定之名为《确定即位式宣誓法》之法律,践行即位宣誓式,并依第一条所引载之法律,即其所规定之方法、形式,行法律中之宣示,且誓约之,反复以使人闻之,如本条所规定。

第三条　陛下及丹墨安女公崩御后,设均无血属继嗣之时,则欲保全我等之宗教、法律及自由,不得不再有所规定,于至尊国王陛下,所召集之议会。

经僧俗、贵族及庶民之劝奖承诺,且秉其权能,更为规定如次:

无论何人,将来践此王位者,应从法律所确定,与英兰寺院保其交通。

英国王位及威权,将来设归于非英兰王国所出生之人,若不经议会承诺,则除防护英兰王位所属之领土,更不负有从事交战之义务。

无论何人,将来践此王位者,无议会之承诺,不得住英兰、苏格兰或爱尔兰领土之外。

依此法律规定,更进一层之限定,其效力发生之后,凡依法律及习惯,关系适当之事项,而为王国之良政者,悉由枢密院处置之。枢密院所行之决议,应许其与于承诺之枢密院议官之名。

前记限定之效力发生以后,凡生于英兰、苏格兰及爱尔兰诸王国,并其领土之外者,除英国人婚姻中所生者以外,虽归化人,皆不得为枢密院议官,或议会两院中之议员,且不问民事、军事,不得享一切信托之官及其地位,并不得从王国受其土地或借地等。

无论何人,若从王国受有利得之官及其地位,或从王国受恩金者,不得以为庶民院之议员。

前记之限定,其效力发生以后,凡裁判官之委任,其称职者当仍之。然有议会两院奏请者,则应得黜免之。

以英兰国玺所许之特免,对于议会庶民院之弹劾,不足为免责之理由。

第四条　英国之法律,为英国民自有生所保有之权利,践此国王位

之国王及女王,应从此国法掌其国政。而百官有司,亦应依此以奉仕之故,僧俗、贵族及庶民更进而有所请愿,其事项如次:

凡保安我王国之宗教、权利、自由之一切法律,并此外现行之一切法律,追准且确认之。即陛下依僧俗、贵族及庶民之劝奖、承诺及其权能,以追认且确定之者也。

美利坚宪法

千七百八十七年制定

凡我美利坚人民,以组织完全之联合,确立正义、保持国安、充备外防,以增进众庶之福利,世世保证此自由之庆福之目的,对于美利坚国,用制定此宪法。

第一条

第一节　此宪法中所许与之立法权,悉授于以元老院及代议院所组织之美利坚议会。

第二节　代议院以各州人民,每二年所选举之议员组织之,各州选举人之资格,视各州立法部分体之选举人,且系议员最多之州。

无论何人,非年龄满二十五岁,七年间为美利坚国民,且选举当时为其选出州之住民者,不得为代议院议员。

代议院议员及直接租税以此联合内各州之人口为比例,对于各州间分配之。各州之人口,以自由人之总数,加自由人以外之总数五分之三计算,惟自由人之总数,乃包含年期被役者,除去不纳税之印度人。(此段法文以《修正》第十四条第二节改正之者)人口之调查,于美利坚议会初集合后三年内举行之。其后则各依法律所定之方法,每十年一举行之。代议院议员之数,不得超过每人口三万选出一人之比例,但各州最少亦必选出一名。在人口调查未终以前,其各州应行选出之数,如次:

新哈甫暇尔州　三名

马索旧塞兹州　八名

罗得爱兰州及甫罗比登司州　一名

孔尼克铁喀忒州　五名

纽约克州　六名

纽戒尔塞州　四名

喷塞尔瓦尼亚州　八名

待赖外赖州　一名

卖利兰州　六名

外尔吉尼亚州　十名

北喀罗利拿州　五名

南喀罗利拿州　五名

骄尔佳州　三名

各州选出之代议院议员，有缺员时，由其州之行政官厅，发选举令补选之。

代议院有选任议长及其他吏员，并弹劾之之全权。

第三节　美利坚元老院，由各州立法部以六年任期选出之二名议员组织之。元老院议员，各有一票之投票权。

元老院议员，于第一次选举后，当其集会之初，即须均分为三部。自后二年终改选其第一部；四年终改选其第二部；六年终改选其第三部。即每二年改选总员三分之一。若各州立法部闭会中，因辞职及其他事故，元老院议员有缺员时，则各州之行政官厅，得任命假临时议员，至次期立法部闭会时，更行选举以补充之。

无论何人，非年龄满三十岁，九年间为美利坚人民，且选举当时为其选出州之住民者，不得为元老院议员。

美利坚副统领为元老院之议员，但除可否同数时，不得有投票权。

元老院可选任其他之官吏，于副统领缺席，或执行大统领之职务时，可选任假议长。

元老院有审理一般弹劾之全权。方行审判之初，议员当践行宣誓及保实之式。其审判大统领时，法官长可行议长之职务。无论何人，非有出席议员三分之二以上之同意，不受有罪之判决。

弹劾事件之判决，其罚止于罢免职务，及剥夺其于美利坚受名誉职务"信托或利益"之公权。但因此而被罚者，则从法律之所定，不妨有受起诉、审理、裁判及处罚之事。

第四节　选举两院议员之期日、处所及方法，从各州立法部之所定。但此种规定,除关于选举元老院议员之处所外,不论何时,议会得依法律设定或变更之。

议会最少每年须集会一次,除于议会依法律别定期日外,则以十二月第一来复一日为集会之期。

第五节　各议院皆可判定其议员之选举当选证书及资格。

各议院之议员,须于一年之多数为执行事务之定足数,不满其定足数时,得日日休会,或依各院规定之方法及刑罚,强制缺席议员之出席。

各议院皆得规定其议事之规则,惩罚其议员之非行,且依议员三分之二以上之同意得为除名。

各议院须作议事录,除秘密之部分外,应常公示之。各议院之议员,关于议题所表白之可否,依出席议员五分之一之请求,当依之记载于议事录。

无论何院于会期之中,无他院之承诺,不得为三日以上之休会或移其处所于两院开会处所之外。

第六节　各议院之议员,皆可依法律之规定,受美利坚国库所支给之报酬。两院之议员,除叛逆罪及有害静谧之重罪外,不得于各院出席中及其往复中逮捕之。其在各院所发之言论,于院外不受诘问。

各议院之议员,其任期中美利坚政府新设或增俸之官职,该议员无受任之权。其既在职者,无论何人,亦不得为各议院之议员。

第七节　凡征收岁入之法案,当先提出于代议院,但元老院应如于其他法案得修正议决之。

凡通过于两院之法案,其成为法律之先,须提出于大统领。大统领可之,则当署名于法案。若其否之,则添附异议者,送还于发议之议院,此议院受之之后,须详记其异议于议事录,从事再议。若再议后,有议员三分之二以上可决时,则以其法案与异议书,并移之于他议院。他议院再议若可决者,复及议员三分之二以上,则该法案应即成为法律。但于此等时会,两院之表决须明言可否以定之(称为可否法,为采决法之一种)。其赞成者及反对者之名,应记载于各议院之议事录。若法案提出于大统领之后十日以内(除来复日)不送还时,则与其署名时同,应即成为法律。但因议会休会,无从送还时,不在此限。

凡须两院同意之命令,决议及表决(除休会问题),(曰命令、曰决议、曰表决,其间无划然之区别,只因其目的之事项而异其文字已耳。)须提出于大统领,必受大统领之认可,方生效力。若其不认可时,须从关于法案所定之规则及制限,由两院议员三分之二以上更可决之。

第八节　议会应有之权力如左:

一、征课直税、间税、输入税及物品税并偿还国债,保全国防及安宁。但间税、输入税及物品税,全国中必须均一。

二、以美利坚国之信用,从他人借入金钱。

三、制定与外国通商、各州间通商,及与印度种族通商之条规。

四、制定国内一定之归化法及破产法。

五、铸造货币,规定其价格及外国货币之价格,并度量衡之准位。

六、设定关于伪造美利坚国证券及通货之罚则。

七、设立邮便局及邮便通路。

八、一定之期间,对于著述者及发明人,担保其著述及发明品,以图学术技艺之进步。

九、设立隶属高等法院之下级裁判所。

十、规定在海外犯海盗重罪,及国际法上之犯罪且处罚之。

十一、宣战及给予捕获免状,陆海上捕获物等规则,均得设定之。

十二、征募陆军,且维持之。但为其使用之财币之准备,不得涉于二年以上之期间。

十三、设备海军,且维持之。

十四、规定陆海军之法制。

十五、执行联合之诸法律,为镇压内患,排斥外寇之故,决定征募民兵。

十六、规定民兵之编成、武装、军律,及其支配之员数。但将校之任命权,及据议会规定之军律,操练民兵之权,各州可保留之。

十七、对于因特别之州之让渡,与议会之承受,而成为美利坚政府所在之地方(不超过十方英里),于百般时会,行独占之立法权。对于为要塞、军库、造兵厂、造船所,及其他建设,以管辖州立法部之承诺,而买收之处所,亦行独占之立法权。

十八、为执行以上所列记之权力,及此宪法所委任于美利坚政府,或其一部,或官吏之百般权力,制定适当之诸法律。

第九节　现所成立之诸州,其中有容许人之移住及来往者,自后至千八百八年,议会虽不禁止之,但对于来往者,得赋课一人不超过十弗之税金。

保身状之特权,除有内患或外寇及公安上必要之际外,不得停止之。

污血令及溯往之法律,不得发布之。

人头税及其他直税,须比准前节所定之人口调查赋课之。

凡由各州输出之物品,不得赋课何等之税。

依凡通商及收税之条规,对于一州之港,不得与以优先他州之港之权力。

凡出入一州之船舶,入于他州之港,其通过税关,不得强之使纳税金。

凡国库之公金,除依法律所定充用之结果外,无论何项,不得由国库支出。其公金之收支明细书,须公布之。

凡贵族之名称,美利坚不得允许之。其在美利坚有利益或任信之官者,无议会之承诺,不得受外国一切现在之俸禄、官职及名称。

第十节　凡各州不得缔结条约、盟约或联合;不得发给捕获免状;不得铸造货币及发行纸币;不得以金银货币外之物件偿还负债;不得发布污血令及溯往之法律,或有害契约之义务之法律;并不得许与贵族之名称。

凡各州除施行检查法所必须之费用外,无议会之承诺,不得于输入或输出之物品,征课输出入税。其已经议会之承诺,所征课输出入税之纯益,须以之供美利坚国库之用。此种一切法律,均须由议会检定监督之,

凡各州非有议会之承诺,不得征课吨税;不得于平时准备军队及军舰;不得与他州或他国结约;不得开战端,但现被袭击及危机急迫,不可犹豫之时,不在此限。

第二条

第一节　行政权应委任于美利坚国大统领,大统领以四年为一任期,与同任期之副统领,均须依次之方法选举之。

各州从其立法部所定之方法,准其本州应出两院议员之数,任命选举人。但两院之议员及在美利坚有信任或利益之官职者,不得任为选举人。

各州之选举人,各自会同于其州,依秘密投票法选举二名,其中须

有一名非选举人同州之住民。选举既毕,选举人作得票者及各得票数之表,署名于上,附以证明书,封印之。当元老院议长,送致于美利坚政府,然后由元老院议长,当两院议员之前,开拆一切证明书,计算票数。其得票最多者,若当于选举人全体之过半数时,即为大统领;若得过半数者,有二名以上或其数同一时,则由代议院依秘密投票法,选任其一名为大统领;若无得其过半数者时,则就表中之得最多数者,截取五名,依上之方法,选任大统领。但此选举大统领之投票权,为州之所有,非议员之所有。各州之代表者,只有一投票权。执行此事之定足数,以总州三分之二所出之议员而成立,以总州之过半数为选举之必要。大统领选定后,即以其次得票最多者,为副统领。若其次多者,二人以上同数时,则由元老院以秘密投票法选任之。(此款以《修正》第十二条废之)

议会得定选定选举人之时日,并选举人投票之时日,此投票美利坚国中须同日行之。

除在美利坚出生之国民,及于此宪法施行时,已为美利坚之国民者,无论何人,不得被选为大统领。其非年龄满三十五岁,十四年间为美利坚之住民者,亦不得被选为大统领。

于大统领免职、死去、辞职时,或失其执行职权职务之能力时,副统领代行其职。议会以法律规定大统领及副统领之免职、死去、辞职或失能力之时,于此时会,大统领之职务,得指定官吏行之。所指之官吏,于大统领及副统领能力未恢复,或新大统领未选定以前,得行其职。

大统领可于定时内,受其职务之报酬。其报酬之数,于其任期间,不得增减之。惟大统领于其任期间,不得从美利坚或各州受其他之报酬。

大统领于其执行职务之始,须先如左宣誓,并为保实:

"予谨以至诚执行美利坚大统领之职务竭力以保护美利坚之宪法。"

第二节　大统领为美利坚之陆海军及其所征募现役之各州民兵之元帅,凡行政官厅之重官,大统领得各就其关于官制之问题,使之奏闻其意见。凡对于美利坚国之犯罪,除弹劾之事会外,大统领得行宥恕及赦免之典。

大统领有依元老院之劝奖及承诺,以缔结条约之权,但须有出席议员三分之二以上之同意。大统领于此宪法无其他任命法之规定,并法律所设定之全权公使,及其他外交官,高等法院判事,及其他指名之官吏,以元老院之劝奖及承诺,得任命之。但其下所属官吏之任命,议会得以法律委任于大统领一人,或法厅,或各省之长官。

大统领所任命之官吏,于元老院闭会中,生有缺员,应有授与假委任以补充之权力,但此假委任,至次会期即当消灭。

第三节　凡关于此联合情事之报告,大统领当提出于议会,其见为必要且便宜之计画,应促议会之审议。大统领于非常之时会,得召集两院,或其一院,于关于休会之时日,两院有异议时,得至其适当之时期,使之休会。大统领有派外国全权公使,及其他公使之权;有审察法律施行之适否之权;有与美利坚官吏以一切委任之权。

第四节　大统领、副统领及其他美利坚之文官,因受叛逆罪之弹劾,及其有罪之判定,当罢其职。

第三条

第一节　美利坚之司法权,委任于一高等法院,及议会经常设置之下级裁判所。高等法院及下级裁判所之判事,苟善于所事,当永久保其权,且于定时受其职务之报酬。此项报酬,在职中不得减之。

第二节　司法权之范围所及者如左:

一、因此宪法所生之惯习法及衡平法上之事件,依美利坚法律及国权,已缔结或将缔结之条约上之事件;

二、关于全权大使及其他公使之事件;

三、海上裁判之事件;

四、美利坚国为对手之一方之诉讼;

五、州与州之诉讼;

六、一州与他州人民之诉讼;

七、异州人民之诉讼;

八、同州人民依别州之免许请求土地之诉讼,及一州或其州民与外国或其国民之诉讼。

关于全权大使、其他公使、领事之事件,及一州为对手之一方之事件,高等法院应有其原裁判权。其他前所记载之诸件,高等法院在议会所定例外及规则之下,关于法律及事实有上诉裁判权。

除弹劾事件之外,一切审理犯罪,应用陪审官。其审理之处,于其犯罪所在之州开之。若非于其州内犯罪时，则于议会依法律所指定之处所开之。

第三节　对于国家之叛逆罪，必其背于本国挑战，或与于阴助敌国之行为。但非有二人以上之证人，证明为同一之犯行，或于公廷自白者，无论何人，不得以叛逆罪断之。

宣告叛逆罪之刑罚之权，议会操之。但叛逆罪之处罚，不得生污血之结果，或被罚者毕生外官没之结果。

第四条

第一节　各州对于他州之公法令记录及裁判手续调查书，须加充分之诚意信用，议会对于此法令记录及裁判手续调查书，得以法律规定其证明方法及其效力。

第二节　各州之国民，有于各州享受国民特权及免责之权。

凡于一州有被告为叛逆罪重罪及其他之犯罪者，逃往各州时，其逃入之州，依逃出之州行政官厅之请求，应逮捕之，移交于该裁判权管辖之州。

凡逃至一州，因其法律规则之结果，虽可免劳役之义务，但有当受劳役之对手者之请求时，其后至之州应移交之。

第三节　凡新州得依议会之决议，如入于此联合之内，但他州之管辖区域内，不许别设新州。且非有关系诸州之立法部及议会之承诺，不得合并二州以上或其一部以组织新州。

议会有处分美利坚所属领土并其他财产，及制定关于此之必要规则之权。凡宪法中之规定，不许加有害美利坚国及诸州之权利之解释。

第四节　美利坚国以此联合之各州，维持共和政体，并防御外寇。有各州立法部或行政部（立法部不能招集时）之请求时，应为平治内乱，以保护各州。

第五条

议会有两院议员三分之二以上，见为必要时，得为修正宪法之提议。有诸州三分之二以上，立法部之请求时，当召集起案修正之会议。此二者中，无论何时，从议会之所必要，或受诸州四分之三之立法部追认，或受其四分之三之会议追认时，其修正之部分，关于一切目的，应为有效。但千八百八年以前之修正，毫不能动本法第一条第九节之第一、第二两款。且无论何州，非有其承诺，不得夺其在元老院之平等选举权。

第六条

第一节　此宪法施行以前所有契约之负债，及缔结之约定，于此宪法之下，当如在联邦之时，对于美利坚国应依然有效。

第二节　此宪法及依此宪法所制定之国法，并依国权所已结或将结之条约，皆为美利坚国最高之法律。各州之裁判官，不拘其州之宪法及法律之规定，皆依此而受拘束。

第三节　凡前所载之元老院议员、代议院议员、州立法部议员，及美利坚国与各州之行政官、司法官，均须宣誓及为保实，以拥护此宪法。但宗教上之定见，不得以为美利坚之官职，及公信任所须要之条件。

第七条　九州会议之追认此宪法，于此追认之诸州之间，应充分使此宪法之确定。

纪元千七百八十七年，即美利坚国独立第十二年九月十七日，于现在诸州一同承诺之会议，制定此宪法，令欲保其证据，凡我各州代表委员，谨署名于此。

（自议长沃新吞氏以下，十三州委员氏名从略）

从宪法第五条之规定，由议会发议，经数州立法部之追认，而成立美利坚国追加及修正之宪法。

第一条　议会不得制定关于宗教之设定，及禁止其自由行为之法律，不得制定拘束言论、出版之自由，或制限平稳之集会，及苦情救济之请愿之法律。

第二条　整顿之民兵，以保全自由国之安固，而贮藏武器之人民之权利，不得侵害之。

第三条　凡军人于平和之时，非得所有主之承诺，不得屯驻于人民之家宅。其战争时之屯驻，亦不得不依法律规定之方法。

第四条　凡人民于其身体、家宅、文书及财产，无故不受搜索押收之权利，不得侵害之。其事迹足据，可以搜押之时，非经宣誓，且指定其当搜索之处所，及当押收之人或其物件，不得漫发命令。

第五条　无论何人，非有大陪审官之起诉，不受死罪及其他重罪之判定。但关于海陆军军队，及战时，或当公共之危险，现役民兵中所生之事件，不在此限。于同一之犯罪，不受两次生命或肉体之危难。关于刑事上之事件,不得强使证明自己之犯罪。非依适当之手续,不得剥夺其生命及自由财产。私有之财产,不为适当之赔偿,不得收为公用。

第六条　凡于刑事裁判,被告有依犯罪之州及地方之公正陪审官,速受公开审理之权利(此地方以法律预定之);有受被告事件之性质及原因之告知之权利;对抗于反对证人,为得自己一方之证人,有用强制手段,及用辩护人辅佐人之权利。

第七条　诉讼价格至二十弗以上之惯习法上之诉件,应受陪审官审理之权利,不得废之。陪审官审理之事实,除从惯习法规定之外,无论于何裁判所,不得再理之。

第八条　过重之供托,不得求之;过重之罚金,不得科之;残忍异常之处罚,不得加之。

第九条　宪法中列载某权利,并非拒绝灭杀人民所保有之他权利,不得牵强解释之。

第十条　凡此宪法中所未委任于美利坚国,及未禁止于各州之权力,应皆为存留于各州及人民之权力。

以上十条,为千七百八十九年九月二十五日第一次议会诸州之立法部所提议,得十一州之追认而修正之者。

第十一条　美利坚之司法权,不能及于由一州之国民,或外国之国民,对于他州所提起之惯习法,或平衡法上之诉讼,不得误解之。

本条为千七百九十四年九月五日第三次议会之诸州立法部所提议,千七百九十八年一月八日附以大统领之使命,送之于议会,得诸州四分之三立法部之追认而修正之者。

第十二条　选举人各于其州会合,依秘密投票法,选举大统领及副统领。其所选举者,最少须有一名为选举人同州之住民。其选举之手续,选举人于其投票笺,记其所举为大统领之人名,复于其他投票笺,记其所举副统领之人名。然后将所举为大统领之人与举为副统领之人,及各投票之数,各别作表,选举人署名其间,附以证明书,封固调印。当元老院议长,送之于美利坚政府之所在。而后元老院议员,于两院议员之前,展览证明书,计算其投票之数,得大统领投票之最多数者,其数当选举人之总数〈过〉半时,即为大统领。若无过半数者时,则截取得票最多者,三名以下,由代议院秘密投票选举之。但选举大统领之投票,为各州之所有,非各议员之所有。各州之代表者,止能有一投票权。其执行此事之定足数,由总州三分之二所出之议员而成,应以总州之过半数,为选定之必要。若至次年三月四日,代议院不能选定时,则以副统领代行大统领之职务,与大统领之死去,及其他宪法上失能力之时会相同。得副统领投票之最多数者,当选举人之总数过半时,应即为副统领。若无过半数者时,则截取得票最多者二名,由元老院选定之。执行此事之定足数,由元老院议员总数三分之二而成,应以总数之过半数为选定之必要。但宪法上不能就大统领之职者,亦不能就副统领之职。

本条为千八百三年十二月十二日第八次议会之诸州立法部所提议,千八百四年九月二十五日,附以外务大臣之宣言,得总州四分之三立法部之追认,用以代宪法第二条第一节第三款之规定者。

第十三条

第一节　美利坚国及属于其管辖之地,凡犯罪之处罚,除依适法判决科之之外,不得有奴隶或其他强迫之役使。

第二节　议会有制定适当之法律以施行本条之权。

本条为千八百六十五年二月二日第三十八次议会之诸州立法部所提议,千八百六十五年十二月十八日附以外务大臣之宣言,得三十六州中二十七州立法部之追认而修正之者。

第十四条

第一节　凡出生于美利坚或归化而从其管辖权者,为美利坚及其住居之州之国民。无论何州,对于美利坚国民之特权,及免责,不得制定减杀之法律,并施行之。非依法律规定之手续,不得夺其生命、自由及财产。对于其管辖区域内之人,不得拒绝其法律上平等之保护。

第二节　代议院议员,除不负纳税义务之印度人,当视各州人口之总数为比例,分配于诸州。若各州中,于选定大统领、副统领之选举人、代议院议员、州之行政官、司法官,及其立法部议员之投票权,其州人民已达成年之男子,有被拒绝或因他故而受减杀者,则其州代议之基础,当以此等男国民之数,与其州二十一岁之男国民之总数,比例以核减之。但因与于叛逆及其他犯罪,而被拒绝或受减杀者,不在此限。

第三节　凡曾为议会会员、美利坚官吏及州立法部议员,或州之行政官、司法官,已为拥护宪法之宣誓者,若与于叛乱或助给敌人之事,不得为两院议员及大统领、副统领之选举人,亦不得被任为美利坚或其州之文武官。但议会依各院议员三分之二之议决,得除此制限。

第四节　包含为酬镇定叛乱之劳之恩给赐金,所负之债务,凡为法律所认之美利坚公债之效力,无论何人,不得故生异议。但美利坚及诸州为对于美利坚之叛乱帮助所负之债务,或约束及关于奴隶之损耗,或解放之要求,不得认许或支给之。此等债务、约束、要求,概决其为不法且无效。

第五节　议会有规定适当之法律,以施行本条之权。

本条为千八百六十六年六月十六日第三十九次议会之诸州立法部所提议,千八百六十八年七月二十一日议会决议,送之于外务省,经外务大臣之议决,依三十六州中三十州之立法部所追认而修正之者。

第十五条

第一节　美利坚国民之投票权,不得因人种、体色,及从前使役之状态而拒绝或减杀之。

第二节　议会有设定适当之法律,以施行本条之权。

本条为千八百六十九年二月二十七日第五十次议会之诸州立法部所提议,千八百七十年三月三十日附以外务大臣之训示,依三十七州中二十九州之立法部所追认而修正之者。

法兰西宪法

依千八百五十一年十二月二十日及二十一日之投票,以法兰西人民委任于路易·拿破仑·保那巴之权力制定之宪法。

共和国大统领者。

法兰西人民,欲使路易·拿破仑·保那巴继续其威,且循十二月二日布令书之基础制定宪法,附与以必要之权力,兹事体大,仍当俟法兰西人民共决之。

第一、十年间在职负责任之首长。

第二、仅附属于行政权之宰相。

第三、因草法律,且于立法议院维持之,以最卓越之人材组织参议院。

第四、立法议院,讨定法律。但以数人连名而选议员,易生弊害。

须用普通投票,使各人选一名。

第五、以国中显著人物,组成元老院,但本院有保平均之权力,且监守宪法及国民自由之权。

右五项因得国民之承诺,定为宪法之基础,又经国民之赞成者七百五十万人,熟虑深考,乃宣布记于左之宪法。

第一卷

第一条　宪法为法兰西人民公权基础之千七百八十九年所布令之大原则而认准之、固定之及担保之。

第二卷　共和国之政体

第二条　法兰西共和国之政治,以方令共和国之大统领皇族路易·拿破仑·保那巴十年间委任之。

第三条　共和国之大统领,依于宰相、参议院、元老院、立法议院,而统治其国。

第四条　立法之权,共和国大统领、元老院、立法议院,合同行之。

第三卷　共和国大统领

第五条　共和国大统领,对于法兰西人民,须任其责。而共和国大统领,常有诉讼法兰西人民之权。

第六条　共和国大统领,为国之元首,而指令陆海军,公告交战,结和亲联盟通商之条约,选任诸官员,施行法律,制定必要之规则及告令。

第七条　裁判以大统领之名为之。

第八条　起草法律之权,仅在于大统领。

第九条　大统领有为特赦之权。

第十条　大统领批准法律,及元老院决定书而宣令之。

第十一条　大统领每年以通报书,告示共和国诸务之情状于元老院,及立法议院。

第十二条　大统领于一州,又数州,有公告合卫情状之权,但须极速告其旨于元老院。

合围景状之结果,以法律规定之。

第十三条　宰相仅附属于国之元首。凡关于政府所为诸件,须各自任其责,无相连带。而任其责之事,且非自元老院不得诉其罪。

第十四条　宰相、元老议员、立法议员、参议员、陆海军士官、裁判官,及一切官员,须述左之誓词:

"余誓遵守宪法而尽忠节于大统领。"

第十五条　共和国之大统领，其在职时间，每年应给与之金额，以元老院决定书定之。

第十六条　若共和国大统领，于其在职期满前死去之时，为使新选举大统领，须由元老院招集国民。

第十七条　国之元首，为法兰西国之资益，受国民之信任，与其投票所推荐国士之姓名，须秘藏于元老院之书库中，有以文书指示国民之权。

第十八条　新选共和国大统领，得元老院议长、在职宰相之资助，而统治其国。但其在职宰相，组成政治会议，须从可否多数之议决，决议诸务。

第四卷　元老院

第十九条　元老院之议员，不可过百五十名。但最初之一年，定为八十名。

第二十条　元老院由左之各员编成：

第一、咯鲁启朗鲁（最高等之僧官）、马纳下鲁（陆军最高等之将官）、阿米那鲁（海军最高等之将官）；

第二、共和国大统领，认为适当于选举元老议员之国士。

第二十一条　元老议员，须为终身居其职者。

第二十二条　元老议员之职，是为无给者。然共和国之大统领，准其功勋与家产，得一年附与不可过三万弗郎克之一身上之俸给。

第二十三条　元老院之议长及副议长，由共和国之大统领、元老议员中选任之。议长及副议长，一年间任其职。

议长之俸给，以告令定之。

第二十四条　共和国之大统领，招集元老院及使延会。又，大统领以告令定其集会之时间。

元老院之会议，不许众庶来听。

第二十五条　元老院者，宪法及国民自由之监守人也。无论如何法律，未附于元老院之前，不得宣令之。

第二十六条　元老院拒止左之法律之宣令：

第一、凡背于宪法、法教、道德、礼拜自由、各人自由，在法律上国民平等财产所有权不可侵害之法规，不可罢免裁判官之原则，及可为其害之法律；

第二、可害法兰西领地防御之法律。

第二十七条　元老院以其决定书规定左之条件：

第一、藩属地及阿鲁查里之宪法（在于亚非利加洲之法兰西藩属地之名）；

第二、经制定于宪法中而施行之之必要诸件；

第三、宪法中含有数种办法之义意。

第二十八条　其元老院之决定书，为受共和国大统领之批准，得呈示之，而大统领以之宣令。

第二十九条　元老院指示政府背反宪法诸法令，及申告国民以请愿书背反宪法诸法令而保存之或废止之。

第三十条　元老院，定可为国之大益之法律草案之基础，得以申报书呈示于共和国大统领。

第三十一条　又元老院对于宪法得申告更改。行政官采用其申告者时，须以元老院决定书制定之。

第三十二条　然欲更改定于十二月二日之布令书，为法兰西人民采用之宪法基础时，须以之附于全国人民之普通投票而决之。

第三十三条　于解散立法议院之时，至于更为召集，则元老院从共和国大统领之申告，得以至急之处分，设备施行政务必要诸件。

第五卷　立法议院

第三十四条　立法议员之选举，以人口为基础。

第三十五条　选举人每三万五千人得出代议士一名，于立法议院。

第三十六条　代议士不以数人连名而为选举，须以普通投票，每一名选举之。

第三十七条　代议士不受俸给。

第三十八条　代议士六年间任其职。

第三十九条　立法议院者，讨论决议法律之草案及租税。

第四十条　受调查法律草案之任之委员，既采用各修正案，不讨论之，而当由立法议院之议长，送附于参议院。

若参议院不采用其修正案时，不得以之附于立法议院之议定。

第四十一条　立法议院之通常会，为三月间继续者，其会议可许众庶来听。然若因议员五名有请求时，则以立法议院为秘密委员局。

第四十二条　依新闻纸及其他凡可告知于众庶之方法，公告立法议院会议之报告书，于各会议之终，但可以同院议长之管照，再出所作之调书。

第四十三条　立法议院之议长及副议长，以共和国大统领，自代议士中一年间选任之。立法议院议长之俸给，以告令定之。

第四十四条　宰相不得为立法议院之议员。

第四十五条　请愿之权，须对于元老院行之。无论如何之请愿书，亦不得呈出于立法议院。

第四十六条　共和国大统领，招集立法议院，又不问有无期限，可使之延会，及使解散之。使解散之之时，共和国大统领，于六月内，更不得不新招集立法议院。

第六卷　参议院

第四十七条　常务参议员之数，须四十名，乃至五十名。

第四十八条　参议员者，共和国大统领选任之，及罢免之。

第四十九条　共和国大统领，为参议院之上席。若大统领不在之时，由大统领指定之参议院副议长为其上席。

第五十条　参议院受共和国大统领之指令，作法律草案及行政规则，且有解除行政事务困难之任。

第五十一条　参议院为代政府之名，对于元老院及立法议院，须维持法律之草案，为代政府之名而受为论辩之任之参议员，以共和国大统领指定之。

第五十二条　参议员之俸给，为二万五千佛郎克。

第五十三条　宰相有入参议员之列，而参其合议，及论辩可否之权。

第七卷　高等法院

第五十四条　高等法院，审判对于共和国大统领及对于内外部安宁之重罪恶业阴谋之罪犯。但其审判，不许控诉之，又不许其欲得破毁而为上告。

非依共和国大统领之告令，不得申告于高等法院。

第五十五条　高等法院之编制，当以元老院决定书定之。

第八卷　总规及一时假设之成规

第五十六条　于现行之法典法律及规则之成规中，不抵触此宪法者，至后日适于法而为变更，须如从前施行。

第五十七条　邑官之编制，须以同一之法律定之。邑长者，于行政权可选任之,而于议会议员之外,可得选之。

第五十八条　此宪法者,自其所编制之国之大部局之月,可施行之。

自十二月二日,至于施行此宪法之日,共和国大统领所发告令,为有法律之效力者。

更改宪法之千八百五十二年十一月七日之元老院决定书。

元老院,从《宪法》第三十一条及第三十二条为讨议而议定左记之决定书。

第一条　路易·拿破仑·保那巴复帝位,以第三世拿破仑之名称,为法兰西人之皇帝。

第二条　帝位者,以路易·拿破仑·保那巴之直系,且适法之卑属,永世除女子,及其卑属外,以初生顺序由男子世袭于男子。

第三条　路易·拿破仑·保那巴无男子时,须以第一世拿破仑帝兄弟之男系适法之子,及以卑属亲为养子。

为养子之法式,须以元老院决定书定之。

若为养子之后,路易·拿破仑举男子时,其养子非适法卑属亲之后,则不得嗣帝位。

可嗣路易·拿破仑之位者,及其卑属亲,禁为养子。

第四条　不问其为适法者,与为养子,但因拿破仑·保那巴无直系相续人之时,以制定基础告令书,送于元老院,而使藏于其书库中。须以其告令书,定保那巴家帝位嗣继之顺序。

第五条　不问为路易·拿破仑·保那巴之适法者,及为养子,其相续人不遗留。且于其旁系亲,依记于前条基础制令告令书,亦无可嗣位者之时,则由组成政治会议之宰相,参加以元老院,及立法议院,参议院之现任议长,以元老院决定书之草案,附于元老院,于元老院议定之后,更以此告示国民,得其承诺,而立皇帝。且须于其皇帝一家中,除永世妇女及其卑属,定由男子,世袭其位于男子之顺序。

在新立皇帝事未完成之前,须以在职宰相,组成政治会议,从多数议决,统治诸务。

第六条　在路易·拿破仑·保那巴之家族中,将来有可嗣帝位者,及其男女之卑属亲,皆为皇帝家族。其皇帝家族之位置,须以元老院决定书定之。其皇帝家族,不得皇帝之允许,不得为婚姻。若不得其允许而为婚姻之时,剥夺以后应嗣帝位之权利。

然因其妃死去,其所举之子,又不存在,而再结婚姻者,可回复以后应嗣帝位之权利。

路易・拿破仑・保那巴家族之称号身分,由路易・拿破仑自定之。皇帝对于其家族中各员,有充分之威权,而须以有法律效力之制规书,定其本分及义务。

第七条　于千八百五十二年一月十四日之宪法成规中,不抵触此元老院决定书者保存之。而非依其宪法所定之体裁与方法,则不可更改。

第八条　从千八百五十一年十二月二日及四日之告令书所定之体裁,为得法兰西国民之承诺,须告示左之陈告文。

法兰西人民,认千八百五十二年十一月七日元老院决定书,复帝位,立路易・拿破仑・保那巴为皇帝,不问为适法者与为养子,欲使其直系卑属世袭帝位,且于其路易・拿破仑・保那巴家族中,定帝位嗣继顺序之权利。

因千八百五十二年十一月二十一日及二十二日之国民决定,宣令被确认之十一月七日元老院决定书为国之法律,遂公布千八百五十二年十二月二日之皇帝告令书。

应天顺民,为法兰西人之皇帝拿破仑,普告于现在将来之众庶曰:

法兰西人民,认千八百五十二年十一月七日元老院决定书复帝位,立路易・拿破仑・保那巴为皇帝,不问为适法者与为养子,欲使其直系卑属世袭帝位,且于其路易・拿破仑・保那巴族家中,定帝位嗣续顺序之权利。

以陈告文所云,为得国民之承诺,乃告示千八百五十二年十一月七日元老院决定书,俾众观览,且国民自由投票,决其陈告文之可否,及其完了。

总计决其陈告文可否投票之数,可决者七百八十二万四千百八十九;

否决者二十五万三千百四十五;

无效者六万三千三百二十六。

且看视证明立法议院公告书,告令左之条件。

第一条　因十一月二十一日及二十二日之国民决定宣令,被确认之千八百五十二年十一月七日元老院决定书为国之法律。

第二条　路易·拿破仑·保那巴以第三世拿破仑之名称，为法兰西人之皇帝。

从千八百五十二年十一月七日元老院决定书第四条于保那巴家族中定帝位嗣继顺序之千八百五十二年十二月十八日基础制定告令书。

第一条　不问为余之适法者，与为养子，但直系相续人无遗留时，则以余所敬爱之叔父仄罗母·拿破仑·保那巴，及与此叔父结婚姻之瓦塾餲国公主咯台里鲁，所生之适法直系卑属，永世除妇女外，以初生之顺序，由男传位于男，而继嗣帝位。

第二条　此告令书，须捺国玺，自我国务卿送之元老院，使藏于其书库中。

释明千八百五十二年一月十四日之宪法，及更改之之千八百五十二年十二月二十五日之元老院决定书。

第一条　皇帝有为特赦及许大赦之权。

第二条　皇帝自视为适当之时，可上席于元老院及参议院。

第三条　依宪法第六条所结通商条约，对于其条约上约定税则之更改，亦有法律之效力。

第四条　凡公同利益之工业，凡千八百三十二年四月二十一日法律第十条，及千八百四十一年五月三日法律第三条所捐定之工业，并凡一般有益之工作，须以皇帝告令书命令之，又允许之。

其告令书，须以因行政规则所定之法式而发之。

然国库之约务，又以扶助金为右工业，及工作之要件时，于始行其工业及工作之前，以统一之法律，附与其供备金，且不得不确认其约务。

若有政府认为当自与办之工业，而不可准许人民之性质者时，于此至急之际，以临时供备金所定之方法开支之。但当立法议院最近之集会时，须求同院之承诺。

第五条　千八百五十二年三月二十二日之基础制定告令书之成规，可以皇帝告令书更改之。

第六条　称将来可嗣帝位之皇帝家族，及其卑属亲，曰法兰西皇族，称皇帝之长子曰皇太子。

第七条　法兰西之皇族，满十八岁时，为元老院及参议院之议员。

其皇族非得皇帝之许可，则不得列席于元老院及参议院。

第八条　皇帝家族之身分证书，国务卿作之，以皇帝命令，送于元老院,使登记于簿册,藏之书库中。

第九条　属于帝位之财产,及皇帝岁俸,各于其在位间,须以特别元老院决定书定之。

第十条　皇帝直接选任元老院议员之数,不得过百五十名。

第十一条　在元老议员之职者,当终身受三万佛郎克之年俸。

第十二条　经费之预算表,于各章每条,须附以行政上之区分,呈出于立法议院。

其预算表,须各省自议定之。

所附与各省供备金额之每章分配,须以发于参议院之皇帝告令书定之。

又以同上法式,发特别告令书,得许振替于此章与彼章之间。此成规可适用于千八百五十三年之预算表。

第十三条　宪法第四十二条所定之报告书,于其公布之前,须附之于由立法议院议长,及其各部长组成之委员局。若为可否之数相等时,须以立法议院议长之说决之。

于集会之席上,朗诵会议之调书者,止须证明所议之事,及可否投票之数。

第十四条　立法议院之代议士,于其各通常会及临时会之继续时间,每月当受二千五百伏郎克之偿金。

第十五条　在后备军躯骨中之将官,可为立法议院之议员。从千八百五十二年十二月一日之告令书第五条及千八百三十九年八月四日之法律第三条,其将官现服役时,当看作为退议员之职者。

第十六条　宪法第十四条所定之誓词如左。

余誓遵守宪法,尽忠节于皇帝。

第十七条　千八百五十二年一月十四日之宪法第二条、第九条、第十一条、第十五条、第十六条、第十七条、第十八条、第十九条、第二十二条、第三十七条削除之。

关于属于帝位之财产管理之千八百五十六年四月二十三日元老院决定书

〈第〉一条　管理属于帝位财产者,关于其财产及皇帝私领一部分财产之所有权,起诉讼时,无论为原告、被告,均独任出头于裁判所。

又关于帝位所属领地交换之证书,及其他凡依千八百五十二年十二月十二日元老院决定书所定而作之证书及其承诺,均以管理者独任之。

于千八百四十一年五月三日法律第十三条及第二十六条所定之场合承诺,收夺财产所有权,而收受其赔偿者,亦为管理者独任之。但其收受之偿金,虽为不动产,又国债买入之益用必要等物,亦必监视负债者之再用。

关于帝位摄政之事之千八百五十六年
七月十六日之元老院决定书

第一卷　摄政

第一条　皇帝未满十八岁者为幼年。

第二条　幼年之皇帝升位,而其父先帝崩御之前,未为文书公布特定摄政之处分时,则须以幼帝之母、先帝之皇后任摄政职,为其子幼帝之保傅。

第三条　若摄政职先帝皇后为再婚时,当然失其为摄政与保傅之权。

第四条　无论皇后为摄政与否,若其皇后薨去,且无先帝之公书,又秘密书,特定可任摄政之任者时,当以第一等法兰西皇族任摄政之职。若其又不有时,须从他之皇族中可嗣帝位之亲近顺序,以一名任摄政之职。

皇帝得以公书,又秘密书,为后帝幼年之时间,任摄政之职者之时之设备。

第五条　若皇族无有可为摄政之职者,于未选任摄政前,须以在职宰相,组成会议,统治国之诸务。

其宰相于施行诸务,须从可否之多数议决。

皇帝崩御之后,直须由摄政会议,召集元老院。

依摄政会议之上奏,须自其被推荐于元老院之候补者中选任摄政。皇帝不选任摄政会议员时,以组成会议之宰相,得元老院、立法议院、参议院等现任议长之参加,而招集元老院。且须上奏应为摄政之候补者。

第六条 摄政及摄政会议员,限定法兰西国人,年在二十一岁以上者。

第七条 定摄政之处分,及选任摄政会议员之文书,须送于元老院。藏之书库中。

若以皇帝之秘密书,定摄政之处分,或任摄政会议员之时,则皇帝崩后,元老院议长须直于元老院招集元老议员及宰相,并立法议院及参议院议长,共同开封其书。

第八条 摄政所行,皆须以幼帝之名为之。

第九条 幼帝未成年之前,凡摄政皇后及其他任摄政之职者,可代幼帝而执行皇帝充足之威权。但付与于摄政会议之权利,不在此限。

凡保护皇帝身体之法规,为摄政、皇后及其他之摄政者,亦得适用。

第十条 为摄政之皇后及其他摄政之职务,自皇帝崩御之时为始。

然若有摄政秘密书,藏于元老院书库中时,非其书开封之后,不得执行摄政职务。

其书未开封时,则从第五条所记,须在职之宰相,统治国之诸务。

第十一条 若幼帝崩御,而有可嗣其位之皇弟时,则更不必行别样之法式。仍以皇后及其他摄政继续而行其职。

第十二条 若因嗣帝顺序,所立幼帝,有非皇后之子时,可停其皇后摄政之职。于此情形,须从此次元老院决定书之第四条及第五条为摄政之设备。

第十三条 幼帝崩御,有他支系之幼帝嗣其位时,现任摄政,仍须继续其职,至于新幼帝成年之日。

第十四条 此元老院决定书所指定之皇族,未至于相当之年龄,又凡依于其他适法原因,当皇帝崩御时,不能行摄政之职时,则现在摄政,须保存其职,至于嗣帝成年之日。

第十五条 除先帝、皇后为其子任摄政时之外,任摄政之职者,不有对于幼帝之身之权利。

为幼帝保傅,统治其家事,及监督其教育,其生母得为之。幼帝无生母时,或无先帝所指定者之时,由摄政会议所任者,可委任幼帝之保傅。

摄政及其卑属亲,不可为幼帝之保傅,并不可指定为保傅。

第十六条 任摄政之皇后及其他摄政,于先帝在日,未尝举行摄政誓词,则于元老议员、立法议员、参议员之面前,受法兰西之皇族、摄政会议员、宰相、政府之高官佩乃济翁朵罗鲁勋社十字形赏牌,各员之辅佐,至于登大宝幼帝之前,证以经典,而向其幼帝为誓。

又仅于摄政会议员、宰相及元老院、立法议院、参议院之议长之面前,而向幼帝为誓。

于此时,由摄政皇后及其他摄政,须以其誓,公布于国内。

第十七条　任摄政之皇后及其他摄政,当述之誓词如左:

余誓尽忠节于皇帝,循宪法、元老院决定书及帝国法律为统治,而完全保持国民权利及属于帝位之权利,且自己所行之威权,不外为皇帝及法兰西国勋忠诚,及至于皇帝成年。余誓以委托其施行之权力,诚实返纳于皇帝。

此誓词之调书,须国务卿作之,其誓书须送于元老院,藏之书库中。

其调书须任摄政之皇后,或其他摄政,并皇族摄政会议员、宰相、元老院、立法议院、参议院之议长署名。

第二卷　摄政会议

第十八条　摄政会议,须皇帝幼年时间设置之。

其会议由左之各员组成。

第一、皇族所指定之法兰西皇族。

无皇帝特别指定者时,以应嗣帝位顺序最近之法兰西皇族出议员二名。

第二、由皇帝以公书或秘密书而指定者。

若无皇帝指定者时,则使元老院开一部会议,特任选五名。

除皇族外,若摄政会议员一名或数名死去及退职时,须于元老院更选任其他者代之。

第十九条　摄政会议员,不可由摄政皇后及其他摄政者使之退职。

第二十条　摄政皇后及其他摄政,可招集摄政会议员,而为其上席。

任摄政之皇后及其他摄政者,得于摄政会议员皇族中或其他摄政会议员中,使一名代为自己之上席。

第二十一条　摄政会议,从可否完全之多数,可议决左之诸件。

第一、皇帝之婚姻。

第二、交战之公告、和亲、联盟、通商条约之署名。

第三、基础制定元老院决定书之草案。

若可否之数相等时,当以任摄政之皇后及其他摄政之说决之。若任摄政之皇后及其他摄政之代理人,为摄政会议之上席时,可以皇后及摄政之说决之。

第二十二条　摄政会议凡对于前条所记以外之问题,受摄政之皇后及其他摄政者之咨问时,仅可申告其意见。

第三卷　种种之成规

第二十三条　任摄政之时间,属于帝位财产之管理,可从定则继续之。

其入额之益用,可从摄政之指令,以通常之方法定之。

第二十四条　任摄政者一身之费用,及其家事之费用,为帝室预算表中之一部。

其量额须于摄政会议定之。

第二十五条　幼帝嗣位时摄政未定,而先帝在日,又无设备之事,则可于其摄政治事之前,从元老院决定书第五条之成规,统治国之诸务。

更改宪法第三十五条之千八百五十七年
五月二十七日元老院决定书

第一条　更改宪法第三十五条如左。

选举人每三万五千人,得出代议士一名于立法议院。然各州选举人剩余之数,过一万七千五百人者,可再出代议士一名。

第二条　从此元老院决定书,各州应选举代议士之表,须以皇帝之告令书规定之。

欲得选举为立法议院代议士之候补者,自投票开始日,至少亦于八日前,记千八百五十二年十二月二十五日元老院决定书第十六条所定誓词,而以书面应纳于州厅之旨所定。

千八百五十八年二月二十七日之元老院决定书

第一条　无论何人,自开始投票之日,至少亦于八日前,记千八百五十二年十二月二十五日元老院决定书第十六条所定之誓词,以署名之书面,为其选举自纳于州之州厅书记局。又非以公正证书,任代理人使纳之者,则不得受立法议院代议士之选举。

余誓遵守宪法,尽忠节于皇帝。

凡书面不记此誓词者,为无效。

凡人纳其书面时,须与以受取书。

第二条　非履行前条之后,不可公布被选者之姓名书,并为选举之回帖,及投票之分配贴附。

不履行前条成规之前,而公布选举者之姓名书,及为选举之回帖,及投票之分配贴附,须处以千八百四十九年七月二十七日法律第六条所记之刑。

第三条　于必要期限内,履行此元老院决定书第一条之定规,加以州长之保证,而于所为选举继续时间内,须以之纳于选举公署。

第四条　不履行此元老院决定书第一条成规之被选者,其投票为无效,以后计算投票之数,不算入之。惟须添置于选举之调书。

更改宪法与更改其第四十条及第四十一条之千八百六十六年七月十八日之元老院决定书

第一条　宪法者,以其所定方法于元老院为讨论之外,不得以其他之公权力讨论之。

以更改宪法及释明为目的之请愿书,非经元老院五部中之三部以上许可其调查者,不得申报于总会议。

第二条　依刻期刊行书,又贴附书,或依千八百五十二年二月十七日告令书第九条第一项所定之纸幅,而以不刻期刊行之书,批评宪法,或以更改为目的,而公布又再出讨论者禁之。

以更改宪法及释明为目的之请愿书,依申报会议官报公布之外,不得公布。

背于本条之规定时,有须罚以自五百伏郎克至一万伏郎克之罚金之罪。

第三条　更改千八百五十二年一月十四日宪法第四十条如左。

受任调查差法律草案委员,所采用之修正案,须自立法议院议长送交参议院。

其委员或参议院不采用之修正案,于立法议院可为参照者,更得遣委员再调查。

若委员不申告改更,又自委员申告改正,而参议院不采用时,可仅以其原案议定。

第四条 立法议院通常会时间限定三个月之千八百五十二年一月十四日宪法第四十一条成规削除之。

其闭会以皇帝告令书宣告之。

立法议院代议士应受之偿金,不问会期长短,各通常会,每人定一万二千五百伏郎克。

临时会之时,依千八百五十二年十二月二十五日元老院决定书第十四条,须如从前规定其偿金。

以行政权七年间委托于马基养他公、马苦马烘总督之千八百七十三年十一月二十日之法律

第一条 自此法律宣令以后七年间,委托行政权于马基养他公、马苦马烘总督,而其权力,以共和国大统领之名称行之。且此宪法未更改之前,可依现在景状,行其权力。

关于公权力编制之千八百七十五年二月二十五日之法律

第一条 立法权于代议士院及元老院两会议行之。

代议士院以选举法律所定之条件,依普通投票选任之。元老院之组织及选〈举〉之方法与职权,须以特别法律规定之。

第二条 元老院及代议士院合为国会,依投票完全之多数,选举共和国大统领。

共和国大统领,七年间选任之。但任满可受再选。

第三条 共和国大统领,有关于两议院起草法律之权。

共和国大统领,于两院议定法律之时,宣布其法律,或监视其施行,及确保之。

共和国大统领,有为特赦之权利。然大赦非依一个法律,则不得为之。

共和国大统领,处分兵力。

共和国大统领,选任各国文武官职。

共和国大统领,于国之礼式,为上席。又外国之公使及大使,对于大统领而派遣之。

共和国大统领之各文书,必要有宰相之加印。

第四条　自此法律宣令后,遇有缺员之时,大统领可于宰相会议,选任常任参议员。

如右被选任之参议院〔员〕,非依宰相会议所发之告令,不得罢免之。

依千八百七十二年五月二十四日法律被选任之参议员,于其期满之前,非依该法律所定方法,不得罢免之。

国会离散之后,非依元老院之决定,则不得渡右之罢免。

第五条　共和国大统领,得元老院之同意,可于代议士院职任未满之前,解散该院。但于三月以内,须招集选举会,使新为选举。

第六条　宰相关于政府一般之政略,对于两院,相连带而任其责。又对于自己之所为,须各自任其责。

共和国大统领,非在于大逆之际,不任其责。

第七条　死去及凡其他原因而缺位时,须两院相合,直选举新大统领。

其新大统领未选定之前,委任行政权于宰相会议。

第八条　两院有不问出于自己之意,与出于大统领之求,各以投言完全之多数公言议定修正宪法之权利。

两院各决定之后,可因其修正而合为国会。

无论为全部与一部宪法修正之议定,不可不依组成国会议员完全之多数为之。然依千八百七十三年十一月二十日之法律,附与总督马苦马烘氏之权力继续间,非共和国大统领发意,不得为右之修正。

第九条　行政权及两院置于乌哀鲁撒由府。

关于元老编制之千八百七十五年二月二十四日之法律

第一条　元老院由议员三百名组成。

右之数中,二百二十五名由各州及藩属地选举之,七十五名由国会选举之。

第二条　塞衣奴及罗奴之二州,各选举元老议员五名。

塞衣奴阿弗爱里有奴、拍朵加纳衣、纪罗朵、罗奴、弗尼司台奴、可托久罗奴之诸州,各选举元老议员四名。

罗阿奴阿弗里有奴、拍罗哀罗阿奴、衣奴哀威纳衣奴、塞衣奴哀勿阿子、衣宰奴、皮有衣朵毋、索毋、布乌朽久罗奴、哀也衣奴、罗阿奴、满朽、买衣奴哀罗阿奴、木奴比养、朵耳朵奴、勿乌托格罗奴、下郎朵阿弗里有奴、咯奴瓦朵司、撒奴托、哀罗乌、白目皮纳乃、格奴、阿乌衣罗、瓦台、乌耳奴、勿阿子、乌结有、阿里哀之诸州,各选举元老议员三名。

凡其他诸州,各选举议员二名。

拍奴弗奴之附属地,阿奴宰里之三州、马奴启控此苦、果阿朵奴乌普、纳有控勿、法兰西领印度之四藩属地,各选举元老议员一名。

第三条　无论何人,非法兰西人满四十岁以上,且享有其民权及政权者,不得为元老议员。

第四条　各州及藩属地之元老议员,在其各州及藩属地之首地集会,以其完全多数选举之。又有别故时,须以连名投票选举之。但其选举会,由左之各成员组成。

第一、代议士。

第二、州会议员。

第三、郡会议员。

第四、于各邑会,自本邑选举人中每一名所选代理者。

于法兰西领印度,则以藩属地会议员,及地方会议员,换州会议员、郡会议员,及邑会之代理者。

右之议员等,于各居留地之首地,可为投票。

第五条　由国会所选举之元老议员,依投票完全之多数,以连名投票选举之。

第六条　各州及藩属地之元老议员,九年间选举之。每三年选举二分之一,使递换之。

当第一回会议之初,须分各州包含各同数元老议员若干名,为三部。

然当第一第二之三年期之终,须以抽签之方法,指定应更新之各部。

第七条　由国会选举之元老议员，终身任其职。

若死亡、退职，又依其他之原因而缺员时，元老院于二月以内，须为其后职者选任之设备。

第八条　元老院同于代议士院，有起草法律及作为之权。然财务上之法律，第一呈送于代议院，不可不于同院议定之。

第九条　元老院因审判共和国大统领或宰相，及审理害国家安宁之恶业，可特设立一法院。

第十条　自所定国会离散时期之一月前，须行元老院之选举。元老院可于其国会离散之同日，始行职务及定其设立。

第十一条　此法律非确然议定对于公权力之法律之后，不得宣令。

对于公权力之关系之千八百七十五年
七月十六日之宪法

第一条　元老院及代议士院，须于每年一月之第二火曜日集会。但由共和国大统领，于右时间之前招集者，不在此限。

两院每年至少亦不可不为五月间之会合。两院之会议，同时开始，同时闭会。开院后之第一日曜日，就集会之事件，为祷上帝之佑助，可公同礼拜于寺院。

第二条　共和国大统领，可宣告闭会。又大统领有临时招集两院之权。若于休会中，由各院议员完全多数，请求招集时，大统领不得不招集两院。

大统领可使两院延会，然其延会不得过一月间，且于同一会议，不得延二回以上。

第三条　共和国大统领，自法律上为满期时，至少亦须于一月前，选举新大统领。不可不合两院而为国会。若不为招集时，则于满期之十五日前，两院得自由合并。

若共和国大统领死去或退职之时，两院直须自由集会。

若依千八百七十五年二月十五日法律第五条之适用，共和国大统领缺位，适值代议士院被解散之时，直须招集选举会而元老院亦可自由集会。

第四条　凡于两院中之一院通例会议时间外为集会者，是为不法，当然无效。但于前条所记之时，与以元老院为法院而集会之时，不在此限。然元老院非以司法上之职务，不得行之。

第五条　元老院及代议士院之会席，可许众庶来听。

然各院依于以规则定其数之议员若干名请求，可为秘密委员局。

然其后各院，以完全多数对于同一之事项，决定可否，更许众庶来听于其会席。

第六条　大统领可以通告书通报两院，但其通告书，须以一宰相升演说坛朗诵之。

宰相有临席于两院之权，不得不依请求而听其陈述。宰相为辩论特定之法律草案，得受大统领告令书所指定委员之补助。

第七条　大统领接到确然被采用之法律，当于一月内宣令其法律。又依两院特别议定，公言须至急宣令之法律，大统领不得不于三月内宣令之。

于所定宣令期限内，大统领得附理由，以通报书求两院再议。但再议之件，不得拒止之。

第八条　共和国大统领，得商议外国条约及批准之。限于不害国之利益及安宁者，大统领可速通知其条约于两院。

和亲、通商及有关系于国之财务，并关于在外国法兰西人身份与其财产所有权之条约，非两院议定之后，不为确定。凡领地之让与、交换、并合，非依一个法律，不得为之。

第九条　大统领非预得两院之认诺，不得公告交战。

第十条　各院于其议员得受选举否，及其选举适于法规否，可自裁定。又闻报其议员退职之权利，仅属于各院。

第十一条　各院之事务局员，每年于其会议继续时间，或翌年通常会之前，凡有可开临时会之事，须选之。

若两院相合而为国会时，以元老院议长、副议长及书记组成其事务局。

第十二条　大统领者，非由代议士院，不得诉其罪。又非于元老院，不得裁制之。

宰相者，于其职务之施行而干重罪，可得由代议士院诉其罪。

于此时，元老院可裁判其宰相。

有害国家安宁之恶业罪犯，依于宰相会议所发大统领之告令书，以元老院设立法院,使裁判也。

若于通常裁判所既为预审时,而后有移交案件时,可发元老院召集告令书。

关于诉其罪,并其预审及为裁判之处分,须以一定之法律定之。

第十三条　两院之议员,关于其职务施行发言之论说,又意见,无可被诉,或被讯问之事。

第十四条　两院之议员,于其会议继续时间,非有其所属院之认可,无论重罪或轻罪,不得控诉之,及逮捕之。但现行犯罪之时,不在此限。

两院议员之拘留及其犯罪之起诉,依该院请求,总须于会议继续时间停止之。

关于元老院员之选举之千七百七十五年 八月二日之基础制定之法律

第一条　至少亦于六星期前,以大统领发告令书,定应选举元老议员之日,与应选邑会代理者之日。选定邑会代理者之月,与选举元老议员之日之间,至少亦不得不存一个月之距离。

第二条　可由各邑会选定代理者一名。其选定用无辩论秘密投票之法,以投票完全之多数者充之。若行二次投票之后,以对比多数当选者充之。若投票之多数相等时,须以最年长者为当选。若邑长非议会议员时,虽可为邑会之上席,然无投票之权。

若当选之代理人不受职,或有特别事故,不能就职时,可于同日,以同一之方法,选定代理者补员一名。

邑会之选定,对于代议士又州会议员,又郡会议员不得为之。

其选定对于包含邑会议员之本邑各选举人,可得为之。但于各选举人之间,不可分等次。

第三条　于所设置邑委员之各邑,须以旧邑会选任代理者及其补员。

第四条　若代理者不在选举场之时,邑长当于二十四时以内,通知其选举之旨于代理者。

代理者于五日内,不得不通报其受诺之旨于州长。

若不受诺,及不通报受诺之旨时,可使补员代其职。然于此时,以其补员为本邑之代理人,须记载于姓名表。

第五条 代理人及补员选任之调书,可直送附于州长。但其调书,须记代理人及补员是否受诺,与夫由邑会议员中一名又数名所申告其选定不法之旨之论辩。

右调书须贴附于邑厅之入口。

第六条 州长于八日内,须作成代理者及补员选定简明表,而依各个请求之人,可令观之。又可写取此表,用公文宣布于众。

凡选举人,皆可至州厅事务局,观本州各邑邑会议员姓名表而写取之。又可至郡厅事务局,观郡各邑邑会议员姓名表而写取之。

第七条 邑之各选举人,可于三日期限内,将选定不法之旨,作论辩书,直接呈出于州长。

若于州长认定该所为为不法时,有求其取消之权利。

第八条 关于代理者及补员选举之论争,须以州厅会议裁定之。又于藩属地,须以枢密会议裁定之。但其裁定,仍许上诉于参议院。

被选定之代理人,于法律上必要条件中有不具,及因法式之不当,可取消其选举时,须以补员代其职。

若代理人及补员取消其选定,或不承诺其选定,或一旦承诺后而死亡时,则以州长命令书定期限,再行选举于邑会。

第九条 自选举元老会议员之日起,至迟亦须于八日前,在法兰西本国则州长,在藩属地则内部管理官,以阿白塞之顺序,作本州选举人之姓名表。其姓名表依各个人之请求,可令观之,又可写取之之而公布于众。

无论如何选举,不得有一个以上之投票权。

第十条 虽由投票算定委员,既为公告,而未受调查之代议士、州会议员、郡会议员,亦得被记入于选举人姓名表中,而参加于投票。

第十一条 于罗奴宰里三州中之各州,须由左之各员,组成选举会。

第一、代议士。

第二、州会议员中之为法兰西国士者。

第三、于各邑会议员中之法兰西国士,由本邑法兰西国士选举人中所选之代理者。

第十二条　选举会在于本州又藩属地之首地者,可以民事裁判所长为其上席。

其上席人,须受在于会席开始时之最年长选举人与最年少选举人各二名之辅佐。

如斯组成之事务局,须自选举人中选任书记一名。

若该裁判所长有事故时,以副长代之。若无副长时,以资深之裁判官代之。

第十三条　于事务局以阿拍塞之顺序,选举人,至少亦须包含选举人百名,分投票区。

又于事务局,须选任各区分之上席人及投票调查役。

凡因选举时所生之纷争及争论,须于该事务局裁定之。

然在该局,不得违反此次法律第八条之规定。

第十四条　第一回投票,朝八时起,正午止。

第二回投票,午后二时起,四时止。

又第三回投票,晚六时起,八时止。

投票之结果,在事务局算定之。须于其同日,由选举会之上席人公告之。

第十五条　不论何人,于其初、二回投票中,非并具左之二件,不得被选为元老议员。

第一、为现投票完全之多数。

第二、当于选举人四分之一之投票数。

于第三回之投票,以得对比之多数者充之。若投票之数相等时,须以最年长者为当选者。

第十六条　选举元老议员之选举集会,须依千八百六十八年六月六日法律所记之成规为之。但所记于左者,不在此限。

第一、自代理者选任之日,至于投票之日,可为右之集会。

第二、开右之集会之先,至迟亦须于其前日,由本部元老议员选举人七名,呈出届书。但其届书须指示集会场所、日时,及当出席之候补者之姓名、职业、住所。

第三、无论何人,凡非代议士州会议员、郡会议员、代理者及候补者,邑官可监视之,不令人会。

代理者须依本邑邑长之保证书,证明自己之分限。又候补者,收受记于前项之届书,须依官吏之保证书,证明自己之分限。

第十七条　参加每回投票之代理者,呈出选举会上席人捡署之招集状,依于其求,须自国之资材中,收受若干之旅费赔偿。但其旅费赔偿,依千八百十一年六月十八日告令书第三十五条及九十条以下,所附与于陪审员之旅费赔偿数目,从同一之基本,及以同一之方法给与之。

右之旅费赔偿数目,及给与之之方法,须以行政规则定之。

第十八条　若代理者无正当理由而不参加于每回投票,又无障碍,不于相当期限内通知其由于补员者,依检察官之请求,可由首地民事裁判所处以五十伏郎克之罚金。

又代理人于相当期限内,以书翰电报,或其他报告,既通知于补员,而补员不参加于投票者,亦适用前条同一之刑。

第十九条　凡运动选举人投票,及禁止选举人投票,用刑法第百七十七条以下所记之计策,而将行贿赂与既试者,须处以三月以上二年以下之禁锢,且处以五十伏郎克以上五百伏郎克以下之罚金。又仅处以二刑中之一刑。

刑法第四百六十三条定于本条之刑得适用之者。

第二十条　元老议员之职务,不得兼列记于左之职务。

参议院议员、参议院报告员、州长、郡长。

但塞衣奴之州长及警察总长,不在此限。

控诉裁判所及始审裁判所之检事局员。

但巴里控诉裁判所之检事长,不在此限。

各州司库支办官、各郡收税官、各省中央行政局之官吏及吏员。

第二十一条　列记于左之各员,在职务时间及退职、罢职、迁调,又依其他方法自罢职务之日起算六月间,无论全部与一部,凡于自己管辖内之各州及藩属地,不得被选举。

第一、控诉裁判所长、该裁判所之各局长及检事局员。

第二、始审裁判所长、副长、预审裁判官及检事局员。

第三、警察总长、州长、郡长、州厅之书记长、藩属地之统治官、内部管理官及书记官。

第四、土木方长及各郡土木方并邑路修缮方长及各郡之邑路修缮方。

第五、大学区长及监督官。

第六、小学校监督官。

第七、大教长、教长及教长之补役。

第八、陆海军各等之士官。

第九、师团监督官及监督次官。

第十、各州司库支办官及各郡收税官。

第十一、直税及间税、记簿税、公领财产及邮便管理官。

第十二、森林保存官及监督官。

第二十二条　被选举于数州之元老议员，自公告其选举为有效之日起，于十日内可自选择为某州元老议员，而呈明于元老院议长。若于右之定期内不选择时，须以抽签之方法，决该问题于公会席中。

有缺员时，可于同一选举会，限一月内补选之。

于选举为无效者之时亦同。

第二十三条　自一州选出之元老议员，若因死亡，又退职，员数减至一半时，须于三月内补其缺员。但自三年更新之前十二月内，有缺员时，不在此限。

在所定三年更新之时期，则不问缺员之数目时日如何，总须补选。

第二十四条　由国会选任元老议员，无论几次，须用连名投票之法，依投票者完全之多数定之。

第二十五条　据千八百七十五年二月二十四日法律第七条，当被选任元老议员补缺员之时，须于元老院以前条方法处理之。

第二十六条　元老院议员与代议士院议员，受同一之偿金。

第二十七条　凡关于左诸件选举法律之成规，可适用于元老议员之选举。

第一、不可受选举及不能受选举之时。

第二、犯罪起诉惩罚。

第三、选举之法式但与此回法律之成规相抵触者不在此限。

一时假借之成规。

第二十八条　对于元老议员之第一回选举，须准国会离散时期所定之法律，以定邑会为选定其代理者会合之时期与元老议员选举之期日。但对于定其期限者，不必遵守定于第一条之期限。

在邑会会合之前，当于国会，着手被委托其选任元老议员之选举。

第二十九条　第二十一条所定在职官吏从其退职之日起六个月内

不得被选之旨，不可适用于此回法律宣令前罢职及其后二十日内罢职之州长及郡长以外之官吏。

关于代议士选举之千八百七十五年十一月 三十日基础制定之法律

第一条　代议士须以记入于左之姓名表者选任之。

第一、据千八百七十四年七月七日之法律所作之姓名表。

第二、载六月以来往于本邑内者之追加姓名表。

记入追加姓名表者，从现今所管理国政上选举姓名表之法律及规则，依千八百七十四年七月七日之法律第一条、第二条、第三条，于所设委员局，照其定式为之。

关于制作右二个之姓名表及查定之事，有求破毁之上告者，可直接申告于大审院之民事局。

终了于千八百七十五年三月三十一日之选举人姓名表，至千八百七十六年三月三十一日 可用之。

第二条　陆海军各等及军人或军属，在队中或哨所及现行其职务时，不得参加于投票。

当选举之时，在自由住居或不在职，又持有适法赐假状之军人及军属，于其以正式记入于姓名表之邑，得为投票。

此成规虽休职待命或在于预备躯员内之士官及军属，亦适用之。

第三条　于选举期之时间，以候补者署名之回文及政事上主义公告书，并选举人一名或数名之署名选举贴附书及广告文，呈出于检事局之后，可不待受其许可而贴附分配之。

对于分配投票，不必履行呈出于检事局之法式。

凡公权又邑权之官吏，禁止分配投票，并候补者政事上主义之公告书及回文。

关于元老议员选举之千八百七十五年八月二日之基础制定法律第十九条之成规，可适用于代议士之选举。

第四条　投票须限定一日间继续者。

其投票须在本邑之首地，然各邑视地方情形与选举人员数，为必要时，可以州长命令书，分若干区分地。

　　第二回投票，从千八百四十九年三月十五日法律第六十五条之成规，公告第一回投票结果之后，于第二日曜日为之。

　　第五条　投票之执行，须从千八百五十二年二月二日之基础制定及规则制定之告令书之成规为之。

　　其投票为秘密者。

　　各个区分地端书姓名表，于上席人及书记既署名八日内，置藏于邑厅书记局。该书记局应各选举人之请求，可令观之。

　　第六条　凡各选举人，年满二十五岁，无财产制限之要件者，皆可为被选举人。

　　第七条　为现役陆军又海军一部之军人，不问其等级职务如何，不得选为代议士院之议员。

　　右之成规，可适用于非职待命及非在职之陆海军人。然在总参谋部躯员第二部中之士官，不可适用。又虽在于敌前司令官第一部中，而现在罢役之士官，亦不可适用。又以获得退隐之权利而待受恩给于其乡里及许住居于其乡里之士官，亦不可适用。

　　该士官许伸畅其退隐权利，既经裁定时，则为确然不可更动之人。

　　记于本条第一项之成规，现役之预备队及地方军，不可适用。

　　第八条　受国之俸给而执行公务者，不可兼代议士之职任。

　　故各官吏被选为代议士者，自其调查权力之八日内，不通报不受代议士职任之旨，可免其公务。

　　各省之辅卿、钦差大臣、全权公使、瑟以奴之州长、警察总长、大审院院长、会计裁判所长、巴里控诉裁判所长、大审院检事长、会计裁判所检事长、巴里控诉裁判所检事长、大教长及教长、置于首地二名以上之牧师、在教会区之耶稣新教教会之牧师长、犹太教之中央教会长、巴里府犹太教会长，为前记成规之例外。

　　第九条　左之各人，亦为第八条成规之例外。

　　第一、因选任，又因缺员，自班中推荐所选任之本官博士。

　　第二、任一时职务之各人。凡六月以上继续职务一时罢免者，可以第八条规定之。

　　第十条　官吏保存其所得退隐恩给之权利者，其代议士职任满期职之后，可再使复其职。

　　文官承诺代议士之职务时既勤务于二十年间者，当右代议士职任满期时证明年五十岁者,特别有伸畅得退隐恩给之权利。

其恩给可从千八百五十三年六月九日法律第十二条第三项规定之。

若官吏为代议士之期满后,再复其官职时,可适用千八百五十三年六月九日法律第三条第二项及二十八条之成规。

别等级与职务为公务,其官吏因受代议士之职任,为抛弃其职务而仅保存等级者。

第十一条　凡代议士任公务而受俸给,与更进于此者,因其承诺之职,即停止其议院〔员〕之职。然所受公务,得兼代议士职任者,可任再选。

代议士被任为各省之卿辅者,不得受再选。

第十二条　列记于左之各员,于行其职务时间及退职、罢职、迁调与凡依其地方法自其职务停止时六个月内,不问全部与一部,于包含在自己管辖内之各部及藩属地,不得被选举。

第一、控诉裁判所长,该裁判所之各局长及检事局员。

第二、始诉裁判所长、副长、预审裁判官及检事局员。

第三、警察总长、州长、郡长、州厅之书记长、藩属地之统治官、内部管理官及书记官。

第四、土木方长及各郡土木方,并邑路修缮方长及各郡之邑路修缮方。

第五、大学区长及监督官。

第六、小学校监督官。

第七、大教长、教长,及教长之补役。

第八、陆海军各等之士官。

第九、师团监督官及监督次官。

第十、各州司库支办官及各郡收税官。

第十一、直税及间税、记簿税、公领财产及邮便管理官。

第十二、森林保存官及监督官。

郡长于其所行职务之本州内之各郡,不得被选举。

第十三条　凡关于就某种问题选举代议士,定某种投言之旨者,其委任为无效。

第十四条　代议士院之各议员,可以各自之投票选举之。各郡选举代议士一名。在人口过十万之各部,其人口十万或缺十万之数者,更须选代议士一名。于此之际,分各郡为数区,而其各区之表,可以法律定之。且非依法律,不得更改之。

第十五条　代议士可四年间选之。

代议士院可更新其全部。

第十六条　因死亡、退职与其他事故而缺员时,自其缺员之日,不可不于三月以内为选举。

于选举之际,须一月以内补其缺员。

第十七条　代议士可受偿金。

其偿金可依千八百四十九年三月十五日之法律第九十六条及九十七条,并千八百七十二年二月十六日法律之成规规定之。

第十八条　无论何人,于第一回投票,非具有左之二件者,不得被举。

第一、现为投票完全之多数。

第二、所得票数,当选举人四分之一。

第二回之投票,以对比之多数为足。若所得票数相等时,可以最年长者为当选者。

第十九条　于亚鲁在里之各州,可选举代议士一名(以千八百八十一年七月二十八日之法律更改)

第二十条　住居于亚鲁在里未成邑地方之选举人,可记入其最近邑之选举人姓名表。

若因选举人之员数不足,混合各邑,使相连合,又因相合住居在不成邑地方之选举人,有要设定选举区分时,可由州长或师团司令将官申告于统治长官,依其命令,定各个选举区之首地。

第二十一条　依关于元老院编制千八百七十五年二月二十四日之法律,附与选举元老议员权利之四藩属地,可各选代议士一名。(以千八百八十一年七月二十八日之法律更改)

第二十二条　犯此回法律第三条第三项之禁止者,须处以十六伏郎克以上三百伏郎克以下之罚金。然轻罪裁判所,得适用刑法第四百六十三条。

千八百七十四年七月七日法律第六条之成规,可适用于国政上选举人姓名表。

千八百七十一年一月二十九日之告令及千八百七十一年四月十日、千八百七十一年五月二日、千八百七十三年二月十八日之法律,废止之。

千八百五十二年二月二日基础制定之告令第十五条第十一项、关于富讲之千八百三十六年五月二十一日之法律所关系之诸件,亦废止之。但在裁判所被宣告其刑者,得适用刑法第四十二条。

现行法律及告令成规,凡与此次法律不抵触者,可如从前适用之。

第二十三条　第十二条成规所定休职后六月以内不得被选之旨,若在此次法律宣令前及宣令后二十日内休职之州长、郡长以外之官吏,不适用之。

关于巴里府行政权及设置两院之千八百七十九年 七月二十二日之法律

第一条　行政权及两院,于巴里府设置之。

第二条　留其桑布乌鲁宫可供元老院之用,布乌鲁崩宫可供代议士院之用。

然现在两院共于巴里府内自由指定其所欲用之宫殿。

第三条　现今元老院及代议士院所用之乌耶鲁瑟由宫殿之各部,须保存其用法。

从关于公权力之编制,千八百七十五年二月二十五日法律第七条及第八条,合两院为国会之时,于乌耶鲁瑟由宫,可置国会于现今代议士院议事堂。

从关于元老院编制之千八百七十五年二月二十四日法律第九条及关于公权力关系之千八百七十五年七月十六日宪法第十二条,于元老院设立一个法院时,由元老院指定其欲设会议席之都府与场所。

第四条　元老院及代议士院,可自此后十一月三日设置于巴里府。

第五条　元老院及代议士院之议长,有监视其上席会议内外安宁之任。

该议长为右之条件,必须人资助者,有请求兵威镇压之权利。

其请求得直接向各士官、司令官或官吏为之。此等各员,不得不应其请求。若不应之时,可处以法律上所定之刑。

元老院或代议士院之议长,以其请求之权利,得委任干事数人或一人。

第六条　凡对各院为请愿者,必须呈出书面。其请愿书以亲身呈出。又禁止呈出之于会议席。

第七条　凡犯前条之成规,又为公演说,以印刷物与分配书面之请愿书、公告书、建言书而讨论或起草,以呈出于两院或一院为目的,在道路挑拨聚会时,不问其挑拨有无效力,须处以千八百四十八年六月七日法律第五条第一项之所定之刑。

第八条　以前记之成规,无变更关于乱群之千八百四十八年六月七日之法律。

第九条　刑法第四百六十三条,可适用于此项法律所定之犯罪。

德意志宪法

一千八百七十一年四月十六日之德意志帝国国宪

代表北德意志联邦之普鲁西王、及巴比哀鲁王、乌衣鲁吞白鲁果王、巴登大公,代表马茵河南部海赤森国之海赤森大公,为防护联邦之领地及遵守应施于其领地内之法,且保全德意志国民之幸福,结永久之盟约。此联邦称为德意志帝国,保持所揭载于左之国宪。

第一篇　联邦之领地

第一条　可列于德意志联邦者为合并朗乌影补鲁果之普鲁西各州及巴比哀鲁、撒苦斯、乌衣鲁吞白鲁果、巴登、海赤森、买苦乃母补鲁果嘉友哀领、撒苦斯乌阿衣马鲁、买苦乃母补鲁果斯塔乃里赤、倭鲁等补鲁果、补罗子乌衣赤苦、撒苦斯马衣领肯、撒苦斯阿鲁吞补鲁果、撒苦斯可补鲁果果、他阿鲁哈鲁塔、喜乌附鲁此补果鲁朵鲁撒他赤塔、喜乌阿鲁赤补鲁果索得鲁斯哈乌省、乌阿鲁等赤苦、罗衣斯哀鲁台乃里你哀、(兄血统)罗衣斯隐凯乃里你哀、(弟血统)喜亚乌母补鲁果里兹白、里赤白、里乌拍赤苦、补乃扪、项补鲁果。（一千八百七十一年六月二十八日隅鲁撒斯、罗乃鲁、二州亦属德意志帝国之领地。）

第二篇　德意志帝国立法之事

第二条　于前条所记之领地内，帝国据揭载于此国宪种种之条规，而行立法权。而帝国法律之效，胜于各国法律之效。凡帝国法律，由帝国布告有甚效。右布告之方式，须于帝国法律新闻纸为之。法律除有特别施行期限者外，则以自柏灵府揭出布告于帝国法律新闻纸之日以后，十四日生其效力。

第三条　德意志全国人民国民之权为均等，故联邦一国之人民，于联邦之他一国，与该国人受同一之处理。关于住居、营业、官职及购土地、得政权之事及其他种种民权与该国人有均等之权利，且受治罪及法律保护之事。亦须于该国人受同一之处理。

凡德意志人，于本属之长官，又联邦各国之长官，无被妨碍右之权利。

救助贫民及关于编入外来者于邑户籍事件之种种规定，循本条第一段所记者，不能变更。

又，关于纳曾被放逐者及治疗患者，埋葬德意志国民之死者，之联邦各国间之条规，假有其效力。

对于本国，须尽陆海军人民之义务，以帝国之立法，定其要件。

对于外国，凡德意志人民，均有受帝国保护之权。

第四条　受帝国及帝国法律之管理之诸件如左：

第一、关于呼拉衣此乌矮果克衣朵（谓自在转移于德意志联邦），及人民之本籍权、住居、政权、路券、外国人取缔之种种规则，又关于未揭载此国宪第三条之营业并保险之事之种种规则。又关于外国之殖民及迁徙之事之种种规则。但于巴比哀鲁为本籍及住居之事，不在此限；

第二、关于输出入税及贸易之立法，又可为帝国费用、赋税之事；

第三、关于度量衡及钱货之立法，又关于发行有息纸币（公债证书）、无息纸币（通用纸币）之规则；

第四、关于银行之规则；

第五、许新发明品专卖之事；

第六、保护精神所有之事(特与版权之谓);

第七、关于一般保护在外国德意志人之贸易、大洋通航、及国旗之方式。又由帝国设立领事制度之事;

第八、于巴比哀鲁载于此国宪第四十六条之外,铁道之事,又国之防御及为一般交通,开凿道路及河沟之事;

第九、贯注联邦数国之河沟浮筏通船之事,又河沟营缮及河沟税之事;

第十、邮便及电信之事,但于巴比哀鲁及乌衣鲁吞拍鲁果之二国,须循此国宪第五十二条所揭载之规则;

第十一、关于互相执行民事裁判宣告之种种规则,又关于要求互相成就之种种规则;

第十二、关于确认公正证书之规则;

第十三、关于契约法、刑法、商法为替证券、治罪法、诉讼法之事之一般立法;

第十四、帝国陆海军之事;

第十五、关于医术及兽医之取缔规则;

第十六、出版及会社之规则。

第五条　帝国之立法权,上院及下院共同行之,两院之过半数决定谐同,是为帝国法律之紧要。

关于海陆军之事及此国宪第三十五条所揭载之租税议案,若上院分数派意见时,由议长投言。为使保现在之设立者,必须决定之。

第三篇　上院之事(联邦议会)

第六条　上院以联邦各国之代议士编制之,而联邦各国应有投言效力之比例如左:

普鲁士(罕罗乌尼奴、苦奴海赤森、火奴司他、纳赤撒乌、弗郎苦弗奴脱等之昔时投言者加入之):

纳赤撒乌:十七票

巴比哀鲁:六票

撒苦斯、乌衣鲁吞白鲁果:各四票

巴登、海赤森:各三票

梅苦郎普休威林、布兰伊苦：各二票

撒苦伊马奴、买苦伦里赤、倭吞布果、撒苦衣格：各一票

撒苦吞奴果、撒苦布果奴、屋哈朕、瓦登苦：各一票

休他赤托、休合乌森、里乌白苦、布纳麦：各一票

罗衣尼托、罗衣鲁台、西亚利拍、哈布奴果：各一票

通计有五十八之投言。（原注一千八百七十一年属于德意志帝国之法兰西国之阿鲁撒斯、罗乃鲁二州合同出代议士一员于上院。）

联邦各国,于上院,从其各国有投言效力之比例,得出代议士于上院,然联邦各国,应有投言之总数,必须合同而出者。

第七条　应于上院决定之诸件,如左：

第一、应于下院起创之议案及于下院既为决定之事；

第二、为施行其帝国法律,非有特别规定者,则必要为行政规则及行政设立之事（为设立政府各部官厅之谓）；

第三、关于施行帝国法律,或前项揭载之规则及设立而为现所不全备之事；

联邦各国具种种意见有提出于上院之权,而议长必须以其事件付于议院公议。

上院决定之法式,除此国宪第五条及第三十七条、第七十八条所揭载之外,通常用过半数之法式。如不出头之投言,或不为投言者,不得算入。投言之数均等时,以议长之投言决定之。

据此国宪条规,决定不干涉通国一般事件时,仅关系于该事件之联邦各国之投言,当算入之。

第八条　于上院,从其议员中当设置常备委员如左：

第一、关于陆军及各所城堡之委员；

第二、关于海军之委员；

第三、关于输出入税及租税之委员；

第四、关于贸易及交际之委员；

第五、关于铁道、邮便、电信之委员；

第六、关于司法之委员；

第七、关于国计之委员。

右之各委员,会长之外,至少亦须用联邦四国之代议士。而所用该委员之各国,只有一票之权。关于陆军及城堡之委员,巴比哀鲁可常保

一员之席。自余之议员，皇帝任命之，可为关于海军委员之议员，亦皇帝任命之。其他凡可为委员之议员，于上院选举之。右一切委员之编制，须于上院各集会每岁更改之，而其既被罢之委员，可得再被选举。

右之外，于上院，自巴比哀鲁、撒苦斯、乌衣鲁吞白鲁果三国出一员代议士。自他之联邦各国，每岁当选举二名代议士，而编制关于外务之委员。对于该委员，巴比哀鲁常有会长之位。

凡关于右委员之职务，应设置必要之官吏。

第九条　上院各议员，有参入于下院之权，而有所请求，将表已政府之意见时，下院必须听其意见。于此情形，虽上院过半数不承诺其意见时，亦为同一者。凡议员，不得同时兼上院、下院之议员。

第十条　授普通之交际保护于上院议员者，为皇帝之义务。（交际保护云者，为议员者自其本国往首府或首府归本国得于途中自由往来之谓）

第四篇　普乃喜已友母之事

第十一条　联邦普乃喜已友母（盟主之称）之权，以德意志皇帝之名义，在于普鲁西王。关于国际法之事，皇帝为帝国总代表，以帝国之名义，与外国宣战、决和、同盟及结其他条约、派出国使及就外国之使节。

以帝国之名义宣战，则除由外国侵袭联邦领地及其海岸之时机之外，必得上院承认。外国之条约适合此国宪第四条所揭载帝国立法之事件者，其所结条约，必得上院承认。又其条约有效，必得下院承认。

第十二条　皇帝有征集上院及下院，或开之、延之、闭之之权。

第十三条　上院及下院之征集，每岁必须为之，然不征集下院，而预为准备种种事务，得征集上院。虽然，不得不征集上院，而征集下院。

第十四条　上院议员，大略有三分之一请求集会者，必须征集上院。

第十五条　于上院管理议长之职务及其事务，在皇帝所命之纳衣苦斯康赤乃鲁（大宰相），纳衣苦斯康赤乃鲁得以委任状使上院之他议员为代理。

第十六条　紧要之议案，由上院决定。以皇帝之名义，下付于下院。而在下院，则以上院议员，或上院所特任之委员，处理其议案。

第十七条　分付帝国法律,及布告之,又监督其施行之权,在于皇帝,凡皇帝之命令及规则,以帝国之名义布告。而欲有其效力,必要纳衣苦斯康赤乃鲁之花押。纳衣苦斯康赤乃鲁于此负其责任。

第十八条　皇帝任命帝国官吏,使宣为帝国之官吏誓词,于紧要之时机,有免黜之之权。

联邦各国官吏被命为帝国官吏时,在帝国法律。关于右事件,非有特别之规者,虽在帝国,亦保持其由本国所受官职而生之一切权力。

第十九条　联邦各国,据此国宪,有不尽关于联邦之一切义务者,各国得以哀苦色苦喜拥之方法(以兵力强之之谓)强之。比哀苦色苦喜拥,决定于上院皇帝执行之。

第五篇　下院之事(帝国议会)

第二十条　下院由秘密投票,以全国直接选举为制度。

于一千八百六十九年五月三十一日《选举法》第五条所揭载,未实施改正之间。巴比哀鲁,派出四十八名。乌衣鲁吞白鲁果,派出十七名。巴登,派出十四名。在马茵河以南之海赤森,派出六名。故下院议员之全员,为三百八十二名。(第一条原注所记由鲁撒斯、罗乃鲁二州派出十五名议员,故现令议员之全员为三百九十七名,但以自北德意志联邦所出二百九十七名合算之。)

第二十一条　官吏为参入于下院不得认准之。

下院之议员,若被命为帝国或联邦各国有俸给之职务,又被命为贵于前任之官位,或有多俸给之职务时,则失其席位及投票之权,而更由新选举得复为议员。

第二十二条　于下院应一切处理之事为公行,下院之集会,关于种种事务真正之记事,不任其责。

第二十三条　下院对于关系帝国之事件,有起草新法之权,又有以提出于下院之愿书,送呈于上院纳衣苦斯康赤乃鲁之权。

第二十四条　下院之立法时期为三年。(议员之任期)

此三年时间中,欲为解散,必要上院决定及皇帝许可。

第二十五条　解散下院之时,自解散日起,六十日内,征集选举人,更九十日内,复征集下院。

第二十六条　不得下院之承诺,而为延会,其时间不可过三十日;且其延会,不得于一周会间再为之。

第二十七条　下院审纠为议员者有权利与否而决定之,依于一规则。(爱喜有虎此倭鲁朵陇之谓)

决定事务之规程及取缔之事,选举议长一名,副议长数名及书记官数名。

第二十八条　下院以全员过半数决定事务,欲为有效之决定,必要此建国法所定全员过半数出头。据此国宪,决定无干涉帝国全体事件者,仅由关系于该事件之联邦各国派出之议员,得为其投票。

第二十九条　下院之议员,为全国民之总代表,不得以嘱托及命令强之。

第三十条　无论下院何议员,不得因其投票职务及论说,被告诉于裁判所。又无论以如何方法,不有集会以外之责任。

第三十一条　下院之议员,非现行罪犯,又非拿捕于二十四时间,则不得下院之承认。不得因集会时间犯应罚之事,被提唤于裁判所及拿捕之。

虽为要偿拿捕议员,亦必要得下院之承诺。

关于下院议员之治罪及审判禁锢及关于民事之禁锢,因下院请求,得于其集会间停止之。

第三十二条　下院之议员,不得因为议员而受官俸及偿额。

第六篇　输出入税及贸易之事

第三十三条　德意志国,关于输出入税及贸易之事,以一疆界区画为领地。然固地理隔在领分,不可列于右之输出入税之疆界内者除之。

联邦国可自由用之诸物,得不纳输出入税,而输入于联邦之他国。然与输入之诸物,在该国有与此同种而课国内税者,亦得同一收税。

第三十四条　联邦之市街(捕乃扪及汉堡鲁果)并属于此之傍近领地,由右之二所,至请求欲加于租税会者,在于前条所揭载全国输出入税之疆界外,可视为自由港。

第三十五条　凡输出入税及于联邦领地内,制造之食盐、烟草、火酒、麦酒、甜菜糖,又由他国内产物制造之砂糖及糖蜜之课税,并收入于联邦各国之国内税,互相保护,使无秘卖。又为守德意志全国输出入税之疆界、紧要之处分,皆以帝国之立法定之。于巴比哀鲁及乌衣鲁吞白鲁果及巴登三国国内之火酒税及麦酒税,以其各国之立法定之。然联邦各国对于右之诸物,要施行同一之收税法。

第三十六条　收输出入税及国内税或管理之之事,于联邦各国领地内,昔时为此事之国,将来亦得行之。

皇帝受关于输出入税及租税上院委员(参看第八条第三项)之评议,由联邦各国税关官吏等,及租税监督官之帝国官吏等,总监输出入税及租税之事。关于不充分施行帝国共同(参看第三十五条)法律,为右之帝国官吏等告诉者,可于上院论决之。

第三十七条　为施行帝国共同法律,(参看第三十五条)决定紧要行政规则及设立之事,为使保现在之规则或设立者,必由议长投票为之决定。

第三十八条　凡关于税关及帝国立法揭载于此国宪第三十五条租税之收额,须纳于帝国国库。

关于因税关及其他租税所生之收额,可除去者如左:

第一、循于法律及依于一般行政规则,可偿还之租税及可轻减之租税;

第二、已过课收时应返还之租税;

第三、关于课收租税及管理租税之费额,于此第三项中可区别者如左:

一、就输出入税,对于外国,在国境及其近傍地方,保护输出入税之事,又为课收输出入税必要之费额;

二、监税于制盐所课收之,又因管理此税务官吏等之俸给所生之费额;

三、关于甜菜糖及烟草税,依上院决定,为管理其税可支偿可免除之偿额;

四、关于其余租税,除去总收额之十五分。

在第三十三条所揭载输出入税之疆界外,隔在种种之领土者,每岁须以相应于其国所定之金额,纳于帝国国库。

巴比哀鲁、乌衣鲁吞白鲁果及巴登三国关于火酒及麦酒税,不必负担应纳于帝国国库之金额。及由隔在领土应纳相应于其国所定之金额。

第三十九条　关于三月间既课收之输出入税及据此国宪第三十八

条须纳于国库之国内税,各国关税上等官吏,每三月须制摘要书。又于岁末决算一岁统计时应税之决算书,各国监督官预调查之,而编制其一览表,登记一切税额,以付送于上院国计委员。

上院国计委员,据此一览表,每三月,假定由各国仓库应纳于帝国国库之金额,以之报告于上院及各国,而以每岁金额总数决定书,附以己之意见书,提出于上院,由上院议决之。

第四十条　关于此国宪种种规定未被改正之部分,或揭载于此国宪第七条及七十八条之方式未被改正者,于一千八百六十七年八月八日租税会条约所揭载之种种之规定,有其效力。

第七篇　铁道之事

第四十一条　为保护德意志帝国,又为一般交通必要之铁道,通过其领土之各国,虽得拒之,然非害其各国之主权者,则得依帝国法律之效力,或以帝国之入费,或与免许于请负人而造筑之。关于右之铁道,得依法律之效力,附与以哀苦斯普罗补里哀喜拥之权(谓将造筑铁道于民地之时当使评价人积地价与赔偿于地主而造筑之之权)。

现立之铁道会社,不得拒新筑铁道接续于铁道,然其接续费额,总须自新筑者支偿之。

拒绝关于新筑并行铁道,或其他竞争线之权,所与于从前铁道会社者,此法律规定,帝国概废之。然既得之权,尚可依旧,且于将来铁道会社之免许,亦不得有如此拒绝之权。

第四十二条　联邦各国政府,为共同往来,得使为同形网罗状而立管理德意志铁道之约束。故于联邦各国新筑之铁道,须据同一之定式造之,及备其器械。

第四十三条　据前条于力所能之迅速,要使用同一普通方略及器械,施行同一取缔规则。德意志帝国对于德意志全国之铁道修缮,使防护人民危险,或全备其方略及器械类构造之事,有监督一切铁道之权。

第四十四条　德意志各铁道会社,为通行联邦各国之来往及其会社为制互相整齐之时刻表,设备有充分速力之乘客列车,并为输送货物紧要之载货列车。且各铁道会社,为输送乘客及货物,须备直走之列车,而又得相当之赁银,可整备自一铁道输送于他铁道之方略。

第四十五条　帝国关于铁道之赁银表,有监督之权。依此监督权,须政府管理之事为左二件。

第一、于力所能迅速之铁道,得用同一之规则;

第二、赁银表要尽力所能均一,而且为低价,于石炭及半烧石炭及薪木、矿物、石材、食盐、铁材、粪料等物,用适宜于农作及制造必需之赁银表。总之当用阿隐普你果他里普之事。(谓每铁道一里目方百斤一普你果之赁银,一普你果凡当日本二厘)

第四十六条　当急变饥岁之际,各铁道会社,于谷物、粉类、豆类及马铃薯等依上院管辖委员之发议(参看第八条第五项)。得由皇帝定相当特别低价赁银表。然其赁银表,不可较此国宪第四十五条第二项所记载之赁银表更为低下。

右之规定,并自第四十二条至第四十五条所揭载之规则,于巴比哀鲁不得用之。

然对于巴比哀鲁,为保护德意志国,由议院决定,得用关于筑铁道及备其要具之同一规定,而命令之权,则在帝国。

第四十七条　为保护德意志国,使用德意志全国铁道之事因帝国政府之求,各铁道会社应不得拒绝。兵队及军用品,得适宜之赁银而须输送之。

第八篇　邮便及电信之事

第四十八条　凡邮便、电信为德意志帝国中诸国交涉,须为同形之设立,而整顿之及管理之。

第四条所记载关于邮电事之帝国立法,对于北德意志联邦邮便局及电信局施行之规则,及右之行政规定不可用之。

第四十九条　邮便局及电信局之收额,是为帝国共同者,关于其局之经费,由帝国共同之入额支给之,余金须纳于帝国大藏省。

第五十条　帝国有指挥邮便局及电信局最上之权,由皇帝所命之官吏等,于邮便局与电信局管理及施行之方法,又于该局官吏等之适任,均使全国中为同形,为其人等之义务及权利。

皇帝有设该规则及行政规定之权,又有专整理与外国邮便局与电信局交通之权。

邮便局及电信局之官吏,必须遵皇帝之命,此义务在于该官吏等之宣誓中。

邮便及电信各局上等之官吏等(原注谓头取及评议官及一等检察官)及各邦从邮便局及电信局所任之监督官(原注谓总监督及监督官)。帝国全部,皆皇帝任命之。此官吏等须对于皇帝,宣关于职务之誓词,为使得联盟各邦政府之承认,或为其布告,可命此官吏等,速通知于其关系之国之政府。

邮便局及电信局所在之各官吏等,并管理邮便及电信种种事务之官吏等,须自其关系之联盟各邦任命之。

于无独立邮便局及电信局之联盟各邦,其邮便及电信之一切事件,须循现所成立之种种条规。

第五十一条　从第四十九条邮便余金,须纳于帝国大藏省,联盟各邦,从前所得之余金,大有差违。故为得相当平均,须用记载于此下时间中之方法如左:

联盟各邦,自千八百六十一年,至千八百六十五年,由五年间所得邮便余金,计算一年间平均之金额。由其平均之金额,定各邦应纳之比例,联盟各邦,共同应纳于帝国大藏省。

联盟各邦,自帝国邮便局成立时起,八年间,从如左所定之比例,其各邦应纳于帝国大藏省之金额,须以各邦纳于帝国大藏省比例金计算。至八年时间终了后,不用右之方法,而邮便之一切余金,从记载于第四十九条之规定,直纳于帝国大藏省。

右所记载之八年时间中,自黑色、斯脱、赤脱三所邮便局而生之余金、比例金之半数,每岁须预纳于皇帝。而皇帝得以之于该地设立合于德意志帝国规则之邮便局。

第五十二条　自第四十八条至第五十一条所记种种规定,于巴比哀鲁及乌衣鲁吞白鲁果不可用之。其可代用于右二国之规则如左:

邮便局及电信局种种之特权,又因邮便、电信与国民关系所生种种权利之事,又巴比哀鲁及乌衣鲁吞白鲁果国内交际邮便及电信赁银之规则之外,赁银及无赁银之事,凡此法律之事,仅属于帝国。

如系与巴比哀鲁及乌衣鲁吞白鲁果联盟各联邦之交际,则关于与外国及邮便及电信之交际之规则,亦须属于帝国。与非巴比哀鲁及乌衣鲁吞白鲁果联盟各邦之邻国之交际之事,当循如昔时千八百六十七年十一月二十三日之《邮便条约》第四十九条。

自联盟各邦,应纳于帝国大藏省之邮便及电信余金,巴比哀鲁及乌衣鲁吞白鲁果二国不关系之。

第九篇　海军及航海之事

第五十三条　帝国海军属于皇帝指挥,为统一之海军,皇帝为海军之构制,任命海军之文官及武官。海军之官吏等及兵卒,对于皇帝,须宣誓词。

肯鲁及亚登二港,为帝国之战港。

关于设立海军及保持海军,又其他海军种种设立之费额,须自帝国国库支给之。

帝国之水夫等,并关于船之机关之人,又造船场一切职工,有从事于帝国海军之义务,而无从事于陆军之义务。

每岁应征募海军人员之比例,为视现住于联邦各国之水夫等之多寡,从右之比例。各国所备海军之人员,须除去可备陆军之人员。

第五十四条　联邦各国之商船,为统一之商船队。

帝国宜量商船吨数,定方式,出吨数证书,又定商船其他书类之事,又帝国须定关于商船将来免除之规则。

联邦各国之港及天然河沟及人造河沟,联邦各国商船均可为通航,又均可处理。为航海之设立(谓灯台及浮标),各港对于海船及其荷物之收税,不可超过为保其设立及修理此等必要之费额。

凡得课与天然河沟之租税,仅为助航行设立得课之者,右之收税,并航行联盟各邦所属人造河沟应课之租税,不可超过为航海设立普通修理必要之费额。于筏则须仅于可航行之河沟,循右之规则。

对于外国之船及其荷物,联盟各邦之船及其荷物,而课与所征集相违之租税,或较多之租税者,非为联盟各邦之事,而仅为帝国之事。

第五十五条　海军及商船之国旗为黑白赤色。

第十篇　领事之事

第五十六条　德意志帝国共同之领事,须属于皇帝监督。皇帝关于贸易及交际,由上院委员决议,(参看第八条第四项)有任命一切领事之权。

于德意志帝国领事之管辖内,其后联盟各邦,不可设领事。德意志帝国一切之领事,于其管辖内,须为不设领事之联盟各邦,尽其各邦领事一切之职务。凡现所成立联盟各邦之领事,从上院之盼望,为不生联盟各邦之损害,须自德意志帝国一切领事组织完备之日废之。

第十一篇　帝国陆军省之事

第五十七条　凡德意志人,有入于兵籍之义务,然不得以代理人行其义务。(关系于第五十三条所记载之海军之人不在此限)

第五十八条　关于帝国陆军省之经费及租税,对于联盟各邦或人民等级,无轻重之样。宜同一课于联盟各邦与其人民,于不害公共安宁,而不能课同一右之租税时,补其租税不足之事,须以议院之决议,公平定之。

第五十九条　凡健康之德意志人,凡七年间,自满二十岁,至二十八岁,须属于常备队。七年之间,其前三年间,在于军队;后四年间,属于豫备队。而其后五年间,须属于朗朵乌哀鲁(民兵)。自昔时用十二年以上之时间之各邦,为不生混乱于帝国陆军,须渐次缩短其时间于十二年。

属于预备队人移住于他之事,须循属于民兵者之移住规定。

第六十条　至本年十二月三十一日,平时德意志陆军兵额,须以千八百六十七年德意志全国人口百分之一之比例定之。故联盟各邦,须以其比例置备兵卒于德意志帝国陆军省。本年十二月三十一日后,陆军平时兵额,须以议院决议定之。

第六十一条　布告此国宪之后,普鲁西一切军律,直得施行于德意志国中。(普鲁西一切军律云者,谓旧法律,即惟使施行其法律,或释明其法律之意味。又为增补其法律之不备,所示种种之规则命令及布达等,就中关于千八百四十五年四月三日之陆军刑法及陆军治罪法,千八百四十三年七月二十日之哀伦楷里克台之规则〔对于陆海军士官军律不可问之名誉之事为此裁判设置之裁判所〕。又关于无论战争与安宁召募新兵之事,又兵役时间之事,又养兵卒之事,又兵卒阵营之事,又偿农民田地损害之事,又战争预备之事,种种之规则也。)然关涉于普鲁西国陆军教法之事件,须自此规则取除之。

循右之规则,而德意志帝国陆军成就编制之后,以帝国详明军律草案为请求上院及下院之决定,须进呈于其两院。

第六十二条　就关于德意志帝国一般陆军及其陆军种种之建造物,一切经费依第六十条平时兵额。陆军人员一人以二百五十达纳鲁之比例。(一达纳鲁当中国七角)须由各国人民,迄至本年十二月三十一日纳于皇帝。(参看第十二篇)

于本年十二月三十一日之后,联盟各邦以右金额之比例。如前年,每年须纳于帝国大藏省,算计其金额而定之事。至帝国议院决定未更改者,得依第六十条,假定之陆军人员定之。

为德意志帝国一般陆军及种种建造物费用右金额之事,须从预算表之决定。

决定陆军预算表之事以此国宪所定陆军编制之方法,得决定其预算表。(参看第五十八条至第六十三条)

第六十三条　德意志帝国一般陆军者,不问战争与安宁时间,须属于皇帝指挥,为统一之陆军。

各军队须揭示各番号,凡兵卒衣服色及其裁缝方法等,须与普鲁西陆军现用之服式为同一。联盟各邦之国君,得有定其各邦兵卒所用帽印及神印等之权。

完整德意志陆军总队之人员及军备之事,军队编制与具备士官及武器之事,练兵之事,监视士官等学力适任之事。且注意此等者,为皇帝之义务与权利。故皇帝无论何时,得检阅自联盟各邦所召募军队之情状。而其检阅之时,认为不备者,有命其整理之权。

皇帝得定自联盟各邦应召募军队之人员编制及其区分,而编制预备队及置守备兵于联邦领地内。又有命帝国陆军总军队准备战争之权。

帝国陆军一般管辖之事、养其兵卒之事及具备武器之事,因必要为同一,得以其后普鲁西布告于军队之一切规则书。由关于第八条第一项所记载之陆军及各所城堡之事之委员,送致于联盟各邦军队之各将官。而联盟各邦之军队,须遵守之。

第六十四条　总军队必须遵守皇帝之命令,而须遵守此命令之义务,应于军队誓词中宣明之。

司自联盟各邦之一国召募军队之士官,又司自联盟各邦之数国召募军队之士官,又司诸城堡事之指挥官,皇帝得任命之。皇帝所任命之各士官,对于皇帝须为誓词,为联邦各邦召募之军队中将官者,关于暂命代理,则必要得皇帝之承诺。

于普鲁西之军队,或联盟各邦之军队,可以皇帝之命令诸士官时,则不问其进其官位与否,皇帝均得有自帝国陆军各队之士官中选之之权。

第六十五条　皇帝得有筑造城寨于联盟各邦领地内之权,若陆军定额金不足时,皇帝从十二篇规定,得有为筑造右城寨求必要金额之权。

第六十六条　自昔时无特别条约变更之规定时,又除六十四条之外,联盟各邦国君,或哈海斯他托元老院,得有任命从自己之国所召募军队之士官之权。联盟各邦国君,为所属于其国之军队之总将官,又得受关系于其职务种种之名誉。联盟各邦国君,得有监督其军队之权,而除通例之陈述书及达书外,于自己之国,有关于军队升级及新任时,须自陆军省速通知于其国君,又自其国君通知于其军队。

又联盟各邦之国君,为国之取缔,非仅使役自己之军队而已,即屯备于自国内之帝国陆军他军队,亦得有呼出而使役之之权。

第六十七条　无论何时,关于豫算表所定陆军之资金,其费用有残余时,不属于联盟各邦之政府,必须为帝国大藏省之贮金。

第六十八条　有害联盟各邦之安宁时,皇帝无论于联盟各邦领地何部分,亦得定苦里果斯赤斯搭朵(战争时武官先文官立事诸般之事务),而有布告之之权。

如右规定,其布告苦里果斯赤斯搭朵形势之方法及其所定效验三件,未设帝国法律时间。一切之事,须循千八百五十一年六月四日普鲁西法律之诸件。

第十二篇　追加

记载于此十一篇种种之规则,于巴比哀鲁,须依千八百七十年十一月二十三日《同盟条约》第三篇第五条之规定而施行之;于乌衣鲁吞补鲁果,得循关于千八百七十年十一月二十一日《陆军条约》之规定而施行之。

第十三篇　帝国大藏省之事

第六十九条　帝国之岁出入,每年须估计之而记载于豫算表。此豫算表于费用其岁入之年之前年,须循此下所记载之规则,必以议院之议决定。

第七十条 以前年所剩余输入税、国内税及邮便局、电信局之诸入额等,为偿帝国之经费。若右金额有不足,而帝国又无租税收入之时,联盟各邦须因其人口之比例,纳其不足分。纳衣苦斯康赤乃鲁(大宰相)须每年布告豫算表之不足及联盟各邦应纳之部分。

第七十一条 帝国之诸经费,通例须定于一年间,然于特别之际,得定比一年长之时间。

用第六十条所记载假规则期限内之陆军经费,须进呈明细豫算表于下院。

第七十二条 关于费用帝国之诸入额,纳衣苦斯康赤乃鲁为解其责任,须每年呈出明细豫算表于上院及下院。

第七十三条 于有非常经费之时,得以两院决定而借金额,又以帝国之名义保证其借金。

第十四篇 追加

关于巴比哀鲁军队经费,须用第六十九条及第七十一条之规则,依第十一篇追加所记载千八百七十年十一月二十三日《同盟条约》之规定。又用第七十二条之规则,为巴比哀鲁军队出必要金额之事。谨应陈述于上院及下院。

第七十四条 对于帝国之成立保全安宁及国宪诸般之未遂罪,又以言语、文章、出版、绘图等侵上院及下院之罪,又两院议员及帝国上等下等官吏等,关于其职务而犯举于上之罪者,于联盟各邦裁判及罚之之时,其裁判之及罚之之方法,对于其两院议员,与上等下等官吏所侵之罪,须照准联盟各邦及其各邦所定国宪,而依同样之法律。

第七十五条 对于第七十四条所记载德意志帝国种之未遂罪,与于联盟各邦之未遂罪,为同样否,照准其各邦之法律,而其罪适于大逆又谋反者,则在于里有白苦三所之汉宰斯他脱最上等裁判所即可得裁判之。关于右之最上等裁判所,其裁判权与治罪权之种种权限,得以帝国法之律所定方法决定之。若帝国法律未设时,则联盟各邦裁判所之裁判权及治罪之事,可依从前所用规则。

第七十六条　联盟各邦数国之争论,无关于私法者,以通常裁判所不能裁判之故。关于其争论之一方之国之诉讼,得以上院判决之。

联盟各国,未设判决关于国宪争论之官吏,而有其争论时,就关于此之一方诉讼,当诉向上院时,其上院可亲劝解之,或不能劝解之时,得以上院之决定判决之。

第七十七条　于联盟各邦之一国,有不肯为裁判之事,而以通常法律方法不能劝解之时,对于右事,依其各邦之国宪及法律而应判决为真正之诉讼时,则上院得受之而使不肯为裁判之各邦政府裁判其事。

第十五篇　一般之规则

第七十八条　以立法通常之方法,得为此国宪改正之事,然上院有十四票反对时,则不得为改正。

关于由联盟各邦之一国,与帝国关系所生之权利,帝国国宪种种规则,不得其各邦之承认,不得改正。

普鲁斯宪法

千八百五十年一月三十一日制定

享有天祐之普鲁斯王及享有此位职位之朕威廉,制曰:"朕于一千八百四十八年十二月五日,据立法之成规,发布普鲁斯国宪法,有交付议院修正之约。今既得有王国议会两院之认识,即如约交付议院修正,得有两议院之协赞者也。故制定于此。朕即以此宪法为国家之根本法,公布如左。"

第一章　版图

第一条　普鲁斯国,以现令属于王国范围内之土地组成之。

第二条　普鲁斯国之疆界,非依法律,不得变更之。

第二章　臣民权利义务

第三条　普鲁斯臣民之资格及国民权之得丧，并施行之要件，据宪法及法律之所定。

第四条　凡为普鲁斯臣民者，在法律上为平等，无种族之特权。

凡臣民遵守法定要件而合格者，均得有服官之权。

第五条　人身之自由应受保障，其得以制限自由，而为逮捕之要件及样式，以法律定之。

第六条　住所不可侵。

侵入住所，以搜索家宅及押收信书、文书等事，非于法律所定之事会，且循法律所定之样式，不得行之。

第七条　无论何人，皆有受法律所定裁判官裁判之权，不得设例外裁判所及非常审判员。

第八条　刑法非依法律，不得宣言或执行之。

第九条　所有权不可侵。

为公益必要之时，而欲收用或制限之者，当依法律前给其代价。如事势紧急，不及前给时，非先决定其价，不得行之。

第十条　不得科以准死及没收财产之刑。

第十一条　移住外国之自由，非关于供役，政府不得限制之。

第十二条　信教及设立教会，并于公私堂宇执行教务之诸自由，应保障之。

信奉宗教之如何，无关系于公权、私权之享有。但不可以宗教自由权之执行，有妨公法及公法上之义务。

第十三条　本无团体权之教会、僧社，非依别定之法律，不得新设立之。

第十四条　基督教为关于执行教务之国制之基础，但于第十二条所保障之宗教自由权，不得妨之。

第十五条　本条以千八百七十五年六月十八日之法律，废止之。（千八百七十五年之《法令集志》第二百五十九页）

第十六条　本条以千八百七十五年六月十八日之法律，废止之。（同第十五条注）

第十七条　政府管护宗门之权及得以废止之之要件,别以法律定之。

第十八条　本条以千八百七十五年六月十八日之法律,废止之。(同第十五条注)

第十九条　民事结婚之制,须为民籍之记录,以特别法律定之。

第二十条　学问及学说皆为自由。

第二十一条　公立学校于少年教育当加充分之注意。

父母及其代理人,对于其子或保育者,不得使缺公立小学校所规定之教育。

第二十二条　无论何人,皆有自由为教授,设学校,且管理之之权。但必于该管官厅,证明其德义上、学力上及技艺上之资格。

第二十三条　凡公立、私立之学校及各教育所,皆须从政府指定官厅之监督。

公立学校教员有官立之权利、义务。

第二十四条　公立小学校之建设,必须顾虑信教上之关系。

小学校宗教上之训导,由该管教会管理之。

小学校之外事,由市、町、村管理之。

政府以市、町、村之法律上之赞同,从其有资格者之中,任命公立小学校员。

第二十五条　公立小学校之建筑费、维持费及扩张费,皆归市、町、村负担。若证明其不堪负担时,则由国库辅助之。据特别规定,第三者之责任,即指此。

政府之对于小学校教员,以该地方之相应且确实之收入为担保,公立小学校之授业,不征学费。

第二十六条　对于全般之教育令,别以法律定之。

第二十七条　凡为普鲁斯臣民者,有以言论、著作、刊行及图书自由表示其意志之权。

刊行物检阅之法,不得设之,其他刊行自由之制限,非依法律,亦不得设定。

第二十八条　因言论、著作、刊行及图画所犯之罪,须按刑法之条文处分之。

第二十九条　凡为普鲁斯臣民者,虽未受官吏之许可,而于公众不滥出入之处所,有不携凶器、平稳集会之权。但须预受官吏之许可,从法律规定之室外集会,不在此限。

第三十条　凡为普鲁斯臣民者,其目的不至违背刑法,均有结社之权。

关于本条及前条(第二十九条)所保障之权利之执行,如为保持公安者,以法律规定之。

政治结社,得以法律限制,或一时禁止之。

第三十一条　团体权许否之要件,以法律定之。

第三十二条　凡为普鲁斯臣民者,皆有请愿权。

以局名或团体之名而请愿者,惟官厅及团体得许之。

第三十三条　信书之秘密不可侵。

为犯罪纠治或战时不得已之制限,以法律定之。

第三十四条　普鲁斯之臣民,有兵民之义务。

服役之范围及种类,以法律定之。

第三十五条　兵役,总括常备兵、后备兵之诸部。

国王于战争之时,从法律之规定,得征集国民军。

第三十六条　为压镇内乱及施行法律,使用兵力者,虽有文官厅之要求,必限于法律上确定之事会,且依其样式之时。

关于此要求之例外,以法律定之。

第三十七条　军法裁判,专处断违反军律者。

军法裁判之制度,以法律规定之。

军律,依敕令之所定。

第三十八条　军人不论服役之内外,非开会议,或依命令,不得集会。

后备军虽未征集之时,为议军制军令而集会结社者亦禁止之。

第三十九条　第五条、第六条、第二十九条、第三十条及第三十二条所规定,以不抵触军法及军律为限,军人亦适用之。

第四十条　禁止封土之设置,前此所存之封土之组合,以法律解散之。

第四十一条　第四十条之规定,王室及在国外者,不适用之。

第四十二条　从既发布之特别法律,无别定之赔偿而废止之者如左:

第一、行使或让渡其附带于土地所有之裁判权,及因此权所生之负担免除及私贡;

第二、因地主裁判及保护主之关系,并旧时之世袭隶属,税法及营业法所生之各义务。

从前所课此权利者之义务及负担,亦与此等权利同时废止之。

第三章　国王

第四十三条　国王之身体不可侵。

第四十四条　各大臣当代国王任其责,凡国王关于政务之公文,非有责任大臣一名之副属,不得有效。

第四十五条　行政权为国王之所特有。

国王任免大臣。

国王命法律之公布,且发施行必要之命令。

第四十六条　国王为马兵大元帅。

第四十七条　国王有任命武官及其他官吏之权,但以法律特定者,不在此限。

第四十八条　国王宣战媾和,及与外国政府缔结诸般之条约。

与外国政府所结之条约,若为通商事务,或因之致生国家及国民各个人之负担者,非得两院之同意,不得有效。

第四十九条　国王有命恩赦减刑之权,但大臣以其职务得罪时,非有弹劾其罪之议院上奏,不得执行此权。

国王非依特定之法律,不得破毁既行之审讯。

第五十条　国王有授与勋章及其他荣典之权,但其荣典不得附带特权。

国主有循法律铸造货币之权。

第五十一条　国王有召集议会及命其闭会之权。

国王得同时解散两院,或唯解散一院,际此时会,必须于解散后六十日以内行选举,九十日以内召集议会。

第五十二条　国王得命两院停会,但无各院之承诺,不得超过三十日间,且于一会期中,不得为二回之停会。

第五十三条　王位按王室典范,依嫡长之序,以男统而实系者继承之。

第五十四条　国王以满十八岁为成年。

国王于两院会合之前,当为确守王国宪法,无稍违犯,且遵循宪法及法律以行政之宣誓。

第五十五条　国王非得两院之承诺,不得为外国之君主。

第五十六条　国王因未达成年,或以故障不能躬亲大政,得任最亲近男统之成年王族为摄政。

于此时会,其王族须迅速召集两院,使议决设置摄政之必要如何。

第五十七条　无成年以上之男统王族,且无豫定处此时会之法规时,须由内阁召集两院,选定摄政,其摄政未就职以前,大政由内阁任之。

第五十八条　摄政以国王之名行大权。

摄政就职之后,于两院会合之前,当为确守王国宪法,无或违犯,且遵循宪法及法律行政之宣誓。未行此宣誓之间,无论如何时会,当以现时内阁连带任万岁之责。

第五十九条　应属于王室世袭财产之收入额,以千八百二十年一月十七日之法律,所规定之官地及森林之收入充之。

第四章　大臣

第六十条　各大臣及其代理之官吏,有出席于各议院之权。且无论何时,得请求发言。

各议院得请求各大臣之出席。

各大臣于两院中无论何时,除为其议员者外,不得预于表决之数。

第六十一条　各议院以其院之决议,得弹劾各大臣之违犯宪法,授受贿赂及谋反之罪。

关于此等之弹劾,王国最高等法院,开各部联合会以裁决之。

关于大臣责任事件,其纠治及处刑之细则,别以法律定之。

第五章　王国议会两院

第六十二条　立法权,国王及两院共同行之。

法律必须国王及两院之承认一致,方得成立。

关于财政之法律案及岁计豫算案,须先提出于众议院,贵族院止能就其全体可否之。

第六十三条 为保持公共之安全,非常凶灾,有紧急需用之事会,限于不能召集议会时,内阁以其连带责任,得以法律之效力,发布不抵触于宪法之敕令。

此项敕令,于次会期,必须提出于各议院,求其承诺。

第六十四条 国王各议院,均有法律之发案权。

国王及两院之一所否决之法律案,同会期中,不能再提出之。

第六十五条至第六十八条 贵族院以敕令构成之。

此项敕令,非依议会协赞所发布之法律,不能变更之。

贵族院以敕任之世袭议员及终身议员组成之。

第六十九条 众议院以民选议员四百三十三人组成之。

选举区以法律确定之,每区以一郡或数郡,一市府或数市府成之。

第七十条 凡普鲁斯臣民,须满二十五岁以上,而于其居住之市、町、村,有市、町、村会议员选举权者,方为原选举人。

于数市、町、村会有选举权者,其原选举人之权,止限于一市、町、村行之。

第七十一条 每人口二百五十名,得举出选举人一名。

原选举人视其纳直接国税之多寡,区分为三级。其区分之法,以各级之直税额,当于原选举人所纳直税总额三分之一为度。

总税额之算法如左:

一、若一市、町、村自成一原选举区者,以每市、町、村算之;

二、若多数市、町、村合成一原选区者,以每县算之。

第一级以得总税额三分之第一、纳最高额税之原选举人组成之;

第二级以得总税额三分之第二、纳次高额税之原选举人组成之;

第三级以得总税额三分之第三、纳最低额税之原选举人组成之。

此三级,每级各别选出选举人三分之一,各级得分为数选举组合,但各组合之原选举人,决不得超过五百名。

各级应出之选举人,从其原选举区有投票权之原选举人中选举之,不问其属于何级,均可当选。

第七十二条 选员由选举人选举之。

关于选举施行之细则,以选举法定之。但此选法,关于征收代直税一部之租税及屠兽税之市府之规则,亦规定之。

第七十三条 众议院之立法期为五年。

第七十四条　凡普鲁斯臣民,年龄满三十岁,由裁判上之确定判决,不丧失其国民权,且三年以上属于普鲁斯籍者,皆有众议院议员之被选举权。会计检查院之长官及其僚属,不得为王国议会各院之议员。

第七十五条　各议院之立法期既终以后,当行新选举,其解散时亦同。

于此时会,前议员得再当其选。

第七十六条　王国议会两院,通常与每年十一月初旬及翌年正月中旬之间,由国王召集之。其他于事势必要之时会,亦可为临时之召集。

第七十七条　两院之开会及闭会,由国王及国王特任之大臣行之。

两院之召集、开会、停会及闭会,皆当同时行之。一院被解散时,其他一院亦须同时停会。

第七十八条　各院自审查其议员之资格,且裁决之。

各院依议院规则,自定其事务规则及服役纪律,且选举其议长、副议长及书记。

官吏被选为议员,不必得有特许。

议院若被任为有俸给之官吏,或官吏议员,被任为上级官位,或有多额俸给之职务时,即失其议院之列席权及表决权,非更被选举,不得再为议员。

无论何人,不得同时为两院之议员。

第七十九条　两院之会议,皆公开之。

各院由议长或议员十人之发议,直就其动议之可决,得开秘密会议。

第八十条　众议院非有定数议员之出席,不得议决。

贵族院非依千八百五十四年四月十二日之敕令,有列席表决权之议员六十名以上之出席,不得议决。

各院之议事,以过半数决之,但依议院规则,所定之选举特例,不在此限。

第八十一条　两院有各自上奏国王之权。

无论何人,不得提出自身请愿书及建白书,于两议员〔院〕或一院。

各院得转达其所受理之书类于大臣,就其书中之诉顾,求其说明。

第八十二条　各院为求议决准备所须之报告,有任命事实审查委员之权。

第八十三条　两院之议员,为全国民之代表。

议员当以自己之所信自由判断,不得为嘱托、训令所牵制。

第八十四条　两院之议员,于其院中为表决,断不负责。但于议院所发表之意见,依议院之规则,限于其院内负责任。

议员于会期中犯罪,无议院之许诺,不得纠问或逮捕。但当日或翌日,应拘押之现行犯,不在此限。

为负债而须逮捕者,亦须得议院之许诺。

议员有受刑事上之纠治、审问、拘留或民事上之拘留者,亦得因其议院之请求,于会期中停免之。

第八十五条　众议院议员从法律之所定,当受国库所支给之旅费及滞在费,不得辞之。

第六章　司法权

第八十六条　司法权以国王之名,于独立不羁之裁判所行之。其裁判亦以国王之名宣告,且执行之。

第八十七条　其一,裁判官为终身官,由国王或国王之名任命之。

裁判官非以法律所定之理由而经裁判者,不得免职与停职。

不依法律而命其停职,且反其意而使之转任,或命其休职者,非以法律所定之理由及手续而经裁判,不得行之。但为裁判所之构成,或变更裁判管辖之区域,所不得已之转任,不在此限。

第八十七条　其二,为普鲁斯国及此外联邦国,设置共同裁判所时,第八十六条及第八十七条第一项之规定,无其效力。

第八十八条　本条以千八百五十六年四月三十日之法律废止之。(千八百五十六年之《法令集志》第二百九十七页)

第八十九条　裁判所之构成,以法律定之。

第九十条　非有法律所定之资格者,不得任为裁判官。

第九十一条　对于各事项之特别裁判所,如商事裁判所及营业裁判所,每于必须之地方,当依法律设置之。

此种裁判所之构成、权限及审判,并其官吏之任命,特别之权利、义务及其任期,以法律定之。

第九十二条　普鲁斯全国,置唯一之高等法院。

第九十三条　民事及刑事裁判所之审问,皆公开之。但因公开而有害秩序或风俗之虞者,以裁判所之议决,得不公开。

于其他之时会,非依法刑所定,不得禁止公开。

第九十四条　于重罪之情形,判定被告人犯罪之有无,以陪审裁判行之。但以议会协赞所发布之法律,定有特例者,不在此限。

陪审裁判所之组织,以法律定之。

第九十五条　大逆罪及害国家内外安宁之重罪之裁判,依议会协赞所发布之法律,得设特别法院。

第九十六条　裁判所及行政官厅之权限,以法律规定之。

行政官厅与裁判所之间所起之权限争议,于以法律所定之裁判所裁决之。

第九十七条　因文武官吏踰越职权,违犯法律之故,召唤于裁判所之手续,以法律定之。

于此时会,不必待所属官厅之许诺。

第七章　不属于裁判官之官吏

第九十八条　不属于裁判官之诸官吏及检事之特权,以法律行之。

其法律,于政府选任行政机关,虽不为不当之制限,而于官吏之强制免官及所得没收者,当保护之。

第八章　财政

第九十九条　凡国家之岁入岁出,须每年豫定之。制成岁计豫算表,其国计豫算,每年以法律确定之。

第百条　非岁计豫算中所载,或特别法律中所规定,不得征收租税。

第百一条　凡租税概不得特免,其现行税法中之各特免,当付修正议废止之。

第百二条　政府及地方自治团体之官吏,非依法律,不得征课手数料。

第百三条　非依法律,不得起国债,其他为政府担保之自担,亦同。

第百四条　岁出超过于豫算额时,后日须求两院之承诺。

岁入、岁出豫算之决算,由会计检查院检查确定之。

每年岁入、岁出豫算之总决算,为解除政府关于财政之责任,当提出于两议院,并须附以国债一览表及会计检查院之意见。

会计检查院之组织及职务,别以法律定之。

第九章　市、町、村、郡、县及州

第百五条　普鲁斯国之市、町、村、郡、县及州之代议制与行政,别以法律定之。

通则

第百六条　从法式所公布之法律及敕令,必遵守之。

审查其敕令当遵奉与否之权,不属于官厅,属于两院。

第百七条　宪法,得据立法之成规改正之。

于此时会,各院须依通常之过半数,为两次之决议。其两次之会议期日,中间最少须隔二十一日。

第百八条　两院之议员及官吏,对于国王,当为忠诚从顺,且遵守宪法之宣誓。

军官不宣宪法之誓。

第百九条　现行之租税,依旧征收之。其与此宪法不相矛盾之现行法令之规定;未以法律改正以前,仍有效力。

第百十条　依现行法律所设置之官厅,未至官制实施以前,仍须继续其职务。

第百十一条　际战时或事变、有害公安之危险时,宪法第五条、第六条、第七条、第二十七条、第二十八条、第二十九条及第三十条,限定其时间及其地方,得停止其效力。其细则以法律定之。

补则

第百十二条　第二十六条所揭之法律,未发布以前,关于学校及教育之制度,适用现行之法规。

第百十三条　刑法修正议未终结以前,有因言论、著作、刊行及图画之犯罪,须特别发布法律。

第百十四条　本条以千八百五十六年四月十四日之法律废止之。(千八百五十六年之《法令集志》第三百五十三页)

第百十五条　关于众议院议员之选举,第七十二条所揭之选举法,未发布以前,千八百四十九年五月三十日之敕令仍有效力。

第百十六条　令存之两最高等法院,须并合为一院,其构成别以法律定之。

第百十七条　宪法未公布以前,准据豫算所任命之官吏之权利,当参酌官吏法行之。

第百十八条　若为根据千八百四十九年五月二十六日之草案,制定之德意志联邦宪法,有须改正此宪法时,国王以命令行之。但其改正之旨,至次会期须报告于两院。两院就其改正之旨,与德意志联邦宪法一致与否,当议决之。

第百十九条　第五十四条所载国王之宣誓,并两院议员及官吏规定上之宣誓,据立法之成规,本宪法修正后,当即时行之。

以上朕亲署名钤玉玺以为有效之证。

千八百五十年一月三十一日威廉王裁可于下尔洛丁堡　御玺

伯爵八人副署

比利时宪法

千八百三十一年二月七日制定

第一条　比利时特区为九州,即昂忒瓦浦、布拉邦、富兰多尔、阿克斯丹、海奴、利基利堡、卢克森堡、那马尔是也。但卢克森堡,兼在日耳曼同盟中。

将来若更分离置州时,非法律不得行之。

第二条　各州内之区画,非法律不得设置之。

第三条　国及州邑之疆界,非依法律,不得变更或复旧。

第四条　比利时人身分之得丧,依民法之所规定。

比利时人于身分之外,关系宪法及其他公权之诸法律,因享用公权之必要,应制定之。

第五条　归化由立法权许之。惟限于大归化者,其公权之享用,与比利时人同等。

第六条　国中无种族之区别,(比利时国民,旧分三族:一贵族、二都族、三鄙族)凡比利时人于法律上为平等。

有比利时人之身分,除法律特别规定外,均得就任文武官。

第七条　人身之自由,当确保之。

无论何人,非法律所定之时会及其手续,不受纠问。除现行犯之外,非据裁判官载明原由之令状,不得逮捕。其令状最迟必于逮捕十四时以内宣示之。

第八条　无论何人,有直接法律付与之裁判官之权。非自己之意思不得阻之。

第九条　无论何等之刑,非依法律,不得设定或科罚之。

第十条　住所不可侵,非法律所定之时会及其手续,不得搜索之。

第十一条　因公益必要之时,非依法律所定,与以正当之赔偿。无论何人,不得夺其私权。

第十二条　没收财产之刑,不得设之。

第十三条　死刑废止之,不得复设。

第十四条　信教之自由,礼拜公行之自由,及用其他方法发表意思之自由,均当确保之。但因自由犯罪之惩罚,不在此限。

第十五条　宗教之行事及礼拜,不拘以何等之方法赞行之。及守其休日,无论何人,不得强迫。

第十六条　政府无干预僧官选举及建立之权,无禁止僧官与其首长交际及公布文书之权。但文书之公布,应依普通之责任法。

民婚法必须先行婚祝,但临时依法律特免者,不在此限。

第十七条　教授自由,废除一切之限制。其过失之惩罚,非依法律不得定之。

政府负担经费之普通学校,均依法律定之。

第十八条　著述刊行自由,不得设定监察法,并征收著述人、印刷人及发行人之保证金。著述人若揭其氏名及住所于比利时者,不得纠问印刷人及发行人。

第十九条　凡比利时人,依法律所定,不携兵器有平稳集会之权,无须请官厅之许可。

凡集会于露场者,应从警察法,前项之规定,不准用之。

第二十条　比利时人有结社之权,不受同等之限制方法。

第二十一条　比利时人或一名或众名,对于官长,有上书陈事之权。

其连众一名,有上书陈事之权者,但限于公立官。

第二十二条　书信之秘密不可侵,有违犯者,其吏员任如何之责,依法律定之。

第二十三条　比利时国通用各种之言语,人民可任意用之。但官府之文书及裁判事件,应依法律所定。(公文必用法文)

第二十四条　于官务职任上拟行追问之事,无须本属长官之许可。但各执政为法律特定者,不在此限。

第二十五条　凡政权皆出自国民,其行政权应从宪法之所规定。

第二十六条　立法权自国王及代议院并上院,共同行之。

第二十七条　发议之权,立法权之三部均有之,但关于岁计及征兵诸法,代议院有先议之权。

第二十八条　以法律之申明为定例之大权,专属于立法权。

第二十九条　行政权属于国王,如宪法之所规定。

第三十条　司法权由上下裁判所行之。

第三十一条　各州及各邑之利益,依宪法所定之原则,由州会、邑会议定之。

第三十二条　两院之议员,代表全国人民,不得仅为其选举之一州或一区之代表人。

第三十三条　两院之会公开之,但各院得依议长或议员十人之请求,举行秘密会。其秘密会之事件,应用全胜法,以公会再议决之。

第三十四条　各院有监查其议员之权。其因职权事件所起之诉讼,亦得裁判之。

第三十五条　无论何人,不得同时兼为两院之议员。

第三十六条　两院之议员若受政府给俸之官职时,即失其议员之资格,非由新选,不得复任。

第三十七条　各院、每会选举议长及副议长，而建设事务室（议长一员、副议长二员、书记四员，合为事务室）。

第三十八条　凡议决以议票之全胜为准，但关于选举及推荐，应从两院规则所定者，不在此限。

可否同数之时，其议案作为否决。各院议员，非过半数出席，不得举行议决。

第三十九条　凡表决者必以高声，或起坐。

法案之总议，当各用呼名法，为高声之表决。

被选人之选举及推荐，当用无记名票。

第四十条　各院对于政府，均有纠察之权。

第四十一条　法律议案非逐条决议后，两院皆不得认可。

第四十二条　法律议案，两院有逐条改窜及就他院已草之改窜更行改窜条别之权。

第四十三条　人民之请愿书，非附之书记局，而亲请两院呈递者，禁止之。

各院有受人民请愿书，送致于诸执政之权。

诸执政依该院之请求，必辨明其请愿书中所载之事件。

第四十四条　两院之议员，因行其职务所发表之言论、意见，不受纠问及检索。

第四十五条　两院之议员，非经本院之许可，于开会之中，不得因刑事而纠问逮捕之。但现行犯不在此限。

两院议员，非经本院之许可，于开会之中，不得为要偿之拘留。

两院议员，有被拘留及纠问者，有该院之请求时，于开会间释放之。

第四十六条　各院施行职权之法式，各由院则定之。

第四十七条　代议院以国民直接所选之代表人组成之。但所谓国民，限于选举法所定，纳直接国税百伏郎以下、二十伏郎以上之岁额者。

第四十八条　代议士之选举，以法律所定之区画行之。

第四十九条　选举法按人口定代表人之数，不得逾四万人一员之比例。

选举法定选举人之限制及选举之方法。

第五十条　当选者必修具左之资格。

第一、生于比利时，或得大归化之许可者；

第二、享有私权及公权者；

第三、年龄满二十五岁者；

第四、在比利时国居住者；

此外不得别为当选之限制。

第五十一条　代议院之议员，以四年为一任期，依选举法所定之次序，每二年更选其半。

第五十二条　代议院之各员，于开会之中，每一月受二百伏郎之偿给，但在会所之都市居住者，不得受之。

第五十三条　上院议员，比例各州之人口，由选代议院议员之国民选举之。

第五十四条　上院议员，居代议院之半数。

第五十五条　上院议员，以八年为一任期，依选举法新定之次序，每四年更选其半，解散之时会，更选全员。

第五十六条　上院议员之当选者，必具备左之资格。

第一、生为比利时人，或已受大归化之许可者；

第二、享有私权及公权者；

第三、居住于比利时国者；

第四、年龄满四十岁以上者；

第五、于比利时纳直接国税千伏郎以上者，但在纳直接国税千伏郎之地，凡人民六千口得举一员。其比校不足之州，顺是降之。

第五十七条　上院议员，不得受俸给及偿给。

第五十八条　太子满十八岁时，有为上院议员之权，但非满二十五岁，不能预于表决之数。

第五十九条　非代议院开会之时，上院之集会，不能发生效力。

第六十条　国王之定权，依那或尔、倏而基、格利州、布纳特克、沙克斯、戈布尔克陛下之直统。不论本生、私生，依大宗之序，世世相传，而女子及女子之子孙，永不得践祚。

第六十一条　依那或尔、倏而基、格利州、布拉特克、沙克斯、戈布尔克陛下无男统之时，经两院之承认，得立世嗣。但两院之承认，必从六十二条所定之法式议决，否则空位。

第六十二条　国王无两院之承认不得兼他国之首领。

两院对于此事，非议员三分之二出席，不得开议。其开议时，非合投票三分之二以上之多数，不得议决。

第六十三条　国王之身不可侵，其责任皆国王之执政大臣代任之。

第六十四条　国王发布之诏敕，非有执政一人之副署，不得施行。

执政因副署任其责。

第六十五条　国王得任命诸执政，或罢免之。

第六十六条　国王赐军士等位。

国王任命一切之政务官及外交官。但法律有特别规定者，不在此限。

其他诸官，非依法律之明文，国王不得任命之。

第六十七条　国王因施行法律，可设定必要之条例及命令。但不得置特别法律之施行，或曲免之。

第六十八条　国王指挥海陆军，宣战媾和及结联合或贸易之条约。因关系国益及国安之必要，国王应直告两院并附以通知文书。

若为贸易及费国财之条约，因与国民有关系，非得两院之承认，不生效力。

土地之让与，或变易，或附加，非依法律不得行之。无论何时，条约之密款，不得与其本款相违。

第六十九条　国王制可法令及公布之。

第七十条　两院于每年十一月第二火曜日，有固有之开会权。其于此期间以前，自国王召集之之时，则不待论。

两院开会，每年必四十日间以上。

国王宣告闭会。

第七十一条　国王有同时解散两院，或各别解散之权。

解散之敕令，须载明四十日间召集选举人，两月间召集议会。

第七十二条　国王得延留两院，但无两院之承认，其延留不得逾一月以上，亦不得于一会使为两次之延留。

第七十三条　国王有宽赦判决之犯罪，或减轻之权。但诸执政特定于法律者不在此限。

第七十四条　国王有依法律铸造货币之权。

第七十五条　国王有赐贵族徽章之权，但不得附以特权。

第七十六条　国王可赐武器,但必守法律所定之条规。

第七十七条　国王之宫费,以法律规定之。

第七十八条　国王除宪法及因宪法特定之法律所指定者外,不得别有他权。

第七十九条　国王崩御时,两院最迟必于十日间,不待召集而会合。

若两院已被解散,其解散令所定新集之期,尚在第十日以后,则新议员交代之前,旧议员应行其职。

若解散者仅一院,则该院亦依上之规则。

自国王崩御之日始,至嗣王或摄政之宣誓,诸执政合为一会,担其责任,以比利时国民之名,行国王之定权。

第八十条　国王以周十八岁为成年。

国王践位之初。应于先两院合会之中,依式宣左之誓词:

"誓守我比利时国民之宪法及诸法律,兹保持我国民国土之安全。"

第八十一条　若国王薨去后,嗣王尚未成年,定摄政及太保,两院会合为之。

第八十二条　若国王有不能亲政之状态时,诸执政不能证验其情状,须从速召集两院。

两院于此时会,应开联合会,定太保及摄政。

第八十三条　摄政必专任一人。

摄政人须从第八十条所定,宣读誓词,然后任职。

第八十四条　摄政不得行修正宪法之权。

第八十五条　国王当空位之时,两院合议,全数新征议员,至会合后,假定摄政。

新征议员之会合,最迟必在两月以内。新征之议员,两院合议定空位之处分。

第八十六条　非生为比利时人,或大归化者,不得为执政。

第八十七条　王族不得为执政。

第八十八条　诸执政非为议员时,于两院无表决权。

诸执政于两院有参入之权,其有要求时,议院必听其陈议。

两院得请求诸执政之出席。

第八十九条　国王无论何时,不得以言辞或文书命令,解除诸执政之责任,任议员之弹劾。

第九十条　代议院有弹劾政府求大审院审判之权,但限于其职务之罪。

第九十一条　国王非有两议院中一院之请求,则于在大审院所处罚之国务大臣,不得与以特赦。

第九十二条　凡关于私权争讼,概属于裁判所之管理。

第九十三条　凡关于政权之争讼,除由法律规定特例外,属于裁判所之管理。

第九十四条　一裁判所止有一裁判权。非依法律,不得设立。无论为何等名义,不得设非常裁判员及非常裁判所。

第九十五条　比利时全国置一大审院,大审院不受理事件之案,据"唯受违反听断规程,及裁决法律者,以监督裁判官之失错",但执政职务上之裁判,不在此限。

第九十六条　裁判所之法庭,公开之。但为国家治安或风纪有害者,于其时由裁判所宣告停止公开,不在此限。

凡国事犯及著刻犯,非陪审各员同意,不得宣告停止公开。

第九十七条　凡判决应附记理由。

第九十八条　凡裁判重罪及国事犯、著刻犯,须设陪审员。

第九十九条　保安裁判官及始审裁判官,国王任命之。

控诉院之裁判官及始审裁判所之长官与副长官,依上院及大审院所进之二荐名表,由国王任之。

载于一名表之人,得同时载于他名表。

凡荐名必于宣任十五日前公布之。

大审院及控诉院,由裁判官中自选其长官及副长官。

第百条　裁判官终身任之,非由审判,不得免职或停职。

裁判官虽有新人员,无本人之许诺,不得转任他所。

第百一条　国王任免大审院、控诉院及裁判所之自代官。

第百二条　司法官之俸给,以法律定之。

第百三条　裁判官不得兼任政府有俸给之职,但除裁判官特定二官不相兼之例外,不受俸给,可以就职。

第百四条　比利时全国,置三控诉院。其管理之区划及建置地,依法律之所定。

第百五条　军法司之组织及职权,并军法官之职务及任期,于别法定之。

于法律所定之各地方,置商事裁决所。

商事裁判所之组织及职权,并其裁判官任命之法式及任期,以法律定之。

第百六条　大审院从法律所定法式,判决权限之争。

第百七条　大审院、控诉院及各裁判所,于诸执政之命令及普通之条例,或各州及各邑之条例,非合于法律者,概不施行。

第百八条　州及邑之制度,以法律定之。

此法律从左之规则,确定而施行之。

第一、直接选举,但为地方之诸长官及在州会之政府之自代官。《即州知事》法律以特例定之;

第二、凡州、邑之利益诸事,属于州会及邑会之职权,但关于特例者,从法律所定,须国王之许可;

第三、州会、邑会之会例公开之,但以法律定其制限;

第四、预算、决算公布之;

第五、于州会、邑会,凡关于全国公利者,其权限为国王及立法权之钤辖;

第百九条　民籍之记录及其编册之保藏,专属邑官之职权;

第百十条　国税非由法律不得定之。

州税非有州会之承诺,不得定之。

关于州税、邑税,法律当从其经验,规定不得已之特例。

第百十一条　国税之法律,每年由议院议定之。其有效限于一年。但一案再用者,不在此限。

第百十二条　关于租税,不得特免。

国税之免除及减少,非由法律不得行之。

第百十三条　除法律明定特例外,非国、州、邑之正税,不得从国民赋课之。

现行之海防堤税、河渠税,除从普通法律外,不得新加。

第百十四条　自国库支出之恩金及赏赐,非依法律,不得给与。

第百十五条　每年由两院检查决算及协赞预算,政府一切之出纳,须载于预算表及决算表。

第百十六条　会计院之官吏,由代议院选任之,其任期依法律所定。(六年为一任)

会计院任检查政府全局之出纳,及从国库一切支出之会计。

于预算表之支费,监视其有无溢额或挪移。

于政府各部之决算,检查其一切证书及文票。

岁计全表,会计院加以注明,付于两院取议。

会计院之组织,以法律定之。

第百十七条　僧官之俸给、养金,自政府支出,其定额每年载于预算表。

第百十八条　征兵之规则,由法律定之。

第百十九条　军兵之点征,每年议决之。

点征之法律,其效力限以一年。

第百二十条　警备兵之组织权,属于法律。

第百二十一条　外国之军,非依法律,不得从役于比利时。比利时之土地,不得侵害及经过。

第百二十二条　设备民兵,其组织之法律,由议会认可定之。

除会计军吏外,凡军官(甲必丹)皆由兵员任之。

第百二十三条　民兵非依法律,不得转徙之。

第百二十四条　凡军士非由法律所定之处分,不得夺其官阶、荣章及养金。

第百二十五条　比利时国民之旗,用红、黄、赤三色,而军旗"合为强"①三字用狮子。

第百二十六条　以布律舍府为比利时国之都府,即为政府之所在地。

第百二十七条　非依法律,不得命誓。

誓式以法律定之。

第百二十八条　比利时国,凡所在之外国人,身体及财产,除法律定有特例者外,与国民受同一之保护。

第百二十九条　凡法律、王法、普通条例及州邑之条例,并法律所定之规式,公布之后,有必行之效力。

---

①　即"团结就是力量"。——整理者注

第百三十条　宪法无论其全部或一部,不得格别置之。

第百三十一条　立法权之三部,皆有宣告宪法何条宜修正之权。

此宣告之后,两院即解散,不待国王之命令。

依第七十一条,须召集两院之新议员,新集之两院,与国王协同决议修正之条件。于此时会,各院最少非有其议员三分之二出席,不得开议。其议决最少非得投票三分之二时,不得更改。

第百三十二条　国王为第一次践祚不及,应从第八十条之第一项。

第百三十三条　于千八百十四年一月一日以前,曾定居住于比利时国之外国人,将来仍继续居住者,与比利时国出生者同一视之,但须奉呈享受法律保护之请愿书。

此愿书须既达成年之人,自此宪法有执行力之日起,于六个月内为之。若在未成年者,可于将来既至成年之一岁内为之。

此愿书可提出于本人居住地之州厅。

于请愿时,若本人有故,可以有公正特别委任状之代理人为之。

第百三十四条　依法律所定,代议院弹劾执政,大审院判决其所弹劾之事件,断罪科刑,并有专行之权。但非刑法所特揭之事件,不得科以禁役以上之罪。

第百三十五条　大审院、控诉院之官吏,应于法律规定者,依现在行之。此法律必于议院第一会中议定。

第百三十六条　于上条同时之议会,并议定大审院员初次选任之规程。

第百三十七条　千八百十五年八月二十四日之基本法,并州邑法,均废止之。但州官、邑官除有特别法律规定外,其权限依旧。

第百三十八条　从宪法施行之日始,凡反于宪法之一切法律、王命、指令、条例及其他文书,均废止之。

第百三十九条　国王就左之事件及其缓急之次序,由各别法律,宣布规定之。

第一、著作刊行之规则;

第二、陪审之组织;

第三、会计;

第四、州、邑之组织;

第五、诸执政及其各部官之责任;

第六、司法之组织；

第七、俸给表之修正；

第八、为避兼任之弊之适当方法；

第九、破产及缓催法之修正；

第十、军兵之组织、升进及退老之权利，军律；

第十一、诸定法书之修正。

日本帝国宪法

告文

明治二十二年(1889 年)二月

朕谨告于皇祖皇宗之神明曰：朕循天壤无穷之宏模，承袭宝祚，保持旧图，罔敢失坠。顾膺世运之进步，随人文之发达，允宜明征皇祖皇宗之遗训，成立典宪，昭示条章。内以为子孙之所率由，外以广臣民翼赞之道，使之永远遵行。巩固国家之丕基，增进八洲民生之庆福，兹制定皇室典范及宪法。

皆不外绍述皇祖皇宗所贻我后裔以统治之洪范，会逢朕躬。得以乘时举行，非上赖皇祖皇宗暨我皇考之威灵，未由及此。

朕仰祷皇祖皇宗暨皇考之默佑，并誓现在及将来，当率先臣民，永远履行此宪章而无愆。庶几神明其鉴之。

敕语

明治二十二年(1889 年)二月

朕惟以国家之隆昌，与臣民之庆福，为中心之欣荣。

今本祖宗所授之大权，对于现在及将来之臣民，布兹不磨之大典。

维我祖我宗,倚我臣民祖先之协力辅翼,肇造我帝国,垂诸无穷。此皆我圣祖神宗之威德,并臣民之忠实勇武,爱国殉公,始贻此有光辉国史之成迹也。

朕念我臣民即祖宗时忠良臣民之子孙,尚其体朕之意,将朕之事相与和衷共济,同望我帝国益扬光荣于中外,益巩祖宗之遗业于永久,必能分此负担无疑也。

朕承祖宗之遗烈,践万世一系之帝位。念朕所亲爱之臣民,即朕祖宗所惠抚慈养之臣民,惟愿增进其康福,发达其懿德良能。又望依其翼赞,共扶国家之进运。践履明治十四年十月十二日之诏命,制定大宪,以示朕之所率由,使为朕之后嗣及臣民与夫臣民之子孙者,永远知所遵循。国家统治之大权,乃朕承之于祖宗,传之于子孙者。朕及朕之子孙,将来当循此宪法之条章,行之不愆。

朕尊重我臣民之权利及财产之安全,并保护之,用特宣言。凡在此宪法及法律之范围内,当使其完全享有。

帝国议会,以明治二十三年召集之。而当以议会开会之时,使此宪法为有效之期。将来此宪法中之某条章,见有必须改定之时宜,朕及朕继统之子孙,执发议之权,付之议会。议会据此宪法所定之要件议决之外,朕之子孙及臣民不得漫行纷更。朕之在廷大臣,当为朕负施行此宪法之责。朕之现在及将来之臣民,对此宪法,当永远负从顺之义务。

第一章　天皇

第一条　大日本帝国,由万世一系之天皇统治之。

第二条　皇帝依《皇室典范》所定,以皇男子孙继承之。

第三条　天皇神圣不可侵。

第四条　天皇为国之元首,总揽统治权,依此宪法之条规行事。

第五条　天皇以帝国议会之协赞而行立法权。

第六条　天皇裁可法律,命公布及执行。

第七条　天皇召集帝国议会,命开会、闭会、停会及众议院之解散。

第八条　天皇为保公共之安全,与避公共之灾害,事关紧要,于议会闭会后,得发敕令以代法律。

此敕令至次会期,当提出交帝国议会会议。若议会不承诺,则政府对于将来,公布失其效力。

第九条　天皇为执行法律,又为保持公共之安宁秩叙,增进臣民之乐利,可发命令,又使发命令。但不得以命令变更法律。

第十条　天皇定行政各部之官制,文武官之俸给,任免文武官,但宪法及他法律别有特例者,须各依其条项。

第十一条　天皇统率海陆军。

第十二条　天皇编制海陆军,定常备兵额。

第十三条　天皇定宣战、媾和及缔结诸式条约。

第十四条　天皇宣告戒严。

戒严之要件及效力,以法律定之。

第十五条　天皇授与爵位、勋章及其他荣典。

第十六条　天皇命大赦、特赦、减刑及复权。

第十七条　置摄政,依《皇室典范》所定。

摄政者得以天皇之名行大权。

第二章　臣民之权利、义务

第十八条　日本臣民应守之要件,从法律所定。

第十九条　日本臣民,合法律、命令所定之资格者,均得任文武官及其他公务。

第二十条　日本臣民,从法律所定,有服兵役之义务。

第二十一条　日本臣民,从法律所定,有纳税之义务。

第二十二条　日本臣民,于法律范围内,有居住移徙之自由。

第二十三条　日本臣民,不受非法之逮捕、监禁、审问、处罚。

第二十四条　日本臣民,法律所定之裁判权,不被侵夺。

第二十五条　日本臣民,除法律所定外,苟未经许诺,不得侵入其住家及妄行搜索。

第二十六条　日本臣民除法律所定外,书信之秘密,不得侵夺。

第二十七条　日本臣民之所有权,不得侵夺。

至因公紧要之用,则依法律所定。

第二十八条　日本臣民,苟不害治安,不紊秩序,不背为臣民之义务者,得有信教之自由。

第二十九条　日本臣民于法律范围内,有印行、言论、著作及集会、结社之自由。

第三十条　日本臣民能守分定之礼法者,得循别定之规程,而为请愿。

第三十一条　本章所揭诸条,当遇战事及国家事变之时,必无妨天皇大权之施行。

第三十二条　本章所揭条规,与陆海军之法令、纪律不抵触者,准推行于军人。

第三章　帝国议会

第三十三条　帝国议会,以贵族、众议两院而成立。

第三十四条　贵族院依《贵族院令》所定,以皇族、华族及敕任议员组织之。

第三十五条　众议院依《选举法》所定,以人民公选之议员组织之。

第三十六条　不论何人,不得同时为两议院之议员。

第三十七条　凡法律须经帝国议会之协赞。

第三十八条　两议院得议决政府提出之法律案及各自提出之法律案。

第三十九条　法律草案,既经一议院驳者,不得再于同会期中提出付议。

第四十条　两议院得就法律及他事件,各以其意见建议于政府,但不采纳者,不得于同会期中再建议。

第四十一条　帝国议会,每年召集之。

第四十二条　帝国议会,开会以三个月为会期。有必要之事件,得以敕令延长期限。

第四十三条　临时有紧要之事,得于常会外,召集临时会。

临时会期,以敕令定之。

第四十四条　帝国议会之开会、闭会、会期延长及停会,两院同时行之。

命众议院解散时,贵族院同时停会。

第四十五条　命众议院解散时,即以敕命选举新议员,从解散之日起,于五个月以内召集之。

第四十六条　两议院非有总议员三分之一以上到会,不得开议事项及行议决。

第四十七条　两议院议事,以过半数决可否,同数则依议长所决。

第四十八条　两议院会议,当众开之。如政府要求秘密其事,或议会自欲秘密,则为秘密会。

第四十九条　两议院得各上奏天皇。

第五十条　两议院得受臣民请愿书。

第五十一条　两议院除宪法及议院法所揭者外，得制定数理院内切要之诸规则。

第五十二条　两议院议员，在议院发言陈意与表决，于院外不负责任。但议员自演说、刊行笔记，或以他法公布其言论者，当一律受法律处分。

第五十三条　两议院议员，除现行犯罪及有关内乱外患之罪外，会议之中，苟不经议院许诺，不得逮捕。

第五十四条　国务大臣及政府委员，无论何时，得于议院出席发言。

第四章　国务大臣及枢密顾问

第五十五条　国务诸大臣辅弼天皇，而任其责。

凡法律敕令，与他有关国务之诏敕，须国务大臣之副署。

第五十六条　枢密顾问依枢密院官制所定，应天皇之咨询，审议重要之国务。

第五章　司法

第五十七条　司法权者，以天皇之名，依法律而令裁判所行之。

裁判所之构成以法律定之。

第五十八条　裁判官以具法律所定之资格者任之。

裁判官除因刑法宣告及惩戒处分外，不免其职。

惩戒之条规以法律定之。

第五十九条　凡裁判所之对审判决，当众开之。但有害安宁秩序及风俗者，得依法律与裁判所之决议，停对审之公开。

第六十条　凡特别裁判所管辖者，别以法律定之。

第六十一条　由行政官厅之违法处分，而伤害权利之诉讼，属于法律所定行政裁判所之裁判者，司法裁判所不当受理。

第六章　会计

第六十二条　凡新课租税及变更税率，当以法律定之。

但属报偿行政之手数料及他收纳金者，不在前项之限。

除起国债及豫算所定者外，欲立国库担保之契约，须经帝国议会协赞。

第六十三条　现行租税，未经以法律更改者，依旧征收。

第六十四条　国家之岁出岁入，每年豫算，经帝国议会协赞。

如有超过豫算额及豫算外别有开支者，日后须求帝国议会之承诺。

第六十五条　豫算先提出交众议院议之。

第六十六条　皇室经费，依现在之定额，每年从国库开支，除将来须增额之时外，无庸帝国议会协赞。

第六十七条　本宪法上大权所既定之岁出，与法律所定之岁出及属法律上政府义务之岁出，无政府之同意，帝国议会不得废除、削减。

第六十八条　因特别之要需，政府得豫定年限，为继续费，而求帝国议会之协赞。

第六十九条　为补豫算中之不足，又为充豫算外之要需，设预备费以充之。

第七十条　如因保持公共之安全，遇有急需，而迫于内外之情形，政府不及召集帝国议会时，则依敕令，而为财政上必要之处置。

前项至次会期，须提出于帝国议会，求其承诺。

第七十一条　当帝国议会豫算不议定，或豫算不成立时，政府可施行前年度之豫算。

第七十二条　国家岁出入之决算，由会计检察院检查确定，政府以其检查报告，同提出于帝国议会。

会计检查院之组织及职权，皆以法律定之。

第七章　补则

第七十三条　此宪法之条项，将来有必须改正者，以敕令将议案付帝国议会议决。

改正宪法之时，两议院非各有总员三分之二以上出席，不得开议。出席议员，非得三分之二以上之多数，不得为改正之议决。

第七十四条　《皇室典范》之改正，不须经议会议决。

《皇室典范》不能变更此宪法之条规。

第七十五条　当摄政之时，不得变更《宪法》及《皇室典范》。

第七十六条　无论用法律、规则、命令及何等名称，凡现行之法令，不与此宪法相矛盾者，皆有遵由之效力。

凡岁出，关乎政府义务之现行契约及命令者，皆依第六十七条之例。

日本皇室典范

第一章　皇室继承

第一条　大日本帝国皇位,以祖宗之皇统,男系之男子承继之。

第二条　皇位传皇长子。

第三条　皇长子不在时,传皇长孙,皇长子及其子孙皆不在时,传皇次子及其子孙以下例推。

第四条　皇子孙之继承皇位者,先嫡出,皇嫡子孙皆不在时,以皇庶子孙承继之。

第五条　皇子孙皆不在时,传皇兄弟及其子孙。

第六条　皇兄弟及其子孙皆不在时,传皇伯叔父及其子孙。

第七条　皇伯叔父及其子孙皆不在时,传最近亲之皇族。

第八条　皇兄弟以上,在同等内时,先嫡后庶,先长后幼。

第九条　皇嗣有精神或身体不治之重患及有重大之事故时,咨询于皇族会议及枢密顾问,依前数条,得以变更继承之顺序。

第二章　践祚即位

第十条　天皇崩殂,皇嗣即践祚,承祖宗之神器。

第十一条　即位之礼及大尝祭,于京都行之。

第十二条　践祚之后,建元号,一世之间,不得再改。从明治元年之定制。

第三章　成年、立后、立太子

第十三条　天皇及皇太子、皇太孙、以满十八岁为成年。

第十四条　前条以外之皇族,以满二十岁为成年。

第十五条　储嗣之皇子,为皇太子。皇太子不在时,储嗣之皇孙,为皇太孙。

第十六条　立皇后、皇太子、皇太孙时,以诏书公布之。

第四章　敬称

第十七条　天皇、太皇太后、皇太后、皇后,敬称曰陛下。

第十八条　皇太子、皇太子妃、皇太孙、皇太孙妃、亲王、亲王妃、内亲王、王、王妃、女王,敬称曰殿下。

第五章　摄政

第十九条　天皇未达成年时，置摄政。

天皇因久亘之故障不能亲大政时，经皇族会议及枢密顾问之议，置摄政。

第二十条　摄政以达于成年之皇太子及皇太孙任之。

第二十一条　皇太子、皇太孙皆不在，或未达成年时，依左之顺序任之。

第一、亲王及王；

第二、皇后；

第三、皇太后；

第四、太皇太后；

第五、内亲王及女王。

第二十二条　皇族男子之任摄政者，从皇位继承之顺序，女子亦准之。

第二十三条　皇族女子之任摄政者，以无配偶者为限。

第二十四条　最近亲之皇族，因未达成年，或因他项事故，不能摄政，而以他皇族任摄政时，后来最近亲之皇族，达于成年，或其事故已除，除皇太子及皇太孙外，不让其任。

第二十五条　摄政及可为摄政者，有精神或身体之重患，或有重大之事故时，经皇族会议及枢密顾问之议，得以变其顺序。

第六章　太傅

第二十六条　天皇未达成年时，置太傅使掌保育。

第二十七条　天皇未以遗命任太傅时，由摄政咨询皇族会议及枢密顾问选任之。

第二十八条　太傅不得以摄政及摄政子孙任之。

第二十九条　摄政非咨询于皇族会议及枢密顾问之后，不得使太傅退职。

第七章　皇族

第三十条　称皇族者，太皇太后、皇太后、皇后、皇太子、皇太子妃、皇太孙、皇太孙妃、亲王、亲王妃、内亲王、王、王妃、女王是也。

第三十一条　由皇子至皇玄孙男为亲王，女为内亲王；五世以下，男为王，女为女王。

第三十二条　天皇由支系入承大统时,其皇兄弟、姊妹之为王及女王者,可特宣赐亲王、内亲王之号。

第三十三条　皇族之诞生、命名、婚嫁、薨逝,由宫内大臣公告之。

第三十四条　皇统谱及关于前条之记载,藏于图书寮。

第三十五条　皇族以天皇监督之。

第三十六条　摄政在任之时,摄行前条之事。

第三十七条　皇族男女幼年无父者,命宫内大臣之宫寮,掌其保育。因其事宜,天皇认可其父母所选出之后见人,或敕选之。

第三十八条　皇族之后见人,限成年以上之皇族。

第三十九条　皇族之婚嫁,限以同族,或由敕旨特许之华族。

第四十条　皇族之婚嫁由敕许。

第四十一条　皇族婚嫁许可之敕书,宫内大臣副署之。

第四十二条　皇族不得为养子。

第四十三条　皇族旅行于国疆之外时,须经敕许。

第四十四条　皇族女子之嫁于臣籍者,不在皇族之列。但依特旨,可使仍有内亲王、女王之称。

第八章　世传御产

第四十五条　土地、物件之定为世传御产者,不得分割让与。

第四十六条　编入世传御产之土地、物件,咨询于枢密顾问,以敕书定之,宫内大臣公告之。

第九章　皇室经费

第四十七条　皇室之一切经费,特定常额,由国库支出。

第四十八条　皇室经费之豫算、决算、检查及其他规则,从《皇室会计法》所定。

第十章　皇室诉讼及惩戒

第四十九条　皇族相互之民事诉讼,依敕旨于宫内省命裁判员裁判之,经敕裁执行之。

第五十条　人民对于皇族之民事诉讼,于东京控诉院裁判之,但皇族使人代当诉讼,不须自出法庭。

第五十一条　皇族非经敕许,不得拘引,不得召唤至裁判所。

第五十二条　皇族有辱品位之行为,或不忠顺皇室时,以敕旨惩戒之。其重者,停止皇族特权之一部或全部,或剥夺之。

第五十三条　皇族有荡产之行为时,以敕旨宣告治产之禁,可选任管财者以代治之。

第五十四条　前二条咨询于皇族会议后,经敕裁而执行之。

第十一章　皇族会议

第五十五条　皇之会议,以成年以上之皇族男子组织之。内大臣、枢密院议长、宫内大臣、司法大臣、大审院长,使之参列。

第五十六条　天皇亲临皇族会议,又命皇族中之一员为议长。

第十二章　补则

第五十七条　现在之皇族,五世以下,宣赐亲王之号者仍旧。

第五十九条　皇位继承之顺序,皆依实系,不得以皇养子、皇犹子他之继嗣,与之相混。

第五十九条　亲王、内亲王、王、女王之品位,废之。

第六十条　亲王之家范及与此典范相抵触之例规,悉废之。

第六十一条　皇族之财产、岁费及诸规则,别定之。

第六十二条　将来此典范之条项,当改正或增补时,咨询于皇族会议及枢密顾问而敕定之。

俄罗斯宪法

千九百六年五月八日公布

首则

第一条　俄罗斯帝国唯一不可分。

第二条　芬兰公国与俄国为不可相离之部分。其内政基于特别立法,用特种之制度。

第三条　俄语之使用于海陆军及帝国官署者,为普通必须之国语。若帝国官署,使用各地方言语及方言者,以特别法规定之。

第一章　最上独裁权之本质

第四条　俄国皇帝有最上独裁权，是为天之所命，人心所当服从者。

第五条　皇帝神圣不可侵。

第六条　皇族女子从法定之手续继承皇位时，女子亦有最上独裁权。但皇婿虽与女皇帝受同等之特权，不得有皇帝尊称。

第七条　皇帝以上下两院之协赞，而行立法权。

第八条　皇帝于立法事项有发议权。上院及下院，由皇帝之发议，得修正帝国根本法。

第九条　皇帝裁可法律，其未经裁可时，无论何种法律，不得执行。

第十条　俄国内之统治权，皆属于皇帝。其高等行政部，皇帝直接使用其权。若普通行政上之事务，则委于适当之官职，依法律而以皇帝之名执行之。其人之委任，视其程度为衡。

第十一条　皇帝从高等行政之手续，依据法律，以整顿行政各部，可活动而出敕令，或发执行法律所不可缺之命令。

第十二条　皇帝为俄国外交之最高指导者，立定外交政策之方针。

第十三条　宣战、媾和及与外国缔结条约，惟皇上主之。

第十四条　皇帝为俄国海陆军之大元帅，统帅海陆军队，以定海陆军之编制。关于军队之移动、动员、教练、勤务，其他俄国之兵力、国防，皆由皇帝发敕令及命令，或以高等行政之手续。于要塞地带，并海陆军根据之居住地，制限其不动产之取得。

第十五条　皇帝宣告戒严令及其非常令。

第十六条　制造货币，定其形状者，属于皇帝之权限。

第十七条　皇帝任免大臣、委员会长、国防大臣、各部长官及其他之官吏。但后者之任免，法律定有特例者，不在此限。

第十八条　皇帝以高等行政之手续，应国务之要求，得定官吏制限法。

第十九条　皇帝授与爵位、勋章、荣典、阶级权利，并定授与之手续及条件。

第二十条　属于皇帝之所有者，称为御料。关于赠与或分割，及不能让与之财产,皆依皇帝所发之诏敕及命令。凡御料及其他财产,不负担一切租税。

第二十一条 皇帝为皇族之首长,依据《皇室典范》,处分皇帝之财产,得定宫内大臣所管理营造物制度之组织及其管理手续。

第二十二条 司法官以皇帝之名为审问,其判决亦以皇帝之名执行之。

第二十三条 犯罪人之减刑、特赦、大赦,皆皇帝命之,并于不侵臣民之利益及国民权之范围内,免征追金,或施恩惠。

第二十四条 千八百九十二年所发布之法律,即关于皇位继承之手续,皇帝之成年、摄政、太傅、即位、人民之宣誓、戴冠式、附膏仪式、教称纹章、信教之条章,应仍保其根本法之效力。

第二十五条 《皇室典范》虽保有根本法之效力,然皇帝得以前记之手续,设订增补之。但其关系不能及于一般法律,且限于国库不别增经费之范围。

第二十六条 皇帝依高等行政之手续,或亲自发布之诏敕、命令,若须加入大臣、委员会长及与有关系之国务大臣,或各部长官之副署,则经元老院发布之。

第二章 俄国臣民之权利义务

第二十七条 俄国臣民所得权利之条件及其丧失,均以法律定之。

第二十八条 俄国臣民,有拥护帝室祖国之神圣之义务。凡男子不问其阶级如何,从法律所定,均就兵役。

第二十九条 俄国臣民,从法律所定,有纳税之义务。

第三十条 不论何人,非依法律规定之手续,不得逮捕之。

第三十一条 不论何人,非依法律不能监禁。

第三十二条 不论何人,非现行法律所指定之犯罪,不受审问及处罚,但依新布法律,认为犯罪之时,不在此限。

第三十三条 各人之住所,不得侵入。除法律所定外,未经住所主人之许诺,不得取调或搜索之。

第三十四条 俄国臣民有自由选择居住、职业、处分财产,并自由旅行国外之权利。但次特别法律制限之时会,不在此限。

第三十五条　所有权不可侵。凡不动产因国家及公益上之不得已，而强制收用之时，必与以公平适当之赔偿。

第三十六条　俄国臣民于不抵触法律之范围内，有不持武器、和平集会之权利。其集会之条件、闭会之手续，并会所之限制，以法律定之。

第三十七条　各人于法律所定之范围内，以言论著述吐露思想，有得用印刷物或其他方法，以传播之之权利。

第三十八条　俄国臣民于不抵触法律之范围内，有设立团体协会之权利。其设立之条件，行动之手续及国家付以法人权之条件手续，并其团体协会闭锁之手续，以法律定之。

第三十九条　俄国臣民有信教之自由。其行使此自由之条件，以法律定之。

第四十条　居住俄国之外国人，与俄国臣民，得行使同一之权利，但法律所定之制限，不可不遵守之。

第四十一条　本章所列记之条规，其适用于宣告戒严令及非常令之地方者，则依特别法律之所定。

第三章　法律

第四十二条　俄罗斯帝国，依以成规手续所发布之法律，而统治之。

第四十三条　法律之效力，无俄国臣民与外国人之区别，凡居住于俄国者，一体及之。

第四十四条　无论如何新法律，未经两院之协赞，不得发布。未经皇帝之裁可，则不生效力。

第四十五条　于下院之停会中，因须审议立法手续，而生非常事件之时，上院得直以此旨申奏于皇帝，但须限以根本法。若为两院之制度及其议员选举法、影响所不及事项，苟有关系于国务大臣、各部长官，则于下院开会之后，两月以内，对于前记处置，提出议案。若两院中之一，反对其提出之议案之时，则前记处置，自应失其效力。

第四十六条　因一地方人民特别发布之法律，于新公布之一般法律，无废止之规定者，则仍不失其效力。

第四十七条　凡一切法律，其效力以及于将来为原则，但法律之规定,关于过去或旧法律之追认及止于说明者,不在此限。

第四十八条　元老院保管一切之法律。

第四十九条　元老院以成规之手续,发布法律。凡一切法律,非发布后不生效力。

第五十条　立法之规程、其刊行之手续,凡与根本法之规定相违者,不得发布。

第五十一条　凡法律于明文指定时期,则及其期始生效力。若时期未定,则于元老院刊行之法律印刷物,到其地时,始生效力。所谓时期,必于法律未发布之先,有以电报或特报,命其执行之旨,指示于明文者。

第五十二条　凡法律非仍以法律之力,不得废止之。故现行法律,未至新法律相代之先,得保有圆满之效力。

第五十三条　凡法律以成规之手续发布后,无论何人,不得以不知之故,而妨其效力。

第五十四条　海陆军省之建筑部、技术部、经理部,关于官署官吏之条例、规则,于将校会议,或提督会议,查定上奏,应候皇帝之裁可。但其条例规则,绝不关系一般法律。而其经费,有以海陆军省预算所生之储蓄金,为偿还之性质,无须从国库支出。若该省于前记经费,不能支出之时,则依成规之手续,于请求支出所需之经费后,听候敕裁。

第五十五条　关于海陆军军法裁判之法令,依规定于海陆军法律之手续,已发布之。

第四章　上院及下院

第五十六条　上院及下院,每年以敕令召集之。

第五十七条　上院及下院,其会期之延长及停会之期限,以敕令定之。

第五十八条　上院以敕选议员与互选议员组织之,其敕选议员,不得超过互选议员。

第五十九条　下院以俄国人民被选举之议员组织之。其议员被选,基于选举法之规定,任期五年。

第六十条　上院得就敕选议员之资格而行审查,下院对于民选议员之资格,亦行同一之手续。

第六十一条　上院议员,同时不得为下院议员。

第六十二条　互选议员任满,以敕令行再选举,一变上院之组织。

第六十三条　下院议员任满,先以敕命解散下院,而再选举及召集之期,亦以敕命定之。

第六十四条　上院及下院,有均等之立法权。

第六十五条　上院及下院,依法律所定之手续,得提出现行法律之废止,或新法律发布之建议案,但必由皇帝发议,方得变更之根本法,不在此限。

第六十六条　上院及下院,遵循法律所定之手续,对于国务大臣、元老院所属之各部长官,或国务大臣、各部长官所管之官署及官吏之所为,认为不法之时,得为质问。

第六十七条　上院及下院,得就所揭于议院规则之事项,讨议管掌之。

第六十八条　通过下院之议案,应移于上院。其由上院发议而提出之议案,先付于上院讨议,经其议决后,乃移于下院。

第六十九条　于两院否决之议案,应即作废。

第七十条　由上院或下院之发议提出,而未经敕裁之议案,可附于一会期中再议。其为上院、下院一旦不能决之议案,若未有敕命,则可不再行提出。

第七十一条　两院均可决之议案及由上院提出而通过下院之议案,应经由上院议长奏候裁敕。

第七十二条　当审议国家岁出入之豫算,对于国债及其他俄国已经承诺之条约,不得否认或减削其支还额。

第七十三条　上院及下院,于宫内省及其所属之官署经费,若不超过千九百六年度豫算之定额,则不必讨议,依《皇室典范》之条规,于前记经费所生之变动,上下两院,亦不附于议事。

第七十四条　于会计年度之初,岁出入豫算不确定之时,则前年度之豫算,可有效力。至于新豫算公布,依大臣委员会之决议,国务大臣及主要行政部,得支出不超过豫算总额十二分之一之金额。

第七十五条　各省遵循高等行政之手续,依法律而为战时之需用及战争前之特别准备,得为豫算外之非常支出。

第七十六条　以豫算或补充豫算外之经费之目的,募集国债,应依岁出入豫算认可之手续,在七十四条规定之范围内,而为偿还经费募集国债之时,或为补充经费而起国债之时,皇帝以高等行政之手续,加以裁可。其募集之时期,亦以同一之手续定之。

第七十七条　关于海陆军军人临时补充之法案,提出于下院后,至五月十四日,不能经成规之手续,发布该法律之时,由皇帝于不超过前年度所定人员之程度,召集补充兵。

第五章　大臣委员会、国务大臣、各部长官

第七十八条　大臣委员会,从法律之条规,关于立法及高等行政诸事项,统一国务大臣及各部长官之行动,而定其方针。

第七十九条　国务大臣及各部长官,同时为上院或下院议员之时,会得与于议决。

第八十条　大臣委员会、国务大臣、各部长官及以法律规定之官署,其所发之章程、训令及处分,不可抵触法律。

第八十一条　大臣委员会长、国务大臣、各部长官,就其经过一般之国务申奏于皇帝,对于其各自行为,而负责任。

第八十二条　大臣委员会长、国务大臣、各部长官,有不遵行法律者,民事上、刑事上之惩罚,不得免之。

日本法学家论清末民初法律问题

国际公法

法学博士中村进午答

癸卯六月,余等卒业于早稻田大学,归国有日,因历访此邦政界、学界各名流,就我国应用问题,叩其意见。惜时促言短,不尽所怀。然他山片石已有足珍者,恐或遗忘,乃撮录之,以为记念焉。

金邦平、唐宝锷同志

问:各国由国际法上,视中国是何等资格? 准其入万国公法乎?

答:中国欲入万国公法,本无不可。但国家入万国公法,须有入万国公法之程度,乃有入万国公法之资格。公法家之论万国公法,向只称西洋,不及东洋,如俄之马路天司是也。德之利司托论公法,允日本入,而不允中国入,盖以中国制度不整,虽与以入万国公法之名,尚不能行万国公法之实。即以光绪二十三年入《赤十字条约》之例视之,有入约之名,而不能行约之实。且并约之不能遵守,故不得与欧洲文化同视。夫国之入万国公法,在事实而不在形式。1856 年,土耳其之入万国公法,有《巴黎条约》公认。至日本之入万国公法,虽未经各国立约公认,然默许已久,未见有违言。故各国之谓中国不能入万国公法者,乃谓中国程度不及,非谓永久不能入也。中国而欲入万国公法,在乎养成实力。否则,各国虽予之入,亦如曩者之入《赤十字条约》,有其名而无其实,深为中国惜之。

问:中国之不能入万国公法,虽云程度不及,然程度非一时可以造就。敢问其重大理由安在?

答:一、国多暴乱,异视外人,二者皆足以危外人之生命财产。外人之生命财产既不得安固,外国自不能将中国视同一律矣。故中国而欲入万国公法,当去中外之见,乃得享大同之福。

二、无论欧洲文明法典,各国法典,势难皆同。然立法当合文明制度,中国之法律已不适于今日中国之国民,更不容于今日文明之世界,安能远服西人? 故外人有治外法权之设。国之真得入万国公法,实在去外人治外法权之后。中国而欲入万国公法,当先图去外人治外法权。欲去外人治外法权,尤当先定一神圣法典,务合于今日之文明制度。法典既成,即使不能去治外法权,而国家程度已高,法律为各国公认,则入万国公法易矣。试观暹罗与各国所立条约,无以俟暹罗旧律全革,新法典出后,乃撤去治外法权为词。可见法律之不修,不但为入万国公法之阻碍,并为治外法权之口实矣。

问:中国内乱未定,其势若大,按照交战团体之例,能免各国干预乎? 设令政府有乱亦然乎?

答:万国公法,是征之事后,作为参考;事前恃以为例,未必安有把握。各国之对付中国所施政策,尤属可怪,往往因其利害,利用公法,欺骗中国。如内乱势大,按照交战团体之例,各国本不能干与。然今日情形,各国视中国如俎上肉。中国不动,尚可延缓;中国有乱,适足以启其瓜分机会,定来干与;政府有乱,亦如之。盖势力相等,信守相若,乃有公法。中国对外政策,向不遵守公法;按以势力,又相悬隔。故各国之对中国政策,多有出乎公法之外者。中国欲免此祸,当镇定内乱,上下一心,实行改革,造为文明地步,无与外人干与口实,为当今第一要着。

(《政法学报》,1903 年第 3 卷第 2 期)

国际私法

法学博士山田三良答

问:国内有治外法权,国际私法可以实行乎? 敢问日本行国际私法之沿革。

答:治外法权与国际私法两不相立。国内有外人之治外法权,国际私法便不得实行。日本从前外人有治外法权时,只作为学问研究,以为实行私法地步。盖国际私法能使国民知治外法权之碍主权,唤起其收回治外法权之念,国民所当深究者也。

问:收回治外法权,实行国际私法,要何程度? 用何方法?

答:波斯、土耳其、支那、朝鲜等国,外人均设有治外法权。欲撤去之，当一面造就国家程度，一面改定法典及裁判制度，并考察各国私法（如民法、商法），洞悉彼此立法宗旨。治外法权既撤，外人权利可以保全，国际私法乃得实行。再改定法典，从性质上尤当先改刑法。

国之程度在于国民，国民为国之一分子。分子程度若高，则国自强，故视国之强弱，在视其国民，不在视其一二元老支持国政，而即可以分其强弱也。欲造就国民程度，当先施教育，用人不拘资格，不限门阀。

国家欲行改革，当合群力，宜化满汉之分，上下一心，以拒外人。否则，自相倾轧，内乱外讧，一时起矣。既合群力，须人人有自觉之念，觉中国尚有可持，觉外人之不足惧，奋发向前，勿因俄人恫胁而生畏惧，致挫改革之志。今日中国所当先为者，在乎改革政治，以公平之心，开发利源，利用国民经济。俄人毫不足惧，俄国人口不及中国四分之一，人种有八，国民阶级区别较诸中国愈甚，而日见强盛者，政治整齐、财政修理而已。中国亦只须推导孔教，集合群力，以期国家统一，何畏乎欧美？何畏乎俄人？日本当日改革，亦如是也。

问：中国文明稍迟，恐即欲改革政治，外人以外交手段，压迫我政府，将如之何？

答：国家海禁大开，列强环视，而不自省悟，文明不增进，便有灭亡之惨。中国处此情形，乃始奋发，已是极进之时，外交之压迫，在所不免。惟有将压迫最甚地方（意指东三省而言），作为通商口岸，或作为各国公共之地，使外人互相牵掣，而我谨慎外交，实修内政，于枪林弹雨之中、列强刀俎之下，行我改革之实。此情此境，良堪痛心。中国通商数十年，文明日见退步。虽云中国不自省悟，不自奋发，而未见欧美政府以忠言相告，外人不为中国忧而为各国喜者，何也？中国之强，列国之弱也。列国惟恐中国之不即弱，不速亡耳，安有望中国独立称雄之心乎？日本同种同文，蕞尔邻居，不免兔死狐悲之慨。故余将欧美人对中国人心思，一言道破。

问：国际私法，究竟作为国际法乎？抑为国内法乎？并问日本国际私法之主义如何？

答：国际私法之主义，各国不同。因其主义之不同，于是有作为国际法者，有作为国内法者。日本于各项律例，定一法例，作为总纲。国际私法之范围，即包括其中，故作为国内法。日本之适用外国法律，系择取外国法律，作为日本法律而用之，大概国际私法，包含于日本法律之内,由条约而定者甚少。中村、寺尾博士等,虽作为国际法之一部,余不谓然,且今日为此议论者亦不多见。英美主义较诸日本愈深一层,不认外国法律,惟将外国人之事实,合之英美法律而已。若佛兰西、意大利,作为国际法之国际私法,认外国律例,有法例五六条,作为适用外国律之原则,其实可以引用者,即外国之私法而已。

问:有等学说及立法例,何以将国际私法作为国际法之一部? 又国际私法为国内法之原理何在?

答:凡人类于私权,皆得平等享受。各国私法,除专按其国民之风俗人情及能力之发达迟速而定者外,大率相同。各国私法多有相同者,以他国之私法,视为本国法律,亦得用之于本国,是为国际私法之原理。其国际私法之为国内法,与纯然国内法之不同处,国际私法关乎二国以上之私权,故有外国法律之关系;国内法专定一国内之私权,无他国法律之关系。人见国际私法各国相同者多,故称为国际法之一部,其实其相同处,不过事实上偶然适合。其法律均系各国按其民情风俗,自行别定,不同处甚多。至若国际公法,则各国一律,一国不能自安者也。

(《政法学报》,1903 年第 3 卷第 2 期)

穗积陈重氏论礼与法

沈秉衡译

一、礼之起源

人有行为,而与之以规范者,有宗教,有德教,有惯习,有舆论,有法律,有威权者直接之命令,其种类殆不可以枚计。翻而观文化低度之社会,其规范苟能继续而普遍,则莫非为具体的且形式的也。故原始社会,凡宗教、道德、惯习、法律,举包含于礼仪之中,规范之外形比实质为重。人事百般之行为,但合其外形之范式而已。其动机、其心术,直不问其如何,故原始社会可谓之"礼治社会"。

礼也者,由爱敬及畏敬之性情而生,以显其行为之状态,而因命令、教训、模仿、暗合等,使以同一之形容,立于同一状态之下。古来学者论礼之起源,或归之自然,或归之人为。《左传》曰:"先王立礼,则天之明,因地之性。"班固曰:"则于天,象于地。"皆以礼之本源归于天者也。程子曰:"礼之本,出于民之情,圣人因而道之耳;礼之器,出于民之俗,圣人因而节文之。"此以礼之本源归于人性者也。中国多数之学说,盖以是为代表。

斯宾塞之说礼,亦斥"人为说"而采"自然发生说"。彼高等动物中,即有礼在。例如,弱犬遇强犬而仰卧,则空举其四足以示无抗之状态,或被鞭挞而垂尾下首,以表服从之状态,是皆对于强者示畏敬而慰和其心也。兽畜且然,于太古原人间,虽政治、法律之体制未备,而礼仪既存,乃所以定强弱之关系。由是言之,以礼之起原而归之人为者,亦犹以国家之起原归于人为,与主张"民约论"者,同一谬说也。

主张"人为说"之最著者为荀子。荀子以道为圣人之伪,故亦以礼仪为圣人之伪。《性恶篇》云:"古者圣王以人性之恶者以为偏险而不正,悖乱而不治,以是为之起礼仪,制法度,以矫饰人之性情而正之,以扰化人之性情而导之。"又云:"礼仪者,是生于圣人之伪,故非生于人之性。"太宰春台之《经济录》中说:"礼之起源,亦归之于人为,以为礼者制人之欲,防止争夺而生者也。"其所论殆即祖述荀子之"隆礼论"也。

关于礼之起源,"自然说"与"人为说"虽冰炭不相容,及详察其论旨,两者之所争,不过异其着眼点,非必见解之相反也。"自然说"者论礼仪之原力,"人为说"者说礼仪之原容,是故欲由原力观察之,则依"性善说"而礼为善性之表,依"性恶说"而礼因性恶而生,皆可以礼之起因为存于人之性情,欲由原容观察之,则得云人为。以其为行为之外形的样式,故若以礼为形式的规范,而论其本体之起原,则其仪容之固定,不得不归于人为,或出于君主、族长、父老、僧侣、圣贤等之创意,或成立于多众者间之习惯。周公旦之制礼,叔孙通之定礼,属于前者;而叩头、俯伏、握手、脱帽之礼,属于后者。

由是言之,礼仪之起,自然也;礼容之成,人为也。礼仪存在之原因,于社会发展之初期秩序的共同生活之必要也。至于礼容之定,虽得云基于人之性情,而基于人情以定形式的规范,而有社会的制裁者,则个人或多众也。王安石曰:"礼始于天,而成于人",可为至言。

二、礼之本质

礼虽为行为之容式,至形容之固定,与容式之遵依,则于其实体不可不有精神的威服力，或对于其创造者之畏爱，或对于其表彰目的之崇信。君主及圣贤所定之典礼，祖先传来之遗礼，有人的威服力；宗教的礼仪，为信仰之表彰；伦理的礼仪，为德义之表彰，而皆有物的威服力。故广而言之，礼为道义之表彰，可谓之有形的宗教或有形的伦理。《典礼全经》云："礼之体，道德仁义而已矣。"荀子云："仁义礼乐，一而已矣。"皆以礼为德之形，德无形而难见，故借有形之仁义爱敬等据为一定之方式，而纳之于行为规范之中。

三、礼之规范

礼者，道之表彰，而行为有形之模范。当社会发展初期，人民蒙昧无智，不能依抽象的原则以规制其行为。苟进而营共同生活，则其最必要且最便利者，非以具体的设其仪容，则必不能维持社会之安宁。是故由君臣、父子、夫妇、兄弟、朋友之关系，乃生冠、婚、葬、祭、居所、衣服、饮食、器具、言语、容貌、进退周旋之事，而人世百般之事项，举莫不入于礼之范域。欧阳修之言曰："民之事一莫不出于礼"，即此意也。

《周礼》为周公之遗典，周公治天下之大经大法也。周之百官，配天地四方而载其职司，关于宗教、道德、风俗、法律者，靡不网罗，典章灿然，于今为烈。其果为周公所作？虽未可征信，而足以见上古之所谓礼，其范域至广且大，殆含社会上当然行为之全部矣。虽然，此广大之礼，在原始社会未惯秩序的生活则然耳。及其渐惯，智德稍进，应于事物之性质，而为适宜之行动，则制驭人之行为若机械然，大悟其不可。而礼之为物，但能使社会变化无极之事情，以不变之行为为标准。迨人之自治智能日益发达，则固定之礼式不能尽达其行为之目的，且于人文之进化不无所障害，故礼之范围与智识之发展为反比例。人文倍进化，则礼之范围倍缩小，而朝仪、冠、婚、葬、祭、军事、社交等，不过古代盛仪之一斑，尚遗留陈迹于今日耳。

四、礼治、法治

礼为人类最先之统制力。当宗教、道德、法律未化分时，既表彰社会于形式，而为行为之规范。故无论何社会，礼治必先于法治。哀利斯（Ellis）《薄利难兴探险志》（Polynesian Researches）谓："大以基人中，无裁判所，而有精密之礼仪，对于神明、对于首长，而一切社会之关系，皆依之而定。"是表示原始社会之状态，其实质虽不存于法规，而皆包含于礼之外貌中,以礼之一部而存,非以法规而行者也。

礼治之先于法治,其事实于中国历史为最著。唐虞三代之礼治,不过存法制之端绪。周之时,礼治极盛。强秦统一,则依法治而礼治一蹉跌。汉兴,法制之治大备。然以当时学者有尚古之癖,以唐虞三代为黄金之政。秦汉以降,谓法令为浇季,尊礼乐,贱法律,称商鞅、韩非、申不害之学派,为刑名法术之徒,尽力摈斥之。若是者,盖由于儒家之理想以为仁义道德足以化民成俗,不悟道法相待之理,遂使唱导法学者失后世之同情。观之历史,盖无足怪。

周室衰微,天下大乱,孔孟之徒,欲挽回周之礼文,以经纶天下。孔子云:"道之以政,齐之以刑,民免而无耻;道之以德,齐之以礼,有耻且格。"又云:"安上治民,莫善于礼。"非必贬政刑而偏废之。圣人之教训,以德化为旨,固当然之言也。而其所谓礼治者,仅存于理想,亦可由此言而知。《礼记·祭统》云:"凡治人,莫急于礼。"《乐记》云:"礼至则不争,揖让而天下治,礼乐之谓也。"《礼运》云:"治国不以礼,犹无耜而耕也。"荀子唱隆礼论,而主张礼治者益众。其实秦汉以来,既移于法治时期,徒于理论上,误以法律为礼之补助作用,遂为学者所轻。千余年间,不能见其法制之发达,为可惜也。

礼治之先于法治,为自然之顺序。于人类共同生活之初期,对于神明、祖先之威灵,以至首长、族长、家长、父母之权力,为社会凝聚力之中心,发于崇敬之行动,而其行为之形式,固定而不移。是此表彰之形式,不啻为法律之潜势力,亦理之可信者。

五、礼法分化

于文化低度之社会,礼之范围极广大,直包含一切之规范;法未至独立存在时,仅居礼之一部。自文化发展,则礼与法渐分化,法始脱礼之区域而独立,具社会规范之礼制矣。

礼、法二者,皆示行为之仪表而使人由之者也。其所以拘束人之自由意思,而得为行为之规范者,盖礼仪及法则之基础,以社会力而有超越个体力之优势故。虽然,其社会力之可以为礼、法之基础者,则二者未必尽同。礼为宗教,道德之表彰,或为信仰之仪容,或为伦理之形状,或为社交之秩序,故礼之所以规范者,以宗教、德教之表彰也。若夫法则依国家之权力而存,依国家之权力而行,故法之所以规范者,以国权之表彰也。故礼、法虽皆要求适合于行为之准则,而对于其违反之制裁,则异其体样。礼之始,含社会的当然行为之全部,其对违礼行为之制裁,亦依其行为之性质而不同,有但招士君子之讥者,有受社交上之摈斥者,有蒙宗教上之责罚者,有触君父长上之谴怒者。故于社会之初期,对于违礼之制裁,虽现种种之状态,自国家之礼制渐备,政权亦倍张,而于礼仪中之必要强制其遵守者,以政的权力使违礼者至于蒙责罚,是为礼、法分化之第一步。

对于违礼行为之制裁,其用政权的也,始于礼之何部分乎? 此虽难于断定,然概言之,当始于违礼行为之足以弛国家凝聚力者,庶或近之。夫对于父祖之爱敬,一家之凝聚力也;对于族长之尊敬,一族之凝聚力也;对于君主社稷之崇敬,一国之凝聚力也,而惟礼足以表之。故于原始团体,凝聚力之强弱,则对于中心之首长与神,以其服从之程度为准。苟缺敬礼,则为不从顺之征,而大以弛国家之团结力,小以殆一家之基础。无论何国,其以政的权力加之以制裁者,常始于对首长之大不敬行为。汉叔孙通制礼,高帝于长乐宫起朝仪,始行新定之礼,如御史执法,举不如仪者辄引去(《史记·叔孙通列传》)。是已以礼仪之关于朝廷者,藉公力制其违反,盖自国家机关之具国权作用之发达,则礼之关于公事者。至以国家之权力加制裁于违反之人,礼仪之规定乃渐变而为法律之规定矣。

中国示礼、法分化之思想者,莫如荀子、管子。盖荀子表礼治之终端,管子表法治之始端,而前者以儒家而近于法家,后者以法家而近于儒家,其相去仅一步耳。荀子之隆礼论,由礼之末以及于道德仁义之本,欲先整其形而正其心,与法家之以形制心,其主义可为两端相接。故荀子虽以礼治为理想的治术,未必不涉及法治。其于《疆国篇》《天论篇》《大略篇》谓:“国之命在礼,人君者隆礼以尊贤而为王,重法以爱民而为霸。”于《富国篇》谓:“由士以上则必以礼乐节之,众庶百姓则必以法数制之。”是虽以礼为上治而法为下治,然其于礼治有所不及者,不可谓非其特识也。

荀子《性恶篇》曰:“人之性恶,故古者圣人以人之性恶以为偏险而不正,悖乱而不治,故为之立君上之势以临之,明礼义以化之,起法正以治之,重刑罚以禁之,便天下皆出于治,合于善也,是圣王之治而礼义之化也。今尝试去君上之势,无礼义之化,去法正之治,无刑罚之禁,倚而观天下人民之相与也。若是,则夫疆者害弱而夺之,众者暴寡而哗之，天下之悖乱而相亡，不待倾矣。”此言足以示礼、法分化之遇程。荀子虽以隆礼治天下为主旨，见外部强制之必要，化礼义之用，而与法正刑罚并称，故即以隆民而上不可无君上之权势，下不可无法正刑罚。又谓“众庶百姓，以法数治”，是明知，但以礼治天下之不可而认礼刑相倚之必要。其学说盖代表礼、法分化之时期，可以示礼治之终期，于兹益信。

管子之书反是，乃代表礼、法分化之过渡时代，而示法治之始期者。《五辅篇》曰：“民知德，而不知义，然后明行以导之义……民知义，而不知礼，然后饰八经以导之礼……民知礼，而不知务，然后布法以任诸力。”是义由德出，礼由义出，而法亦由礼出之意也。《枢言篇》：“人心悍，故为之法，法由礼出。”其意亦同。然管子之说礼也，亦与先贤异，以法为治道之本，是法治为主而礼治为从。《管子》十八篇极论法制经济，而其说礼义也，或不免太粗。《牧民篇》曰：“礼义廉耻，国之四维。”《君臣下篇》曰：“礼为正民之道。”《侈靡篇》曰：“礼义者，人君之礼。”此皆以礼之治民为必要，而治道之本则又归之于法，《明法篇》曰：“法者，天下之至道也”，“万物万事非在法之中者则不动”；“以法治国举措而已”。《任法篇》曰：“圣君亦明其法而固守之”；“尧之治，善明法禁之令而已矣”，“皇帝之治置而不变，使民安其法者也”；“君臣上下皆从法，是之谓大治”。管言法治，无异荀之隆礼。管、荀之后，法家斯盛。当强秦并六国一天下也，专依法治。一旦蹉跌，汉以之为戒，则礼治其名而法治其实。约法三章，使叔孙通制礼，未几而作律九篇。是为礼法并行，实则去礼治而入法治之端绪也。汉既采兴礼名法实主义，观乎宣帝之言曰：“汉家自有制度，本以王霸之道杂之，奈何纯任德教用周政乎？”又和帝时，陈宠校定律令，以罪数为三千，是盖礼义三百、威仪三千之意，使其数合于礼。此皆足以征明者也。

至唐，则礼、法之分化愈明。法制愈备，至有律、令、格、式之别。太宗时有《贞观礼》，高宗时有《显庆礼》，元宗时有《开元礼》。虽礼典大备，其所称“五礼”，如吉、宾、军、嘉、凶，以比之古代，则其范围颇狭小。而礼之中以公力为制裁者，多入于律、令、格、式之中。唐以降，治国之实，虽依法治，而学者至今犹以礼为本、法为末者，理论上不能纯然见礼、法分化而已。欧阳修《礼乐志》论曰：“由三代以上，治出于一，而礼乐达于天下；由三代以下，治出于二，而礼乐为虚名。”叙中国礼、法分化之过程者,不得不推为适切之言。

印度法系基本法典之《麻奴法典》者(Manava Dharmasastra)亦出于礼典。依马克密雷氏 Max Müller 之考证,则如麻奴之诗体法典,出于短句体经典。而短句体经典中,其最重要者是为喀尔拍斯托拉(Kalpa Sutra)。喀尔拍斯托拉者,即礼典。而其种类颇多,婆罗门教徒之名族,常各有其一族之经典。而其经典之题号,或冠以编者之名,或用其礼典属家之姓。故《麻奴法典》者,即出于 Manava 家礼之喀尔拍斯托拉者也。而短句经则由于《祭牺经》(Srauta)、《清净经》(Saniskaras)、《律法经》(Samagakarika)三部而成。至于后世,以其第三部分而为法典,故《麻奴法典》不可谓非由礼典分化者。

罗马最古之法令,亦无不由于礼典。其所称雷其斯来期者(Leges Regiae),概皆关于宗教的礼典云。

由是观之,今之法存于古之礼,伴人文之发展、社会之统制力,以变其体样,而至于礼、法分化者也。例如,《周礼》《仪礼》《礼记》三礼典所载,其祭天地、鬼神、宗庙之礼,天子、诸侯、卿大夫、士、庶人之爵禄、班位、职司、民级、封域、华夷之别,及贡租、教育、听讼、断狱、养老、赈恤等事,公法所由出也;冠婚、葬祭、父子、夫妇、亲戚之礼,私法所由出也。故祭祀礼、朝觐礼者,宪法、行政法之渊源;士冠礼、士昏礼者,民法之端绪;聘问礼者,国际法之萌芽。莫不随国家的礼制具,而社会力变其体样,遂至有礼的规范与法的规范之别。

（《法政杂志(东京)》,1906 年第 1 卷第 1、2 期）

读《大清商律》

蔡承焕译

近世潮流,势趋商战。研究商法,尤为今日要图。此编为日本商法专家松本学士读我商律而作,散见于《法学协会杂志》中者,于条文、法理颇多攻错,实极有关系之文,译之以饷世之研究商法学者。

译者附识

绪言

入二十世纪以来,虽不数年,余辈商法专攻家,所可刮目注视于二大立法而欢迎者:一俄国之新《手形法》,一《大清商律》是也。前者以1902年5月27日裁可,次年1月1日施行者也;后者为光绪二十九年十二月五日所裁可者也。

清俄两国,一以领土之膨大,一以人口之繁多,为世界冠。故欲观其效力及于地域之广狭与支配人民之多寡,则此两法律当视为最要。且此两国者,一为欧洲半开之国,一为东洋最旧之邦,故欲观其新立法之程度若何,与文明诸国法律相触接否,世界方注重商法,于此两法律亦表倾向否,比较而研究之,尤最有趣味之问题也。今者俄与我为干戈相接之敌国,清与我为唇齿辅车之友邦,我国民之对于此两法律,尤不能无所刺激。惟俄与我只为接壤,通商贸易犹未频繁,于彼法律之改废尚可视为秦越。若清国则瀛渤之隔,一苇可航,有无相通,长短相补,诚商业上之一联邦国,若出于先天之命运者。然因是彼商法之制定,对于我国民实有紧切之利害关系,直与我国法之制定无异也。俄国《手形法》,则德之壳挨以士南洛氏及拿以勃堪尔氏,既于"辩哑特修密脱"《商法杂志》第五十三卷译出之,而施以注解矣。而于《大清商律》,尚未闻有此举也。余不自揣,妄为评论,学者有以不正确讥我者乎?余愿足矣。

曩者我新商法告成,译文行世,德人勒庵满氏于其《商法杂志》中,即批评其前三编。至近日稿完,夫氏为"哈鲁勒"大学教授,其批评又亘数年之久,不得谓为轻易起草也。惟彼于我之民法及一般法制未必通晓,加以不能读我原文,仅见不完全之译本,故浅学如余,尚觉其谬误之处,可摘甚多,知批评外国法,非易事也。清国一般法律,未能周知,此篇谬误,实可豫信。识者叱正之,幸甚。

本论

《大清商律》,共成两部:(一)《商人通例》,(二)《公司律》(会社法)是也。其余部门,闻渐次拟定云。凡编纂商法之形式,各国法之主义有二,即商法典主义与非法典主义是也。英、米、斯康其拿皮亚及瑞西诸国,则各种单行法有之,统一之商法典亦有之,是采非法典主义也。欧洲大陆、南米及其他多数诸国,殆皆商法典主义,以成独立之商法。《大清商律》亦此主义,惟依法典编别之方法,更观商法典主义之分类,则德法系与佛法系有别。

佛商法则分商业一般、海商、破产及商事裁判四编。如会社及手形，则规定于第一编中。荷、比、意、西、葡及其他诸国，虽编别方法不无少异，然《破产法》必为商法中之一编，会社及手形则必置于商事契约、商业一般或商行为等编中。此佛法系同一之点，日本旧商法法系属也。反之，德国商法则分商人、会社及匿名组合、商行为、海商四编。其关于手形者，别设《手形条例》；关于破产者，则置《破产法》。虽与今日奥国所行德旧商法及匈商法编别之方法有异，而关于会社之规定，则独立一部门。手形及破产之规定，则不存于商法中，实即德法系一致之点。日本新商法效之。《大清商律》编别方法之如何，兹以未全，尚难豫测。然观其《公司律》为独立一门，则其所采法系，虽未必属于德，而可决其不属于佛。余于是开陈一新案，乞《大清商律》起草者之一顾。

以余所见，德、奥、匈、日本各商法之编别，于学理之根据上，非不整然可依，然实际之便益上，则拘牵迁曲，于规定疏密之权衡，反多缺憾。例如《日本商法》第四二条以商行为之营业为目的，所设立之社团法人为会社，而《民法》第三五条，谓以商业以外之营业为目的之社团法人，皆准用关于会社之规定。又，《商法》第一条只限于商事，可受《商法》之适用，而《商法》中关于手形之规定，凡商人以外，一般人民间手形取引，适用之必要上，则曰关于手形之行为，视为绝对的商行为，如《商法》二六三条第四号是也。

又，《商法》以商行为为目的，而仅供航海之用者，为船舶可使用第五条之规定。（见五三八条）而（明治三十二年法律第四六号《船舶法》第三五条）则云："虽不以商行为为目的，而苟供航海之用者，亦准用《商法》第五编之规定。"诸如此类，于学理上虽极巧妙而却无实益，反陷人于误解。更就分章定节言，《日本商法》于"商行为"编中有运送、保险、仓库、寄托等规定。若依沿革与理论上，必欲周密详尽，则实有独立一部门之价值，而非一章一节足以了之者。但此缺点，亦非仅日本为然，而为采商法典主义的各国法之通弊。《大清商律》幸在半成，《商人通例》与《公司律》各自独立，不相联络，乃参酌英国单行法主义之长处，而用商法典主义者也。故苟部门类别不偏于学理，惟注意于实际上之便宜，则异日商律完成，为廿世纪之新立法，非于世界各国商法以外自成一新机轴耶？

商人通例

《商人通例》有九条，其分章节也，曰商人之意义，曰商业能力，曰商号及商业账簿。而以《日本商法》总则编对照之，则法例、商业登记、商业使用人及代理商四节之规定缺如也。

观《外国商法》第一编之初及《法典》之总纲，与日本法例同者，则德国旧商法之外，匈、意、葡等国是也。沿佛国法系之多数商法则异是。又德国新商法，则上所述各规定，皆置之施行法中。《大清商律》若采余之新案，亦不必与我国之法例相同。

认商业登记为必须，有一般之规定，此不独日本商法为然，即德国新旧商法及匈、西、葡诸国商法、《瑞西债务法》，亦莫不然。其他各国法，依各种事项，认为关于会社之制度，而不以为一般之规定者。《大清商律》亦认登记在《公司律》中，其他则有光绪三十年五月二日所裁可之《奏定公司注册试办章程》，为关于会社登记之特别规定。余故附论商业登记于本编之末，以见法理之一斑。

我国商法之外，德新旧商法及匈商法，皆有商业使用人之规定。意、西、葡诸国商法及《瑞西债务法》，主要之处，皆从代理关系着眼，而设关于商业上代理人之规定。佛商法则反是，无一切使用人之规定。比、荷及其他佛法系诸国皆同。我国商法以支配人为使用之一种，即德法系诸国所视为商业上代理人者也。故是等诸国法，虽无有使用人之明文，而于支配人则早已认之矣。意、西、荷诸国之商法，认代理人有广泛之权，实则与我支配人不同。佛商法及佛法系诸国则全不认有支配人。《大清商律》于会社中，有总办及总司理人，由董事局所选任，而定期报酬给料，受命以掌会社之事务。若不胜任而舞弊，则董事局得以解其任云云，是亦有使用人之一种规定也。（《公司律》第七七条、第九五条、第一〇七条）而所谓总办及总司理者，于处理会社常务外，其他法定权限，如《公司律》第五九条、第六〇条、第七〇条、第七八条，则异于通常之使用人，而与支配人略相似也。故关于其权限，较之我《商法》第三十条之规定，实无有存者。虽然，欲保护会社取引上之公益，则是等使用人之代理权当有特别规定，不得任意撤回或制限之。不惟是也，会社以外之一商人有广泛之代理权，而如支配人者，亦当认为使用人。此商业进步发达之必要也。不知清国于从来商惯习上，果有若是之使用人乎？有之，则商业上代理自当设有规定，法典中不可失此好方法而不采也。关于代理商之规定,为新发明,仅我国新旧商法及德国新商法等二三法典认之耳。若清国自昔而即有此制度也,法典中其采之也可。

他如德商法第一编中,关于仲立人之规定。若《大清商律》采余所述新编纂方法,则关于商业上之代理、取次及仲立之规定,可括为一部门,但运送取扱营业,学理上属于取次之一种。虽我国商法从德法系,已视为问屋之变态(《商法》第三二一条第二项),而重实际之便宜,则尤当效意、西、葡诸国商法,不可纳此于运送规定中也。

第一、商人之意义

关于商人之意义,立法例大别为二:佛商法、德旧商法及其他各国,殆先规定商行为,别为一部。而商人者,即以商行为为营业者之谓。我国新旧商法,皆此主义。(《商法》第四条)然德之新商法,则已弃其旧而新是谋矣。举其规定,可为商人者,有三种:

(一)与我商法所列举之商人同,即因营业而为商人者,学者加之以自然的商人、纯粹的商人、直接的商人等名称。

(二)因于登记而为商人者,学者加之以人工的商人、假拟的商人、间接的商人等名称。但此第二种商人中更分两类:(甲)被强制而登记者,(乙)任意之登记者是也。此种商人必要商人的设备,虽营业者非营商业,亦必须登记。既有登记,即因之为商人。又农业者或商业者,虽不被强制而当法律有特定之时,则亦必须登记。一有登记,则亦因之为商人。

(三)株式会社、株式合资会社、有限责任会社及产业组合等之社团法人,不问其目的事业在商业与否,但其组织上当然以为商人,学者加之以假制的商人、形式的商人等名称(德《商法》第一条乃至第三条、第二一〇条第三项及1892年4月20日《有限责任会社法》第一三条第三项、1889年5月1日《产业组合法》第一七条第二项)。虽然,于商业者外,凡须商业的设备而为营业者,概视为商人。此不自德国新商法始。如《瑞西债务法》,凡依商人的营业者,必与商人同为商号之登记,有登记商号之义务者,同时有设备商业账簿之义务。(《瑞西债务法》第八六五条第四项、第八七七条)《德国新商法》则采《瑞西债务法》之制度者也。且西、葡旧商法,为商人者,皆须登记。因登记而取得商人资格之制度,乃第二种之商人所由置设也。余之立法论,则欢迎德商法新主义。盖"商业"一语,学理上不可视为一定不动之主义,故商业之观念,若仅因营业目的所行为之，实质上不能定也。参酌营业之方法设备，而从普通习惯语之意义以定之，此外别无他道耳。

《商人通例》第一条定商人之意义，曰："凡经营商务、贸易卖买、贩运货物者，均为商人。"法文简截，似可一见明晰，实则不然。试令读者注重于"贸易""贩运"二句，则为指示经营商务之形式言，必贸易卖买、贩运货物者，方得为商人。其定义实为狭隘。夫贸易卖买、贩运货物，学者所谓固有商也。固有商者，以沿革言，发生最先。随世事之进步，又发生他种商业以为之补助。例如，运送、仲立、取次、保险、仓库、寄托等，学者称之为补助商或非固有商，而补助商复随商业之进步渐增加其种类。证诸历史，昭然若揭，乃《大清商律》欲摈此补助商于商人之外，若原始的立法者，然其与时世之进运不背驰乎？读者试更注重于第一句，则贸易卖买、贩运货物，不过举商人之一例耳。不惟措辞不当，且何者为别项之商务耶？必一一规定之而后可。故《商人通例》第一条之规定，似觉不甚明了也。

若采余《绪论》篇末所述新编纂方法，则定商人、商业及商行为之观念，实为必要。虽从来各国商法不必尽然，但一思适用商号、商业账簿等规定者，果属何人适用之范围？果以何为界限？则规定商人之意义非必要，而何清国立法者而欲明定商人之意义乎？则余有一修正之意见在。

前述德商法新主义，余固极为赞赏。惟其制度须俟商业登记法完备而后可行。就清国近日情形言，则尚难应用。为今计，莫如列举一定之商行为，明商业之意义，凡以此为营业之目的者为商人。本此旨以规定法律，发命令以赋与各省督抚使发布条告，凡有别种商人，督抚有认可之权限，以稽察各地方之状况，而为适应机宜之规定。若犹以为繁也，则法律中只规定经营商业者为商人，别以训令示一定之标准，使各省督抚发布适切之条告，庶可确定商人之范围。今日《瑞西债务法》定凡为商工业及其他商人的营业者，皆须登记商号。虽然其范围尚不明确，别于1895年5月6日依例示方法，发命令以解说之，此其例也。

第二、商业能力

关于商业能力之法规，各国虽不相同，要皆属于一般法制之问题，且与其从学问上之理论，孰若应乎？实际之民情风俗，凡系可受规定之事项一一比较而评论之为愈乎？兹述《大清商律》之梗概，亦就其不视为一般法制者议论之。

凡男子自十六岁成丁后，方可为商（《商人通例》第二条），女子则以无商业能力为原则，唯于法定之处，则呈报商部，得营商业。（《商人通例》第三条、第四条）其规定如此。凡法文不可稍挟疑似之点，故明确尚也。《商人通例》第三条之规定，不明了极矣。且第三条及第四条语意，以女子为例外，故营商业时须呈报商部。然试思呈报而出于强制，果有何等之实益乎？且全国发生事件至无量数，只一商部受其呈报，恐亦不胜其繁。苟以呈报为有必要之理由，则分属于地方官厅斯可矣。又第四条云："关于妻之商业，凡有债务纷议损失时，夫不得辞其责。"然夫于法律上责任之种类果何如乎？一般法制关于妻之商业，果认夫有负担之责任焉则已，不然，则此条未尽善也。

第三、商号

关于商号之规定，德国新旧商法、匈商法、《瑞西债务法》及我国新旧商法，皆认为当然。其他诸国法，则仅就关于会社者规定之。今《商人通例》第五条，凡商人营业，或用本人真名号，或另立店号，"某记""某堂名"字样，均听其便云云，而不设何等之制限。故本非会社，而商号中可用会社的文字，本属会社而商号中亦可不用会社之文字也。

凡选定商号，立法者有二主义，即商号真实主义与商号自由主义是也。德国法系，则采商号真实主义，对于一商人之商号，制限虽觉过严，然苟非强制商人之登记，则商号之规定必不能实行。故就我国与清国现状言，用之尚不适当也。虽然，如我《商法》十七、十八两条，于公益上实为必要，苟被商律所采用，余愿慰矣。

《公司律》中，对于会社之商号加二制限：（一）后设会社之商号，不得与前设者同；（二）合资有限公司与股分有限公司之招牌，及关于贸易所用之书类等，须记明"有限公司"文字。（《公司律》第三条、第八条、第十四条、第十五条）是等规定，乃仿英国1862年《会社法》第二十条及第四十一条而成者也。唯英国法于第四十二条则云："如有与前条违反者，课罚金刑。"而《公司律》则无此规定也。

《大清商律》大概不认登记商号，因是不认商号专用权，且因是亦不认有商号之让渡，唯于会社商号，则有《公司律》第三条之保护耳。故苟有一商人用他人既存之商号，致有损其利益时，遂无救济之途。夫关于商号之保护，德商法凡小商人以外之商人，必有商号之登记。既登记，则于商法之区域内,便不得互相重复。又《商法》第三十七条及关于不正竞争业,则有 1896 年 5 月 27 日法律第八条之规定,以防止滥用。我国商法中,强制登记之处,与德商法相同,且欲得商号专用权者,亦自必登记。既登记之商号,则与以保护之处,亦与德商法同(《商法》第十九条、第二十条)。以清国现况,而欲求商号之保护也,难矣。

第四、商业账簿

关于商业账簿之事,英米法取放任主义,无直接命其作成账簿之命令。唯英国法于营职业而不设备必要之账簿,则破产者得免除命令之不利益,而受刑罚之制裁(英国 1883 年《破产法》第二八条,又 1869 年之《债务者法》)。若反乎上之所述,则欧洲大陆其他之各国法,概用干涉主义,以法律强制其作成账簿,其最严重者为佛国法,其稍宽大者则德国之规定也。我国法虽干涉主义,较德更为宽大。《大清商律》关于商业账簿之规定,略似我国而微嫌散漫。我国旧商法起草者,德人洛庵司而氏,鉴于我邦商业会社之实况,不取佛商法之严重,务为宽大,于其《商法草案》第三十二条理由书中说明之,可参考也。

《商人通例》所命作成之账簿,乃流水账簿及财产目录也。我商法所认之贷借对照表,彼则无之。佛商法则于财产目录外,虽不认有贷借对照表,而却认信书控账。德国及其他各国皆然,即落庵司而氏亦以信书控账为必要。后以我国素无使用誊写器械之风,故此项可不必备。《大清商律》于贷借对照表及书信控账均无规定,可谓适于事宜。盖商人既有财产目录,则贷借对照表亦属无用也。

《商人通例》第七条,固已命商人每年作财产目录矣,而未规定作成之时期。夫财产目录之目的,在调制目录时,明财产之景况,同时比较其旧目录,以察其盈亏。苟作成无一定时期,则不得达其目的。又第七条所云:“货物、产业、器具以及人欠、欠人款目盘查一次,造册备存”,则凡不供用于商业之私用财产,果亦包含于其中否耶?财产目录中,揭载商人私用财产者,以德、佛商学者主张法文中须明示商人一切财产之目录故也。又第七条目录中,未有附以价格之规定,此亦与我商法及德商法之异处。

《商人通例》第八条,与我商法第二十八条同。商业账簿及关于贸易往来书类,须保存十年。然其期间起算点之规定,则缺如。顾其所谓十年者,从何时起算,颇不分明。又第八条云:“苟有意外毁失等事故,则呈报于商部。"但此制度果有防止账簿之虚伪、藏匿及恶意毁灭之效力乎？且全国数千万人，若此呈报，商部果不惮烦乎？须一审也。

《商人通例》第九条铺店云者，果指何物耶？其为一商人所成立，或会社以外之铺店乎？余不能了解也。

第五、商业登记

《公司律》定各种会社之设立登记(《公司律》第二条、第七条、第十二条、第二〇条、第二一条、第二三条、第三一条、第一二六条第一号)及《公司注册章程》，定其手续均置不论(同《章程》第三条乃至第七条)，惟登记事项有变更时，会社有解散时，变更、解散、清算、了结诸登记，两篇中未一规定。虽然就《公司注册章程》第八、第九条中，"增加股东或增加股本时，须加纳注册费"云云观之，非不认有变更之登记也，则其法律中遗漏实可惊矣。余谓关于变更、解散、清算、了结诸登记须追加之也。

会社设立之登记者，由于设立地之商会(参照光绪二十九年十一月二十四日裁可之《奏定商会简明章程》)或附近地方之商会，或著名之商立公所之印证，申请于商部，商部中置注册局，以掌登记事务(《公司注册章程》第二条、第七条)。申请书中，应记载之事，列举于《注册章程》第三条，而其中有"定款之誊本，须附申请书并呈注册局存核"云云。夫关于会社设立之登记，各国法有采登记主义者，有采存置主义者。登记主义，则德新旧商法、英《会社法》及其他匈、瑞西、瑞典、意、葡、西诸国法所采也，我商法亦然。存置主义，则佛、白及其他二三国所采，以会社定款存置于登记所，以代登记者也。登记主义又分两种：(一)登记定款全部，(二)仅登记特定事项。其属于前者，则英《会社法》及其他多数之立法者也。属于后者，则瑞典株式会社法、德新商法及我国商法是也。《大清商律》与我商法同采第二种登记主义(《公司律》第七条、第一二条、第二一条)。

设置登记所，有分立主义与集中主义。多数国法采分立主义，区划全国设数多登记所，以分属而管辖之。唯英《会社法》则采集中主义，彼为联合王国，本可分而为三，彼因各置一登记所(英国 1862 年《会社法》第一七四条第三号)，又瑞典《株式会社法》，全国只设一登记所(瑞典 1895 年《株式会社法》第六六条以下)。其他北米合众国之州法中，采此主义者亦不少。此二主义各有得失，集中主义不适用于大国，不待言而自明。今清国领域辽阔，民众蕃滋，加以交通机关尚不周备，乃反乎多数之立法例而采集中主义，其为暂时之应付则可，而欲垂久远则未也。恐不数年，又须改为分立主义矣。

佛、德及其他诸国法，以裁判所充登记所，我国亦然，唯西班牙国则由行政官吏组织。英国之登记所亦由商部设置，成为特别官厅。清国《公司注册章程》，置注册局于商部，则其依行政官厅所组织明矣。就登记事务性质言，委裁判所管掌虽为适当，但清国除行政官厅外，别无他途。后日苟采分立主义，则以之为地方独立局所亦无不可也。

登记官吏审查登记申请书，其方法有二，即形式的审查主义与实质的审查主义是也。多数学者采用形式的，以为原则。《公司注册章程》第十六条，似亦相同。

更就登记之公示方法言，《公司注册章程》第十二条至第十四条只认登记官吏，于阅览登记簿交付抄本外，更有会晤一职，而绝不议及公告之事。此与各国法大异之处。苟清国采分立主义，规定公告方法，由登记所公告之，而去官吏会晤之制，则余所深望也。

会社登记法，俟后篇详论。变更、解算及清算、了结，则以法律无明证，故登记之效力，亦置弗论。兹惟就会社以外泛论之，并就立法之理想上劝告之而已。（下略）

（《法政杂志（东京）》，1906 年第 1 卷第 1 期）

读《大清破产律》

徐家驹述

《大清商律》，其一部业已施行。曩者松本烝治有《读大清商律》之作，以讨论之（译载《法政杂志》中）。今又制定《破产律》，关于商事之法律渐臻完备，益以关于商事之规定，随时势之进运，最当从速施行者也。

《破产律》为商部所编纂，其制定之由来，观商部原奏知之。原奏大意谓：商部曩奉制定商律之命，首先制定《会社法》（即《公司律》）。其先以《会社法》施行者，在于维持商业，期其发达，自不待言。然或由经营不善，或因市价不齐，不能不有破产之事。而破产中往往有诈伪倒骗之弊，故其原奏中,叙制定破产法制之必要,有曰:"近来商情变幻,倒骗之局愈出愈奇,必如此严惩,庶奸商知所畏服。然诈伪倒骗者之出于有心,与亏蚀倒闭者之出于无奈,虽皆谓之破产,而情形究属不同。诈伪倒骗,洵属可恨。亏折倒闭,不无可原。若仅以惩罚示儆之条预防流弊,而无维持调护之意体察下情,似于保商之道犹未尽也。"云云。此即制定《破产律》之理由,其主要在于监督破产中之诈伪倒骗者。而其编纂也,督率商部司员,调查东西各国破产法,兼参酌外埠商会条陈、商人惯习。立案脱稿之后,复经法律大臣沈、伍二氏之会同商订,当可谓几经斟酌者也。

今通览全篇,凡九节六十九条,条数少而简。第一节呈报破产(第一条至第八条),第二节选举董事(第九条至十六条),第三节债主会议(第十七条至二十四条),第四节清算账目(第二十五条至四十一条),第五节处分财产(第四十二条至四十八条),第六节有心倒骗(第四十九条至六十二条),第七节清偿展限(第六十三条至六十五条),第八节呈请销案(第六十六条至六十八条),第九节附则(第六十九条)。今分项目如左,以观察其内容:

一、立案主义

今日世界制定破产法之主义,大别有三:第一主义,以破产法为商法典之一部,且限于商人有破产者,法国法系属之,日本现行破产法亦属之;第二主义,以破产法为单行法,而不为商法典之一部,且不论商人、非商人,皆并有破产者,德国、英国法系属之,日本破产法草案亦属之;第三主义,不为商法典之一部,虽与第二主义相同,然区别关于商人之破产手续与非商人之破产手续,奥、匈诸国法系属之。

今《大清破产律》与《商律》同为商部所编纂,且皆以保商之目的为主而制定者。然非为《商律》中之一部,全取单行法主义。且《破产律》全编,固图适用于商人而编纂,然对于非商人亦准用之,得为破产宣告(本律第八条)。其原奏折中曰:"中国民法尚未制定,其有虽非商人破产,应准地方官照本律办理。"易而言之,若将来民法制定,关于非商人之破产规定,更有详细制定之机。现今之急务,则以关于商人之《破产律》,非商人亦准用之,则非商人亦破产,故可谓属于前述之第二主义。

然第二主义中,惟《德国破产法》立案之方法,分为三编:关于破产之实体规定、手续规定、罚则是也。然《大清破产律》毫无区别。前揭之节目中,实体与手续相并,其编次与日本现行破产法相似。由此观之,中国之本律立案者,参酌日本现行破产法者居多。惟规定之内容实质,亦有与日本现行法相异点者。且由章节上观察之,我有而彼无者亦复不少。盖立案者,鉴于中国现时实际之情弊,以监督破产者为急务,非徒模仿外国之条文,饰外观之美,而设无益于实际之规定。此吾人对于此律所大表同情者也。夫法者,为社会之反影,后于社会之进步,不可也。法文之外观进步而不合于社会,亦不可也。关于此点,中国之立案颇为致意,是可谓极适当之处置也。

二、破产之种类

破产分为二种:亏蚀倒闭,诈伪倒骗。前者因贸易亏折或遇意外之事以至破产者(本律第一条),后者为有罪破产者,吞没资财,诡称亏折,故意倒骗者(本律第四十九条)。有罪破产中,与日本现行法之"过怠破产""诈伪破产"相同。

三、破产宣告

有由债务者自行呈请者,有由债权者呈请者,(本律第一条、第六条)不以地方官及商会之职权宣告破产者。破产原因,倒闭是也,犹日本所谓"支拂停止"。

四、破产机关

破产机关,地方官、商会董事及债权者集会是也。今日欧、美各国破产事件,使裁判所管辖,在裁判所宣告破产为常例。中国之呈请破产,由地方官及商会为之(本律第一条、第六条)。经地方官、商会详细调查,确有破产之实情者,得为宣告。董事即破产管财人,破产后五日内由商会就同业中选公正殷实者一人充之,办理破产清算一切事务者也(本律第九条)。破产多不用官力,商会得为宣告破产,选任破产管财人。此为中国破产律之特色,亦可征商会结合之强固,势力之盛大矣。

五、关于破产之实体规定

期限未到之手形,其他债权因破产宣告作为期限已到者(本律第二十六条)。又破产宣告之际,卖买契约之当事者,均未履行契约,使废弃之(本律第二十七条、第四十四条)。

又,债权者,同时为债务者许行"相杀权"(本律第二十八条)。然非为日本之破产法,对于民法持设扩张或制限。又,他人寄托于破产者之物,须返还于他人,此即"取戾权"之规定也(本律第四十二条)。又,倒闭前二个月以内,故意以货物赠与他人,或供担保,或为期限前之辨济,董事权之得行"否认权"(本律第五十五条)。又,设定"担保权",自倒闭二个月以前所为者,限于非以寄顿财产为目的者,使担保权者得实行其权利,是即我之"别除权"也。关于其权利之实行,三十二条至三十七条,其规定较为详细。

其关于财团债权亦有规定,如十五条、四十一条、四十八条是也。其四十八条规定:"无寄顿、藏匿情弊者,准其酌提赡家之费,约敷二年用度。"又破产必须之衣服、家具,准除去之,不加入财团。

六、破产之终结

配当由各债权者以平等之折扣为之(本律第四十二条)。唯关于配当案之作成等配当手续,无详细之规定。又,协谐契约之制度,亦不认之,是盖因采用破产销除之制度也。然破产宣告前,支拂犹豫制度则采用之。又,破产财团不能偿破产财团之费用者,亦未规定。

七、罚则

诈欺破产者,酌量情节,处二十日以上三年以下之监禁,或五元以上一千元以下之罚金,或并科监禁、罚金(本律第五十二条)。较之日本现行法规定甚略,而中国之规定较为详细。

八、破产之消除

破产者之情状,有可酌量之理由,且以变产之总数足敷债权额十分之五者,免其余债,由商会移请于地方官。消除破产者,若知自悔,于特别条件下许之(本律第六十六条、第七十七条)。是采用英国之"残债免除主义"也。

要之,《大清破产律》力除破产所生之时弊,以监督破产者,为主要之目的而制定者也。然处置破产者,较为宽裕,忆及欧洲诸国苛待破产者,思之犹觉战兢也。故由此点观之,《大清破产律》不问其内容多寡,整备如何,不失为新时代之作物。又该律立案之本旨,在于挽救时弊,故关于破产之实体规定网罗不多,是属于当然者也。且以民法未定,故关于破产之民事规定多于其中制定。又时势进步,法律关系复杂,规定之内容自当追加增补,此当可期之将来也。此次《大清破产律》,较之东西先进国,虽不能谓之无逊色,然以之比诸日本明治初年制定之"身代限规则"等,其优美固不可同日语矣。此吾人对之为之欣贺者也。

(《北洋法政学报》,1907 年第 33 期)

国际法访问录

中村进午

序

国家之主权绝对行于国内，所以巩固邦基、发达国民，国际法之原则也。倘一国限其主权，许外人自为裁判，进而与以居留地（即租界），举凡裁判、行政、警务、财政、军务，一切国家命脉相关之权利，听外人行之而不得顾问，名为"租借"，实同割让，是集数十外国于一国内，开门揖盗，鼾睡于侧，虽欲振作，不亦难乎？

中国情形，不幸类是。自澳门、香港失，五口通商，租界渐增。始惟沿江沿海诸要区为外人占踞，近且苏、杭各内地亦开租界，接连胶州、广州、旅大、威海，一时尽失，手足羽翼，俱为所制。比年外人来者愈众，要求愈甚，乃有自辟商埠准予居住之议，即所谓"杂居地"者，如湖南之长沙、山东之济南等处，先后已见施行。然当事者或不明"杂居"与"租借"之别，有二者相混同归一致之嫌。而外人之传教者，方且遍播内地，扰乱民教，干预公事。奸民恃之，假洋籍，称洋商，以租界为逋逃薮，以外人为护身符，欺蒙官长，凌虐良民，内外不安，人心愈离。地方官吏不明外交，莫从究诘。种种原因，外人势力所至，即荆棘丛生之地。侵害主权，失国体，招外人之侮，乏抵制之术。是皆昧于国际法理，未经讲求故也，可不叹哉。

宝锷致力法律，关心时局。昔曾著有《公法精义》及《中国与国际法之关系论》，冀愚者之一得。今兹驻东察政，窃念中国修内政，当先讲外交，定内治之方针，方能收外失之权利。爰就居留地、杂居地之利害区别、国籍归化之去从、民教相安之办法、利益均沾之条款及应付领事裁判、对待外人暴行诸要务，俱外交所急者，访问日本公法大家中村博士，与之辩疑质难，逐一引证，汇而录之，共得十则。以日本之经历，为中国之借镜。他山之石，可以攻错也。谨上质有外交之责者，以备参考焉。

光绪丙午季夏香山唐宝锷识于沪上

第一问：通商杂居地与居留地，所在国之主权有何区别？

居留地与杂居地所在国之主权大有区别，设置之国，不可不慎。居留地大损国家主权，即己国之土地而言，不得行己国之主权。无论裁判、警察，一切行政权均属外国，所在国不得及之，恰如为外人本国之土地。居留地愈多，主权愈限，交涉愈繁，权利愈失。要害之区、咽喉之地，悉为外人割据分集，损国家体面，伤国民志气，浸至危及国安，其害有不可胜言者。日本明治之初，外人即有居留地。四年，右大臣岩仓具视欲改居留地，以三府五港为杂居地而不果行。惟于居留地外，外人之办国家公务及传教者，特许其杂居。今幸撤去外国领事裁判权，罢居留地悉为内地杂居之制矣。

杂居地，由本国自行圈地，准外人与内国人混居为贸易。国家之主权如故，一切行政权由本国行之，外人不得干预。惟贵国与各国立约，许外人有领事裁判权，则裁判一层仍由其领事办理，其余则本国自主之，使办理得善，有利无弊也。

第二问：所在国对通商杂居地之权利义务如何？

杂居地何为？本国之地，不过准外人住居，于主权毫无影响。其权利义务，视其国与为杂居外人之本国所结通商条约如何而定。惟裁判权向无惯例，亦无国际法之原则可援也。日本于杂居之外人，与日本臣民视同一律，并不与以特别权利。欧洲各国，莫不如是。国际法之原则，私法上杂居之外人可与其杂居国之人民同一权利义务。其实因政治上之理由，每多限制，此各国民法及条约所载也。

第三问：国内有外交上冲突之地，开作杂居地，有无流弊？

外交上之冲突地，一国时或有之。其地有冲突云者，盖即为第三国所垂涎或已被侵害。其地能否开作通商地或杂居地，有无流弊，当就事实而论，不能悬断。若由法理而论，其地苟为己国之地，即己国主权所及，措置自如，本无掣肘于其间也。

第四问：所在国行于居留地之主权，以何程度为限？

由理论而言，专管居留地与公共居留地二种。专管居留地者，如为英、为法、为俄、为德云云，乃专借与一国者，俗云"英租界""法租界"是矣。公共者，不限于一国，各国外人公共之居留地，如上海之新租界是矣。此居留地仍为所在国之地，本应行所在国之主权，因依惯例与条约，所在国之主权全不得行。无论裁判权、行政权及军事上之权利，概不得设施，即有盗贼亦不得自行往捕。譬如，中国人在英居留地为乱,英之兵力不能镇压,中国之主权又不能及,便有骚动之虞。如去冬上海罢市,外国只保护其官商,而中国人在居留地者陷于无警察之地位,其情形最可惨也。盖国内有外国之居留地,最为不便。日本设居留地之事,三百年前即与外国立有条约。据当时约书所载主权,谓居留地当行其本国之主权,以租借与外国,行有外国之主权。故本国之主权暂时不行,并非无主权也。如中国之居留地,中国本有主权,以其为居留地,故中国之主权不行,亦并非无主权也。不行主权与无主权,固形式上之差别。若居留地废止,则中国之主权自可行使。惟己国之土地久假他人,有主权而不得行,此所以痛哭流涕长太息者也。

第五问:国内多外国人之居留地,当为如何防弊之法?

防弊之法,厥有三策:

一、俟重订条约时,减去居留地之权,务令我之主权可以施行;

二、外人来者日多,每要求扩充居留地,宜立定宗旨,限制居留地而设杂居地;

三、如新设居留地,不依旧制,另定办法,或将向有之居留地作杂居地,以期改正条约,撤去外国领事裁判权。此须谨慎外交,实修内政,国步日进,权利自可收回矣。

第六问:本国人未离本国籍而归化外国图己便利者,在本国遇有诉讼事件,当从何国之国籍?

此当有三种人,宜分三种办法:

一、两造俱称归化外国之中国人为诉讼。解决此问题,当问本国法律许国民归化与否。如无许归化之制,本人虽声称系外国人,中国无承认之义务。如外国政府与中国争夺其人,当就实际而论。如其人确系中国人在外国者,固属无法。若在中国为诉讼,自然依中国之法律,由中国之裁判官按中国法为断,无疑虑也。

二、向称归化外国之中国人与未为归化纯然之中国人为诉讼。此自称归化外国之中国人,亦如前项办法,中国国家不为承认,与纯然之中国人一律按中律判断。

三、为归化之中国人与纯然之外国人为诉讼。此自称归化外国之中国人与外国人,亦不承认,即照中国人办理;为中国人与外国人涉讼,当按照条约。外国人为原告时,在中国裁判官处告诉;中国人为原告时,在外国领事处告诉。法权既失,此无可如何也。

问:国家许其国民归化外国,有危险乎?

答:此各人所见不同,惟今日并不为危险。盖一旦为外国人所有,与内国人之权利概不得享受。如日本为外国人时,其为日本人人应有之权利,不能持至外国。如土地所有权,日本不与外国人。内国人若为外国人,其土地所有权即便消灭,且无论政治上、军事上之公权,一概不得干预,直视同外人一律也。

问:本国人在本国犯罪,逃至外国,自称外国人,当如何令该国交付?

答:此系国籍重复之人。若实系中国人,在中国则中国之主权自可及之。惟逃至外国或香港,中国不能捕之,必须两国豫有条约,将归化之事先行通知,乃可承认。日本与西班牙条约内有一款,即约明其事。凡内国人为归化时,须两国政府先期知照,否则不得承认。贵国亡命者日多,每以外国为逋逃薮,恃洋势以藐视国法,速宜与各国厘订归化条约防止之。

问:归化人之既得权,即政府前以默许其为归化外国者,当如何处置之?

答:此亦须颁布法律,明定条约决定。向来国籍重复或国籍可疑之人为何人,俾前之不安于国籍者,可以确定其权利后之恃洋势为非者,无所影射,以混杂于其间。国民无一定之资格与理由,不得归化外国,则正法理而人心定矣。

第七问:我国当如何筹民教相安之法?

此事余向有意见。国家不许国民信教自由,人民之信奉耶稣教者,每为外国所保护或干涉。土耳其此项争端最烈,凡已奉耶稣教之土耳其人为法国保护,载在条约。闹教之案,时有所闻,此本不合于理。中国人信奉耶稣教,外国保护之,干涉之,尤为不合。无论奉何宗教,为何行为,苟系中国人,自然绝对服从中国主权。若不明事理,此南昌教案之所以起也。

问:外国传教师,无论何事,亦为干涉于教民之诉讼事件干涉尤甚,不知有何妙法?

答:此系中国官吏自己糊涂,权失于外,实属可叹。传教师并非其国人之代表,即代表其国之公使、领事,亦不得干涉驻在国之内政。故此项干涉，事实上中国官吏不为受理可也。

问：传教师在中国内地得自由居住，无论何处均设教堂，有何限制之法？

答：此实在其本国使令之，名虽传教，而实图隐私。凡政事、军事，均调查报告本国，名曰"政治侦探"，宗旨不在传教。限制之法，宜速办警察，监视其行止。所有军营要塞，不准其窥视、出入及为摄影等事。

问：此外有何高见？愿闻其详。

答：日本四百年前，耶稣教盛行国内，以岛国之地位，得以禁止。现世界交通，以贵国之地势万难禁其不来。查向来教案，均因外国人为传教师，故易生事。今宜许民有信教之自由，中国固以儒教立国，而耶稣教之本旨，亦当令中国人明白，俾中国人有信耶稣教者自为传教师，不假外人之手，以其宗教视为本国之教，民教之案自可日减矣。

问：中国如与民信教之自由，适外国宗教与中国教旨冲突时，当如何办理？

答：此冲突亦有程度，一见虽似有冲突，其实可令其不为冲突。日本佛教初来时本多窒碍，后与日本之神教合而为一，成日本之佛教。中国亦可将耶稣包含儒教中，不以耶稣教为敌。如耶稣教之博爱主义，即为中国儒教之一小部，由传教师宣布此旨，似无不可也。

问：耶稣教只拜天帝，不拜佛神。中日等国，国家祭之神甚多，其教旨岂非相反乎？

答：耶稣教并非天帝外不认一切神明，不过其所谓精神在躬气志若神。无论何人，重心中信仰而不务形式，故中日之国神，如中国载在祀典之神，或日本之招魂社。最要者，则为人之祖先，耶稣教亦不妨承认之。如有执拗不敬神明者，可摈斥，不令与闻其事，故莫如将耶稣教之旨归入儒教中调和之为最宜也。

第八问：各国于通商条款外，每以我国际间与他国之利益要求均沾，能据国际法理拒绝之否？

此可以"通商条约以外之事，外国不得均沾"为理由拒绝之。盖通商条约外，特与某国之利益并无不得不与他国均沾之义务。如与法国或与俄国某利益，此出于两国邦谊特别之恩惠，并无不得不与他国之义务也。

第九问：对外国领事裁判权应用本国法律判断之际，而本国法律有不完全时,当以何者为标准?

此事如无法律明文,则从习惯法;无习惯法,则从条理(即一定之通理)办理。如应照中国法律办理之事而法无明文时,裁判官只须认为合理之办法。无论为何裁判,均属自由,不必为外国领事所拘束也。

第十问:有领事裁判权国之人民杀害所在国之官吏,人民激成事变时,所在国有临机处罚之权否?

此事驻在国无赏罚之权,惟有临机处变之办法。如外国传教师杀害中国官民,或激成事变之际,若听其所为,益加流毒,其势汹汹,不可遏止,则用正当防卫之权利,得杀戮之。其暴乱危机不迫,可不必杀戮而任其逍遥。事变益大,则中国之警察官可以逮捕制缚之,惟不能加罚其身。盖中国与外国立有条约,外国人犯罪从其本国法律,故无论如何,不得照中国法律处治之也。

问:然则外国人杀害中国大官,中国不能杀之,亦须由领事裁判罚之乎?

答:外人杀害中国大官,与杀寻常人一样办理。如正在被害或激成事变之际,出于防卫自己身体,可以杀却之;如已被害,事后将凶手杀死,便违条约,必须经裁判乃得处治之。中国日后于此等案件,不可不慎为之防也。

(国际法访问录终)

(《北洋法政学报》,1908 年第 67 期)

日本冈田氏对于中国之意见

冈田朝太郎

日本应聘中国法制顾问之冈田博士,此次暑假回国,途过大连,曾谈及中国时事,大要如下:

现在虽外间纷纷传说,以中国革命党为有势力之大党,然其实所谓革党者,不过孙、康辈而已。近又虽有某国人为孙某代筹资本以便起事之说,而孙某本非于中国有效力,并非有命世之声望,而谓为伊代筹资本,殆属无识之说,乃中国政府亦似与若辈不介意。又至康有为,即过去之人物耳,可见该党中无有能于中国国家为难者也。虽南方屡有会党滋扰,而均系乌合之众,有二三革命党从中鼓煽耳。即如本年于南方所起民变,虽稍为大团,而亦属饥民走险。如是之事,向所迭出层见,非只以是为萌芽,则莫足为异耳。此外,至于莠民与良民作祸于外人,为害殆属更仆难计,尤不必为异也。盖中国向来通信机关未完备,故国内所酿种种事变,并不传播及海外也。今者交通机关以次备设,并有报纸风行千里,有闻即录。至外间遽深注意此项事件,为世人所喧传耳。其实是等事变殆属中国常有之事,未可视为与国体有影响之大事业。乃中国政府亦对于此事尚形平靖,毫无焦虑等情,亦足征其实情之一斑也。

炸弹事件之汪兆铭,前留学日本,在法政大学肄业法政,以优等毕业,才学俱茂,思想深邃,尤异常人,曾抱无政府主义或主社会主义。乃由伊所抱主义而推之,伊观于两宫驾崩、幼君登极、醇王摄政等情形,乃谓其中必有别情也,即出谋刺监国之举,可断言也。虽外间多以此事为革命党之先驱,纷纷悬揣,而由刑事学上而观之,向来此种刺客多系单独,无有同党。乃如汪兆铭之举,亦系伊一人之行为。虽有二三株连者,而若辈惟与汪同往北京而已,非同谋者也。然而任汪案之主查者,为缉捕总局总办崇铠,亦系曾留学日本帝国大学毕业生。此次审办汪案,崇总办尤出光明正大之举,乃谓汪案虽照诸一般判例,则罪当处死,而杀之非但无益,尚恐贻害将来,故将该案妥行变通,以使用炸弹事无确据,故惟处以监禁矣。嗣由崇总办招请公使馆员及报馆员,将此案详情据实相告,以免依误传误,并云"其中秘密之处,请勿漏泄"等语,其用意尤为慎详也。乃至于报馆之通信员中往往有传无意识之误报者。如吾日本某报访员徒闻乎市井之谣传,亦系由于不俟中国官宪发表真相而匆遑送信之所致也。凡于中国所起事件,其中往往有不可推表面而揣料内情者。此所不宜不慎重调查者也。

中国宪法现在修订法律馆起草之际,惟此事体大,关系綦重,故修订宪法一事尤属至难,即至与中国国体有关系事项,迭出意见,议论纷繁,亦属应然之理。但就大体上观之,现在当局按序调查,悉心拟稿,故遵照上谕如期宣布,亦非难事也。现在中国人中虽有谓立宪尚早主张展期者,或请愿早开国会者,其说反对,如泾渭不相融。而由余论之,宪法者,国家一大典,与其他制度不等,施行之必应出慎重庄严之态度,不宜轻出变通,则惟有恪遵一出不回之纶綍,照期实行之一道耳。如伸缩期限,尤于礼制有玷也。虽至于宪政之运用,是否与中国国民相宜,即属将来之问题,非逆料所及。而如吾日本现在实行宪政,果能获其运用之妙耶否耶? 吾不能莫疑焉。乃中国虽当肇宪政之始,数年内则或者难望十分成效,亦未可料。然早晚必能造就立宪国,此则断然无疑矣。

至于中国商律,亦经修订法律馆于年前夏间完成。第一次案稿通咨各部院及各省督抚广征意见。嗣至去年春间再成第二次稿,更至本年再经改修,已经出奏,谅不日将邀批准,即订自宣统六年起实行可必也。更至民、刑诉讼法及民法各法律,现在拟稿之际,大约可见与商法前后实行。

（节译《满洲日日新闻》）

（《北京日报》,1910 年 8 月 1 日）

冈田博士论刑律不宜
增入和奸罪之罚则

冈田朝太郎

中国刑律之治奸非罪,自元以后渐次加重。现刑律定和奸杖八十,此次编纂草案拟删去本条。于是,学部、直隶、两湖、两广、两江、江西、广西、湖南、山东、山西各省,悉谓和奸孀妇、处女概应科以刑罚,以维风化。后编查馆拟增入"凡和奸处五等有期徒刑"之附则。其有夫奸,则处四等以下有期徒刑。

国法中处罚奸非等罪,其最宜慎重者,须划清个人道德与社会道德之界限,盖恐教育与法律混淆而为一也。然此观念尚未完全发达之时代,往往刑律适用过广,致使政教区别不明。即以欧洲之例证之。昔耶稣教势力渐盛时代,除正当婚姻外,凡男女之间或男子与男子、女子与女子,又或人畜之间有为淫行者,一律科以重刑。其奸非罪名中有单纯和奸、纳妾、乱伦、密婚、略婚、强奸、有夫奸、亲族相婚、重婚、兽婚等细目,犯者多处以死刑。惟此种关系,日耳曼法与拉丁法之主义不无少异。日耳曼法则保护奖励正当之婚姻,其余概行处罚,而拉丁法则不若日耳曼之法之严密,虽当耶稣教势力最盛时代,亦不至于正婚以外之行为一律处罚。两者虽有宽严之别,然于违反宗教规则之行为,一律认为犯罪。其结果遂至有夫奸以外,如寻常私通和奸等,亦以之为犯罪行为。泊乎十八世纪之末,道德、宗教、法律之混淆达于极点,其反动力遂有划清界限之说。于是法、德两国渐就旧法中删去各种奸非罪名。虽法国法系与德国法系其删订之程度相去甚远,然在十九世纪,所有一般法律思想无不以属于道德范围之恶事与属于宗教范围之罪恶,概置诸法律以外,而其现象尤以刑律中奸非罪之变更最为显著者也。

自兹以后,奸非罪之应属于家庭教育、个人心术所支配者,概从删减刑法中所处罚之奸非罪:第一,因公然实施致污善良风俗者;第二,以强暴实施之者;第三,对于无完全承诺能力之人而实施者;第四,破坏正常婚姻之效力者;第五,足以诱引奸淫之恶习者。其余如单纯和奸、纳妾、调奸等罪,东西各国刑律中殆至绝迹。由是观之,昔之东西诸外国何尝不以和奸为罪,今以之置诸刑律以外者,诚以道德教育之所系,非刑律所能禁制,安用此无益之规定哉?自刑律发达之程度观之,凡法典之进步者,概无和奸罪规定。其沿革姑置不论,试就法理与实际两面研究之,亦有不应规定于刑律以内者。

以法理言,凡害及社会之行为,有刑罚之效力所能及者,亦有不能及者。刑罚效力所不能及而属教育之范围者,自不得不舍刑罚而注重教育,如对于幼者所设之感化场。是亦有刑罚效力不如疗治效力之大者,又不得不舍刑罚而施以疗治,如对于疯癫者所设之监置场。是又有暂不执行所宣告之刑罚,使犯人反省而其效更著者,则亦不得不犹豫其执行,如对于初犯者所施缓刑之制度。是以上三者,要不外刑期无刑之政策,各施以适宜之豫防而已。夫寻常和奸行为,不过违反道德已耳,其害并未及于社会也。即使谓其害及于社会,然不得即据此以为必列于刑章之内,而加以刑罚之理由也。何则?刑罚者,必就其性质与其分量及其他社会一切之状态,而以其效力之能及与否为断者也。故如游荡饮食之徒、荒淫之辈,未闻刑律中定以罪名者,实以刑罚之效力,不如伦理教育、宗教之为效易且大也。世无无父兄之子女,苟新民法中严订监护制度,以补其不足,养成家庭严正之风。初等以上学堂之智育、德育日渐进步,奖励个人自制之能力。且有新闻、杂志、舆论以涵养公众廉耻之心，则道德日盛，习俗自移。至是而谓无刑罚之故，致寻常和奸犯罪日见增加者，无是理也。

更以实际言，其不便之处约有四端：一曰立法，二曰检举，三曰审判，四曰外交。

试先就立法论之。（一）今姑黜众议，增入寻常和奸一条，其刑罚宽严之问题不应如旧日之处以死刑或长期自由刑者，自不待论。然轻微处分终不足禁止男女之私情，则仍属无益之规定已耳。（二）妓女、娼妓，其初亦处女也。寻常和奸处罚，而许娼妓营业，殊不得谓为贯彻论理之法律，而禁绝娼妓又属能言而不能行之空论。此二者立法上之不便也。

更就检举上之不便言之。（一）刑律中苟设此种罪名，必至贫贱者不能免缧绁之累，而富贵者则搜索无从，往往幸逃法外，与刑律四民平等之原则恰相背驰。（二）若不分贫贱老弱，凡有秽行风闻者一律逮捕处罚，使人丧失终身之名誉幸福，实与社会上之死刑无异。甚或以处刑罚故，而一家一族为社会所不齿，此又实施检举上之不便也。

且也，此种犯罪往往于秘密之秘密中行之，其留有证迹者极鲜，故不惟检举上异常困难，且审判上亦必至流于擅断之弊。

矧以国交关系言，中国将来改正条约、收回领事裁判权之际，如刑律中定有寻常和奸之条，必有倡议反对者。即幸而不至反对，而实施以后，若遇外国人和奸条件，一律处以刑罚，在外国虽不能据法律论提出抗议，然感情既恶，恐亦不免引起外交上纷杂之问题。所得不偿所失，孰有过于此者哉。

不合法理及实地上之不便如此，其故人亦非不知之也，而何以主张增入和奸罪者之多也？无他，中国重视伦常风化，复惑于处罚和奸即可以维持伦常风化之空论。于是明知为无益具文，仍哓哓置辩不已。推其故，亦不明礼教、法律之界限，且欲藉此博旧社会之虚名耳。况违反伦常、侵害社会之行为，苟为刑罚之效力所不及，其适用必至困难。人民若知法律为有名无实之具，则刑律之威信扫地矣。且必至因此无益之条项而蔑视全体之法则，故增入"和奸"一条之具文，其弊犹小，失刑律全体之威信，其弊何可胜言耶？东西各国亦认和奸为宗教上、道德上之罪恶，且进而认为妨害社会之罪恶，原与中国无异。然其刑律中概无和奸罪之规定者，岂偶然哉？泥于礼教而不明法理，其法决非完全之法。矧以资政院为中国立法机关，一言一字皆为世界各国所注视。苟因此无益之问题，致贻笑柄于环球法学界中，是岂仅资政院之耻也？

（《北京日报》，1911 年 1 月 2 日；《申报》，1911 年 1 月 11 日）

日本冈田博士论《改正刑律草案》

冈田朝太郎

中国之《改正刑律草案》，有种种变更。最先之草案，仅经中国委员之手，脱稿在光绪三十二年春间。是年秋，加派外国委员，遂全废弃之，假名为"豫备案"，入于以下所列第一案、第二案等序次中。而序次中种种草案之由来，则如下：

第一案　为光绪三十三年八月脱稿，由法律馆以此草案具奏且公布之者。

第二案　为对于第一案中央及地方官厅加以去取之签注，因有增损，而于宣统元年十二月具奏者。

第三案　为以第一案为基础，于宣统二年宪政编查馆加以修正者。

第四案　为宣统二年之冬，于第一次资政院会议，对于第三案，由该院法典股员加以修正者。

第五案　虽经资政院三读会通过《总则》，而《分则》不及议毕，暂从第四案之《分则》而成者。

第六案　为对于第五案，以宣统二年十二月二十五日之上谕，裁可军机大臣之修正案者。

如上，对于第一案，经四次增损而成第五案，而第六案即现所颁行者也。惟前记上谕之中，有"开设议院之期已经缩短，新刑律本为宪政重要之端，是以续行修正清单，亦定于本年颁布。事关筹备年限，实属不可缓行，着将新刑律《总则》《分则》暨《暂行章程》，先为颁布，以备实行。俟明年资政院开会，仍可提议修正，具奏请旨，用符协赞之义"云云。然则，虽有可经本年常年会之资政院，出多少之修正意见，而经裁可若大部分之变更，可豫决其必无也。

现在之草案(即第六案)分全律为二编,名第一编为《总则》,第二编为《分则》。名为《分则》者,与第一编之《总则》能对立,且于包括的要点,优于我新刑法之仅以罪为名称者明矣。

第一编有十七章,谓第一章为法例,规定刑律之时与人、与地、与事之效力。其中可注意者有二:

第一,规定关于时之效力,所犯在颁布以前而未经判决者,则比照新旧两法,从轻处断。此现今东西之通例也。然因旧法不当而始改正之,本无适用其轻之理由。中国草案则断然排此迷信,采"一切皆从新律,不问重轻"之主义,即其旧律亦本以此为主义者。

第二,于断定犯罪地,每患无必要之明文。从来各国于此,每为无益之论争。中国草案第七条则犯罪行为或其结果有一在帝国领域,或在所有船舰内者,以在帝国内犯罪论,颇资实际之便利。

关于第二章至第六章,为犯罪之规定;关于第七章至第十四章,为处分之规定;第十六章为时例;第十七章为文例。

罪者,因刑者果也,本无先刑后罪之理。除一二南美之小国外,其他东西各国之法典,无规此简单明了之法理者。先刑后罪,殆皆有同一之恶先例,要不外表示其国民轻忽之模仿性耳。中国草案幸不投入此流弊之涡中。

第二章　以不为罪为名,网罗犯罪之普通成立要件,退而为不论罪之辞,则其一进步也。于第十章禁比附援引,可谓中国刑律上之一大革命。责任年龄,则于第一案为十六岁,第二案为十五岁,第三案为十二岁,第四案及第五案为十五岁,第六案为十二岁,即第六案为复活第三案而施不条理之修正者。

第三章　于未遂罪之规定,不能犯及中止犯,皆准于未遂罪。

第四章　于累犯罪之规定,于三犯以上,命加重二等。

第五章　于俱发罪之规定,凡有二个以上之有期刑者,则认最长刑期以上,合并刑期以下,裁定其刑期。

第六章　于共犯罪之规定,如加知情共犯、过失共犯之类,则与我新刑法不同之处也。

第七章　刑名之规定,中国今尚未达于废除死刑之机运。但从前有斩、绞二种,今则改为绞之一种也。自由刑,则有徒刑、拘役二种,皆附有定役。盖出于不附定役之自由刑,法理上、实际上均有不当不便之见解也。有期徒刑,则自二月以上十五年以下,细分之为五等。虽加重并合之结果,不得逾二十年。对于罚金之完纳上有资力者,则可强制执行也。

第八章 宥恕之规定。喑哑及满八十岁之犯罪人,有得减本刑一等或二等之明文。于现行旧律,凡九十岁之犯人,则全免刑;于八十岁以上者,则必减刑,均为不条理者。草案之得减主义,盖最适宜。

第九章 为自首。

第十章 酌减。

第十一章 加减例。

第十二章 缓刑。

第十三章 假释。

第十四章 恩赦。

第十五章 时效之规定等。时效之规定者,关于公诉者及关于行刑者,皆在刑律之内。

第十六章 为时例。

第十七章 为文例。

以上之《总则》,通过于资政院之三读会,且依上谕更加责任年龄之改正与幼者减轻之法而确定者。然本年资政院会议之际,难保无出再度修正之意见,即如前述是也。其第二编之《分则》,可期于他日,别见之于报告。

(《法政杂志(上海)》,1911 年第 1 卷第 2 期)

论大清新刑律重视礼教

冈田朝太郎

第一章 评劳君提出《修正刑律案》

上年,劳君提出《修正刑律案》,有增纂、修改、移动三种,绪论中已详言之。兹逐一评论于下:

第一节 故杀子孙专条

增纂第一曰:"凡故杀子孙者,处四等以下有期徒刑。若违犯教令,依法决罚,邂逅致死者不为罪。"

按:此修正案,措辞不当,法理不合,断不可采用。

何谓措辞不当? 一曰故杀之"故"字,不合新律之规定。若解为故意杀死之意,则《总则》第十三条、《分则》各条,概包括故意。若仅于该专条加"故"字,实属赘文。又若解为谋杀、故杀之"故杀",则新律于杀人,不分谋、故。劳君修正案于杀伤亦不用此分别,何独于杀子孙分谋、故乎? 是该案不注意之一例也。二曰"依法决罚"字样,其义不可解。夫立法与处罚,概专属于国家主权,虽尊亲属,对子孙亦断不能有此种权力。若该字样意义在指正当行使亲权,实施惩戒而言,则亲权中,决不可有杀死子孙之权。三曰"邂逅致死"字样,不足以明故意与非故意之分。盖"致死"字样,草案专用之于过失情形,修正案如有此意,则与主文"故杀"字样相矛盾。如有故意之义,则"邂逅致死"字样更不当。

以不当之辞而修订,犹可也。法理不合者则断不能采用。一曰四等以下有期徒刑,较第四百条与损坏器具及伤害禽兽之处分相等,以人类同视器具及禽兽,天下岂有此法乎? 二曰于亲子一纲,杀尊亲属者,须设专条,科以唯一死刑;而杀子孙者,则不应设较通例减轻之法,何则? 盖杀子孙者,已丧慈爱之情,而有虎狼之心,实非亲也。三曰亲权不应大于国权。国家设法,制裁有轻重,所以刑罚自死刑至罚金等级不等,如修正案定为杀死子孙、违犯教令者无罪,是以死刑为一切尊亲教令之制裁,岂非亲权大于国权? 盖修正案专顾亲权之强大而不知不识,蔑视国权,因误会伦常之真意,遂至侵犯国家之主权。尊亲之子孙,国家之臣民也,尊亲亦国家之臣民也。论者岂忘此君臣大义,徒知有孝而不知有忠哉?

驳论:二段有言:"如杀子孙者,已丧慈爱之情而有虎狼之心,实非亲也。"有人评曰:"是中外礼教之所以不同也,中国古来于亲权最为强大,不能牵外国之风俗,以律中国之伦常。"斯言也,其然岂其然乎? 前法律大臣沈公辩之最明:"《公羊传》僖五年,晋侯杀其世子申生,曷为直称晋侯以杀? 杀世子母弟,直称君者,甚之也。何休注:'甚之者,甚恶杀亲亲也。'"又疏引《春秋》说:"僖五年,晋侯杀其世子申生;襄二十六年,宋公杀其世子痤,残虐枉杀其子,是为父之道缺也。此可见故杀子孙,实悖《春秋》之义。《康诰》称:'于父不能字厥子,乃疾厥子,'在刑兹无赦之列。古圣人于此等人,固未尝稍恕也。"

第二节　杀伤亲属本夫或加强暴专条

增纂第二至第七为下列三款六条，兹揭其全文，以便对照。

一、于第三百零六条之次，拟增下列二条：

凡杀期功以下有服尊长者，处死刑、无期徒刑。

凡杀期功以下有服卑幼者，处死刑、无期徒刑，或一等至三等有期徒刑。

二、于第三百零八条之次，拟增下列五条：

凡伤害期功以下有服尊长者，依下列分别处断：

1. 因而致死笃疾者，死刑、无期徒刑或一等有期徒刑。

2. 因而致废疾者，无期徒刑或一等至二等有期徒刑。

3. 因而致轻微伤害者，二等至四等有期徒刑。

凡伤害期功以下有服卑幼者，依下列分别处断：

1. 因而致死笃疾者，无期徒刑或一等以下有期徒刑。

2. 因而致废疾者，二等以下有期徒刑。

3. 因而致轻微伤害者，不为罪。

凡妻伤害夫，及加强暴未至伤害者，与卑幼对尊长同，至死者处死刑。夫伤害妻者，照凡人科断。

三、于第三百十一条之次，拟增下列一条，并修改第三百十一条。

凡对期功以下尊长，加强暴未至伤害者，处四等以下有期徒刑、拘役。

第三百十一条原文："凡对尊亲属，加强暴未至伤害者，处三等至五等有期徒刑，或五百圆以下五十圆以上罚金。"

第三百十一条修改："凡对尊亲属，加强暴未至伤害者，处二等至四等有期徒刑。"

考此拟增八条之宗旨，一在于尊长内，分出期功以下有服者及本夫而科以特别处分，一在于卑幼内，亦分出期功以下有服者及妻而科以特别处分。

查草案之主义，本重视尊亲属，杀之者拟一律处死刑。伤害、强暴等罪，亦不必分别期功以下有服与否，皆拟科重刑。劳君等之自称曰"重视礼教者，乃主持减轻其处分"，实不可解。至对于卑幼之罪，不必以条文特定较较之刑者，其理由与第一节所论同。

拟增条文内，有死刑、无期徒刑或一等至三等有期徒刑之处分。死刑之为最重刑，人皆知之。三等有期徒刑，以三年为最短期。信如拟增条文所定,则是使审判官有科死刑、无期徒刑或十五年以下三年以上徒刑之权限,其范围已过于广大。况又于伤害期功以下有服卑幼者,拟科无期徒刑或十五年以下二月以上徒刑,是殆舍弃"法定刑罚主义",而专用"裁定主义"矣。夫改《现行律》之"极端法定主义",而骤用此"纯粹裁定主义",其流弊固不待智者而后知也。

第三节　子孙违反教令专条

拟增第八实系子孙违反教令专条,其文曰:

"凡直系尊亲属,正当之教令而故违者,处拘役。"

查《现行律》:"凡子孙违犯祖父母、父母教令,杖一百。"

小注谓:"教令可从而故违者,祖父母、父母亲告乃坐。"

按:新律删去此条之理由有四:律文所用"教令"字样,范围过广,不能辨识入于罪之行为与出于罪之行为,是其一。祖父母、父母教令,权限未经明定,若其所命彼此不一致时,不能判断子孙之有无犯罪,是其二。若将一切违犯教令之行为科以刑罚,是逾越法刑范围而侵入伦常范围者。若斟酌取舍,或罚或不罚,殆将刑律观为具文,理论与实地两未合宜,是其三。祖父母、父母在民法上分别享有亲权以及惩戒权,于其权内本可督责子孙之行为,无须用刑事之制裁,是其四。

条例有谓:"凡子孙有犯奸盗,祖父母、父母并未纵容,因伊子孙身犯邪淫,忧忿戕生并畏罪自尽,或被人殴死,及子孙犯谋故杀人自尽者,均拟绞立决。"

按:子孙有犯奸盗而祖父母、父母并未纵容,则与教令无关。如因之有戕生等项情节,固重于处罚子孙所犯奸盗时,科以本条之重刑足矣,无庸特设专条也。至祖父母、父母纵容袒护后,经发觉畏罪自尽者,及祖父母、父母教令子孙犯奸犯盗,则于子孙所犯之罪,祖父母、父母有帮助或教唆之关系,非惟子孙有罪,祖父母、父母亦属有罪,似此更与教令权之本意未合矣。

总之,祖父母、父母于伦常有教令之力,于人道有慈爱之情,于法律有惩戒之权,不藉刑律之威力也。

子孙违犯教令者,不依刑律处分,惟分别情形,施以惩戒,此说实非一人之私见,外国立法例如下:

子有恶习,得据惩戒而矫正之。故各国民律概准亲权人(即父母),于养育及教育之必要范围内,自行惩戒其子,或经审判衙门之许可,送入惩戒场(日本《民法》八八二、法《民法》三七五至三八二、意《民法》二二二、西班牙《民法》一五四至一五七、荷兰《民法》三五七至三五九、德《民法》一六三一等)。送入惩戒场办法及惩戒场制度,各国不同。若以日本言之,审判衙门据亲权人之申请,准于六个月以下之范围内,将服亲权之子(独立营生计之成年人不服亲权)送入惩戒场。亲权人如欲缩短在场期间,可以随时申请惩戒,以各府、县之感化院充之(日本《民法》八八二、《非讼事件手续法》九二感化院五)。夫民律中所以设此项规定者,因此国家刑罚权之发动,乃亲权之作用故耳。

要之,劳君所望科以刑罚者,新律则拟施以惩戒。劳君所主张之刑罚为拘役,其期限仅一日以上二月未满,新律许用监禁,其期限能延至六个月。然则,新律对于违反教令之子孙,因较严于劳君之意见,又何用哓哓争辩不已哉?

(《法学会杂志》,1911 年第 1 卷第 3 期)

中国新法制与有贺长雄

有贺长雄

按:此文为日本有贺长雄博士所作,原题曰《中华民国顾问应聘颠末》,刊见《外交时报》第二百号。盖博士向主该报笔政,此文其应聘后去国留别之作也。夫博士既为前清宪政最有关系之人,今兹之来,又将于法制编纂有所贡献。然则吾国新法制之由起,及新法制之将来,于此文得之矣。爰为移译,并题今名,以谂国人。而其述前清立法之苟且,民贼误国,远人羞之。今之政府宜如何鉴前车而系来轸,斯又译者杞忧在抱,而不得不介绍此文于国人之前者也。

译者识

今者余应中华民国国务院法制局顾问之聘,其期间自三月以迄七月,中间不得不与读者诸君作五月之离别。诸君得无疑此事之突如乎?然此次之应聘,实数年来酝酿之结果。兹以其为东亚宪政发达史之一端也。请略述颠末,并乞我最敬爱之读者诸君谅察焉。

现时居中华民国之要津而号称有为之士者,昔尝负笈于日本,学宪法及国法于早稻田学园者居大半数。本年四月,因议定宪法,将开国民会议于北京。其由各省选出之代议士,据闻亦多往时修业于我早稻田大学者。则民国政府必欲罗致在早稻田担任宪法讲义最久之高田博士与余,亦不足深怪。而高田博士以精神困惫,校务纷繁,不克如命。此余之所以决然应聘也。

然余之应聘,除关系于早稻田大学之外,又别有一段之长历史在焉。先是明治三十八、九年之顷,清国政府以考察宪政之故,派遣使节于欧洲各国。此事当为读者诸君所能记忆。是时独未派遣使节于日本,人颇疑怪之。洎三十九年四、五月之交,派赴英国之考察宪政大臣端方,遣从事某(其人现尚居民国政府之要地)如日本,授命于当时驻在东京之清国公使,曰:"我等此番赴英,与彼都学者及政治家讨论宪法,固已饶闻其大略矣。然所闻既多,莫衷一是。其于归国时,所应提出之报告书,殊觉不易编纂也。应觅一日本学者代为起草,其内容非所择,一任起草者之推敲可也。"于是,清公使馆员先商之高田博士,博士乃推余。余曰:"端方之在英也,果何所闻乎?余乌得而知之,而以起草见委,不亦难乎?"公使馆员曰:"此不足虑,第以君所想像者纪述之可矣,唯地方官官制,须主张与清国国情最相适合之中央集权主义耳。"余虽毅然应之,实觉不堪胜任,第因一时为好奇心所驱,遂竭二星期之力为之起草。而旅居日本之清国留学生某等,穷日夜以翻译之。书成以授端方之使者赍归。不意,此报告书恭呈于西太后,而中央集权主义之官制竟由此颁布矣。其年八月,端方以书遗余曰:

　　拜启者。熊参赞希龄自东京归,备述盛情赞助,编纂精详。其见饷于敝国政治界者,为益匪浅,私衷感泐,何可言宣。此次回国,贡论于朝,幸蒙采纳。改为立宪政体,更订法制,正在京筹议。将来政务日繁,解释疑难之处亦日多,尚乞不吝指导,时惠箴言,不胜盼祷之至。秋风将至,葭想为劳。敬颂

　　起居无恙。

　　有贺长雄君足下

　　　　　　　　　　　　　　　　端方顿首　八月二十三日

其后明治四十一年,教育部侍郎达寿奉命以考察宪政大臣来聘我国,呈国书于天皇陛下,而请予宪法研究之便于桂首相与故伊藤公。于是,首相与伊藤公协商,由公委托子爵伊东巳代治氏处理此事。而伊东子爵则嘱故穗积博士讲述帝国宪法,清水博士讲述行政法,余则每星期讲述各国比较宪法及日本之宪法实施手续二次。达寿氏自四十一年二月至五月,听讲者约五阅月。其年六月,驻日清国公使李家驹代之。其听讲起十一月八日,终翌年七月九日。此事颠末,详见明治四十三年十月四日之《国民新闻》,题曰《伊东巳代治氏谈》。兹录之于下:

> 清国资政院已开院,其国宪政于以开幕,吾侪邻邦人所大庆者也。回忆囊者清国遣使各国考察立宪制度。达寿来我邦,由清政府托之桂首相及故伊藤公,公闻于朝,得旨尽力协助。公退朝商于桂首相,遂以清国宪法之制定,属予与有贺、穗积两博士。予当我国制定宪法时,尝以考察事赴欧洲,其后役于其事,饱得经验,曾无过分之劳,已作就一概略书,急谋进行,且力求精审,以辅达寿。有贺、穗积两博士尽心力而为之。时伊藤公在韩国,犹一一示其方针,桂首相亦极尽力。第一编脱稿,达寿携归。李家驹代之,斯时伊藤公自韩致书于予如下:
>
> 贵函拜读。
>
> 清国考察宪法大臣,承老兄及穗积、有贺两博士勤勤恳恳为之讲说,感谢之至。事之成否,虽难判定,然为邻邦启发之故,纵无益之劳,亦不能辞。所以示之好意者实不可缺。念相烦之初意,达氏虽归国,愿以施于李公使也。且两博士尽瘁之意,尤不可使归泡影。倘蒙明察,何幸如之。公务繁忙,笔不尽意,伏惟垂鉴。
>
> 六月三日　博文
>
> 晨亨大兄

伊藤公以邻邦启发之故,使为尽力。予辈为所激动,复从事于斯。李氏遂完其使命,毕厥事以归。

予于其间,不过于宪法之大体,略为指点,固无功也。有贺、穗积两博士劳于此事,寝食俱废,其为功清国,宜永矢勿忘矣。且租税之事,则菅原主税局长相助。行政各部之事,则清水法学博士分劳。二人皆甚尽力者也。伊藤公于清国宪法之制定,负责任于朝廷,而始终其事者,固愿见其发布之日也。嗟夫！去年十月八日事也。公将赴海参崴，来别余，约曰："明年赴北京，欲于其国之立宪制度有所助力。君与伊东其偕行，后藤亦欲同去，余可之。"其后，公至满洲，遂被戕以死。公与余约同至清国，致力其宪政之一年后，即公死后一周年之忌日，而资政院开院矣。追怀往事，不禁感喟。虽然清国宪法之制定，有贺、穗积、清水、菅原诸氏卓著勤劳，故伊藤公及桂首相为邻邦启发之故，致其赤诚。资政院开院之际，必当感谢。而朝廷见邻邦立宪基础之大定，其快慰又可想已。

考察宪政大臣达寿临别时以文见赠。文曰：

余于上年奉使考察宪政。到东后，承伊藤公爵介绍，得晤博士，与讨论宪政者五阅月。凡宪政之大端，与其利害得失之所在，知无不言，言无不尽，剖析学理，比较事实，侃侃而谈，如指诸掌，斗室对坐，快聆伟论，如亲游欧美，睹其政俗。非博士之热心，能若是乎？博士识精学粹，尤长于国法学，尝游历欧洲，与其学者相往还，故知名当世。今年夏余奉调回京，行将首途，聊书数言，以作记念。异时者，与博士再晤，聚首笑谈往事，则为私心所切盼者耳。

又，李家驹归国时，亦有见赠之文。文曰：

有贺博士学颛理邃，驰誉寰区，为东方学者之泰斗。鄙人心折久之，顾以未获觌面为憾。逮承达侍郎之后，考察宪政，博访通人，始获与博士订交。昕夕讲论，饫闻绪余，益自恨闻道之不早，而视荆为已迟也。博士于欧儒学术，穿穴靡遗，且于我国历史制度，语焉能详。故每下一义，论列得失，辄中窾要，有倜傥指挥之慨。呜呼！观止矣。既先后笔录所闻以献于朝，是于宪政前途裨助良多。博士不朽之业，必与我国立宪史同垂无穷，岂惟鄙人终身诵之而已哉。

宣统纪元第一己酉秋七月　李家驹书以留别

此次聘请之举，始于客岁七月。时余方避暑他处，因此事促回东京者三度。故时多传余已就聘，其实殊不然也。余以前年大病之后，元气未复，坚不之许。七月二十五日，遂以不能应聘之旨，呈报外部。其后民国又欲敦请美浓部博士，博士亦以公务羁身辞之。迨客岁十二月，民国政府又短缩期限，务于余与美浓部博士两人之内，敦请其一，然二人均以不得已之事辞退。今者民国国民议会召集之期已迫，宪法虽应为国民议会发案议决之事，而国务院则有豫为筹备各方面调查之必要。于是袁大总统电达汪代表大燮，代表转嘱大隈伯，力促余出。一月二十日，伯及高田学长恳切敦劝，余以担任东京帝国大学文科帝制史、帝室制度之教授，事甚重大，欲一意专心于此，雅不愿另就他事。然大隈伯则以应聘之事关系于将来者颇重，极力怂恿之。而我国当局者，亦以半公半私之事件处理之，凡关于应聘之障碍悉为除去。余不忍重负各方面之厚意，应聘之事遂决。夫中国之研究，固余之素志也。此行必大有广吾见闻者，他日聊能以所得者，贡献于读者诸君，则幸焉矣。

（《言治》，1913年第1期）

共和宪法持久策

有贺长雄

　　制定共和政体之宪法，须注重国民心理。苟国民心理以为不公平，虽宪法成立，亦难持久。而此不公平之点，即为异日破坏宪法之根源。此征诸近世各国政治史，毫无可疑者也。今民国国民大半不解共和政体为何物，纵有能解之者，其心理亦只谓三权分立为共和政体之要素。夫三权分立，其义若何，无待详述。质言之，即立法权，委任于国民代表之议会；行政权，委任于国民选举之大总统；司法权，委任于与行政机关对立之法院之谓。以上三机关，互相独立，互相监视，期免专擅之弊。此则今日了解共和之国民所豫期之政体组织，而希望订载之于宪法者也。

　　乃现在国会议员，利用其有制定宪法全权，务扩张国会权力，显违三权分立之旨，偏向二权分立主义（即国会政府制）。试取天坛议定之《中华民国宪法案》观之，可知其趣旨。该案第五十六条曰："中华民国之行政权，由大总统经由国务院行之。"而其第八十一条又曰："国务总理之任命，须经众议院之同意。"又第四十三条曰："众议院对于国务员，得为不信任之决议。"前项决议用投票法，以列席员过半数之同意成之。又第八十三条曰："国务员受不信任之决议时，大总统须免其职；此案如果可决，则大总统非经由国务员不能实行行政权。"而国务员中，定政治方针最关重要之国务总理,大总统又不能自由简擢,且即使国务总理经众议院同意、大总统任命,而政治方针不能得众议院过半数赞成时,大总统又负使国务员全体免职之义务。至各部总长,虽不必经众议院同意,得自由任命,而其一部行政之计划,不能得众议院过半数之赞成时,仍不能不使免职。

由此观之,国务员不能承大总统之意思施行政治,必须承众议院之意思施行政治,行政实权在众议院,而不在大总统。所谓大总统行政权独立,亦有名无实。其真正独立者,只余国会与法院而已。故此种制度,只能称之为"二权分立主义",不得谓之为"三权独立主义",而行政权依国会之意思行动,故又可称之为"国会政府制"。似此组织,实与了解共和之国民所豫期之政体,大相悬殊,即与国民之心理不合。

天坛议决案中,其最难解者更有一端,即任命国务总理之同意权及不信任决议权,使众议院独有是也。《临时约法》以制定宪法为国会之事业。国会者,合参议院、众议院而成,其职权平等者也。仅使众议院有监督政府之权,不知何所依据。英、法二国,内阁阁员之进退,取决于下院,上院无进退阁员之权,是固一种之事实。然此各依其国之历史相沿而来,非他国所得因袭。中国既无此种历史,胡亦设此制度? 令人殊难索解。

且就现在之事实观之,众议院党派繁多,其联合关系千变万化,不可测度。若此案可决,恐国务员之地位随时摇动,朝不保夕,是又岂多数了解共和之国民所希冀者耶?

天坛议决案,不仅使大总统之行政权为国会所干涉,且使其受法院之掣肘。夫各部行政事务,初亦犹民事、刑事之须依据法律而行。然审判民事、刑事适用之法律(所谓司直法)与为各部行政事业施行之法律(所谓行政法),其间大有差异。区别司法权与行政权,而使之各异其机关者,其故实由于此。夫法官之征用民法、刑法,乃须依据法律文字谨守而行,不得以己之私意左右其间。而为各部行政施行之法律则不然,其所规定范围较大,行政官于其规定之范围内,有自由裁量之权。自由裁量者,行政官察时势之所宜,考地方之情况,用适当之方法,便宜行事,以达法律之目的。而对于人民为行政处分之谓也,自由裁量,为行政官不可少之职权。然因自由裁量之故,违背根本之法律,亦非法治国之所宜。故于司法审判以外,另设行政审判制度,凡人民因行政官自由裁量,害其依法律应有之权利者,使其有出诉,而受审判之途。此法院以外另置平政院之议所由起也。《临时约法》第四十九条载明,行政诉讼以特别法规,即是此意。而《新宪法案》第八十七条,则以行政诉讼与民事、刑事相提并论,均为法院内之一部事业。若此条可决,则各部及各省之行政事务,均被束缚于独立、不可干涉之法官。而行政官原有之自由裁量之权,所谓察时势之所宜,考地方之情况,便宜行事,以求达法律之目的者,强半归于消灭矣。

三权分立制,创始于孟德斯鸠,其意以国会终岁议论不息,足以害行政权之独立,故反对之(见所著《法意》第十一卷第六章)。若采用国会政府制,势必于国会闭会期间仍置国会委员会,使其终岁不息,以从事于监督政府。此项委员会人数既少,操纵颇易,于行政权初无妨碍。美国现有此制,于行政部甚便。然美国宪法于此制度并无明文,惟两院院内规则,载明国会闭会期间得置数个国会委员会而已。民国应否置国会委员会,即使应设,应否规定于宪法中,是诚应研究之问题也。

以上所论,其一为任命国务总理,须众议院同意问题;其二为众议院对于国务员得为不信任决议问题;其三为以行政诉讼为审判之一部,使隶属于法院问题;其四为国会闭会期内,置国会委员会问题。此四者,于行政权之独立有莫大之影响。若任立法机关之国会专断独行,而不使行政机关之大总统及国务员预问其事,是否公平,无难断言。

《临时约法》第五十四条:"中华民国之宪法,由国会制定。"就文字论,制定宪法之权,固应专属于国会。然就实际论,则不尽然。盖制定《临时约法》时,行政权究应委任于何种机关,尚未确定。虽一般人士之揣想,在选举正式大总统以继临时大总统,实行三权分立主义,委任以行政权。然此种想像,究未立于法文,故后日宪法或不采单独大总统制,而采瑞士及汉堡两国之团体制,以行政权委任于数人组织之会议,亦未可知。且先选举正式大总统,后制定宪法,为制定《临时约法》时豫料所不及,故大总统参与制定宪法之权,《临时约法》虽无明文,而就事实论,固不得不谓大总统应有是权也。

况《临时约法》之精神,实许大总统参与制定宪法事业。《临时约法》第五十五条规定:临时大总统有提议增修约法之权。盖制定《临时约法》时,临时大总统始在北方就职,不能与议。故许其于制定后有提议增修之权。事后尚许其提议增修,事前反不许其主张意见,揆诸约法之精神,决不如此。然则正式大总统选举后,正值议定宪法之时,当然使大总统对于宪法有主张意见之机会,始与《临时约法》之精神符合。美国议定宪法时,华盛顿充独立殖民地代表、第二联合会议议长,虽意见甚鲜,然国民三十万人出众议院议员一人,华盛顿实主张其说。法国制定宪法时,马克马洪元帅已被选为正式大总统,而马克马洪命外务大臣布罗利向国民会议之宪法起草委员会提出宪法草案,是即法国现行宪法之原案。此又法、美两国第一任大总统预闻宪法事业之先例也。

今中华民国正式大总统已被选就职。其人为前清皇帝让出统治权,改为共和政体时,委任以组织共和、统一南北全权之人;又为曾任临时大总统一年有余,亲尝行政甘苦,为民国行政最有经验之人;又为将来中华民国宪法成立,总揽民国政务,对于民国国民之幸福发展,负大责任之人。此人既已被选就职,而于制定宪法之大业,不使与闻其事,无论何人皆有不公平之慨。仅不公平犹之可也,更因不公平之故,而议定与国民心理相违之宪法,是将奈何?宪法苟与国民心理相违,必有乘机立于国民与国会之间,阴施离间之术,然后诉于强有力之一部分国民而改造宪法者。法国1852年革命史是其例也,可不惧哉?

余谓中华民国宪法宜为持久计,宪法之最终决议权在由国会而成之。宪法会议固应由国会独立行其职权,不容他人干与。然最终决议之先逐保讨议之时,务广益集思,以昭公允。大总统派遣对于宪法陈述意见之委员,务与以主张意见之机会,以免偏倚。又,余前所述四大问题,似应与国人共同研究,而于其间,顺其自然,指导国民之心理,以豫防将来之破坏。

(《法学会杂志》,1913 年第 1 卷第 8 期)

中国宪法草案之条约权

有贺长雄

有贺博士,为近时外交家之泰斗。就我国宪法顾问之聘,数月来于宪法前途颇有发挥。而于外交上大总统与国会之权限,尤三致意焉。观其言曰：与大总统以无制限之权，则流于专制；与国会以过度之监督，则必致外交不振。最后之定案曰：大总统担任民国外交，但关于立法范围者，必得国会同意，始生效力。折衷尽善，铁案莫移。准斯以推，将来裨益于民国宪法者，良非浅鲜。用特译之，以质留心时事之君子。

　　然吾于是而有感焉。夫宪法者，国家之根本法也。活动此法者，则赖有贤总统尊奉之，国会监督之，始克保有尊严。试思吾国自袁氏就任以来，届三载考绩有半之期，虽曰正式政府未成、宪法未定，然固有《临时约法》在也。《约法》不许私借外债，而袁氏重人民二千五百万镑之负担，而国会不与闻；《约法》不许擅失领土，袁氏弃外蒙数万里金穴，而莫之或恤，任人民之呼吁，不啻东方之马耳。秣马厉兵之壮举，不挞伐强敌，而开衅各省，喋血同胞，弁髦约法，蹂躏人权，至于此极。使袁氏而再攫正式总统也，安知其不以破坏《约法》之手段破坏宪法乎？庆父不去，鲁难未已。纸上空文，固不足以拘束奸雄之野心也。吁！

　　共和宪法组织之问题最困难者，则关于军事、外交两事，大总统与国会权限之定点也。其故无他，盖此两事限于不依法律、外交目的物之外国政府，与军事目的物之外敌，无服从我法律之义务，故国会之议定，亦难临以法律。不依法律，则不得不与大总统以临机措置之职权。虽然，于大总统一方与以全无制限之职权，则流于专制，有危共和政体成立之虞；于国会一方与以制限过度之监督，则外交不振、兵力不张，有危国家外部成立之虞。必如何而后得乎中庸之善，庶几能达民主共和之目的，此诚最重要之问题也！本篇先于外交方面解决之。

　　凡外交方面之作用大别为三：曰谈判，曰会议，曰条约。

　　（一）外交谈判

　　谈判者，始于口头之折冲，终于书面之受授。外交惯例，不用书面之申迁者，于相手方无回答之义务，故查其事之轻重而用书式。书式有正式、略式之别。外交文书，最粗略者为书柬（公函），其体式与日行文牍无异。独北米合众国，无论事之轻重，凡谈判均用书柬，不用他种书式，为外交上之特色。其以稍郑重者，为口上书（节略），即略式通牒也。其最关紧要者，为外交上公文（照会），即正式通牒也。其他如觉书、声明书等，皆不外正式通牒之变体，特名称稍异耳。口上书及正式通牒之书柬所不同者，在常用以称第三人，不用于第一人之称第二人。例如，民国外交总长送书于日本公使，自称曰"余"，或称"本官"，以代口上书之"民国政府"。于正式通牒，则称"中华民国政府"。对日本公使，则不称"阁下"或"贵官"，于口上书则称"日本政府"，于正式通牒则称"日本皇帝陛下之政府"者是也。正式通牒结末，发送者署名，口上书者则否。此等外交文书之受授，皆得视为一种约式条约，以下说明之。

（二）国际会议

国际会议者，当数国谈判时，避团别谈判之烦，于是有公会、会议二者之别。公会者，大抵大战争后，关于世界地图之变更，所议决之大事件也。例如，拿破仑战争后之维也纳公会，克里米亚战争后之巴黎公会，露土战争后之柏林公会是也。通常之会议，如国际行政事务与国际法原则议定所开之会例，如版权同盟、邮便电信联合、仲裁裁判、条规、中立条规、陆战条规等会议是也。国际会议，总括连日会议决定之事件，各国派遣之全权委员，分列调印后，是谓最后议定书。议定书即一种正式条约，经批准而实施。公会，则君主或大宰相自出席，不用批准，调印后即实行。考之历史，非无其例者也。

（三）略式条约及正式条约

条约有略式、正式之别。略式条约，即如上述。凡甲国外务大臣与其国驻搭之乙国大使、公使开谈判时，其结果译为文章，作后日之证。其书式如上所云书柬、口上书及正式通牒三种之别。而又有以同一行文之通牒，双方调印后，各保持一通，谓之同文通牒，于现时外交之实际屡见不一。所谓略式条约也，普通所译何条约、何协商，大抵皆谓此也。正式条约者，有特别派遣条约缔结之使命，与全权委员开条约谈判会议，其结果所缔结之条约也。条约谈判之一方为外务大臣，他一方为其国常时驻在之公使、大使。然于此场合，为正式条约之缔结，必互以全权委任状相表示。正式条约，古有一定之书式，万国皆以为据，故一见即易辨识。正式条约调印后，别有批准书交换之手续。反之，如略式条约则无批准之事，只本书授受，即确定效力。

总括以上所陈述，外交作用，虽经谈判、会议、条约之三歧，然其谈判之稍重大者，皆以外交文书授受，即略式条约之缔结也。其会议者，以正式条约调印后而结局者也。故于外交定大总统与国会之权限，当于略式、正式二者之间而详加研究焉。

条约之略式、正式，其拘束国家之效力，二者固无差别也。往昔正式条约之前文,用向耶教之天帝永久不渝之誓。然不奉耶教之土耳其、日本等国,与欧洲列强结对等之条约,遂息其事。同时国际间之道德亦进步,不要经天帝之誓,无论略式、正式,均以国家之诚意为根据发生效力。苟入欧米列强之伍班,欲与结对等之外交等国,假令其无略式条约,其不能违背,与正式条约毫无差异之形势也。

正式、略式二者,于事之轻重,亦无绝对之相关也。近年至重要之外交事件,备略式条约者,不一二见也。例如,现世欧洲外交之中轴,如英、佛、露三国协商,极东外交之骨子,如日英同盟、日露协商、日米协商。关于中国门户之开放,列强间之协商,其形势上所用皆公函(书柬)、照会(通牒)也。其如此重要事件而用略式者,其理由已如上述。盖正、略之间,效力无毫厘之差,而手续有繁简之异:

(一)略式条约缔结手续简略,无条约会议、谈判、全权委任、批准交换之必要;

(二)正式条约改正之时,手续最繁杂,略式则无论何时,此方之外务大臣与他方之大使、公使,得以通常外交之谈判而变更之;

(三)大抵国家之宪法,于正式条约必得国会之承诺,而后生效。略式则否,且关于秘密事件,略式尤为便利。

然则必如何事件而后用正式条约,如何事件而后用略式条约,此问题则学术上无一定之分类,且姑就近时外交之事实而言其大概如下:

苟政府之职权,内于政府之责任,得自定自变之外交政策。关于国家之结束,即所谓政治条约,其事之轻重无关者,一律用略式条约。反之,其事件属于立法之范围,条约成立之后,执行有制定法律之必要,则必用正式条约。

于此有一例,1908 年 11 月 30 日之日、米协商。此协商日、米政府之间,对于中国取一定重要之外交政策以相约束。当结正式条约之时,必要得米国元老院之承诺,此米人所谓行政上之约束也。鲁特国务卿与高平大使之间,书柬交换,其全文余《最近三十年外交史》(下卷)第 698 页载之甚详,兹不赘。

又有本属于政治上之约束,而又不便于为正式条约者。于前清时代,日清间有一事件。光绪二十二年五月(1896 年)际露帝加冠式,李鸿章在露都调印之御敌互相援助条约,当时《北清日报》载其内容,尚不明其真伪。其后因清、露外交传于《北清日报》,别载秘密条约一通。因此，日本对于清政府求其开示，清国终否认其存在。然日露开战之初，清国不得不定中立之态度，不得已自认秘密条约存在，许出示于日本。然其条约之保管不在外交部，经百端之搜索，始发见于某亲王之手。其条约之内容，纯然一清、露攻守同盟而敌日本。此条约存立，使日本早知，日、清难免开战，故当时若保管于外务部，机密必易漏泄，必保管于权道亲王之手，始能秘密。今日各国务避正式条约者，盖以机密文件之交换，重大事件之约束，便于机密故也。今试举结正式条约必经国会之承诺为适当者，列如下：

（一）关于领土之变更条约。

（二）关于主权制限之条约。例如，自国某地方不驻兵之约束。

（三）关于国际法之原则之条约。

（四）关于司法权之条约。

（五）关于财政上负担之条约。

（六）关于通商航海及人民经济上之利益之条约。

（七）关于在外国之自国民身分及所有权之条约。

（八）关于国际行政条约。例如，版权同盟、邮便电信联合、卫生条约等。

（四）正式条约之批准

正式条约之要点，必其国之君主或大总统之批准。其批准，与国会之承认、不承认之间，有如何之关系，不可不附说明之。除日、英、露三国外之君主国及共和国，于一切正式条约批准之前，有必求国会同意之义务。此同意必于调印之后、批准之前要求者。盖以条约调印确定，一旦批准后，于国家安危有非常之场合，欲取消极困难。大凡正式条约调印时，互保存一本，别制一誊本，附记其批准文，君主又大总统署名，外务大臣亦副署，是谓批准书。复与他一方之批准书交换，别开交换会议，调印之条约，以必批准为定例，但于下之场合得拒绝之：

（一）全权委员超越权限之时。

（二）全权委员违背训令之时。

（三）违反宪法之时。

（四）或与他之外国现有效力之条约相冲突时。

（五）调印后事情变化，执行不可能之时。

（六）依宪法必要得国会同意，而不得其同意之时。

于此六场合,既因调印后之条约,亦不能自由取消。必于条约内别设一条,延长实施之日期。其日期以前不批准交换,则其条约视为取消,以先相约束,是谓批准留保之条项。盖批准非裁可之义,不能利用以取消条件。外交之实际,于此六场合外之理由,欲拒绝批准极为困难。光绪五年,清国政府派遣崇厚至露国缔结伊犁撤兵条约,其训令曰:"如能撤兵,除割地外,无论何种利益,均可交换。"因之,崇厚与露国以陆地通商之利益,得其撤兵之承诺。其条约调印后,归国上奏,张之洞等反对激烈,庙议拒绝批准,无他口实,但云崇厚违反训令,拟斩罪以报于露。斯时,因露国之仲裁,仅得免于死刑。由是观之,一旦调印后之条约有不适于君主或大总统之意,欲拒绝批准,诚非易易。苟其国之宪法,有必得国会同意之明文,以不得同意之故拒绝批准,则甚容易。盖不得国会之承诺者,政府之目算违,有德义上之责任,而无法律上之责任,何则? 盖宪法者,与普通之法律异。虽外国,亦有尊重之义务,如对于其国之国旗、君主也。

结论

综合以上四项之说而考察之,则将来中华民国之宪法,于条约权应设如何之条文,其判断最易。兹括其要点如下:

(一)外交谈判者,开始也;条约者,结局也。世界多数之共和国,不云大总统有外交权者,可见当时总统之职权最狭也。然近年来,宪法明言者亦有。例如,葡萄牙宪法第四十七条曰:

总统职管如下

戊、总理外交事务,惟不得有碍国会之权并代表本国对待外国。

庚、有与列国订约之权。

要之,外交事件,难依法律以行,故委任总统以全权,是共和国宪法一大要件,不可置之不言也。民国之宪法,可设如下之明文:

大总统担任民国外交:

(二)外交政策之定,果既属于上大总统之职权,则有外交文书受授之必要,而订略式条约,亦其职权内之事,不须得国会之许可不言而明矣。

(三)于正式条约必设下之明文:

凡条约关于立法范围之事件者,经国会之同意,始生效力。

(《国民杂志(上海)》,1913 年第 5 期)

有贺博士之民国国教意见书

有贺长雄

　　日本有贺博士，以我国订立宪法，须规定明文以孔教为国家风教之大本。特说明其理由，言极精详。兹特录出，以供关心国教者之采择焉。

国教与政治实际上之关系

　　人民为国家之分子，而所以称分子者，即以其非孤立之故。彼以一定之主义、目的相聚合而成种种之团体，如家族团体、地方自治团体是也。此等团结皆以人民发达为要归，故国家有公认保护之理由。惟是多数人民生事而外尚精神上之要求，欲求满足。具此目的，于是结合团体，谓之教会，此亦国家所当公认保护者也。国家之于地方自治团体也，公认之、保护之，于行政范围则利用之，以为国家之机关。其于教会亦然，得此利用之，以为维持秩序、巩固人群之具。此国家之自由权也。惟不得强迫人民使为某教会之会员，又不得强迫之使参与某教会之典礼，又不以属于某教会之故，得以享有特别公私权利，是谓信教自由。是以国家既于宪法保证信教之自由，而复公认一宗以为国教而特别保证之、利用之，此与立宪政体未尝相戾也。

各国国教在宪法上所占之位

　　如，《普鲁士宪法》第十条，保障信教之自由矣。而第十四条仍有左开之规定国家关乎宗教种种设施，定耶稣教为基础，然不以牵动第十条保证自由。其国家一切典礼，均以耶稣教为范围。如国会开会之初，议员造诣官寺礼拜，至今尚然。宗教与政治实际上大有势力，大概如此。又如，英国虽无成文宪法，仍立国教，故国王号为教长，尝锐意将其宗旨利用于政治上。又如，挪威国，旧以路德新教为国教。一千九百零五年瑞典分离之后，宪法条文多加改正。惟关乎国教，则条文仍旧。第二条：耶万西尔路透教会仍为国家公教，信仰本宗人民，有依本宗抚养其子之义务，塞殊意图教，禁止不许。第四条：国王必信仰耶万西尔路透教而保护之者。第十六条：国王得监督一切公开祈祷，及一切宗教上之集会，监视所有奉职教侣遵奉教规。唯美国向于民人信仰不加干涉。宪法订立明文，举凡宗教一切置之度外。此因当殖民之初，来美避地者特苦母国宗教上之迫胁，遂尔惩羹吹齑，悉行放任之故。又其国常以完全信教自由为主义，欲使欧洲之民，凡以崇信不同而受政府之制限，因而心怀不平者使之偕来，以此为欢迎招徕之政策。惟一千七百八十七年七月十三日之命令，宪法未制定以前，十三州同盟会议决宣布，以为将来开垦属地之原，语所谓的利多利根本之法章，有及此者。此美国宪法史上最重大之公文也。（的依罗尔《美国宪法发展史》二百五十七页），其第三条载明如下：宗教道德及智识为善良政治，与人类幸福所不可少，故学校以及教育办法，须永远厉行。未独立以前，民人信仰礼拜，依其父母所信之宗教以为义务。如遇父母信仰不同，则男依其父、女依其母所信宗教以为定例。至俄罗斯及巴尔干半岛诸国，即罗马尼亚、保加利亚、塞尔维亚、希腊、黑山国，则以希腊教为国教。土耳其一千九百零八年改正宪法第二章第十一条，将来公认宗教，仍行其保障自由。

民国国教于宪法上应揭出之明文

今中华民国于旧之释、道，新有耶、回，则公认之以为有益之教会，予以为当保护，如是而止。独至孔教，其不同于以上四教者，以其尊祖祀天，不言神秘甚密之义，而于人伦则至纤至悉，郑重周详。是故伦理者乃中国文明之精华，为西汉以来二千年间政教之基础，其浸润于国民之意识至深，其支配国民之力极大。居今而言保守，不但须将通国之中所有被服儒术、崇奉孔教者总括为一团体，由国家公认而保护之，且于宪法特著文明，以此为国家风教之大本（如定中华民国以孔教为国家风教之大本）。假使宪法揭出此项明文，则其发生结果如左：

（一）国家设立学校，得以孔教为伦理教育之基。

（二）国家得将孔教学位（如进士、举人、秀才等）公认以为选举及被选举之资格。

（三）得以国家公款维持孔教专修学校。

（四）得对于孔子后裔示特别之优遇，凡此皆于国教之规定而得保守势力者也。

按：有贺氏论孔教当保守之处详矣，然鄙意尚有以为未尽者。谨补所见如左：

（一）当以孔子纪元为中历纪元。

（二）国家大事，当祭告于国学文庙（如大总统正式受任等事）。

（三）丁祭及圣诞仪式，应规定宪法内。

（四）凡文庙均置书田，委保管差，经费仍由国家担认。

定础志

（《宗圣汇志》，1913 年第 5 期）

有贺博士之宪法演说

有贺长雄

有贺长雄日前在北京国民大学，演说关于中华民国宪法问题，颇为详博，亟移录之，以谂阅者。

共和政体有若干种类，其优劣须研究而后知。法、美两种宪法之外，还有瑞士与德意志之韩不庐，此两国与法、美政体大不相同。瑞士联邦有七人执行大总统之职务，非独裁制，乃合议制。德意志之韩不庐则以元老院中之十有六人，执行大总统之职务。由是观之，共和政体盖有三种：一法国，二美国，三即瑞士及韩不庐。第三种恐不适用于中华民国。

今先就法、美两国比较论之。世人尝谓美国行政权在大总统，法国行政权在议会选出之内阁，以此为法、美两国不同之点，似矣。然只言美国行政权在大总统，法国行政权在内阁，此两言不能说明两国不同之所以然。

试详细言之，行政云者，即执行法律之谓也。然自两国宪法方面观之，法、美行政权咸在大总统掌握，故专就行政权而言，两国政体之不同，其不同之点不易发见也。惟在政治方面研究之，其不同之点乃易明了。政治云者，简单言之，即决定方针之谓也。

凡国家应作之事，可分三种：一、国家自身应作之事。如强固国本，须军力雄厚、财力丰富，国家方能强固。二、对于一般人民应作之事。如为国民谋利益幸福，须广设学校、扩张教育类是也。三、国家对于一部人民应作之事。如农业家、航海家，国家对于此种人应谋特别利益是也。简言之，一即国家自身之事，二即一般人民之事，三即一部分人民特别之事。若三种同时并作，必不可行。须分为某种先作、某种缓作，某种用十分力量去作、某种用几分力量去作。决定此种先后缓急，是为政治方针。若此亦作少许、彼种亦作少许，各种实业亦兼营并作，其结果必致种种均不能发达。故政治在乎定方针，须有负责任者。而法、美之负责任者不同，此即不同之点之所在也。

美国定方针在大总统，负责任亦在大总统。国务员不负责任，亦不能定方针，只能承大总统之命而已。故美国共和政治，称为大总统共和政治。法国议会无两大政党对峙之象，有许多小党联合。其联合为条件之联合，某人为总理，某人为国务员。许多小党联合之后，定一种方针，在国会演说，反对党得对方针加以修正。如反对党将联合别党推倒内阁，其结果则联合党之内阁辞职。如政府提出法律案，于国会加以说明，说明政党提案之理由于政府所定方针，有若何之关系。若其案为政府方针所不可少者，经议会多数否决，则内阁当然全体辞职。如政党对于新发生之大事件，亦须定一方针到国会说明，或大事件发生，国会要求政府到国会说明有何意见。反对党对于政府之方针、对于政府之意见，加以种种修正。反对党之修正案，如得通过，则内阁亦须辞职。由此观之，法国政体似属内阁定方针，内阁负责任。其实系议会定方针，故称为议院共和政治。

从政治方面研究法、美不同之点，已可明了。今再比较某种利多弊少。先就学说上研究美国共和政体之利害，美国有一种好处，大总统对于种种政策可以独定方针，不致受一部分人之攻击。如罗斯福大总统本共和党选出者，美国本共和、民主两大党对峙。罗氏虽由共和党选出，然其方针与共和党所主张恰立于反对地位，共和党亦莫可如何。美国向有一种托拉斯，小公司大受其害，罗氏多方惩遏之。彼托拉斯之大资本家固皆共和党之分子，而亦莫能奈何。此大总统不依赖国会可以独定方针之利也。然亦有弊。美国大总统任期四年，政治方针定错，亦不辞职。虽国会有弹劾大总统之权，然行使只见一次，亦未发生效力。此其弊也。美国宪法第四条规定："大总统除叛罪外，不能弹劾。"当1868年，美交单受下院之弹劾。顾当时元老院袒护之，谓大总统在政治方针上之错误，不得以犯罪论，所以弹劾案未能通过。再由事实上研究,美国大总统任期四年,此四年之内所定之方针,不致动摇。此制之利,然亦不免有弊。四年之内,反对党无论如何不能作总统,所以当选举时,各党中想出种种运动方法,非达到自党作大总统之目的不可,而百弊即从此生。

若夫法国政治之利害,自学理上言,法国之好处,在国会能监督政府,内阁行政有责任心。自事实上言,其弊处在议会种种主张,得大多数之通过,即便实行,然所代表之利益未必皆国家之利益。劳动者亦有选举权,由劳动者选出之议员占多数,劳动者所谋之利益,亦未必为国家之福也。况议会代表不能平均,利于此者即不利于彼。内阁之推定,只众议院有此权,元老院不能过问。欲谋国家之稳固,须有代表国家者,否则不能稳固矣!至其利处,在大多数政治家可以满足其欲望,在此党既可以作国务员,在彼党亦可以作国务员。惟内阁太易推倒,于国家政治之方针不能稳固耳。

法、美两种政体而外,还有第三种政体。自法国试行失败之后未有用者,即"超然内阁"是也。其制,大总统定方针,简与其方针相合者为国务员。大总统发布之命令,大总统不负责任,内阁代负责任。法国当共和初成时代尝行之。将来中华民国之宪法,或采用总统共和政治,或采用议院共和政治,固是一问题。然超然内阁,亦不可不研究。至于袁世凯如何,则系另一问题。何种政治于中华民国最相宜,非外国人所宜言者。今日所贡献于诸君者,如此而已。

(《宪法新闻》,1913 年第 11 期)

中国宪法问题

浮田和民

一

中国革命之后,日人对华之态度时演失策。今不自悟,东洋平和恐有扰乱之一日。其失策之原因也,有二:一关于中国国体民俗之误解,一关于日本在华利益之谬见是也。

日人之论中国也，往往以日本为标准，故事变之来，辄误解其真相。革命之初，日政府中实有一派，援日本国体之论，欲加声援于清廷。至民间志士，则因希望日本宪政之发展而同情革命，不惜用全力以助之。国体论者，以为中国万一改建共和，日本将受其潮流，共和主义或传布于三岛。而热心宪政者则复希冀中国革命之成，藉邻国之新猷，以求日本宪政之改进，其于袁世凯也，则目为奸雄，恶之特甚。

然平心思之，此皆日人理想之谈、感情之论。若单为中国计，单为东洋平和计，则此等议论皆不必有。凡一政府之灭亡也，皆自亡之，实人力之所不可挽回。况以外国之势力，以维持人民所深恶或不适当之政体，其为无谋，莫逾于是。以日本之国体为标准，而定对华之政策，此危道也。当时幸未实行耳。夫日政府苟体民意、顺民情，以施善政，邻邦政变何至影响于国体？而自他面言之，邻邦之国体、政体问题，绝非日人所宜干预。邻国之人顺其国俗民情，以立其所欲立之国体、政体者，此实彼等之权利，而苟不侵害外人权利，则无所顾忌于外人者也。

又，自宪政家一面言之，宪法政治，日本犹号难行，乃欲期之于今日之中国，则期之者过也。凡政治理想纵极崇高，其人民之性质、能力苟不相适，则行之无益而且有害。此历史之公例也。

二

日人评论中国事，每次必失败者，全由此两重之误解。以日本国体为标准，故袁世凯之行动不能见明于日人。以宪政大义为标准也，故每同情于革命党而招世界之误解。损日本之利益，日人之视袁世凯如曹操，如足利，尊恶之不已而排斥之，而以南方革命党为宪政之友，故每欲助其成功，其结果如何，则日人显若有挑拨中国内乱之野心。世界各国俱误解之，此日本之不利也。清帝退位，以全权授袁。南方民党曾有临时政府之设，而维持无术，卒解散之，故中国今日惟一正统之权力者，实舍袁氏无他求。袁之素行及其经历纵多罪恶，而于日本对华外交上有何关系乎？况中国今日维持秩序、保持内外之信用者，惟有袁氏一人，日本反对之之甚，不惟有害于中国，且将不利于日本矣。是不可以已乎？

若扰乱中国，使陷于无政府之状态，则列国干涉之局成，极东之形势必至不可收拾。而日本者，以如此之财政，谅亦无际会风云、称霸远东之准备。夫使日本国力充实，则东洋方面无论如何变动，固不足虑。

而今者何如哉？日俄战后，疮痍未复，此时极东有变，实非日本之利。夫国力充实者，非仅扩张军备之谓。在中国问题中第一必需金钱。日本若富，或能任解释中国问题之责，而今不能也。一旦有事，欧美舆论无以牵制之，日本国民意志无以贯彻之，此非兵之不足、资力之乏则然也。朝鲜统治之成功与否，今尚为一问题，乃复欲染指大陆经营中国，此非危险之政策而何哉？

以是之故，日人之于中国也，其唯一应守之道在不干与中国内部之党争，无论何时，中国多数国民所服从之政府则承认之。其国体之为共和、为君主，与政体之为立宪、为专制，皆宜在所不问。如是，则中国政党中不论孰握政权，日本不至买怨于彼邦，而日人之利益在国际法范围之内就可以自由发展。此诚我政府、人民所宜猛省从事者矣。

三

无经济上发展能力之国民，其在中国，不能得政治上之权力。如日本者，资力毫无，即干与中国之党争，亦劳而无功，实无所得。不惟无功也，且买怨于彼邦，两方卒交受其损。自日本言，对于大陆，实以中国之保全及平和为第一义。苟见及此，平心思之，则日人憎恶袁氏之成功，实为失计。吾人以下数节，将自法理上证明袁氏位置之无可作难，而以冷静判断为第一条件焉。

中国虽号称"共和国"，其性质若何，实法理上、事实上之疑问。"共和国"字义有消极、积极二种。消极的言之，非君主国体者便为共和。积极的言之，则以二人以上之合意组织主权者皆为共和，是以共和制不必尽为民主共和制。古代之贵族共和制，即足笼盖共和制之实质而有余。古来共和国多系国民中少数之有力者，以合意组织之。如值内乱之后，则往往以有武力者，以军队为后援，设立政府，此名"军队共和国"，称其政治曰"武断政治"。

中国现今之国体，究为何等共和国固属疑问。然要非南方革命党势力单独所成。前年时，革命军初甚成功，而卒未能征服北地。讲和之后，清帝退位，南北始合，中华民国于以成立。古时罗马共和国，以内乱故，改成帝政。当时法律家，以为罗马人民实授主权于皇帝，故皇帝之意志即为法律。今之中国，实其反比例也。是以中国之共和国，法理上由清朝统治权之相让，始成南北统一之政府。不然者，如谓成于民意，则对于满、蒙、回、藏首无主张主权之根据。使为民主共和国，则未加入革命,未派代表于宁、鄂会议之地方,当然不能入共和国之版图矣。然今者中国之于满、蒙、回、藏犹主张其宗主权者,不谓为根据清帝之退位条件不可也。

无论为自取,或为人所授,中华民国既成,则其主权固为其所固有,而无碍于其为共和。但中华民国虽成,而谓统治权即让于一般人民则殊不可。盖清帝退位诏中,虽有"与统治权于人民,改为共和立宪政体"之语,而同时则谓"着袁世凯全权组织临时共和政府,与民军协商办法"。是以自此之后,中国之统治权实际则存于袁世凯及南方民军之共和,而不在人民也。

四

"共和立宪政体"字样,曾可一言道之,实则共和与立宪并非一事。有时则共和虽成,而非立宪,而共和国体之有立宪与专制也,与君主国体实同。中国固无君主制矣,然为何等之共和国,此实第一疑问,而立宪问题则要非今日所宜论。

自吾人观之,清帝退位后之中国,可断言为军队共和国。何则?宪法未制定,固不得为共和立宪政体。不惟此也,清帝之上谕,虽谓"改为共和立宪政体",南京参议院议定之《临时约法》第二条中,亦有"中华民国之主权属之国民全体"之言,然一国之主权非漠然存于公众间者。使漠然存在,则为无政府之状态。主权之在国民全体也,必国民全体有何等之组织,或人民齐集组织议会,或组织正当代表多数民意之代议院,而社会全体服从之,如是,方可谓主权在民。不然,如谓人民各自为主权者,则即共和国亦决不许有此解释,而谓人民漫然组织之国体为有主权,则诚所谓暴民政治,而与无政府之状态无异者矣。

前年革命之际,汉口代表会,到者仅十一省二十四人。既在南京开会,参加者亦仅十六省四十九人。各省平时本无人民会议,代表决非正式选举,故此种会议,仅为革命党之有志大会。美国独立时,十三州大会于费拉德费。法国革命,亦有维尔塞之国民议会。以中国代表团较之,性质固自有有异也。至昨年四月开会之国会,形式上姑勿论,果足真实代表人民全体与否,此一疑问也。该国会之决议,全国人民果服从与否,此又一疑问也。乃宪法问题之作与袁氏冲突,"遂遭古德打"之变,刻已不能开会矣。夫北京议会之无主张议会之实力也。由此观之,岂不然乎? 国会既如此,而国会以外更无他项代表人民全体之机关,则知"主权在民之说"之为空论耳。要之,国权之所在,非因法文而定,实力既在,国权随之。主权虽与宪法、法律以效力,然未有宪法及法律以前已先有主权。清廷草宪法时,第一条声明:"大清皇帝万世不易。"乃颁定之后,未三月而国亡,此其明证也。宪法即定为"中华民国主权属之国民全体",然苟无国民全体之组织,而全体国民无相当之自觉与实力,则仍一纸空文已也。主权造宪法,宪法不能造主权。宪法之为用,仅明主权之既在已耳,岂有他哉?

由此观之,中国之共和国,若严正解释之,实不得为民主共和国。清帝避位时,付全权于袁氏者,实依赖其实力。而袁之实力(金力及武力),当时实优足与革命党对峙而牵制之。民军始甚成功,既为收揽人心,下免税之令,此其失计之大者。革命党成功之迅速在此,而其终极之失败也亦以此。法国革命时,议会决议从前租税求得人民许可,故不合法。然同时由国会决议继续之。中国革命之有始无终,与法国不可同日语者,职是故也。

南京临时政府成矣,而财政上遽陷于穷境,人民之捐输有限,公债之募集不成,卒至孙逸仙辞职,参议院移北京,要为政府不能维持之结果耳。换言之,孙逸仙要已无自为之能力,故让之于袁。南京政府之解散,与清帝之退位,事虽不同,理固一辙。大清帝之非为人民而退位,而孙逸仙之非有华盛顿以上之道德也,此固有识者所同声称道者矣。

五

由此观之,中国之主权,实在袁世凯及其军队,而人民与议会不与焉。袁世凯之地位如多数民意赞助之,则与大拿破仑及拿破仑第三之帝政相仿佛。所异者,拿破仑以直接投票法,单诉信任于国民,袁氏则无之耳。又与克伦威尔亦有相似处。十七世纪时,英国内乱,克氏遂为共和政府之首领。当时英人多数希望君主政治,不服克之武断。克知之也,故以指名之议员组织国会,王党则不与以选举权。当时议会自谓有克伦威尔以上之权力,欲制限克之行动,遂生冲突,而王朝率以复活。夫自杀英王后,英国法律上实已无国王、无议会,故克伦威尔召集之议会,如不认克之权力为正统,则已无议会之资格,乃议会不思及此,欲以该会之决议以反对克氏,此不明之甚矣。北京国会形式上固与克伦威尔之议会不同,而实质则一。袁氏固据《临时约法》所选举,国会固以北京参议院议决之《国会组织法》而成立,而考之实际,所谓《临时约法》、所谓北京参议院之决议,皆赖袁氏之实力而始有效。现在之北京国会,实与以袁氏命令召集者同也。故为议会计,当先认承袁氏之权力,造能得袁氏同意之宪法,方为正当。乃事不出此,与克伦威尔之议会,可谓陷于同一之谬误矣。议会为立法部,而立法部往往握有主权,北京议会效之,遂谓独尊。夫使中国果有发表民意之选举制度,则固无论。乃北京议会,实仅有其形式,而无其实力及精神。此岂可以主权议会自诩哉? 中国今日即有宪法、有议会,亦不可即治巩固有力政府之设立,实为第一之亟务。由此点论之,则袁世凯之在中国,实较宪法、较议会为尤要耳。

六

任在何代,皆有以为有立法权者,即主权者之议论,如卢梭者,其一人也。然主权之发动,实不惟立法权,行政、司法亦然。第因时地之异,主权或在立法部,或在行政部(含司法)而已。古代人类为习惯所支配,以无新制法律之必要,故立法权服属于行政权,而在古代或与古代相等之时势,则最要者实为巩固之行政权。当是时也,握行政权者,即视为主权者,实为正当。卢梭之说曰:任在何时,立法权即主权,而立法权必为人民所有者。此说也,不惟非历史的事实,且非道理上之所许。无立法之必要时,主权之发动专在行政,尤实现于确实之裁判权。反之,如社会进步、国民发展,则活泼之立法作用始为必需。列国常设立法机关之成以此也。方今各国立法为行政、司法之基础,故立法权即主权之说,可以适用。第不可一概论之耳。

惟其然也,有立法权之议会,不必为有主权之议会。北京议会起草之宪法多根据法制。然法国议会之有今日,实须百年以上之经营。北京议会乃欲一跃而立于大总统之上哉? 况在今日之中国,巩固之行政权实较活泼之立法权为尤要。主权之所在,与其为合议制之立法部,不如为单头制之行政部。盖为维持内外之信用及秩序,则然也。北京议会之宪法草案关于任免国务员,国会实操其进退之权,则不惟主持立法并侵及行政矣。三权分立为宪法政治之一要件,北京议会则侵之矣。在此种宪法下之中国,除陷于无政府状态外,无他也。此吾人所为中国议会不堪痛惜者矣。

中国今日为拨乱反正之期,巩固政府之成立与否,实为其死活问题。人民生命财产之保护,社会安宁秩序之维持,实亟务中之最亟者。

至与参政权于人民以实现责任内阁之理想,则为国家基础大定以后之事,非今日之亟务也。

七

北京之宪法起草委员,拟其大总统于法国之统领,其目的在使徒拥虚位,不能为善,亦不能为恶。夫此固法国之现象,然法国内政、外交之薄弱,实则以此,断非中国所宜仿效。为中国计,至少当与其总统以美总统相当之权力,任期或为终身,否则十年,许其再选。为保持中国治安计,以不常改选总统为得计也。纵今一时专制复活,然为人民计,不较无政府为尤愈哉?

虽然,以袁氏之力究能治中国与否,此亦一疑问。盖彼太无德望,中国人全体悦服之与否,不可知也。若假定袁氏失败,则代其负责任者,有无其人? 中国人才缺乏之今日,若袁失败,则其结果大概如左:

(一)宗社党乘机恢复清室。清朝无十七世纪英皇室之威信,恢复之举,当亦难能。且如果恢复,则不如以袁为帝,犹为中国民族之福。

(二)有袁氏以上之实力者出而代之。中国人口日增,教育荒废,人才之少,莫过今日。此种人物一时恐难出现。袁以上之人物姑不论,求与袁相当之人物恐亦不可遽得也。如然,则助袁世凯之成功,宁为极东平和之幸耳。

(三)二者不能,则惟有置中国于关系列强共同保护之下,此则开中国分割之端,极东时局由此多事矣。即由列国之均势统治一时,终必如土耳其内政不修,卒至分割以亡,东洋之不幸,莫逾于是。

今者日本及各国俱已正式中国之共和国,日本政府之于中国,实负辅翼尽力之责。然朝野之中一部人士,视中国有事若为日本之好机会者,此大误矣。若东洋只有日本,世界并无列强,所思或能适中。例如,德国分裂,法乃称霸。古昔则然,而非今之比也。今各国皆竞争于东洋,日本不能独享其利。若排斥欧美以成霸业,则其准备又殊薄弱。况日美问题控其后,俄国复仇战争伺其前。故为日本计,目前以保持东亚和平为第一义。而清朝之亡,日本实嫌其太早也。吾人参酌最有思虑、最通华事者之意,实以诚心祝中国之成功耳! 岂有他哉?

译者曰:浮田和民氏,为东邦学界巨人,持论稳健,不主偏激。今论我国事如此,其法理之论,译者末学,不敢妄断,第视为世界一学者之议论,愿我读者亦"冷静判断"之耳! 至谓日人不宜干预我国党争,则立论甚是。以此文之力而能祛中日国民之误解,则尤译者所乐闻也。

(《雅言》,1914 年第 3 期)

不信任投票制之危险

有贺长雄

自顷民国二次革命渐见敉平,三次革命突于北京而起。何云三次革命? 闻者得毋病吾言之不详乎? 然此非武力之革命也。惟非武力之革命,手段阴柔,人鲜知之,吾今请敷陈其说。

曩者民国行政权操诸一人,政治自此一人之意思而出,以故能统一、能继续。策一定之方针,循序进行。今也不然,将欲以此行政权移诸八百人合成之团体。夫此团体内部势力孰优孰绌,时因党派离合变化无恒。彼其施政,胡能有统一、继续之幸? 以此蕲国利民福,断乎不能。而议者诸君漫不加察,骤思唾弃三权分立制,所谓授大总统以行政权,俾于国会监督之下独立行使之者。一旦收其权,纳之于国会,令大总统仰多数议员之鼻息,以行如彼二权分立制,亦即国会政府制者焉(盖国会政府制度,无所谓行政独立,只有一司法权堪与对抗而已,故名二权分立制)。似此于国家全体之编制非常更革,谓之革命,信非厚诬。于何征之? 征之于天坛起草会议定之宪法条文而自见矣。

第四十三条:众议院对于国务员得为不信任之决议。

前项决议用投票法,以列席员过半数之同意成之。

第八十三条:国务员受不信任之决议,大总统非依第七十六条解散众议院时,须免其职。

上即规定不信任投票之条文也。夫不信任投票之名,沿自法国。然其实开之者,非法而英。英之政治习惯也,凡内阁遭下院议员多数之反对,例须辞职。此习惯行之六七十年。惟法自 1848 年革命以后,其下院于内阁责任问题,辄依投票表决为例,以有此名。今之共和国采用此制者,除法以外,亦不多觏(南美之共和国,间有采。他如加拿大、澳洲等名为英属,实乃独立之共和国,亦采之。至如北美、如瑞士,则无之也），显见与政体毫不相关。况乎法国等纵有采用此制之习惯，而究无明载之于宪法者。是以宪法规定不信任投票之明文，及以将彼等既受不信任之国务员实行免职之事，认为大总统宪法上之义务者，求诸列邦，概无之也。

吾更征诸英国内阁，纵遭不信任而仍有不必辞职者，其例有二：

（一）1885 年，沙士勃雷侯执政之日，明知众议院失过半数之拥护，仍一面组织内阁，此内阁坚持至八阅月之久。

（二）现任之自由党内阁，于本年五月在议院势力已居少数，乃因土耳其之战事方剧，不便变更外相峨黎氏之外交方针，彼反对党未遽迫其辞职，以是连续至今。

由此观之，显见内阁虽失信任，而辞职与否仍不无斟酌之余地。盖去留用舍，悉以时势之宜，而非不文之惯例所能拘牵束缚之者。英人之运用政治，所以为独神也。

不宁惟是，就论不信任投票，而亦有直接、间接之分。直接不信任投票为何？即于众议院提出不信任国务员某之议题而附表决之之谓。然有间接不信任投票者，或使国务员演说政纲，于其政纲而加以反对之修正，或对于政府所提出关系其行政方针绝对必要之法律案而否决之，或于豫算会议删除政府要求之经费，是皆间接不信任投票之类也（凡国务总理受不信任，国务员全体辞职，此属通例。然亦有因一部总长受不信任而致令国务员辞职者）。要之，英、法两国举行直接不信任投票之事甚少，惟间接不信任投票时常有之，且往往如异军苍头之突起，无可豫防者。特英国向惟两大政党，是以行不信任投票之制，流弊尚鲜。何则？彼之政府必有一大政党为之后盾，以能依据其党政纲定为政治方针，实力奉行之。法国不然。其党派林立，虽泰半为共和党之支派，然即有保守党及社会党夹杂其中。故政治大体之方针虽可一定，然时因联合保守党或社会党之故，不免有所迁就，失其本来。用是不信任投票之制，在法国流弊甚多，抨击之者已不鲜。此又今之立法家所不可不知者也。今试揭其最著之弊害如下：

一、无大政党之国，势不得不纠合数小党，以谋院内之多数。因而，政府欲得多数赞成，首先求合于彼等数小党。苟偶与一小党之主义背驰，其多数联合立就瓦解，政府地位遂居少数。是以于此种政况之下，其政府欲期独立，以定简单明了之政治方针而直进之，势极困难。即使方针既定而动,因党派离合,又必须随之而变更者。职是之故,惟有方针暧昧之政府相继而起焉已。此国家之大不利也。

二、惟大政党乃能监制党员,不使以个人而干涉行政。若小政党,则此种监督力薄弱,议员之个人干涉行政者必多。或向官吏要求事务之说明,或赴官署请求公文书类之检阅。偶不如意,便尔失欢,交结之途遂绝。在议会立有少数之患,是以行政官吏势难拒之,而各个议员均利用此地位,以谋自己选举区内之利益。试问于行政事务障碍孰甚(法人图普维著《共和政体国务员论》第 435 页)?

三、大总统虽有利国福民之意,怀抱一定之政策力图进行,而因辅佐之国务员不能以此政策得众议院过半数之赞成,其究不能实现。反之,在众议院苟已得过半数党派之联合,欲使大总统施行一定之政策,转能借不信任投票之故,迫令大总统一面罢斥异己之国务员,一面另简同己者以担当国务,俾实施此联合政策。此种事实,最易发生。其结果,大总统而孱懦者,任其颠倒。彼独立之行政权扫地以尽,其雄武者必起与之争。于是,政府与国会之间轩然大波起矣。

以上弊害,逆料民国所不能无。然而,据该会议定之宪法案,民国大总统所有之行政权又明明为独立者。试举其条文以明之:

第五十六条:中华民国之行政权,由大总统以国务员之赞襄行之。

由斯以谈前文所举之两结果,必致其一。窃虑民国大总统日后或即一如现之法国大总统毫无实权,只仪式上拥代表国家之虚位。或则张皇威力,将难免有凌越宪法之事。试一翻法国历史,彼 1848 年所定之宪法,岂非以一切权力集中国会之故,顿至激成变端? 行之四年,灰灭以尽。此尤殷鉴弗远,大足昭示来兹者也。

论者或曰:该宪法案第七十六条岂不有云大总统经参议院三分之二以上之同意而得解散众议院乎? 似此,若众议院过于专横,自有制止之之道。然而,斯论未当也。何则? 解散之事,一会期内仅能行之一次。且解散之后立须改选,全国骚然所及之影响极大,绝非易言。至于不信任投票,只众议院议场内有二三党派联合,骤得过半数便可举行,施之何等易易。况乎解散众议院尚有参议院三分之二以上之同意,条件尤非可以幸邀。故云解散权足以抵消不信任投票者,直欺人之谈矣。

且以不信任投票为宪法常则,其失当之理由尤有最著者在,即民国在外国之信用因之而大为减色是也。夫国家对外之信用,每因行政权之强固与否以为厚薄之地,其理至明。惟有不信任投票之制,则政府地位决无强固之望。纵有一定之政治方针而行之,必多所瞻顾,不免示人以弱,而谓外人于兹有不减其信用者乎?民国现在财政基础毫未确定,悉仰给外债以为维持。设对外之信用稍隳,其险象何堪设想?故居今日而兴言此制,尤属万万不可者也。

德国国法学巨子波伦哈克有言曰(《一般国家学》第 51 页):

"国会政府制之大总统共和政治者,乃近今强国政体中之最下乘者也。盖此项制度,随时足召民主专制之祸(如拿破仑一世及三世所行之专制政治),危险不可思议。且内部之弱点往往影响于外交,匪惟以形势不确实之故妨害政府之信用,或更至妨害宪法之信用,使国家在国际间之地位顿即于陵夷者也。"

抑尤有进者。阅者诸君幸勿误会余言,以为反对不信任投票制也,夫余非挟反对之见。盖既名民国,思以直接代表人民之众议院监督政府,创为此制,讵曰弗宜。唯余之鳃鳃过虑者,则制宪诸君急于图功,猝欲尽行其理想,将不免有窒碍难行之处。窃恐转贻异己者之口实,岂不大失计耶?要之,不信任投票之制,其在立宪政体之下运用之,本极微妙。是以不论何国,纵有不文之惯例,任取舍之自由,而从无登载之于宪法者。如吾前文所述,具足以资参考。夫以先进之民主国且不敢冒昧从事,乃惟程度最稚、经验最浅之中华民国转欲于人所不敢为者而为之,何其不思之甚也。若不设法转圜,将见立法与行政之争端必有酿生他变者。然则,何如删削宪法条文,以渐养成政治惯习之为得乎?余为期民国宪法之发达、圆满起见,有不能已于言。

(《四川政报》,1914 年第 2 卷第 3 期)

宪法草案之误点汇志

有贺长雄

民国宪法案中误点,大者凡四,次者三,小者二。兹列举之,其别以意见书说明者,兹仅揭其目。

误点之大者凡四,如下:

(一)第八十条:国务总理之任命,须经众议院同意

(二)第四十三条及第八十二条之不信任投票制

其与四十三、八十二两条相连而同为不可解者,尚有下之一条:

第八十一条:国务员赞襄大总统,对于众议院负责任。

大总统所发命令及其他关系国务之文书,非经国务员之副署不生效力。

代表国民主权者,非止一众议院而已。"对于众议院"五字,于理欠当,应改为"对于国民"或"对于国会"。除此而外,尚有大者未经道破,兹为揭之。

(三)编制权之束缚

《临时约法》明载大总统有制定官制、官规之权,《宪法草案》无此规定。而其六十四条又明载大总统除执行法律或依法律之委任外,不得发布命令,是官制、官规之制定,亦必依法律而后可。束缚行政权,宁有甚于此者。

虽然,论者于此,亦正有说。

甲之说曰:"官制、官规应归大总统制定。草案虽无明文,解释自应如此。于何证之? 证之于五十五条中华民国之行政权非由大总统行之者乎? 六十六条文武官吏之任命权非由大总统行之者乎? 既并此二者而有之,则官制、官规之应由大总统制定,事理应尔,无待论者。不宁惟是,草案八十五条载法院之编制及法官之资格,以法律定之;百零七条载审计员之选举及职掌,以法律定之。是法院与审计员之官制、官规,应由法律制定,故特设明文以别之。其余一般之官制、官规,无待法律制定,故无庸明文申叙。其不归法律而应由大总统制定者,彰彰明也。"右甲说。

乙之说曰:"大总统有权制定官制、官规,草案虽无明文,论理不容反对。然若必欲以此权载入明文,转恐以反对而滋唇舌,无宁付之不问,俾大总统异日得以教令公布官制成为惯例,转较便捷。"右乙说。

丙之说曰:"以法律定官制,亦无不可。盖官署编制,以命令定之者,其预算经费,国会可以随意削减。若由法律所定,必需之经费,按照百零一条第三款,非经政府同意,不得随意削减。此其利也,不亦可乎?"右丙说。

以上三说，各有利害。就丙说论，官制定自法律，财政上较为便利。然举一切官制悉以法律制定，将行政权独立之谓何？故大体宜以命令制定，其系特别者以法律定之。法兰西所行，其先例也。

就甲、乙二说论，谓宪法不设明文，命令自可制定官制。信如所言，余复胡为不惮烦哉？盖其中要点，殊耐寻味，最宜研究。

《临时约法》第三十三条，明明规定临时大总统得制定官制、官规，但须提交参议院议决。《宪法草案》中全行删除，殆有人焉，深恐大总统权力之扩张，谋有以限制之，阴施策略，特去此条，使异日大总统而果以命令发布官制、官规也，必有以违反宪法相责问者。争端所在，不容忽者，及今不图，后将无及。

谓余不信，举例为证。草案第十六条中华国民依法律所定，有从事公职之权云云。是凡所谓公职者，其编制暨从事之资格必以法律为准绳，舍法律而以命令代之，不可也。脱以此条解释前文，甲、乙二说，又将奚词？

故为避危疑、求安全计，第六十六条应修正如下：

第六十六条：大总统任免文武官吏，制定公职之编制纪律，但宪法及法律有特别规定者，从其规定。

第六十六条既经修正，第十六条亦应修改如下：

第十六条：中华国民依法律及公职之编制纪律，有从事公职之权。

（四）统帅权之束缚

第六十七条：大总统为民国陆、海军大元帅，统帅全国陆、海军队。陆海军队之编制，以法律定之。

上文凡两款。如仅第一款，原无问题之可言。迨有第二款，则第一款之效用破除净尽。何以故？以大总统之统帅权因国会之意志而被束缚故。盖统帅事务之大半系于编制，编制之组成根于法律，法律之制定出于国会，则所谓统帅权者，直有名而无实耳。此事不利于民国前途及应救济之方策，拙著《观奕闲评》第八章中论之綦详，兹不复赘。惟陆、海军之编制，其一部分以法律制定，于财政豫算不无便利耳。

下列举误点之大者，其次者尚有三：

（一）国会委员会之不合理及其组织改良案

《宪法草案》中特设国会委员会，其目的不外次之五种：

（甲）国会临时会之牒集，得由委员会请求于大总统（第三十四条）；

（乙）议决紧急教令（第六十五条）；

（丙）闭会期内，国务总理署理之任命，须经委员会同意（第八十条）；

（丁）议决财政紧急处分（第一百四条）；

（戊）受理人民之请愿、建议或质问于政府（第五十三条）。

综是五端中，（甲）、（戊）二者，既非大事，无因是特设委员会之理由。（丙）为同意权之余波。同意权之应废，备详前论。同意权消灭，则此款亦随以消灭。所可据以为理由者，（乙）之议决紧急命令，（丁）之议决紧急财政处分而已。爰考草案原文，此种紧急教令及紧急财政处分，事后均须国会追认。其未经追认以前，均由政府担负责任。夫国会委员会者，非于闭会中代表国会者乎？既经委员会之决议，更何须夫追认？既有国会之追认，更何赖夫决议？叠床架屋，鲁莽灭裂，既乖法理，实反常情，无论谁何，难为索解也。

且以紧急教令、紧急财政处分，而待决于委员会，其弊害有未易一二道者。试取日本成例以为比较。日本遇有紧急命令及紧急财政处分时，作为法律案提交国会，国会不予可决，则解散众议院，以期必行。民国不然，《宪法草案》中既明予大总统以发布紧急教令、紧急财政处分之权，而又特设委员会以掣其肘。如委员会不予议决，又无道可以解散。所谓特权者，半属空谈。所谓临机因应者，转多贻误而已。

据此以观，委员会在闭会期中，若以是为代表机关，则万万不可；若因政府负责任，以决行重大事件，容有需乎咨议商询，将藉是以为咨询机关，则亦未尝不可。特其组织，不能如《宪法草案》所定，应专择取政治上有经验、社会上有信用所谓元老伟人，合以国会所选人员，以组织之。此种咨询机关，不属于立法，而属于行政。盖政府当担负责任、决行重大事件时，有此机关，以备咨询，与立法事业所设之咨询机关，纯然各异也。权既属于行政，则其人员应由大总统指定，更无论也。

此种咨询机关，决非创闻。法国实首行之，所谓国务咨询院者是也（法文 Conceil d'etot，亦名参事院），宪法上亦可承认。美国除各部总长外，有所谓大总统之枢密内阁者（亦曰庖厨内阁），以大政党中之有力者组织之，人员无定额，宪法无明文，官制无定则。

（二）参议院组织上之缺点

第二十二条：参议院以法定最高地方议会及其他选举团体选出之参议员组织之。

众议院代表一般人民利益，参议院宜代表国家全体利益；众议院为进步力之代表，参议院宜为保守力之代表。循是旨趣，以为改组参议院之方针，庶几近之。《观奕闲评》第三章中，已备论之。

（三）以行政诉讼属于寻常法院之不可

第八十六条：法院依法律受理民事、刑事、行政及其他一切诉讼，但宪法及法律有特别关系者，不在此限。

《共和宪政持久策》中论此綦详，兹不再赘。惟前说有未尽处，兹为补之。以行政诉讼混于民事诉讼，各国中匪无行者，曰英与美，实取此制。第民国法院，将采英、美制耶？抑循日本、德意志、奥地利主义，以行政诉讼别于民事而自为一部耶？此为重大问题，取舍从违，各有所见。《吾第异夫草案》条文中（第八十六条）已明明将民事、刑事、行政等诉讼名目分别区划，已明明承认行政诉讼为一特别审判机关，而仍附设于寻常法院之中，此其不可解耳。英美主义，原非不可。惟民国各事，既已竞取日本、德、奥制度，独此点采用英、美，深恐枘凿不相容，弊多而利少耳。

以上举误点之大者、次者言之，其小者尚有二：

（一）两院预算议决权之不均平

第九十八条：国家岁出岁入，每年由政府编成豫算案，于国会开会后十五日内，先提出于众议院。参议院对于众议院议决之豫算案修正或否决时，须求众议院之同意。如不得同意，原议决案即成为豫算。

对于豫算，参、众两院职权宜相均一。观本条所定，豫算全权几全属于众议院。夫赞成政府原案之点，上院恒较下院为优。今以全权属下院，而令上院无所容喙，是反对多而赞成少。在两院既失去均平，在行政亦多不利。一偏之讥，所不免耳。

（二）会计之事前监督

第一百五条：国家岁出之支付命令，须先经审计院之核准。

此为国家岁计之事前监督制度。在财政学上为理想，在事实上未有能行者。日本当初，曾经实验，卒以失败。中国纵欲采行，亦宜定于《会计法》中，以为将来修改增损地步。岂宜以未经习用之制，贸然定于宪法文中，曾不稍留余地耶？

第一百七条：审计院以参议院选举之审计员组织之。

审计员任期九年,每届三年,改选三分之一。

审计员之资格及职任,以法律定之。

此条目的,在以参议院严重监督政府财政而已。夫审计院宜介于立法、行政之间,而为完全独立机关。审计员原属技术之官,宜任终身之职,今以隶于参议院之下,有若参议院中之一委员会,专以政治目的监督政府会计,与立法原旨不大相剌谬耶?

(《内务公报》,1914 年第 4 期)

冈田博士关于吾国法典之讲演

冈田朝太郎

日本法学博士冈田朝太郎十九日在北京留学生会讲演吾国编纂法典之事。其大意如下。

法典之编纂,其原因有五:(一)谋国内之治安;(二)为守成之策而编纂。(三)统一国内之必要;(四)整理一国之国政;(五)因谋改革之故而编纂。于以上五者中,必居其一,乃可从事于法典之编纂。为谋治安之策而编纂者,如汉高祖之"约法三章",虽不备不完,未足称为法典,然实为谋一时之治安计。若为守成之计而编纂,其例不一。如日本,当政权在武人掌握时代,由源氏而北条、而织田、而丰臣、而德川,每遇权势之变易,必制一种之法规。又如中国每易一朝代,于守成之时必作法典,迄隋唐而大成,此后各朝之所作大略相同。若统一国内而作法典者,如拿破仑时代之法国,所编之民法、商法、诉讼法,一矫从前南北异尚之习惯而使归于统一。又如德意志定为联邦制后,所定法典亦本此为主旨。其为整理国政至编纂法典者,如罗马,遮伊尼亚士有名之《新法典》,大抵采集已往之裁判例及各学说而成,此种之法典即属于整理国政之类。若因改革之目的而编纂法典者,则有如明治初年之日本。是法典之编纂,不出以上五种之事情。

中国之编纂法典,始于前清光绪廿七年。盖当时渐知法典之必要,先着手于一部分之改正。至光绪三十一年,始设法典之调查会,从事于法典之调查,其用意甚不明了。当时即招余任编纂事,因其宗旨尚未确定,余虽任编纂,而不能收何等之效力。余之意见书至今犹在,固可考而知也。中国于前清时代,知改革之必要,遂有改正法典之议,既如上所述矣。

惟法典之改正,无论何国,必从改正刑法入手。刑法初经改制,必不免多少之波折。刑律及刑事诉讼法未及议定,先编就《法院编制法》,即依此法定最高法院之组织,而低级之法院组织,犹未规定,是犹筑室而不巩其基,其不能牢固也必矣。《法院编制法》于光绪三十三、四年间告终,该书计百四十条。是时,余因右胁下大患肿痛,不能执笔,不克终厥事。未几,民法、商法等草案则由松冈义正君、志田钾太君来华编纂。由光绪三十四年后,所陆续编辑之《法院编制法》《刑法》《民法》《民事诉讼法》《刑事诉讼法》等均于宣统二年脱稿。嗣因人才、财力均不足用,一时不能实行,遂另定《审判厅试办章程》,通行京外。奉天、天津率先实行,其法院之种类,分为初级审判厅、地方审判厅、高等审判厅、大理院四级。在北京早已完全成立,其裁判悉由公开,大理院之判决例固可考而知也。

宣统年末,刑律草案交资政院议定,一时争议之问题,即在"无夫奸"之有罪无罪等问题是也。劳乃宣对于此事极为热心研究,其所发表之意见,大有学术的研究之态度,不能不令人感服。关于"无夫奸"之一事,有一绝好之比例,即与日本明治初年,刑法草案提出于元老院时,发现同一之事实是也。今且述当时之议论如下:(一)妾之通奸有罪与否;(二)对亲之犯罪有无加重问题;(三)刑律上许否拷问。关于此事,当时议论极盛,其后此刑律之草案,不待资政院之通过,经军机处讨论后,即已公布。

辛亥革命改建共和,前清制度均屏而不用。南北统一后,经大总统下令,凡前清之法典,除抵触民国国体者外,均可适用。由是,自去年三月后,该项刑律乃有实施之效力。此外,全部法典目下正在修正,本拟于十一月提出国会。顷因立法机关中断,遂作罢论。加以时局紧逼,当局所注意者,先在经济、财政等问题,自无暇更及于法律之研究。而实际萦绕于吾人之脑海者,总不离法律之问题。不论国体、政体如何,离却法律问题而欲求现在及未来权利充分之保障,必不可得。关于此问题之研究,固未可等闲视之也。

(《法政学报(北京)》,1914 年第 2 卷第 1 号)

中华民国宪法论

副岛义一博士讲演

　　顷承川崎君绍介,与诸君叙晤,无任忻忭。窃思予于前岁当中华民国革命时,与寺尾先生共赴南京,目睹革命实状。继于去年,又与寺尾先生同抵北京,亲见中国第一次国会开会之状态,兼在北京初设之国民大学,担任宪法、政治学等功课。后因种种事故,乃于今年春来归日本。今日得在此政法学校,与诸君从事研究民国宪法,诚惬私衷者也。

　　予之论题,乃"中华民国宪法论"。但今欲论中华民国之宪法,不可不先述中华民国共和政体成立之历史。盖历史上之事实,即以所资法理上之研究。有事实方有法理,不研究事实,即不能证明法理。故先述中华民国共和政体成立之历史,以其即中华民国宪法之研究也。

　　诸君不知十八世纪末叶以来,人文发达之结果,凡一般人民各种地位,悉见增高乎? 从来全世界无不励行专制政治。迨人文发达,法理渐明,人民智识日进,而政治上之地位日见尊贵,于是遂有立宪政治生焉。

　　此立宪政治思想,虽在从来备受专制桎梏之东洋诸国,亦决不能锢蔽而阻止之也,日本固然矣。在日本,从来素行专制政治。然自明治二十三年以降,遂行宪法政治。即如中国为最保守之国家,亦不能不受此思潮之震荡。诚以此思潮之震荡,乃世界各国之大势,实无可如何者也。职是之故,在中国既于清朝光绪帝时代,康有为献立宪政策,其计划卒因袁世凯之翻复,遂归失败。厥后,北京清廷又设谘议局于各省,设资政院于中央,亦不得不谓受立宪思潮之影响也。然清政府以腐败特甚,所谓病入膏肓,其病既深,必须根本的治疗。非此,则政府腐败,终成无可救药之状态矣。

　　顾其他一方面,如梦方觉、如醉已醒之人民,其觉醒之程度日高,民主主义益昌,而革命思潮遂磅礴奔腾于东南各省,以故昔岁即西历年

1911年10月,武昌遂行首义,树革命独立之旗,而起兴汉排满之军。兴汉排满云者,非必谓排满族兴汉族也,不外谓推倒清之专制、保障人民之权利而已。时北京清廷大为惊愕,匆遽改内阁制,发布所谓《宪法信条十九条》。而南方已于11月13日在武昌城,行大汉民族大都督推戴式,而举黎元洪为大都督,组织革命政府。以大都督黎元洪之名,召集各省代表开会议焉。于是议定中华民国之假宪法(假定宪法之略称)。即在此假宪法内,规定建立共和制度。当议定此假宪法后,又于12月14日议决会集于南京,选举临时大总统,组织临时政府。时到会者,凡十六省之代表四十有九名。在此会期内,更议决《中华民国临时政府组织大纲》。此等假宪法及《临时政府组织大纲》,实今日中国宪法之基础也。

是月16日,正式会议议定,暂时中止选举大总统事,而以元帅暂时代理之。于是,举黎元洪为大元帅,黄兴为副元帅。明年正月一日,乃举孙文为大总统,任命新政府各部之总长,而新政府成立于南京矣。初政,北京清府派唐绍仪为全权议和使,在上海与南方代表会合。其第二次会议时,南军代表伍廷芳,要求清帝退位,建立共和。北京议和使唐绍仪目击东南各省,革命势力非常强盛,民主共和思想非常发达而不可遏抑,在会议期内之12月29日、30日两日间,协商将开国民会议,以决究应采用君主政体抑共和政体。而29日清帝上谕,亦有此事:"予惟吾国今日,于君主立宪、共和立宪二者,以何为宜。(中略)自应临时召集国会,付之公决。"云云。寻此开国民会议事,尚未决定,而停战期满,此议暂搁。

而御前会议,亦归停顿。时南方依然主张建设共和,寻因南京政府成立,北京议和使唐绍仪以目的不达,遂辞职。而南北之议和谈判,遂移于袁世凯、伍廷芳之间。

然袁、伍谈判仍复迟迟不进,旋改为袁世凯与孙文直接之谈判。未几,南军渐次北进,北方气势渐倾。袁世凯于11月15日,新任为总理大臣,于北京16日组织内阁。摄政王于12月6日遂辞职。时清廷曾开御前会议数次,列席者肃亲王、良弼、荫昌、铁良、冯国璋等,皆勤王派也。其后,冯国璋通款于袁世凯,而良弼后遭暗杀,各地军官且联名要求清帝退位。清帝不得已,遂于元年2月12日下退位诏。诏中有云:"由袁世凯以全权组织临时共和政府。"因此,孙文电袁世凯有云:"清帝命组织新政府一节,乃共和政府所不承认。幸来南京,以副众望。"云云。袁世凯复电云:"世凯极愿南行,畅聆大教",可见袁世凯对于孙文之电文深表同意也。

　　当袁世凯尚未电述南来之前,孙文已于2月14日提出辞职表于参议院。表中有云:"辞职后,俟参议院举定新总统到南京时,大总统乃行辞职。"15日,南京参议院选定袁世凯为临时大总统。又议决俟新总统到南京后,孙总统乃行辞职。当袁世凯当选电报传至北京,袁世凯发承诺受任之电,并请派员北上,妥为接洽。南京政府遂派专使蔡元培等赴北京,晤袁世凯,面交孙总统及南京参议院之书信。袁世凯对此,极谢当选之光荣,承诺受任。寻袁世凯南行一节,为北京兵变中止。3月初10日,即在北京迎宾馆行就任式。专使蔡元培等及内外官绅均列席焉。袁世凯朗读誓文,有云:"民国建设造端,百凡待治,世凯深愿竭其能力,发扬共和之精神,涤荡专制之瑕秽,谨守宪法,餍国民之愿望(下略)。"凡此等事实,皆于论中国宪法不可不以最大之意味而寻绎之者也。3月11日,唐绍仪允任内阁总理。30日,内阁员任命发表。4月1日,孙文正式辞大总统之职。初2日,参议院议决迁都北京。先是,3月18日,参议院议决《临时约法》。此《临时约法》,尤为中华民国宪法之基础也。

　　以上所述皆事实也。中华民国之共和政治,乃以此事实而成立,而法理论亦即由此而发生者也。夫中华民国之共和政治,乃革命之效果当然成立者也。其权原极为正当,所生之共和政治,未有不正当者也。然此权原何自而来,事实所自有也。盖共和政治因事实而成立者也,此事实自属正当,决非因受他人之承认乃得正当也。易言之,决非因受清帝承认中华民国乃为正当也。盖清帝之承认不承认,与中华民国之正当不正当毫无关系者也。譬诸法兰西共和政府,不但未经旧日国王之承认,且处国王以死刑,然而共和政治自有正当之权,原其政府之成立乃正当者。中华民国亦然。清帝之认否,固与正当之权原无关也。2月12日,清帝退位之诏有云:"将统治权公诸全国,定为共和立宪政体。"当时虽有此言,然此不过清帝宣言,抛却其在中国统治者之位置而已。夫在清帝既抛却其从来之统治权,南方革命政府遂完全统治全国矣。又此上谕中,虽有"定为共和立宪政体"等语,然民国共和政治,固非钦定共和政治。钦定共和政治,世界无存在之理。又此上谕中,有云:"即由袁世凯以全权组织临时共和政府,与民军协商共和办法。"然袁世凯并非能以全权组织共和政府,袁世凯实则加入南方革命政府而已。孙文宣布清帝退位电文中有云:"文(中略)俟清帝退位后,即行辞职,(中略)由参议院举袁为临时总统。(中略)袁被举为临时大总统后,须誓守参议院所制定之宪法,乃能授受事权。(下略)"袁世凯对此宣言曾表承诺矣。

要而言之,革命政府举袁为临时大总统,俟其南来,孙文乃行辞职,且袁须遵守革命政府、参议院所制定之《临时约法》。此《临时约法》,即袁总统就任以后,直行至今日之中国根本的法律也。袁世凯既为革命政府所举,又须遵守所制定之约法,以行即位,可见袁世凯非能新建共和政府,乃加入革命政府之中者也。此革命之政府乃正当之政府也。予与寺尾先生在南京时,曾经与孙文谈及此事,谓袁世凯乃加入南京政府,视当时往复电文,即足以见袁世凯固亦承诺此事,非能于南京革命政府组织以外别创一新政府,故中华民国之宪法,乃以此共和政治为基础,而南京所立之共和制,诚即中华民国宪法之骨髓。观以上所述之事实,当毫无疑义矣。

顾对于此之论题,或唱异论,盖有故淆事实,附会成说,以图消灭此根本观念,而改定约法、制定宪法者。其异论如何,究竟能否灭却共和政体之根本观念乎? 则即今日北京政府顾问有贺博士之说是也。夫有贺博士之说,意在灭却共和政体根本观念。今兹姑视为反对之说,揭其纲要,以资参考。其说之要旨,不外谓此中华民国,非仅依纯然民意而成立者,乃受清帝统治权让与而成立者也。故中华民国之宪法,不应视为纯然民意之共和制度,且与纯然民意之共和制度实有异点,此其大略也。

其理由之说明甚长,今特简单言之。其理由曰:"先是袁世凯与南方意见不同,曾主张清帝退位时,南京政府一旦消灭,然后在北京由清帝委托,另行组织共和制者也。然其后,袁对南京政府取消一节,既经让步,乃以其由清帝委托之全权,与南京政府合,以组织完全共和制度。2月12日,清帝退位之诏有云:'即由袁世凯以全权组织临时共和政府,与民军协商统一办法。'云云。是使中华民国之成立者,乃此受自清帝委托之全权也。而此全权于清帝退位后仍未消灭,得以继续交涉。其后交涉乃渐就绪。2月20日,孙文告示中有云:'清帝今既宣布退位,赞成共和,承认中华民国'之语,可见中华民国经清帝之承认乃成立者也。"

有贺氏又一理由曰:"既云共和,则原来属于君主之统治权全废,一切政治不可不悉归民意。米国之独立,乃十三州殖民地联合组织共和制。法兰西之革命,亦死其国王,以全国国民相互之契约,成新国家。故米国及法国,乃纯然之共和制也。中华民国与米、法异其途径,故不能谓之纯然中华民国,即谓此中华民国,乃受原属于清帝之统治权之让与,故宪法不能为纯然之共和制。"此又其理由之大略也。

主张此等议论者,不第有贺博士而已,浮田博士亦有此言。本年正月分,《太阳报》中,载有浮田博士之论文,亦曰"中华民国受清帝统治权之让与而成者"云云。若依此说,则米、法乃纯然共和国,中华民国则否。然则中华民国究为何种国体,君主国乎?共和国乎?不知浮田博士将如何答此疑问也。据予所见,则中华民国乃共和国,可以十分证明,丝毫无疑者也。何则?南方革命军以推倒满清政府、树立共和政府为目的,而组织共和政府于南京。如前所说,正月1日,孙文临时大总统宣言中有云:"文从国民之后,能尽扫专制之流毒,确定共和,以达革命之宗旨,完国民之志愿。"云云。关于此共和制,袁世凯亦素所承认。正月22日由孙文电达袁世凯之约款中有云:"同时宣布政见,绝对赞成共和主义。"袁承认之。2月11日,袁电南京政府中云:"共和为最良国体,世界所公认。(中略)大清皇帝既以明诏辞位,业经世凯署名,则宣布之日,为帝政之终局,即民国之始基。(中略)永不使君主政体再行于中国。"

观此沿革,则中华民国国体乃共和制,毫不容轻疑者也。今日如有对于中华民国之本质怀疑者,不可不谓之无目,于历史若熟视无睹,且蔑视孙之宣言者也。若谓中华民国之共和制,非纯然之性质。然则必如何之物,乃谓之共和制耶?此等事固理论上所不许者耳。

夫从理论上言之,凡具有一定之概念者,即为共和国,即不可不谓之纯然共和国。谓之非纯然共和国而否认之者,不可不谓之误谬也。以国体之成立之历史言之,中华民国之成立固与米、法不同,然纵使成立之历史有异,其共和制之本质固无异也。米之共和制历史与法之共和制历史,亦异而不同。然而成立之后,米、法国同为共和制也。有贺氏之论文,本不足重轻。但因研究之故,不得不稍加一瞥。今观此有贺论文,试见其自相矛盾、互相柄凿之处甚多,姑略述之如次:

有贺氏之言曰:"共和政体,以前清皇帝之承认而成立。"又曰:"既经清帝之承认,民国始正当成立。"又曰:"袁世凯受清帝付托之全权,创造完全之共和政府。"又曰:"中华民国受原属于清帝之统治权之让与而成立。"同一论文之中,乃有此种种,论调所云民国之承认,或共和政体之承认,与夫民国受统治权之让与而成立云云,决非有同一意味者也。盖承认云者,乃对于已经成立之事实而承认者也。故承认事实,非民国成立之条件。纵无承认,事实亦存在也。至谓民国依统治权之让与而成立,是则苟无让与,民国即无从得统治权。民国既不得统治权,即无从存在,又何从而承认乎? 对于此同一事实,或云承认,或云让与,此不可不谓之矛盾不相入、柄凿不相容者也。又其所云,袁世凯以清帝付托之全权创造共和政府,此与承认既经成立之民国共和政府一节,决非同意。若云创造,则必先无事实。若云承认,则必先有事实。故既云"以全权创造共和",又云"承认",已为自相背驰,南辕而北其辙。故凡所谓"承认"、"让与"、"创造"等之意义,悉不相同。意义既不相同,于是有三问题生焉,即中华民国之共和制究系袁世凯以清帝付托之全权而创造者乎? 抑以清帝统治权之让与而成立者乎? 或在南京政府自身成立而经清帝之承认者乎? 此三者,乃疑问所在之要点也。

第一问,即袁世凯以清帝付托之全权创造共和政府。论者已自打消其说。何以言之? 其言曰:袁世凯对于南京政府已认让步,取消南京政府云云,斯在袁一方面既不能取消南京政府,即系承认南京政府之存在,则其非以清帝付托之全权从新创造政府一节,已自承认,故无研究之必要。至于中华民国受清帝统治权让与而成立一说,为何如乎? 倘果系因清帝统治权让与而成立,则必有受此统治权之让与者。试问受之者,为孙文乎? 为袁世凯乎? 夫统治权之为物,决非孙文、袁世凯等以一私人资格所能受者也。然而究不能无受之者。受之者,只有民国自身而已。

从法律上之意义言之,民国自身既能受权利之让与,则必非已自存在成为权利之主体者不可。然则经此让与后,乃存在乎? 若经让与而后能存在,则不能谓之主体。既云主体,则必已存在可知矣。然则清帝退位究为何因? 约言之,不过清帝自身放弃其地位而已。民国固非以让与而成立也,乃自生者也。何则? 未有无统治权之民国而能存在者,既不待受让与而已成统治权之主体,则无受让与之必要。故从法理上言之,清帝之退位,特自放弃其地位而已。

不但此也,即所云从来属于君主之统治权全废一节,自今日有国家观念者言之,诚不值一噱之说也。盖统治权之为物,乃属于国家者。国家即统治权之主体,既有国家,即有统治权。革命云者,乃国家组织之变更,非国家自身之消灭。同一依然存在之国家,即同一依然存在之统治权。形式上虽有变更,精神上并无消灭。惟统治权之总揽者之组织变更,而此国家依然存在也。此事颇易滋生误解,有谓革命者乃废旧国家、造新国家者,此世俗之论。苟稍涉法律学门径者,第一不可不知者也。今有贺博士乃有此误解,诚为之深惜者矣。

试观法兰西之革命,其国家决无变更,特统治权之总揽者变更而已。故即在中国国内有变乱,统治权亦决无变更,则安得有让与之说?如谓让与,则似为清帝之所有权。统治权既非清帝所有,则法理上,决无自清帝让与孙文或让与袁世凯之理。清帝不过抛弃从来统治权之总揽者之地位,隐身而退而已,于此,而以别形式组成之政府代之而已。故"君主让与统治权"云云,与今日国家观念全相枘凿、相矛盾之说,明法也。夫民国既非以清帝统治权之让与而成立,斯固然矣。然则经清帝之承认而后革命政府始为正当者乎? 夫决不待承认而后正当,前已略言之矣。盖革命政府本自正当者也。何则? 如必经清帝之承认而后革命政府始为正当,则苟无承认,斯革命政府不将永为不正当之物而不应存在乎? 此事与法兰西革命毫无所异。如中国革命政府不经承认永非正当,则法兰西亦应未经承认,当然为不正当。且苟云非经承认为不正当,则推而言之,法兰西政府乃不正当也。不第未经承认而已,法之革命党且致其国王于断头台之上。然而无人谓法革命政府为不正当也。法既未经承认,可认为正当,斯中华民国纵不经清帝承认,安得不谓之正当? 故中华民国政府本自正当可存在,决非待承认而后成立可断言也。故清帝退位诏中,宣言承认革命政府,意不过对于革命政府表示好意而已,其效果盖仅如是。若曰清帝尚且赞成共和,一般人民自必乐于赞成,可以为双方人民之抚慰而已。所以清帝之承认,只有道德上之价值,无法律上之效力也。夫道德上之价值,与法律上之效力,固不可混而淆之、比而同之者耳。

且尚有最后之一言为诸君告,即主持中华民国依清帝统治权之让与而成立之说者。以其说,足以说明不与起义之东三省及外藩等地之归于民国,乃清帝让与统治权之结果也。有贺氏与浮田氏在《太阳报》中所论,盖如此,然而此说明,不得为适当。苟依此说,必不与革命之地方,如东三省及外藩,在法律上有独立之性质而后可。苟非独立,决不能为此结论。彼等殆曰:东三省、外藩不欲共和,民国果纯然共和制,则此等不解共和者,决不应包于共和制之中。其言如此,然苟依此论,则南方人民亦不能谓一般悉解共和,盖南方亦有不解共和者,在土地偏僻、交通不便之区,甚至有不知革命之事者多矣。

　　此外,有反对共和者,有不愿共和者,然而南方纵有此等不解共和、不欲共和之人,而对于南方认为共和成立,何以东三省及外藩各地独遗之而不认为共和哉? 此等地方之在中国,并无独立之人格,乃领土之一部分而已。斯则中国之共和制度,当然及于领土之一部分之东三省及外藩也。安徽、广东各省乃中国之领土,东三省与外藩亦何异于是? 东三省与外藩既非独立,则对于中国国家之关系,与南方各省何异? 则当然亦服从共和制度不待言矣。又有谓东三省与外藩等地,乃民国由清帝让得者。然东三省与外藩决非特别为清帝之私有物,岂可以让与哉? 此等地既可让与,则其他领土应亦可让与。夫民国既已成立,则此等让与之说直不成议论矣。

　　以上所述,乃说明中华民国共和制度成立之历史,且关于共和制度之本质,聊加说明,以证明中华民国乃纯然之共和制度。依据此中华民国共和成立之历史,然后排去一切谬论,以阐明中华民国之宪法也。本日先述其基础如是,他日或有机会,当与诸君详论中华民国之宪法。

(《民国》,1914 年第 1 卷第 3 期)

中华民国宪法论

副岛义一

　　共和制之所以为共和制,前已殚述。且关于共和制之诸种意见,多加批评。今日则就中国历史上国家制度,有何原则、有何思想,推勘而论述焉。盖此种历史上之原则与思想,关于将来创作国家制度之时,可为参考之处甚多,故仆不能不为诸君一详述之。

夫中国从来所谓国制(即国家制度)者,固系君主制,然亦含有共和制之性质,故不能谓为纯粹君主制之国也。此种国制历史之研究,诸君当较仆为便,故详细之讲究,当让之诸君。仆则就所知者,为诸君略述之。

中国君主制之思想及事实,证之历史,久已表现,不可掩也。虽太古之世,莫可究寻,然观有史以来之事实,概可知焉。先就夏代观之,禹王之将终也,以益为贤而荐于天。至禹崩,而朝觐讼狱者不之益而之启,曰:"吾君之子也。"讴歌者不讴歌益而讴歌启,曰:"吾君之子也。"夫启者,禹之子也。启承禹后,斯世袭君主制之最初焉。孟子说明此理,则曰:"天与贤则与贤,天与子则与子。"可见尧、舜、禹之心,无一毫私意也。夫人民讴歌启而立启为天子,是即孟子所谓"天命"也。故世袭君主制之成否,亦视乎朝觐讼狱者之趋向为何如耳。朝觐讼狱者之所向,即天命之所在也。夫天命者,又即孟子所言莫之为而为者天也,莫之致而至者命也。换言之,即自然也。元来中国所谓"天命"一语,予意最初由宗教而来。盖天若神,为中国一般所尊敬。其始也,人智未开,尝信天命为神之所命,人力无能为。迨后人文渐启,民智宏开,所谓神命者,可作自然之天命解,即孟子所言自然也。禹崩,人民奉其子为君,即大势所趋,不得不然,亦即世袭君主之制,自然而现焉耳。

夫所谓自然者,何自而来乎? 人非木石,孰无情哉? 自然者,即自情而来也。总而言之,人间万事,非以理定,而以情断。故谓自然而成者,即可谓之由人情而成也。彼夏氏人民,讴歌禹子而谓为"吾君之子"者,不过人情发露也。夫以禹之圣,大功盖万古,人民自当以挚谊热情,尊敬而爱戴之。且爱屋及乌,人之恒情,故大禹家族为当代人民所尊敬,亦势所必至。而况启之贤能,不亚乃父哉。启既为众望所归,人情所向,故不能不继承父业,开千古未有之局。一旦君主之子为天子,其后启之子,又以君主之子而登九五,习久成俗,异议全无,于是世袭君主之制于焉以启,故谓人情为世袭君主制之最大动机,无不可也。上所述皆世袭君主制之事实,下且就理论言之。韩退之《答王问》有云:"尧、舜之传贤也,欲天下之得所也。禹之传子也,忧后世之争且乱也。尧、舜利民大矣,禹虑民深矣。是传人则争,未前定也;是传子则不争,前定也。前定而君王虽不当贤,犹可以守法。不前定而非贤,则争且乱。不得圣人而自争且乱,不若传子孙而治且平也。"

韩氏此论,可谓之说明君主制之理,然此不过事后推圣人之用心而付以理由。究发生君主制之动机在人情,不在理由。故谓情之发露为生世袭君主制之最大原因,则可谓韩氏之理由为成世袭君主制之最大原因则不可,此余所以谓孟氏之言为当也。但一旦君主世袭制既成,举世狃于成习,故欲破习反抗,实非易事。是以汤武放桀、武王伐纣事业,皆非易也。《书》云:"成汤放桀于南巢,惟有惭德曰:'予恐来世以予为口实'。"由此观之,成汤虽不得已放桀,然犹恐后世效其故事,以放君为常事,兢兢焉独自惭惧。后因诸侯渐仰汤王明德,于是乎尊之为君以临天下,成汤于是不得已而就之也。武王伐纣时,亦会诸侯八百于孟津而后行。是可知虽残暴如桀、纣,而汤、武犹戒慎恐惧,踌躇而不敢轻动。且以是可证明中国有君虽不德而臣民不能轻易放伐之一大原则在。此君主制之原则,亦可以学说明之。昔公孙丑问孟子曰:"贤者之为人臣也,其君不贤,则固可放欤?"孟子曰:"有伊尹之志则可,无伊尹之志则篡也。"观孟子此论,可知虽君不仁,而臣民不可妄为侵犯焉。孟氏又曰:"世衰道微,邪说横行,臣弑君者有之,子弑父者有之,孔子惧,作《春秋》。"是知孔子之《春秋》,亦为大义名分,而津津焉论君主所以尊之故,以警当世,示来许而作者也。(上系以学说说明君主制。)

降至秦汉,渐以力取天下。然当时之强有力者,不敢显然与从来之君主反抗,如魏武以文王自比,而以丕比武王,以禅让之形式,攫取九五之位。由是,隋、唐、周、宋皆效其故智,行禅让之式,取天下之实。盖彼等以为有此形式,则自己之帝位为历代君主所传来,且若是则自己之即帝位为适法。此认君主制犹存之结果也。既认君主制为犹存,则无禅让之式而继君主之后者,不为适法之君主。可见禅让之形式者,为欲见其位为适法者也。

迨至元、明、清,禅让之式不行,唯强有力者得以征服天下。夫不以禅让而以力征,则为纯粹君主制之一变态可知也。元来中国郡县之间,其君主自然子孙相继,绵延不绝。今则强者得起而代之。谚云:"王侯将相,宁有种乎?"盖为此也。此种君主,不得不谓之实力君主。既为实力君主,则谓君主制已消、共和制已现可也。

夫所谓君主制者不必有德者,而后得为君亦不必有力者,而后得以临天下,只其来自一定之血统,即可即帝位、治万民,且必当世人民有出自血统者,即可奉之为君之情,而后君主制乃能存立。盖有此情,则人民之服君主者,在血统之一脉传来,不在君主之德被天下。夫服血统之举,谓之自理而来,不若谓之自情而致。何则? 因君位而服者则自理,因君之血统而服者则自情也。

虽然,中国人民为情所支配者小,为理所支配者大,故不能万世一系始终一脉。革命易姓,屡见不鲜,其纯然世袭君主制不存在也明矣,其国制中含共和制之原素也亦明矣。是以中国国制上之原则,不外乎有德者君、不德者弃也。《书经·仲虺之诰》有云:"呜呼。惟天生民,有欲无主乃乱,惟天生聪明时乂。"其义盖谓天生烝民,不可无善治者。于是聪明者奉天命治众庶,是为天子。"王者往也,天下归往之谓王。"此其意即聪明者为人心归向而君天下。彼尧、舜者,莫不因有德而王天下者也。由此观之,有德者君、不德者弃,实为中国古来君主制之原则。

现今中国有才、德、识者,得为议员,或为大总统。其制度与昔日有德者君、不德者弃之原则,不得谓不同。不过今之较昔,其思想大为进步耳。惟有天子在才、德之原则,故其结果肇革命之事。"革命"二字,出自《易经》。《易》云:"天地革而四时成,汤武革命应乎天而顺乎人,革之时大矣哉。"其意即谓世袭君主制虽成定例,然际政治腐败、人心倦怠之秋,则王朝变革(即革命)为必要。于是"革命"二字应运而生焉。至革命之理由,《仲虺之诰》亦反复言之:"有夏昏德,民坠涂炭,天乃锡王勇智,表正万邦,缵禹旧服,兹率厥典,奉若天命。"此言有德者不可不为君,君之昏者不可不去,故不得已而宣言革命。孟子曰:"残贼之人,谓之一夫。闻诛一夫纣矣,未闻弑君也。"此言君之不德者,无妨宣言革之,而革命为当然之事也。宋朝程子曰:"此事间不容发,一日天命未绝,则是君臣,天命既绝,则为独夫。天命之革,视人心之归向。"此言昏德残贼者,其天命已尽,天命已尽者为独夫。至于独夫,则可诛焉。天命之革否,亦视人心之向背为何如。人心离判则人心革,而天位可倒。聪明才智者,为人心所向往。人心向往者,可取昏德残贼者代之,于是乎革命生焉。革命云者,因中国最初立君之原则而生者也。人心向往为生天子之原因,则谓含有共和之原理可也。惟有共和之思想,故有"天下非一人之天下,乃天下人之天下"之言发生。《公羊传》一书,予虽未详为研究,然其中与共和制相似之思想甚多。即其最终之目的,以统一世界、不分国界、不分贵贱、不别上下,天下一家。以公平而行政治,其天子诸侯则付之公选,其富源开拓则付之公用。劳役者则牺牲于公共事业,不谋私利,不事私产,老幼、鳏寡、孤独皆不令失所为大归。人徒言罗马国家为公共物,而不知公羊氏之思想亦不多让也。他如西汉盖宽饶云:"五帝官天下,三王家天下,家以传子孙。"盖谓天子者,治天下之官职也。既为官职,则责任随之。若天子对此官职,不尽完全之责,则不能不引责自退。不引责自退,天下必起而排之,此即革命之思想而与共和原理不可谓不神合矣。夫中国革命屡起不息者何也?盖中国领土过大,人种不一,各据一方,竞雄竞长,伺隙乘机,皆有并吞之志、囊括之心,此革命之事所以史不绝书也。虽革命之事,兵力常不可缺。然兵者,不过破敌保土之手段而已,不可谓有兵即可去"有德者人心向为天子"之原则。盖徒兵不可以治天下、服众庶。夫天子者如天使,虽以兵力定天下,然亦由有德者君之原则而来也。

其外,中国又有所谓劝进者。在隋、唐、晋、宋、周之际,禅让式之外,尚行此式。其形式亦不过表示人心之归向于言行而已。

或曰秦汉之得天下也,唯力是依。元、明、清之统治全宇也,禅让未行,是君主为绝对统治者,人民为绝对服从者,其与纯粹共和,岂不大相径庭哉?然而事虽如此,而亦不能谓中国为纯粹君主制,何则?若果为君主制,则君出血统之原则不能不公认于世。然而世所公认者,有实力者王,则不能谓为纯粹君主制可知也。夫必德不问其有否,力不问其强否,惟其出自一定之血统而即奉之君之之原则,始可称为纯粹君主制。今观中国,则何如德厚力足者为天子,否则动辄变更,时起革命,其不为纯粹君主制也可知。总之,"有德者君"为中国国最古国制之原则,可见在昔中国之政治道德甚发达也。

难者谓今之所谓共和制者,出自"天赋人权"之学说。盖天生人必赋以自由权利。由此"天赋人权"之说,人民不能不要求参与政事之权,此共和制之所以发生也。至若中国自古无"天赋人权"之说,则其国制不带共和性质也明矣。

曰否。执是说者,盖未深察也。元来欧西曾盛行自然法学。此自然法学者之主张,曾大影响于"天赋人权"之说。自然法学者之言曰:"人自然有自由,此自由权非人所作,乃自然法之赐也。我之权,虽君父亦不能给,盖我自然有之。倡此自由权,可造国家,可行政治。"法兰西革命之说,据此自然法而生,依天赋人权而来也。夫创造国家之初心,无不为增进人民自由。而法兰西统治者,残虐不道,涂炭人民,与元来立国之本意大相反对。于是不能不废此腐败之旧国家,而立利民之新国家,此法兰西革命勃发之原因也。由此观之,"天赋人权"之说,大有造于今日之共和制,其事实绝无可掩。其含一面真理,更不可争。但究此"天赋人权"之说何以发生,则对当日专制政治而发生也。惟有推翻专制政府之特别目的,故得谓不基"天赋人权"之说,则共和不生。虽然,自然法学未生以前,共和制度早已降世。罗马当中古时代,自然法学说始为发生,迄十六世纪之初方大盛,然其共和制度行已久矣。希腊亦若是。诸君谅必早知,不待复赘。由此观之,不能谓不基"天赋人权"之说非共和也,故中国政治虽不据自然法,不基"天赋人权"说,若其原理与今日共和制相合,即可谓为共和制发生之原因也。

虽然,纵览中国国制之历史,可谓其含有共和制之原素。但较今日之共和制,则又不能不谓其无霄壤之差。夫强有力者赖人心归向而为天子(即统治者)之思想,固为共和制之根本观念,然自昔中国人民无直接或间接参与政事之思想,或非参政则失其天职,不可不参与之思念,与夫已参与政治之事实,纵此种思想于经传中曾稍发见,然此种事实则绝未见焉。若夫今之所谓共和制者,则以人民直接或间接参与政事为必要。否则,几不可以共和制称,故人民参政为共和制必要之原则也。虽君主国,亦采用人民参政之制。人民参政,不足为共和之本旨。然今日之共和制,则人民不能不与参政权,且不能不以人民代表之合议体为国家之最高机关。若以一自然人为一国之最高统治者,总揽一国之大统,则虽来自选举,其与君主相去几何? 虽纯然君主制,非世袭不可,然以一统治者总揽大统,纵不谓之世袭,而不得不谓之准君主制。世人猥曰共和,岂其然乎?

前讲述君主制之中,分为纯然君主制与准君主制之二种。夫以一人而总揽大统者,谓之准君主制。准君主制者,又正所以变成真君主制之原也。读法兰西之历史,可以知其故矣。初以一人而为统治者,后渐变为准君主制,故共和制者,不可不极力排斥准君主制也。中国从来之国制,固非纯然之共和制。然当先问有共和制之根本思想与否,即曰有共和制之思想,则今日中国创作纯然共和制之国家,不可谓非至容易之业也。共和制之思想维何? 即人心归向于有德者之主义。简言之,即曰"人心归向主义"。今日之代表制度、选举制度,又正此主义之变相也。且就现在中国之制度而论,则所谓共和制之基础之自治制,亦颇形发达也。此事谅为诸君所深悉。而考察中国内地各地方之状况,仆因未尝深研究,故亦不甚明了,谨就诸君所素知者而论。如各地方之农业地,向以豪族为其中心,道路崩颓,可自修之,水利壅塞,可自辟之。虽非完全之自治制,然以地方之人处理地方之事,究亦自治制之萌芽,而存在于各地方者也。更就商业而论,有一定之目的、从事于一定之职业而为组合者,即谓之"同业组合"。依都会中主要之商业家及工业家所组织之同业组合,其组合之组织亦颇巩固。如牛庄之同业组合,关于道路、沟渠、运河、贮水等事,或公有地之监督,或因贫民救助而设立慈善会,其他华侨之事业,移居外国者之回居等事,皆为巩固的自治之组织也。所谓自治制者,即所谓共和制之基础也。虽曰自治制仅限于各地方之小团体,然以人民而处置团体内之事体,其实质殆与共和制之实质同一种类。共和制者,不过就自治制而扩张之耳。盖以人民而处置对于国民之团体事业,即为共和制。而各地方、各组合之中以人民而共同处理其事务,即为自治制之基础。其基础益养成,则能应用于国家,此共和制之所以易于成立也。

更参考他国之例而一述之。如欧洲诸国今日所谓代议制立宪政治者,其实亦扩张市民之自治权耳。现欧罗巴所谓诸国民者,原即市民之字耳。如"独逸(Biirger)"一语,本为市民,今日则为国民之意。此意因何而引申之? 盖以市民之权逐渐扩张,而始成为今日之国民耳。因扩张市民所有之地位而成为国民,故所谓市民之语,亦即所谓国民之语也。换言之,市民之扩张即国民也,此欧洲实际之先例也。由是观之,中国之市民若有完全自治之权利,更就此而扩张之,则必能成立完全之立宪制或共和制,可确信无疑也。

就如此之中国国制上之思想及实际存在之制度、惯习等而论,则采用共和制可断定决非不适合于中国之国情也,是以据中国人民之现状,尚有涉疑于成功与否者,余以为不成问题也。曩者清政治之腐败达于极端,不得已而革命,此中国人民之所同认,故革命之成功甚易。因此而推论之,中国之主张革命互相标榜则缔造共和,亦当谓为中国人民所同认。纵不能谓为中国一般人民所公认,然谓为社会之代表所承认,则不可争之事实也。是故中国之建造共和制与主张革命之思想,皆谓为胚胎于古昔。兼之数十年来,民主主义思潮侵入中国,而革新之思想逐渐养成,经多少之岁月而始实现,则改造共和固不能卓绝于他国,而行之无碍,则毋庸置疑也。若有人于推倒满清之后,主张排斥共和制而采用君主制者。信如斯说,则将以何人而为君主乎? 满清既倒,决不再行复位。孙中山亦不适当,其次则为袁世凯。然袁承满清既倒之后而为大总统者也,若前说成为事实,则中国之危乱可以立见。第或谓清朝之制度,其缺点在无人物,而不在君主制。苟使有人物以代之,即变为君主制,亦何害之有? 今纵令假定彼为人物,而彼之后,又将如何? 且将来又以何方法,始得谓为人物之具备乎? 依其方针之次第而施行之,亦将同于清朝之末路耳。且仍不能不起革命,究不能不改革制度也。是故,中国缔造共和制,无论就理论、就利害之点而论,皆不得不谓为最适当也。若主张建设君主制者,贪一时之小康,不谋将来之安危,无论将来成何现状,皆视为无关紧要,而置将来之灭亡于度外,此不可不极力排斥者也。

由斯而论,则中国不可不以共和制为宪法之根本义也。以共和制而为宪法之根本义,则国家之根本作用所出之源也。国家之根本作用,殆不可不出于人民之中。换言之,即不可不出于由人民所组织之机关。机关维何? 即唯一国会。宪法不可不依国会以制定之,宪法之编制不可不定之于国会。其他政治之统御者,如大总统,亦不可不选定于国会,此牢不可破之大原则也。此外,如近世之国会,对于统治机关之选定,有共通之二大原则。无论何国,不可不本此二大原则也。(一)三大机关之分立;(二)树立政治上之责任者。所谓三大机关之分立,立法、司法、行政,其分三大机关之意。世俗所谓"三权分立"之制度也。世俗所谓"三权分立"者,决非"权力分割"之谓。此事论一般之宪法时,当为说明,兹不详叙。"权力分割"云者,殊不成理论。国权云者,原本一物。盖国家既谓为一物,则国权亦不可不谓一物也。故三权分立者,非分此权力而为三也,其实机关之分立耳。此可谓之特设机关,决不可谓分权力,或分其权力之状态者。权力者,单一不可分也。然分配于奉行权力之机关,固无不可。是即分立之机关,以奉行权力而已。世俗所谓"三权分立",即三大机关之分立耳。换言之,即分配三大机关之间之权限上之事务,此三大机关分立制度也。就今日制度之组织而论,所以必建立三大机关之分立之制度。究何故耶? 原来专制政治以一人或一机关而总揽国权,于是生莫大之弊害。后人鉴于政治专横,人民遭残毒,国家亦陷于衰灭之弊,而思有以救济此弊害之制度,此于讲述立宪政治时再详述之,兹不缕赘。第论立国之迄于今日,无论君主、共和,于上述言三大机关所以必须分立之故,皆不可不奉为主眼也。

中华民国当组织政府之初,而能分设立法、司法、行政之三大部,具独立之地位,不可不谓为适当也。进而论之,非仅设立法部、司法部、行政部而已,亦非仅以立法部、司法部、行政部大书于宪法明文之上而已,终不可不完全独立而见诸施行者也。若仅载于宪法之明文,则必不生何等之效力。大总统之权力,实际上得以左右立法、司法、行政三部,则殊不适合于三大机关分立之意。由此而论,不可不极力排斥之也。总之,三权能独立而后能自由施行政务,此真当世之急也。

次不可不论者,关于政治上之责任,亦即统治者之责任也。凡不论何事,欲举事务之成绩,归着必设责任制。盖不设责任制,则充分之成绩不举。责任制云者,何谓也?凡处理事务之当局者,应确立归何人负责之谓。换言之,即指所谓应受事务处理之功罪之制度也。大凡事务之处理,确定一担当者,无论其事务之有功有过,一任之于其责任者,则整顿事务必克有济。反是,则事务担当者向无一定,功罪之所归亦未明定。卒之,事务纷乱,不能举丝毫之成绩。若事务担当者一定,则成绩之功归于担当者。反之,怠于职务者,使事务纷乱,丝毫之成绩不举,不可不受制裁。当事者恐受制裁,自当黾勉其职务,事务之成绩亦因之而举。故凡任职者,无论何所皆须负责任而受制裁。所谓立于责任者之地位,即责任制也。制裁云者,有一不善则受非难,有大过则夺职守,斯即制裁之谓也。国家之政治事务中之最大者,故责任之制度不可不确立者也。不然,则所谓今日之政治日趋于腐败,人民日受毒害,国家亦将归于衰灭矣。曩者专制政治时代,当封建君主贤明之时,政事本于公平,人民不起丝毫不平之意,国家之泰平似亦可望。然而君主每因无何等制裁之故,易流于怠慢。是封建君主之制度,即不取非常严格主义,而求主政者之公平无过失尚觉困难,况至此时代,专制政治日邻于腐败者乎?数千年来东西之历史,大概相同。此今日之国家制度,以建立责任制为大原则也。就日本而论,亦知此意,而确定于今日之宪法,虽曰日本宪法尚不能善运用,收效不大,然已实行多少之责任制矣。诸君于现在之例,亦当同认也。例如,海军将校受贿赂事件发见以后,内阁受国民一般之攻击,因之改组,此日本内阁之所由倒也。更如,昨年桂内阁因不合立宪主义,亦受攻击而改组。凡此皆付之于国家政治上之制裁,亦正所以防腐败也。是故,专制政治之明君贤相,尚易流于腐败。若无明君贤相,则当益趋于腐败。如中国之满清时代,其适例也。准此责任之制度,政治上所以不能不确定。

今日之立宪制度国莫不皆然,此故于中华民国而欲制定宪法,必须规定此最大原则,且必使之生最大效力。若规定此原则不能有效,所谓有名无实,则革命之趣意不立,断不能收革命之功,甚且逆流于昔日之专制政治,决不能有政治廓清之望。欧罗巴诸国之政治,所以不腐败者,即能建立此责任制之故。举国上下皆能贯彻所谓不能不极力尽责任之观念,故政治不流于腐败也。若责任制度暧昧不明,则政治必归于腐败,此中华民国之宪法必须规定责任制且使发生效力之必要也。然今日中华民国之《新约法》,有国民不负责任大总统负责任之规定。就文字上观之,则大总统对于国民全体而负责任之谓,但此仅载之空文,实际上不负何等之责任,终归于有名无实。

所谓对于国民全体负责任之说者,诚不得其解也。如大总统有过失之时,国民亦将如何对付耶? 国民既非国会议员,报纸亦无法攻击,并且禁止报纸之发行,即欲攻击而不能。既无言论之自由,则无论若何皆不能表示。且大总统有一定之年限者也,期限中不能退位,则人民无论如何亦不能发生效力。无论如何失策来人民之攻击,而大总统不觉丝毫之痛痒。是故,对于国民负责任之言,实际而论,约法中有名无实之规定,备一纸空文而已。由此推之,实际不能贯彻责任制,故所谓政治上之腐败亦不能防也。此事当于批评《新约法》时述之。要之,宪法上之责任制度,有完全规定之必要。且此责任制度,与三大机关之分立互相关联,而使政治必能出于公平也。故中华民国之宪法,所以有特别规定之必要,而不可不注意及此者也。

(《民国》,1914 年第 1 卷第 6 期)

评古德诺氏国体论

副岛义一

古氏之言曰:“一国必有其国体。其所以立此国体之故,类非出于其国民之有所选择也。虽其国民之最优秀者,亦无所容心焉。盖无论其为君主或为共和,往往非由于人力。其于本国之历史习惯与夫社会经济之情状,必有其相宜者,而国体乃定。假其不宜,则虽定于一时,而不久必复以其他相宜之国体代之,此必然之理也。"

其说明国体与历史习惯及社会经济等之关系,诚为不谬。然国体与国民决非截然无关,不待深论。今必谓国民无所容心于其间,其孰信之? 其孰信之? 且古氏不云乎:"国家有一困难之问题,以共和解决之,无宁以君主解决之。"又曰:"必其承继之法已明白规定,而公同承认者乃可。"举凡所谓"解决",所谓"明白规定",所谓"公同承认"云云,既已属于人为之事矣。明明人为而谓其非有所选择焉,此必其人为无意识之动物,其解决、其规定、其承认,悉为无意识之举动,而后其词可通。换言之,其人类既称为人类以上,则于所谓解决、规定、承认云云,必不能无所容心、无所选择焉。苟无所容心、无所选择,即无所谓解决、规定、承认矣。以尔之矛,攻尔之盾,古氏果何说乎?

以予观之,法兰西之革命、美利坚之独立,以及文明诸国之采用立宪政体,悉出于先觉者之倡导,或其国民之自觉的选择,殆无疑义。故一国国体之确立,决不能纯视为历史上之发达物也。即中国最近之帝制运动,设使真出爱国之诚而非有他意存乎其间,亦何尝不得谓之一部分国民之自觉的选择,第视其一般国民承认与否耳。

古氏论国体确立之原因曰:"一国所用之国体,往往由于事实上有不得已之故。其原因初非一端,而最为重要者则威力是已。凡君主之国,如推究其所以然,大抵出于一人之奋往进行。其人必能握一国之实力,而他人出而与角者,其力常足以倾踣之。使其人善于治国,其子姓有不世出之才,而其国情复与君主相合,则其人往往能建一朝,继续承承,常抚此国焉。"

推古氏之意,所谓"善于治国"与夫"子姓有不世出之才"及"国情与君主相合",不过为建设君主制之副条件。而其最大原因,则存乎大实力家之奋往进行。夫大实力家之奋往进行,往往能建世袭的帝制。征诸历史,其例固多。然自他方观之,此等大实力家,岂既能建设帝制,而独不能建设共和乎? 亦视其奋往进行之方向如何耳。彼葡萄牙之共和、美利坚之独立,固亦大实力家奋往进行之结果。史策昭然,古氏独不见乎?

古氏论美国建设共和之理由,曰:"其地本无大家皇族,足以肩政务之重,且前世纪在英国赞助共和之人多移居美洲,常以共和学说灌输渐渍入于人心。虽其人已往而影响甚远,故共和国体实为当时共同之心理。然当日统率革命军为华盛顿,使其有帝制自为心,亦未始不可自立为君。乃华盛顿之宗旨,尊共和不喜君主,而又无子足以继其后,故当合众国独成之日,即毅然采用共和制。"

试以古氏之说,征诸中国之现状,依次论之。中国自辛亥革命,清社既屋,无复皇族之存在。而革命以前,共和思想亦已灌输渍入于人心,而南方尤盛,故革命之帜一树,而全国景从,大业以定。以上二点,殆与古氏所述美洲当日之情状相似。至于子嗣之有无,不过偶然之事实,决不足以左右国体。古氏能谓华盛顿有子,则当帝制自为乎?古氏而不忍出此言以诬其国父者,则中国总统之有子,不足为主张帝制之根据,其理甚明。然则谓美国宜于共和,中国宜于帝制,果何说欤?呜呼。噫嘻。岂美国之华盛顿崇共和而不喜君主,而中国之华盛顿独崇君主而不喜共和乎?图穷匕见,其亦可以已矣。

古氏论南美、中美诸国脱离西班牙而建设共和,曰:"系由竭力争竞而来,乱机既萌,未能遽定,而教育未遍,民智卑下,其所素习者,专制之政体而已。夫民智卑下之国,最难于建立共和,故各国勉强奉行,终无善果。""军界巨子相率而夺取政权,即有时幸值太平,亦只因一二伟人,手握大权者出其力以镇压之,故可收一时之效。然此手握大权之人,绝不注意于教育,学校之设暗然无闻。人民亦无参政之机以养成其政治之经验。其卒也,此伟人老病殂谢之时,压制之力弛,攘夺大柄之徒乃纷纷并起,诚以政权继承问题无美满之解决也。"

古氏此说,诚为不易之论。然就中国现势论之,固亦赖手握大权之人出力镇压而幸得一时之太平也。所谓教育、所谓参政,及今蓄艾,犹未为迟,乃甘效南美、中美所为,以自陷于危亡。夫岂共和之罪?而古氏乃从而扬其波而助其流。岂谓举凡此等设施,不能望之于共和,而能望之于帝制乎?抑古氏有云:"如政府不预为计划,以求立宪政治之发达,则虽由共和变为君主,亦未能有永久之利益。盖中国如欲于列强之间,处其相当之地位,必其人民爱国之心日渐发达,而后政府日渐强固,有以抗外侮而有余。苟非中国人民与闻政事,则爱国之心必无从发达。无人民热诚之赞助,亦必无强固之力量。而人民所以能赞助政府者,必先自觉于政治中占一部分,而后尽其能力。故为政府者,必使人民知政府为造福人民之机关,使人民知其得监督政府之动作,而后能大有为也。"古氏此言,真能道破立宪政治之精神矣。盖欲立国于列强竞逐之间,必增进其国民之爱国心。欲增进其国民之爱国心,必使其国民与闻政治。与闻政治,即立宪政治。然立宪与非立宪,乃政体之名称,而非国体之名称。设使中国国民而有运用立宪政治之资格,则于君主国体之下能运用之,于共和国体之下亦能运用之。如其无此资格,则君主、共和两皆无当。换言之,即不能立国而已。即如古氏所举南美、中美诸共和国总统承继问题之纷扰,诚不为诬,然此等国家设使采用君主国体,必能完全运用政治而无遗憾乎?质诸古氏,当亦不能无疑。故吾人敢断言曰:古氏而认中国之国民能于君主国体之下,确立君位继承之法而美满解决之,则不得不认其于共和国体之下,亦能确立总统选定之法而美满解决之也。且古氏徒见南美、中美总统问题之不易解决,而不知中国历史上君位继承之不易解决有十倍百倍于此者。盖数千年来,扰攘纷争,循环不已,无非以君位为目的。今欲除此积弊,惟有维持共和制,使其纷扰之目的物,永久不复现于大陆。同时致意于教育,且与国民以参政之权,因势而利导之,必可望其久安,否则重蹈故辙而已。古氏所谓君位继承之法,行见大力者窃负而趋耳。

抑尝论之,中国国民决非无爱国心之国民也,特为多年专制政治所压,无从发挥光大之耳。近年以来,怵于外患,知非根本解决,不能立国。于是毅然推翻腐朽之皇室,而建设共和。辛亥一役,实其国民发达进步之佐证。设使当局者护持得宜,共和立宪之前途正未有艾。古氏果何所据,而必诬以无共和国民之资格乎?

古氏论共和国国民教育及政治上之练习之切要,曰:"行共和制者,其能于政权继承之问题,有解决之善法,必其国广设学校,其人民沐浴于普通之教育,有以养成其高尚之智识,而又使之与闻国政,有政治之练习,而后可行而无弊。"且举法、美之历史以实其说。吾人于中国国民之教育及其政治上之练习,诚不能无疑。然法、美国民之教育及练习,决非纯赖共和以前所养成,乃与共和之施行同时而并进,积日累月,始克臻此。若就吾日本而论,国民教育及政治练习,实不始于封建之时,而始于维新之后。盖世界潮流所至,政治之改革迫不及待,惟有双方进行,从容改善而已。我国之宪政,虽未达完美之域。然继今奋往,大可期也。今中国共和立宪之制既定,设能疾起直追,前途岂独无望?遽易帝制,是摧残而扰乱之。内乱之作,捷于影响,可断言也。毁已成之局,弃可望之机,冒万险而导政治于覆车之辙,忠于为人谋者,当如是乎?

余尝考中国之历史,其国体虽称君主,实类于共和。特其形式有异于今日之共和国耳。盖君主制之要素,首在血统相传。中国唐虞禅让,汤武征诛,事虽不同,要皆传之异姓。后世朝代之变更竟至二十余次,何尝重视血统? 夫禅让之精神与共和无择,固不待言。下逮征诛,亦不失"贤者居上,不肖者居下"之义。《易》曰:"汤武革命,顺乎天而应乎人。"孟子曰:"闻诛一夫纣矣,未闻弑君也。"是明明许其征诛,而视血统不啻草芥也。程子曰:"天命未绝则为君臣,天命绝则为独夫。"其词虽混,非于征诛有所瑕疵也。盖数千年来,"王者往也"之观念,实磅礴于中国而支配之。血统相传,特不得已而奉行之耳。韩退之曰:"尧舜之传贤也,欲天下之得其所也。禹之传子也,忧后世争之之乱也。尧舜利民也,大禹虑民也。传之人则争,未前定也。传之子则不争,前定也。"此盖说明禹之传子,而非否定传贤之义。柳子厚之论封建,更进一解曰:"自天子以至于里胥,其德在人者,死必求其嗣而奉之,故封建非圣人之意也,势也。夫殷周之不革,是不得已也。夫不得已,非公之大者也。秦之所以革之者,为制公之大者也。夫天下之道,理安斯得人也。使贤者居上,不肖者居下,而后可以理安。今夫封建者,继世而理。继世而理者,上果贤乎? 下果不肖乎? 则生人之理乱,未可知也。圣贤生于其世,亦无以立于天下。封建者为之也,岂圣人之制使至于是乎?"柳氏之言深切著明,后世学者未敢或非,亦可见血统相传之义,不足以支配中国国民之心理,由来久矣。今谓一纸君位继承之法,即可垂为金科玉律,而维君统于万世而不替乎? 设其不能,吾未见所谓"永久之利益"也。

综上所言,中国而能如古氏所言,广设学校以养成人民高尚之智识,而又使其与闻国政增进政治之练习,则共和之制决不为病。其不然者,虽百易其国体,庸何益乎? 适足以招纷扰而速其危亡耳。

吾人之言,尽于此以矣。今纵退让一步,假定中国国情果不适于共和而适于君主,则君主规复之日,为君主者果何人乎? 质而言之,宜为今日之袁总统乎? 抑宜为前清之废帝乎? 此又当头惟一之难题,当亦古氏设想所及也。古氏不尝举十七世纪英国革命后规复君主之例乎? 循是以论,当查理第二之地位者,应推前清之废帝无疑。试问十数年来,举国视为寇仇之清室,于狼狈退位之后,纵赖他力以维持之,果足以维系人心乎? 执路人而问之,必有以知其不然。然则惟有改头换面,加总统以冕旒矣。袁氏就任之宣誓,四万万人民实共闻之。口血未干,遽登大宝,自重人格者孰肯为之? 设肯为之,则前此之宣誓是虚伪也。虚伪而可以治国,则曹操、新莽何尝不可逆取顺守,传之万世而无穷? 顾何以旋起旋灭,或则及身而戮,或则再世而亡,为世僇笑以至于今乎? 在二千年以前之中国,虚伪尚不能行,而谓能行于今之世乎? 故袁氏之不宜为君主,初与废帝无择。然则此二者之外,中国尚有可为君主之人乎? 吾人诚百思而不能发见也。

吾人于最后犹有不忍已于言者。以余所闻,袁氏明哲之人也,其子嗣常人也。设使袁氏果蔽于九五之荣而置国家于不顾,毅然行之,容或无所不能,穷其威力以钳制国人,终袁氏之世幸免征诛,或亦意中之事,然已属万一之望矣。一旦袁老殂谢,宵小伺于内,武人争于外,革党乘之,祸乱纷起,屠戮之残,岂堪设想? 夫人虽至愚,宁有不为子孙计者? 吾人固不敢以华盛顿望袁氏,第愿其于此至近极浅之事理稍加思索,而一权其利害焉。吾人所以喋喋者,固不独为中华民国之共和计也。

(《新中华》,1915 年第 2 卷第 2 期)

中国国体变更与日本外交

副岛义一

一

我政府尝劝告中国延其国体变更之期矣,中国政府始则模棱覆答,及再交涉,则谓年内(此文成于客腊)不变更,此亦非公式的明言。我政府警告之真意,固望其无期延期也。警告大旨谓苟袁世凯悍然即位,酿起内乱,是必然事。其影响将及于我国政治及经济,东亚和平亦恐为之搅乱。乃袁政府巧为搪塞,谓帝政出自民意,无内扰之虞,此不过袁之诡辩耳。变更国体为祸乱发生之导火线,人所同认。纵目前不致大害,早晚必弄出大不幸事,吾敢断言。

中国敷布共和,为时未几,袁骤变之,思自称帝,悖理之事,当无逾此。中华共和国以辛亥革命而立,袁世凯被举为临时大总统,旋以《大总统选举法》而就所谓正式大总统任。举斋皇盛大之就任式于北京迎宾馆,民国元年三月十日也。是日当内外缙绅列席上,袁朗诵宣示文中有句曰:"民国建设造端,百凡待治。世凯深愿竭其能力,发扬共和之精神,涤荡专制之瑕秽,谨守宪法,遵国民之望。"

不宁唯是,昨年五月一日,发布《中华民国约法》之际,大总统布告中亦有句曰:"誓不使帝政复活,皇天后土,实鉴此心。"洵如斯言,袁已宣誓于皇天后土,发扬共和精神,不使帝政复活,乃口血未干,帝政之谕,倏尔飙起。虽曰中国人正义感念萎靡,又谁料其反复无常若斯之甚。且也,终身总统,其实权不亚皇帝,乃不辞诪张为幻,复活帝政,真吾人百思不得其解。顾或者曰:袁之真意,不以总揽大权而足,非黄袍加身、冕旒饰首,不快其奢望。曩者藉革命美名推倒清室,不过此奢望之一段落,今日之恶剧已在其豫定策略中。袁果怀此奢望,以罔人民,以欺天下,纵令其获登九五,其结果何如,请鉴中国从来历史及就其国体上一思,袁之命运,不待巫咸而决矣。

二

中国从来国体,虽曰君主,实含有共和元素。盖中国国制上原则,以有德者为天子,不德则无人归之。《仲虺》曰:"明德者,奉天命而治民。"《传》曰:"王者,往也,人心归往者,斯为王。"尧、舜、禹皆准斯原则为天子,无世及的君主。质言之,中国最古国制上原则,以有德者为国王。近世欧、美诸共和国,举有德达识之人为统治者,其原理正相等。厥后,禹子启为天子,始创世及君主制。然成汤放桀于南巢,武王诛纣而代之。洎乎秦、汉,惟以武力取天下,固无所谓天皇神圣者。魏、隋、唐、梁、周、宋之间,以禅让式履帝位。及元、明、清,此式弗行,但以兵力征服天下。审是,中国国制,虽曰君主,其与万世一系及以一定血系而嗣位者,迥不侔也。"王侯将相,宁有种乎。""天下者,天下人之天下,非一人之天下也。"等观念,已支配全中国人之思想。其含有共和元素,固昭然若揭。

《春秋》三传中《公羊传》曰:"太平之世,天下一家,无上下之别。"其理想盖在万事平等,支配者悉以公选。柳宗元《封建论》曰:"治民者,用世袭之封建制度,非圣人之真意。"王者血统,非国制上之必要条件,实中国特有之观念也,特有之历史也,特有之传习也。辛亥革命成功,建立共和国,其重要原因,确为中国古来国制上含有此固有共和观念也。如其然,既幸得共和之建设矣。应如何保持之、助长之,定国家永远之基础,斯为顺天而应人。乃袁世凯不出乎此,弃盟誓,煽人心,企帝政之复活,横暴无道,不已极乎。

观袁政府之回答我警告,一则曰:"近来国民主张国体变更者日增。"再则曰:"大多数民意,以共和为不适于中国。"噫嘻!欲强饰帝制复活之非其希望,为出于国民舆论,貌为尊重民意,作伪日绌,将谁欺乎?抑其所谓民意者,不外以"强制"、"金力"、"暴力"作成。直言之,此之舆论、此之民意,即袁之反映耳。号称民意代表机关之国民代表大会,其代表员皆各地方官之私人,强民选之。不宁唯是,是等代表者之可否帝制及选举皇帝,又须在政府官吏之前记名投票。若此,谁敢反对帝制,拒袁氏之即位?然则帝政复活、皇帝即位之事,全会可决,势固有所必然。舆论云乎哉?民意云乎哉?就曰袁世凯尊重民意,尊重舆论,吾不知今后中国各统治者交代之际,果一一质之民意、诉诸舆论乎?如其质也、诉也,则与每期选举大总统何择?更何须乎世及君主制为?矧如上述,中国具若斯之历史,立于若斯之国情下,就令得建世及君主制,其能永续与否,实不能无疑惧焉。舍安就危,以私害公,知者不取。今袁之破弃千辛万苦所创之共和,腐心于帝制之复活,非别有肺肠者,又谁出此?况共和一立,可以脱却君主世及制之诸般危险。吾人为中国国家幸福计,为东亚平和计,断断乎不能赞成中国国体变更之举。

三

今假让一步,如袁所云帝政有复活之理由,世及君主制得立,然而继袁而起者,何人为适,实一重大问题也。袁之意,自计及此。抑袁就总统任之始,不曾誓于天后,谓永不使帝政复活乎?至今日忽自称帝,且思以其位私子孙,欺国民,愚天下,是而可忍,孰不可忍?乃如之人,果得谓之有君临天下之资格乎?否乎?若夫其帝政运动之实况,为酬一人欲心,尽用权谋术数,或立筹安会使鼓吹帝政,或贿古德诺使提倡君主论,或买收报纸使讴歌其为帝,或利用地方官使捏造舆论。其手段之卑劣,真有令人不顾而唾之概焉。

食言以欺民,用术以赚帝,讵足以服人心乎?或可一时屈服人心,讵足以永久乎?览中国数千年历史,欺民胁众以取帝者,一不其觏。然以一般民智进步且内外接触日密之今日,操、莽之流,又讵足以永保其祀乎?纵袁世凯凭其积威,竭其奸智,克保其禄位于一代,及子克定,无才无德,忝尸大宝,其召大乱也可决。只就此一端而言,拥袁家为帝室,已大不当。

四

然而今者,袁惑于一己之利,罔顾一国之害,决行帝政,手段不择。征诸对我及三国之警告而信。吾人于此,不能不深悯中国国家及袁氏前途之不幸,同时又不能不深虑我国政府处置之之道或误也。

帝政复活运动,其势必进于此,早在识者洞鉴。该运动实现,中国内乱随之而起(译者按:此论著于去年十二月以前,云南尚未发难),其影响直接、间接及于我政治经济,酿成扰乱东亚平和之祸根,亦早在识者之洞鉴。吾国宜早定方策,以应付之,固也。然而我政府之态度则如何? 无定见,无方针,昧昧然以袁氏未必为帝,中国国体未必变更。其后以事出所料,及接驻华公使报告,谓中国帝政运动昂进,袁必称帝,承认之可获利,又似取不干涉主义。要之,平日漫无定策,临时突发警告,我政府外交之疏缓之拙劣,发挥殆无余蕴。中国之漫然回答,非为透察我当局之无能乎? 然而往事不谏矣。我政府既触手于此问题,惟有彻头彻尾一贯警告之主旨。据中国回答曰:"实行改革之际,断无事变发生。外国人调查不如本国之详确,各省官吏皆报告,其今后一致担保治安。"且谓:"革命党者,不过少数亡命客,只能捏造谣言,煽动人心,毫无实力。"此不过袁之遁词,事实则正相反。纵令一般民众付国体变更于不问,革命志士必攘臂死争。袁氏腹心现存者,不过鸡鸣狗盗之辈。一朝袁氏登极,大乱之起翘足可待。我国至此,亦甘受袁老魅之狡计乎? 我政府外交当轴执何政策,姑不之恤,吾国民不可不先有以大决心而当之之觉悟。一言以蔽之曰:贯彻警告之主旨而后已。

(《民口杂志》,1915 年第 2 卷第 10 号)

列强于中国之势力范围
与机会均等主义

今井嘉幸

今日列强对于中国,事事以势力范围而定。夫所谓势力范围者,何也? 盖某国对于中国某地,较他国地位占优胜之意也。故某地接近于某国之领土，或某地由某国首倡，握其永久贸易上之霸权，而今专谋其国之利益于其地。因之某国对于此等地方为最先之发言，务必排斥他国之干涉，以巩固其立足地，要求此等地方上各种权利，以徐图其着着进行之方法。夫权利虽有种种，而大别之可分为二：（一）属于平行的权利；（二）属于割据的权利。前者固可与他国均沾而共享之，至于后者，一为某国所独占，则他国不得再为染指。例如，某国既得某铁路权利，则匪特沿铁路之地划入其国之势力范围内，又以不许他国设平行线铁路故，更可包举其铁路附近之地而把持之，以扩张其势力范围焉。故势力范围可名权利范围，即谓之割据之权利，亦无不可也。

势力范围之确定，约有两种：一，因扶植其权利及其他之事实关系而定者；二，因与中国订立消极之明约，不能以某国于某地所有之权利妄许于他国而定者。例如，土地不割让之宣言。俄罗斯对于蒙古势力范围，因第一之事实关系而成立。英吉利之于西藏，则以第二之明约而为保证是也。中日战争后，列强均藉租借为名，意欲实行瓜分中国，而中国一时濒于领土分割之危险。当是时，诸国恐于其利害关系之地被取于他国也，于是要求中国对于某地，非得其国之承诺，决不能割让于他国。是类宣言，屡见之事实。综合此等关系，今日列强之势力范围在中国者，已成如何形状乎？试一一言之如下：

（一）法兰西　法兰西以云南、广东、广西及海南岛，与己国之领土相近而有关系，与中国政府订不割让之条约。云南、广东，法与英初有利害冲突，不能独占。惟今自事实上观察，法于云南已占优胜地位，故英对于广东方面亦不得不让法一步。

（二）英吉利　英吉利于前述西藏之外，更与中国有扬子江流域不割让之约，是固因英扶植贸易上之地位而然。惟其区域太广，范围甚为茫漠，易起种种障碍。故今日英于此全部中，尚不能居于独占之地步。1898年，德军于青岛登陆时，英人因侵害其国之势力圈，曾起纷纠。而今汉冶萍之权利，日本已预有之。南昌、九江间之南浔铁路，亦为日本之借款。他如粤汉、川汉之极重要铁路，美、德、法诸国亦加入资本，足见此最富、最广之区域，为英独占云者，事实所不能。诸国所倡不割让条约，无异佯为中国保全领土，而实行机会均等之宣言，因是，英国断不能有优胜独占之理。但就实际观之，英于上海之势力，分明壮伟。例如，上海公共租界，不啻为英国之专管居留地。然且以沪宁铁路，扩张其势力于南京。南京误杀日人案发生时，日本虽欲出兵，因英之障碍，终不得实行。而近年中华政府所结南京至长沙、长沙至兴义、沙市之铁路线，若一旦完成，亦足为英国巩固其地位之保障也。

（三）德意志　　德意志对于山东地方，虽无割让之明条，然中国于山东省内经营有利益之新事业，而欲借外国款、聘外国人时，须先与德国妥商。凡有害德国人之工商权利者，德人不肯坐视而让于他国，以胶州湾一角之租借地为根据，发挥其威廉第二之高压政策，因之彼于山东之势力，甚为强大，而其于中国之势力范围，实较英、法为广。惟当西历1914年欧战发生时，已为日本所占领矣。

（四）日本　　日本效颦英、法，而与中国政府为福建不割让之约。南满洲因日俄战争之结果，落于日人之手。因是，日人之势力范围，不如他国之集合一所，而散在三隅。此日本领土所以长跨南北而生种种之关系也。

（五）俄罗斯　　俄罗斯虽与中国政府无何特别条约，惟因事实及实力扩张其权利。日俄战争前，势力非常强盛，其于蒙古、新疆、满洲者，固不待言。即黄河以北诸地，亦皆归入其势力范围内，而于地图上与西伯利亚涂同一之颜色。后虽因战争之结果，大受打击，不无丧失，然其于蒙古与北满洲及新疆等根据地之势力，一仍旧贯，宁较坚也。

由是观之，中国二十二行省及藩属中之无暇隙者，不过直隶、河南、山西、陕西、甘肃、四川、贵州七省耳。然其中除直隶、四川两省外，各省之经济皆不能自立，且四川亦渐有归英、法掌握之势。

势力范围之观念，本自阿非利加而起。初欧洲诸国，取阿非利加之海岸为领土，其后侵入内地，于是遂起各国之冲突，乃订一定之界线。不但于领土内然，即在领土以外之地，凡其国之势力所能及者，辄将其范围划出，以为己国之势力范围。而此划出为势力范围之区域，即为将来编入其国领土之豫定地。近来欧人本其惯技，行于中国，而不思中国非阿非利加可同日语，何则？阿非利加初为无主之土地，中国则属四千余年古邦，历史彰彰，可考而明。且欧人于土耳其有宗教上之关系，而设领事裁判权，更将此故智行之东方。夫以对待黑人无主物之法则，对待黄人。黑人与黄人，根本差异，势若霄壤，安可混视者？欧人遂倡机会均等、门户开放、领土保全等主义。因是，有英日同盟之保证，而俄日战争后，大势益加明了。领土保全者，保全中国之领土免受分割之谓也。机会均等者,他国贸易上既得之权利之谓也。门户开放,有两种意义:第一,含有排斥中国锁国主义之意;第二,各国设立租借地,定势力范围,取独占利益于其地是也。近今诸国所载于宣言者,皆属于第二意义。于此可见,与机会均等有同一之意义。此类三种主义(机会均等、门户开放、领土保全)为1900年美国国务卿琼海氏所倡,因欲制俄之野心也。于是发布同文照会于英、俄、德、法、奥、意、日等七国,是年英德协商成,前记列国金表同意,遂得实行宣言。迩来关于中国事件,大抵由共同妥商而解决之。一国倡之于前,各国和之于后,中国遂致事事不可收拾,悲哉! 由是观之,诸国之所谓机会均等、门户开放、领土保全主义者,实诸国隐蔽其恶意,面为巧饰之美辞,以达其胸中包藏之野心也。

　　夫列国相交,一国本无强制他国服从其法则之能力,而他国亦无承诺之必要。然列国所垂涎而欲得之者,弱国之领土耳。故前记之宣言,一经发布,各国无有不乐从之者。虽美国素不主张势力范围,后见列国于中国之势力范围日益扩张,遂亦不得不与列国奋斗,而树其势力于中国,于是先着手扬子江流域,用种种方法以分英国之势力,而其结果,遂现前年粤汉、川汉四国借款之事实,后更欲发展其势力于满洲,以屏斥日、俄。因事未济,日俄战争后,美国国务卿那滋克斯氏谓俄国与日本平分满洲南北端,不但有反背机会均等、门户开放主义,且可造成两国再起战争,以此为理由,倡言满洲铁路应归文明诸国共同管理,后以俄、日两国不肯承诺,诸国亦不赞成,卒归无效。此外,所谓爱锦铁道(自满洲北境之爱珲起至直隶海岸之锦州止)者,中国欲得英、美之借款而筑造之,竟以日、俄之反对,不能成议而中止。后德、法同行加入而为四国借款,拟振兴满洲产业,及作改革币制之用,以冀倾覆俄、日之地位,不意中国大革命勃发,致作罢论。俄、日两国地位相同,利害关切,因不得不协力同心,抵抗诸国,遂致日益亲密,演成协商。前之相视为秦、越者,今且以鲁、卫相待矣。此美国所以有俄、日和平为卖恩之口实也。至势力范围及机会均等两种主义,抗争之处甚多。就中如山东为德国之势力范围,德国因欲排斥他国之干涉,遂对于他国之势力圈,盛扬其机会均等之声。前年革命,更与二三强国以一动机,扩充其势力范围于蒙古、西藏矣。此两种主义作何结果,非俟诸他日,万难遽下武断也。

(《江苏省立第五中学校杂志》,1916年第3期)

观弈闲评

[日]有贺长雄　述

整理者按:《观奕闲评》为袁世凯的宪法顾问有贺长雄就中华民国宪法制定问题所进行的演讲汇编。原书竖版铅印,封皮手书"观奕闲评"四字,次页有"中华民国二年八月校印"字样;无版权页。书后附有勘误表一份。

有贺长雄生于 1860 年,1882 年毕业于东京大学文学部哲学科。1884 年被选任为元老院书记官,两年后自费赴德国柏林大学留学,专攻欧洲文明史与心理学;后又赴奥地利学习施泰因的国法学讲义,至 1888 年归国。历任枢密院书记官兼议长秘书官、总理大臣秘书官兼内阁书记官、农商务省特许局长兼参事官等职务,是伊藤博文、伊东巳代治和大木乔任等政界高层的下属,亲自目睹并直接参与了明治宪法顶层设计的过程。1908 年至 1909 年间为清国考察宪政大臣达寿和李家驹进行的长达六十回的讲义,是有贺长雄将历史主义法学派的斯泰因的学说,同日本明治宪政体制整备的经验相结合的重要著作。

1913 年 4 月,中华民国即将召开国会着手宪法制定,时任中华民国大总统的袁世凯亟需一位宪法方面的顾问。经其政治顾问莫理循和军事顾问坂西利八郎推荐,有贺长雄作为袁世凯的宪法顾问于 1913 年 3 月 8 日到达北京,聘期 5 个月,任务为专门帮助政府起草宪法。

有贺长雄抵达北京后,即在总统府内开设宪法研究谈话会,并举行了数次有关宪法的讲演。这些讲演由总统府秘书、留日学生李景龢和曾彝进译成中文,于 1913 年 8 月集结成册,以《观奕闲评》为题由总统府秘书厅代为印刷 3000 册。但是第十章"论民国和前清皇室的关系",在刊印时被省略。后来又改将"任命国务总理必须众议院同意之可否论"作为该书的第十章,以单行本的形式刊行。然而,据整理者所见,绝大多数图书馆所藏之《观奕闲评》均截止至第九章。

此外,为了扩大影响,该书第一章至九章还以《有贺博士民国宪法全案意见披露》的形式,刊载在李庆芳主编的《宪法新闻》和《顺天时报》上。有贺在这些演讲中,"大大贬低甚至否定了革命党人在迫使清帝退位、推翻君主专制过程中所起的重大作用","将总统的权限大大扩张","颇合袁世凯的胃口"。

李超的博士论文《民初宪法顾问有贺长雄及其制宪理论研究》(华东政法大学,2016 年)是中日两国学术界关于有贺长雄研究的专门论著,作者在该论文中系统地梳理了有贺长雄的学说体系。另外,关于

《观奕闲评》的研究，骆惠敏编《清末民初政情内幕（下册）》（知识出版社，1986 年）中记载了有贺被袁世凯招聘的经过。尚小明《有关有贺长雄与民初制宪活动几件史事的辨析》（载 2012 年《清帝逊位与民国肇建一百周年国际学术研讨会论文集》），就《观奕闲评》的成书经过及出版经纬进行了探讨。吴迪在《近代中国的宪法制定和明治宪法》（载《法学政治学论究（庆应义塾大学）》2019 年 122 号）中，以有贺的统治权转移论为中心，在法理方面就《观奕闲评》和民初宪法制定之间的关系展开论述。

第一章　革命时统治权移转之本末

无论何国宪法，一律不得与历史相离。现在国家权利之关系，乃从已过之关系自然发展而来者也。以故先将已过之始末根由分解剖开，以明现在之所以然，然后确定将来国权编制之基础，实不易之道也。

若将本国之过去置而不顾，仅观外国之现在，操切从事宪法之编纂，深恐法理上无须采用之规条亦一并采用，致遗后日莫大之祸源，亦未可知也。

德国之宪法，本系君主政体之宪法。然除军事、外交以外，皇帝权力颇有限制，较诸共和四大总统之地位相距不远。其故何也？德意志帝国建设之始，勃鲁西王并非因其祖先传来之君权即德国皇帝之位，乃系与德意志各邦订立联合条约，因其结果方登皇帝之位。故除该条约上各邦所承认者外，并无何等权能，虽一事亦无从自由办理也。

又，意大利国尊戴君权世袭之王，人所共知也。然至其宪法之运用，几与共和国无所殊异。其故何也？现今意大利王国之前身，即为塞尔齐尼亚王国。塞尔齐尼亚王国系不据民意，享有天佑世袭君主之国也。惟其领土，先仅偏于北方一隅。一千八百五十九年至一千八百六十一年之间，中部意大利暨南部意大利各小邦，相率背反原属之君主，决议与塞尔齐尼亚王国合并，现今意大利王国乃始告成，是确由各小邦国民之意思而起。故意大利王对于此等地方，无从主张天佑世袭之君主权，而不得不与依民意而立之君主，处于同一之关系者，以此而已。

鄙人来京，至今月余，征诸记录，核诸法制，询诸交游，知武汉起义以来至正式国会召集之间，统治权移转之次第。中华民国共和政体之成立，与外国历史大有所异，因而民国将次编制之宪法，亦与他共和国之宪法不能强同，是必然之势也。

既曰共和国，必将原先属于君主之统治权全然废绝，举凡一切政治决于民意，明矣。

就于此点言之，民国与法、美共和政体并无相异之理。惟美以英国殖民地，起独立之军，与本国征讨军战而胜之，举本国统治权全行排斥，十三殖民地互相联合,从新编制一个统治体。至于法朗西革命政府,亦同赋其王,将原来之统治权全行灭绝,依国民相互之公约,从新编制国家,其形象与北美共和国毫无差异。今民国之成,在南省牺牲身命、躬冒铁火、为革命奋斗之志士,亦以为革命形象与法、美无异。夫此次革命,苟微南方志士热烈之义气、决死之奋斗,万难成功,固不待言。鄙人亦岂故意抹杀、取消此千古不可忘之一大事者?惟区区学者之本分,明白指示民国革命政府成立之最后手续,与法、美相异之要点,藉以研究其将来结果之如何,亦涓埃之衷所不能已者也。

姑从法理上叙述革命始末,分为四个时期,如左:

一、清帝钦定宪法、慰谕民军之时期

革命第一年十月十日,民军起义于武昌。清廷起用袁世凯,补授鄂督,旋将水陆各军均归该督节制调遣。然民军之势日盛一日,黄河、长沙、宜昌、九江相继陷。三十日,清帝降罪己谕旨,将宪法交资政院详慎审议;又知亲贵干预朝政之不可,立责任内阁之制。十一月一日,授袁公内阁总理大臣。二日,资政院奏《宪法信条十九条》,其第五条曰"宪法由资政院起草议决,由皇帝颁布之"等语,足征此时清皇仍拟钦定宪法,以期慰谕民军,和平了局。奈民军势日振,十一月三日,上海陷落。六日,袁公由孝感致书武昌革命政府鄂军都督黎元洪,请议和。黎都督复云:"俟我军直抵北京后,与公议和未迟。"先是十一月五日广东宣言独立,东南数省皆效之,北军不竞,其势日蹙。十八日,北京朝廷特开阁议,众论一致,除皇帝退位外,绝无镇抚之策,未至议决而解。十九日,袁总理大臣再派专使往革命军中,诚意讲和,令之曰:"除皇帝退位一条而外,其余均任革命军要求可也"。二十六日,监国摄政王恭诣太庙,举行典礼,将《宪法十九条》宣誓。

十二月初,数省代表集上海,开共和建设会,书湘、鄂、桂、豫、鲁、直、闽、浙、皖、苏各省代表,在武昌会议,决议在南京组织临时政府,订立《临时政府组织大纲》二十一条。通知其余各省,要求一星期内派遣代表前往南京,俟十省以上代表到会,则认为会议成立,选举临时大总统,由在上海数省代表将此转致粤、赣、滇、蜀、晋、陕、陇、黔及东三省各督。此《临时政府组织大纲》,即革命政府所认为正式宪法制定以前之临时宪法。其第一章定"临时大总统之职权";第二章定"参议院之组织",使省各依适当方法,分别选出代表三名,是为南北统一以前保有革命政府权力之南京参议院；而第三章定"行政各部之组织"；第四章规定："临时政府成立后六个月以内，由临时大总统召集国民议会，其召集方法，由参议院议决之。"

二、君主立宪、共和立宪，二者以何为宜，付之国民会议公决之时期

十二月六日，监国摄政王退位。九日，由袁总理大臣经驻汉英领事转电湖北黎都督，商订继续停战条约。依其条款，授唐绍仪为全权，派往南方。十八日，两军代表在上海开第一次讲和会议；二十一日，开第二次会议。十二月二十九日，北京政府袁总理大臣及各国务大臣，依据唐全权奏议，为开国会将君主、民主国体如何决定问题付之公决起见，奏请"召集宗支王公会议，请旨以决大计"一折。折内附唐全权原电，谓"彼党坚持共和，不认则罢议，罢议则决裂，决裂则大局必糜乱。试思战祸再起，度支何如，军械何如，岂能必操胜算？万一挫衄，敌临城下，君位、贵族岂能保全？外人生命财产岂能保护？不幸分崩离析，全国沦胥，上何以对君父，下何以对国民？如召集国会，采取舆论，果能议决仍用君主国体，岂非至幸之事。就令议决共和，而皇室之待遇必极优隆，中国前途之幸福尚可希望。孰得孰失，情事较然，若再延缓，祸害立至"等语。又称"现计停战之期仅余三日，若不下切实允开国会之谕旨，再无展限停战之望，势必决裂，惟有辞去代表名目，以自引罪"等语。同日，清廷降"召集国会公决政体"之谕旨，内开"朕钦奉隆裕皇太后懿旨，内阁代递唐绍仪电奏，民军代表伍廷芳坚称人民志愿，以改建共和政体为目的"等语。"此次武昌变起，朝廷俯从资政院之请，颁布《宪法信条十九条》，告庙宣誓，原冀早息干戈，与国民同享和平之福，徒以大信未孚，政争迭起。予惟我国今日于君主立宪、共和立宪二者以何为宜，此为对内对外实际利害问题，因非一部分人民所得而私，亦非朝廷一方面所能专决，自应召集临时国会付之公决。兹据国务大臣等奏请，召集近支王公会议，面加询问，皆无异词，著内阁即以此意电令唐绍仪转告民军代表，预为宣示，一面由内阁迅将选举法妥拟，协定施行，克期召集国会，并妥商伍廷芳，彼此先行罢兵，以奠群生而弭大难。予惟天生民而立之君，使司牧之，原以一人养天下，非以天下奉一人。皇帝缵承大统，甫在冲龄，予更何忍涂炭生灵，贻害全国？但期会议取决，以国利民福为归。天视民视，天听民听，愿我爱国军民各秉至公，共谋大计，予实有厚望焉"等因。十二月三十一日，上海全权代表会议，决议开国民会议

解决国体问题。同日下午,议订国民会议之组织,各省各派代表三人,西北各省、东三省、甘肃、新疆由北京政府,东南各省由民国政府,内外蒙古及西藏由两政府分别发电召集,即知此时自现南北两分之景象。清廷之命令,不及东南;民国之命令,不及西北。乃未几,召集国会之地点尚未商妥,而形势又推移矣。

三、商议将共和承认与皇室优待各条交换之时期

革命第二年正月一日,孙文于南京总督衙门举行大总统就任式。三日,袁总理以休战之期将尽,形势日非一日,奏请"速定大计以息兵祸而顺民情"一折。内开"兵力所能平定者土地,所不能平定者人心。人心涣散,如决江河,已莫能御。爵禄既不足以怀,刀兵又莫知所畏,似此亿万之所趋,而岂一二党人所能煽惑?臣等受命于危急之秋,诚不料大局败坏一至于此,环球各国不外君主、民主之两端,民主如尧舜禅让,乃察民心之所归,迥非历代亡国之可比。我朝继继承承,尊重地系,然师法孔孟以为百王之则,是民重君轻,圣贤业已垂法守,且民军亦不欲以改民主,大灭皇室之等崇"等因。一月十七日,北京宫中开御前会议,蒙古王公反对共和。二十日,伍代表将优待皇室条件提交袁总理。二十二日,又开御前会议,各亲贵王公坚持君主政体为强劲主张,并拟使袁内阁辞职。会议之后,伦贝子、世、徐两太保入内廷密商,力奏太后,切不可听信各亲贵壮时尚气之言。且曰:"若准袁世凯辞职,则各军队必生他变,而革军乘之,危亡即在目前。各蒙古王公可以逃回本旗,各亲贵纵不惜身以殉国难,其如族庙社稷何?如两宫何?"皇太后深以为然。二十四日,袁总理将优待皇室皇族待遇满、蒙、回、藏各条件提交伍全权。一月三十日,各军统制、统领等公电,请与民军妥议优待皇室条件,建立共和政体,内开"兹既一再停战,民军仍坚持不下,恐决难待国会之集,姑无论延迁数日,有兵溃民乱、盗贼蜂起之忧,寰宇糜乱,必无完土,瓜分惨祸,迫在目前。即此停战两月间,民军筹饷增兵,布满各境,我军皆无后援,力本单弱,加以兼顾数路,势益孤危"等语。

四、关乎南北统一条件折冲讨论之时期

二年一月抄,停战期限早已满尽,交战又开。北方之形势日非一日,不幸一败涂地,深虑优待条件尚且无从期于完全。方此之时,北方抵制南方踊跃之议论,仅用强力攻击朝廷,俾其穷迫窘困直至极处,反恐满人及君政党恨怨透骨,遂致酿出他日之反动。试征诸外国之例,革

命甫成,反动的第二革命随后立至,是属不可幸免之历史。

　　方兹之时,南方意思固欲将北京朝廷法律上现有之统治权,即其一部分亦不肯照旧承认。如彼北美十三殖民地,将属于英国王及国会之统治权全体排斥,重新造就一个统治体。然又如法朗西国民斩戮路易十六世,用示主权之全然断绝,另由人民互相公约,从新建设统治体。然南京政府亦拟举二百六十年间爱新觉罗氏传承之统治权,将其关系一概废绝,重新竟据民意,设立共和国。其要求袁总理全行断绝与清廷之关系,竟由个人资格赞成共和主义,以此故也。

　　然袁总理所拟移转统治权之方,与此相异。以为清帝辞位,南京政府先行取销,另在北京依据清帝附托之统治权,重新组织共和政府。此南北意见之差异,在一月二十二日孙总统宣布清帝退位后办法中著有明征。其文云:"伍廷芳先生暨各报馆鉴:昨电悉,前电言清帝退位,临时大总统即日辞职,意以袁能与满洲政府断绝一切关系,变为民国国民,故决以即时举袁嗣,就沪来各电观之,袁意不独欲去满洲政府,并须同时取消民国政府,自在北京另行组织一临时政府。此种临时政府,将为君主立宪政府乎,抑民主政府乎,又谁知之?纵彼自谓为民主政府,又谁为保证?故文昨电谓,须俟各国承认后始行解职,无非欲巩固民国之基础,并非前后意见有所冲突也。若袁能实行断绝满政府关系,变为民国国民之条件,则文当仍践前言也。至虑北方将士与地方无人维持,不知清帝退位后,北方将士即民国将士,北方秩序即由民国担任,惟一转移间不能无一接洽之法。文意拟请袁举一声望素著之人暂镇北方。若驻使无人交接一切,满祚已易,驻使当然与民国交涉,方为正当。其中断之时甚短,固无妨也。今确定办法如下:(一)清帝退位,由袁同时知照驻京各国公使,请转知民国政府,现在清帝已经退位,或转饬旅沪领事转达亦可。(二)同时袁须宣布政见,绝对赞同共和主义。(三)文接到外交团或领事团通知清帝退位布告后,即行辞职。(四)由参议院举袁为临时总统。(五)袁被举为临时总统后,誓守参议院所定之宪法,乃能授受事权。按(一)(二)两条,即为袁断绝满政府关系、变为民国国民之条件,此为最后解决办法,如袁并此而不能行,则是不愿赞同民国,不愿为平和解决也。如此则所有优待皇室、八族各条件不履行,战争复起,天下流血,其罪当有所归,请告袁。孙文"等语。

　　上开公文内,清帝之退位须经外国公使团或领事团转知民国政府,其故何也？盖因此时袁公仍为北京政府总理大臣，如径由袁总理通知帝政告终、赞成共和之意，南京政府未免有非经前清皇帝之承认不能正式成立之嫌也。然南京政府此种苦衷，毫无成就，卒之径由袁总理直接通知帝政之告终。不但如此，并将根据前清皇帝承认方能成立之形迹，遗于后世。质而言之，袁总理一方面虽于取销南京临时政府一事退让一步，然竟由清帝附托之全权，合与南方，以成一完全共和政体。是系当时履行之法理，而关乎民国建设之历史，最为重大之要点也。一月二十二日至二月十日之间，南北两方面之折冲谈判，大要不出乎此。二月十一日，据袁总理致南京政府之电报，显有南北统一之议略成之景象。电报内开"南京孙大总统、参议院、各部总长、武昌黎副总统同鉴：共和为最良国体，世界之公认。今日弊政一跃而跻及之，实诸公累年之心血，亦民国无穷之幸福。大清皇帝既明诏辞位，业经世凯署名，则宣布之日为帝政之终局，即民国之始基。从此努力进行，务令达到圆满地位，永不使君主政体再行于中国。现在统一组织至重且繁，世凯极愿南行，畅聆大教，共谋进行之法。只因北方秩序不易维持，军旅如林，须加部署。而东北人心未尽一致，稍有动摇，牵涉各国。诸君洞察时局，必能谅此苦衷。至共和建设重要问题，诸君研究有素，成算在胸，应如何协商，组织统一办法，当希迅即见教。世凯"等语。此公文内有"宣布之日为帝政之终局，即民国之始基"字样，尤须注意，何者？盖据北京所履行之法理，南京政府未能正当存立，认为统治中国全体之政府，须俟统治全国之清帝宣布辞位后，方能发生完全支配全国之正当法理也。

　　第二日，即二月十二日（阴历十二月二十五日），清帝宣布辞位谕旨，内开"朕钦奉隆裕皇太后懿旨，前因民军起事，各省响应，九夏沸腾，生灵涂炭，特命袁世凯选员与民军讨论大局，议开国会，公决政体。两月以来，尚无确当办法。南北暌隔，彼此相持，商辍于途，士露于野，徒以国体一日不决，故民生一日不安。今全国人民心理多倾向共和，南中各省既倡议于前，北方诸将亦主张于后，人心所向，天命可知。予亦何忍因一姓之尊荣，拂万人之好恶。是用外观大势，内审舆情，特率皇帝将统治权公诸全国，定为共和立宪国体。近慰海内厌乱望治之心，远协古圣天下为公之义。袁世凯前任资政院选举为总理大臣，当兹新旧代谢之际，宜有南北统一之方，即由袁世凯以全权组织临时共和政府，与民军协商统一办法。总期人民安堵，海内乂安，仍合满、汉、回、蒙、藏五族完全领土为一大中华民国。予与皇帝得以退处宽闲,优游岁月,长受国民之优礼,亲见郅治之告成,岂不懿欤"等因。前开上谕中所言"将统治权公诸全国,定为共和立宪国体"暨"即由袁世凯以全权组织临时共和政府,与民军协商统一办法"以上二句,为民国国法沿革上最重大之文字。革命时代统治权移转之次第,于此四十有一字存焉,兹分解叙说如左:

(一)清帝一身具带之统治权,以兹时移于国民全体矣。然考其移转之次第,与君主统治权一旦消灭,而国民全体统治权新发生之场合截然不同。民国国法之沿革,所以与亚美利加独立后之共和政体暨法朗西革命后之共和政体相殊异者,于此一点存焉。在民国观之,统治权之消灭绝无其事,只因施行帝政之前统治者与以承认,而后存于国民全体之后,统治权于是生焉。乃知中华民国者,由武汉起义首先发端,再由于前清皇帝让与权利,于是方能得完全存立也。

(二)中华民国系由上开次第而起,故其组织不能与纯然民主政体之组织同轨,不得不被让与统治权之条件检束。所谓条件何也? 即以全权交与袁世凯,使之与南方民军协商统一办法,而组织共和政体之条件是也。

(三)如谓清帝辞位之后,其统治权一时归属于袁世凯一身,诚非正论。盖统治权于清帝辞位之时,直移于国民全体已不待言,然存于国民全体之统治权,初非得自由发动者,必俟有一定之政治组织,然后方能发动焉。此政治组织之全权,则可谓集于袁公之一身者也。

从此彼此交涉一星期之久。二月十九日,全体商妥。二月二十日,《临时政府公报》宣明孙大总统咨参议院辞职文,内开"前后和议情形,并昨日伍代表得北京一电,本处又接北京一电,又接唐绍仪电,均经咨明贵院在案。本总统以为我国民之志在建设共和、倾覆专制,义师大起,全国景从。清帝鉴于大势,知保全君位必然无效,遂有退位之议。今既宣布退位,赞成共和,承认中华民国,从此帝制永不留存于中国之内,民国目的亦已达到。当缔造民国之始,本总统被选为公仆,宣言誓书,实以倾覆专制、巩固民国、图谋民生幸福为任。誓至专制政府既倒,国内无变乱,民国卓立于世界,为列邦公认,本总统即行辞职。现在清帝退位,专制已除,南北一心,更无变乱,民国为各国承认,且夕可期。本总统当践誓言,辞职引退。为此咨告贵院,应代表国民之公意,速举贤能,来南京接事,以便解职。附办法条件如左:一,临时政府地点设于南京,为各省代表所议定,不能更改;一,辞职后,俟参议院举定新总统,亲到南京受任之时,大总统及国务各员乃行辞职;一,临时政府约法由参议院所制定,新总统必须遵守,颁布之一切法制章程亦同。此咨"等因。

上开公文中载有"赞成共和,承认中华民国"字样。又,二月十三日宣布优待皇室条件,前文载明"今因大清皇帝宣布赞成共和国体"字样,足征北京所主张之法理关系全然制胜矣。

熟察当时之形势,北方权力虽弱,然南京政府欲不战而操全胜,非妥订优待皇室条件不可。优待条件何为而有,即将将来统治中国国民之权让与民国,自行引退之条件也。由是观之,南京政府承允优待条件之时,早已服从,非根据清帝之承认,民国不能正当存立之理论亦明矣。

结论

中华民国并非纯因民意而立,实系清帝让与统治权而成,既如上文所述。因而其国法有与纯因民意成立之共和国相异之处,于左三点见之:

(一)能将不参与革命、不赞成共和之地方暨诸外藩仍包于民国领土之内。

东三省本系清朝发祥之地,故其人民忠顺清帝,不赞共和。直、鲁、晋、豫四省,亦未赞成,或宣言独立旋又取销。而内外蒙古十盟,科布多、杜尔伯特两盟,新土尔扈特一盟,伊犁旧土尔扈特等五盟,青海左右翼两盟,察哈尔、乌梁海、哈萨克部落等诸藩,只知对于清帝有服从之义务,不解民主共和为何物。故南、北、清帝承认共和,将统治权让与,则除武力征服之外,决不能直以为民国之一部也。

(二)无须遵据普及选举法开国民议会。

凡欲纯依民意从新编制国家者,至少须有一次召集国民全体会议而求其问意。征之历史,北美合众国之前身,即十三殖民地,其联合由于人民普及投票而成。试考嘎的斯《合众国宪法史》上卷第二章左开记事,即了然矣:

新大陆会议,于一千七百七十五年五月十日,集会于费拉的尔费亚,如欲解明合众国发达之历史,先须溯查此集合体当初之编制如何及至宣言独立间之历史如何。由各殖民地派往此会议代表一部分,虽系当时正在开会中之省立法会选举,旋另召集民会(即人民直接普及选举之会议，原名功温生），俾其追认选举者。然至于其多数，实系各殖民地另行召集民会选举者云云。

又按，法兰西革命历史，一千七百八十九年宪法构成会议，选举规则限制选举资格，订为按年将三日劳动工钱相等之税款缴纳国家者，方准其行选举，是由于封建时代以来相传之惯例也。其后，关乎一千七百九十二年九月至一千七百九十五年十月间施行法国统治权之国民议会，史籍所载记事如左：

一千七百九十二年八月十日，巴黎群民袭击宝城，要求废止君主政体。此时立法会议决议中止王政，召集国民议会编纂宪法。

同时，又决议曰："此会议议员，凡年龄二十五岁以上，自劳自食之法朗西人，均行选举"，是为法国不分阶级，由普及直接选举法选举议员之权舆。旋又改订选举人年龄为二十一岁以上，被选人年龄为二十五岁以上。

此会议第一次议事，于一千七百九十二年九月二十日开始，实于第二日废绝王权，又于二十二日所开会议决议日后所有公文所用日期，均由革命第一年从新起算。

予惟中华民国国法沿革，当革命之际，亦拟由普及选举，开国民议会，不止一再。南京政府据临时政府《组织大纲》第四章第一条（即第二十条）拟开国民议会，亦拟实行普及选举，固不待言。其后南北统一谈判之半途，南北同拟将其原先主权关系概行废绝，另由普及选举开国民议会，将国体问题付之多数公决。适值清帝俯鉴大局，从速辞位，此议遂归中止，不可谓非大幸也。兹记其始末如左：

十二月三十一日，于上海全权代表会议，商订各省委派代表三名，将国体问题付之议决。北京政府反对此举，一月七日袁总理致电伍代表曰：

"十一日，阁下与唐代表所议四条，尚多窒碍。此事既以普征全国人民意见公决为宗旨，自应由各府、厅、州、县各选议员一人，方足当'舆论'二字。若每省只有代表三人，仍陷少数专制之弊，内不足以服全国之人心，外不足以昭列邦之大信。且各藩属辖境甚广，除内外蒙古十盟外，尚有科布多之杜尔伯特两盟、新土尔扈特一盟、伊犁之旧土尔扈特等五盟，青海之左右翼两盟。此外，察哈尔、乌梁海、哈萨克部落尚多，若有一处不选议员，不列议决，将来议决断难公认。"

（中略）谨将临时国会选举法开列于左：

第一章　选举区及选举员额

第一条　（今略）。

第二条　每一选举区选出议员一人，本法第三条选举监督驻在所为投票所。

第二章　选举权及被选举权

第三条　凡有国籍之男子年满二十五岁以上，在该选举区内有住所满一年以上仍继续者。（以下略）

是非取法于法朗西一千八百九十二年国民会议所用普及选举法而何？

然至南北统一之后，临时参议院议决《参议院议员选举法》，即以其第四条限制选举资格，订为年满二十一岁以上之男子，年纳直接国税二元以上者，或有值五百元以上之不动产者，或在小学校以上毕业者。

总而言之，南北统一之际，关乎国法发展之径路上，其变局转机有如上述，其无须由普及选举开国民议会者亦以此故而已。

以上结论，第一项所述结果是否为民国庆幸之事，或因此生出种种缪辖，尚未可定。至于第二项所述结果，关系匪轻，予谓民国当永勿失之。其详细理由后论更焉。

（三）中华民国宪法不必取法于先进共和国宪法

中华民国共和成立之历史与先进共和国全然不同，既如前述。故不独关乎普及选举一事，即其他重要事项，亦断无必须取法法、美各国之理。譬如，参议院之组织、大总统之职权，以及其选举法等项，民国自当有合乎民国情形特独之立法。其详细分别于各本项下论之。

第二章　宪法上必须预先防范 社会党之弊害

立宪政治为代表政治，代表政治之下有最大势力者，为最多数之人民。无论何国,最多数者为下级贫民,故立宪政治,动有变为贫民政治之弊。是实美国独立及法国革命以来一百年间,全球最有厚望之立宪政体,至于最近二三十年间,在各国间招致大失望之原因也。

近年社会党跋扈跳梁,到处增甚,而于民主国其害尤为激烈。此无他,君主国限制选举法无妨,不附与参政权于下级贫民。而至民主国,则其初即由普及直接选举而成,故后来亦非施行普及选举法,与民主国性质不符故也。近年许多国家采用比例选举法之运动甚炽,其故无他,如用比例选举法,一则能普及选举权于一般国民,二则又能制止下级贫民出最多数议员于国会之弊。

如法朗西,固已施行普及选举法,以故社会党之跋扈愈甚,现为制止此弊起见,筹拟采用比例选举法,正在激烈争斗之中矣。

方今世界大势,骎骎乎向普及选举一方面进行。无论何国,每逢改正选举法,资格制限必愈从宽,一步一步进于普及选举之一方面。反之,而将资格制限愈益加严,与普及选举相背驰者,必系绝无仅有之事。

彼惨淡之法国历史,尤足以为参考。

大革命之时,法国为国民议会行普及选举法,流弊甚巨。一千八百十四年王政复古时废之。一千八百三十年第二革命时,取法于英国之政治组织,俾中等良民有最大权力,特为限制下级贫民之参政权起见,施行制限选举法,下级贫民已知普及选举与己有利,故大为不平。路易·腓力伯之民立王政,虽在议会常占大多数,然在院外不平人民之运动,日加激烈,终于一千八百四十八年第三革命起,路易·腓力伯仅以自己一代失其位矣。

际兹革命之时,劳动者与学生互相协力,推翻王政,颇有功劳。劳动者因而强逼临时政府,要求其直实行社会主义,巴黎城内以中等良民之子弟,组织民兵与之战争于市街上,终见流血之惨。临时政府照约,以普及选举召集国民议会,制定宪法,一院制共和政体成,谓之法国第二共和政府。路易·波拿巴尔图亲王由国民直接普及选举,选为大总统,奉承下级劳动者,离间之与国会之间。一千八百五十一年十二月二日未明,将国会所有有力之政治家一体拿获,行国民投票,改换宪法,先将大总统任期展为十年,再行国民投票作为终身,三行国民投票,遂登帝位矣。

其所以至此者,唯普及选举之故,政治重权归于下级贫民,止须煽动此等贫民,无事不可成焉。

一千八百七十年九月二日,皇帝拿勃烈翁三世为普军所虏,巴黎城内劳动者直入国会,拟行革命,俾设立社会主义之国家,然巴黎选出国会议员等相谋临时设立护国政府,与敌议和。巴黎城内所有劳动者公愤其志未遂,团结反抗护国政府,烧毁衙署,抢夺财产,肆行无忌,交战两月,方能底定。将数万劳动者或加禁锢,或行发遣殖民地,谓之功谬尼斯图之扰乱。法国社会党至此一时,减其势焰矣。一千八百八十年后举行两次大赦,彼参与功谬尼斯图暴乱者,放免回国,为数甚伙,又兼德国社会党遥为挑唆,其势复振。近年以来,其势力横溢于国会内,为此阻挠国力发展,洵匪浅鲜。惟属共和党一派政治家,姑且利用社会党之力,将宗教之势力极斥于国家以外,其目的已达到,无从再利用社会党之必要,今则反而热心筹办,制定比例选举法,以抵制社会党势力。

北美合众国,无论自全国观之,与自各州观之,从独立之初固已行直接普及选举矣。然其病尚未大甚者,盖因美国系属新辟之国,为开垦广漠林野所需劳动甚伙,因而社会党无从发现也。然纽约克年来有达麻尼侯尔,跋扈无忌,迩年国内同盟罢工之风渐盛,于实业发达上大有窒碍。再如加里福尼亚州劳动者,拟使州会议员作成排斥日本人之法律,起日美外交界之决大风潮,亦非一种弊病而何也?

英吉利系君主国,未尝施行绝对的普及选举法,以实际而论,其选举资格稍有限制。然一千八百六十七年改正选举法以来,劳动者得选举权者甚多,政界形势为此一忧。自由党时常利用劳动者以张其党势,当自由党之组织内阁也,社会主义之法律陆续通过,保护劳动者,大宗库款为此糜费,以致影响于军备需款,海军扩充不能如意,遂以备御德国之故,有接近于俄法同盟之不得已焉。

顾视德国,既又同然,前年帝国议会,社会党议员其数驾于其他各党之上,谅早晚不惹起一大变动不止也。

(中略)

夫各人能安分守己,富者富而不骄,贫者贫而不怨,上下亲睦,贵贱融和,以营社会的生活,东方之美风也。中国以四百兆人民之众而国治民安,以此美风雅俗耳。若一旦沾染社会主义之弊,美风破焉,雅俗沦焉,而政治不困难,国运不阻滞者,未之有也。

社会主义系近时世界上一般的思潮,以德国为中心点,势将布满于各国。其早晚侵入中华民国亦势之当然，现如日本近年为其防范颇费气力，惟因日本行制限选举法，不俾劳动者行使选举权，未见政治家鼓动下级人民利用其投票扩张党势之弊，故从无下级人民势力涉及政治之虞。若夫中华民国施行普及直接选举，则彼为达到自己目的。不遑选择方法之政治家立即利用下级人民之不平派，依其选举权极力筹拟多送己党议员于国会，而此等议员为满足其选举区民之意起见，务设保惠下级贫民之法律。

故于经济上则破资本与劳动之均衡，而阻民国幼稚产业之发达，再于财政上则使国家进款之大部分，全为保惠劳动者开支罄尽，致碍军备之扩张。对于世界民国之威力为此萎微，亦在所不免也。

民国非独不可附与选举权于以劳动为业者之最下级贫民也。中国各地，本有游民，此种游民，犹政治家之寄生虫。诸多流弊，如俾其握得选举权，则其势力不知如何发展，遂致阻害民国健全之发达，亦未可定也。

幸哉！中华民国虽系共和国，至其国法之沿革，既如第一章所述，一般人民未尝一试普及选举之真味，从未有自与政治之欲望。故当将来制定正式宪法之时，尤须利用此幸福之事实，俾其永无施行普及选举法之必要，是实至要之事也。

论者或谓：共和国以人人平等为宗旨，今竟将下级人民置之度外，不俾其得参政之权，实与民国之宗旨不符。

解之曰：苟下级人民发愤自立，能对国家负纳税义务，自当有参政权，关乎此点，所有民国成年以上之男子，一律平等，凡纳税资格，无论何人均能发奋可以获得，较诸阶级区别，非可同年日而语者也。

试观《临时约法》第五条"中华民国人民一律平等，无种族、阶级、宗教之区别"等语，与制限选举法毫无扞格。

退而考究《临时约法》，虽系临时设施，然为民国元年三月十三日至制定新宪法年余之间所实行者也。故新宪法取其基础，于《临时约法》以止改其应改之处为是，决不可全行重新编制。譬如德意志帝国宪法，即北德意志联邦之宪法作为基础；美国宪法，以十三殖民地《同盟条规》作为根柢；法国宪法之一部分，一千八百七十五年制定之《国权编制法》，取材于一千八百七十一年八月三十一日之《大总统职权法》者甚多。

此乃宪法自然发达之顺序。诚如是,则国民亦自惯于宪章,而不至误其适从矣。

再从另一方面论之,民国人民由《临时约法》所得之权利自由,系属其既得权,因不得无故剥夺或变更之。苟欲剥夺或变更之,则非于统治权之沿革上有确实理由不可也。

虽然,《临时约法》系南北统一前所拟订,故其条文中,未免有以纯然民立之共和政体为标准者,然中华民国必须防范社会党之跋扈于未萌,既如前述,故凡近似预约普及选举之条款,以概行删除或改正为要。

《临时约法》第二条载明"中华民国主权属国民全体",此项文字尤须改正。试观白耳义宪法,因恐载明主权属于国民,或起误会,以为一个人有参与施行主权之权利,专为回避此等误解起见,该国宪法载明有"所有权力出于国民"一条(第二十五条)。今如谓国民全体,则俾人误解属最下级赤贫如洗之人民,亦有参与政治之权,危险尤大矣。又"主权"二字,务避不用,兹拟易《约法》第二条如左:

中华民国所有权力出于国民。

而约法第五条项下,添下列一项为宜:

凡中华民国人民缴纳法律所定额数直接国税者,得行政权。

《约法》第十二条载明"人民有选举及被选举之权",此一条或全体删除,或改之如下:

人民合法律所定资格者,有选举权及被选举权。

既将参政权限于有一定资格者,则不使无资格者负兵役义务,方为公平。即如下级贫民,既无纳税义务,又无参政之权,故依同一理由,当俾其免兵役义务,惟自己情愿报名,当义勇兵者,准如所请,至于当兵义务,只俾有选举权者及其子弟负之为是,惟此乃兵役法上当采之原则,故《临时约法》第十四条毋庸更改。

既限制选举之资格,无论何人,与之以自己发奋能得此项资格之利益,亦为理之当然。否则与一律平等之原则不符,故于《约法》第十条之后、第十一条之前,当增设下列一条:

第　条　人民有受普通教育之权利。

普通教育无庸俾就学子弟呈纳束脩,所有需款,当由国库开支。

(参照)

比耳时宪法第十七条末项,载明"政府与以给费之普通教育,均由法律定之"。

和兰宪法第一百九十二条第三项，载明"王国适当之小学教育，由政府设备之"。

孛鲁西宪法第二十五条末项，载明"小学校教育无庸呈缴学费"。

丹麦国宪法第八十五条，载明"父母贫穷者，得于公立学校不缴学费受其教育"。

第三章　北方须养其保守力以调节南方之进步力

前章所述者，关于民国将来宪法法理上一大要义，本章兹拟研究其政治上之一大要义。

夫政治之要，在查核所有能制一国民心之诸势力，以为一定目的之利用，如社会上之势力、宗教上之势力、经济上之势力等是也。宪法之目的，在使国家安全发展，但欲达此，其如何利用民国政界诸种活动之势力，又不可不研究也。此等势力，有因时更变者、有永久不渝者，故于宪法上不可不设法。永久势力，得以自行活动，以成达宪法之目的。无论何国，保守、进步两大势力，皆永久发动不已者也，故予今先述对此二势力，宪法当如何规定。

就现今情势言之，国会两院皆以国民党占多数矣，国民党植其根据于南力，颇有进而不已之势，倘拟进步趋势之下操切而成宪法，深恐进步主义与保守主义互失权衡，则宪法将为民国发展情形之阻碍。为今之计，所谓宪法，究竟当如何订定，是乃绝大一问题也。

中国南北人情迥殊，所由来久，此乃历史地理上之结，历可勿论也。但如第一章所述革命本末，将使两方隔碍益形显著，不可不察。盖南方有长江之水，朝宗海洋，与外国交通最便，且自鸦片战争以来，受外国刺激颇烈，其人心鼓动，绝非北方可比。加以支那全国通商枢纽，亦在南方，人人习于进步思想。至于北方生业，大抵务农，所以趋于保守。

南方人既属进步，故在前清之季，其苦专制尤深，其结果遂为武汉之首义，闯然革命，一主维新。是故分而言之，北方有合法之统治权而无实力,南方有实力而未有统治全国之权利,而二者互相结合,此中华民国之所由成也。

故今之民国,非南方所独建,乃由南北统一而成,已于第一章缕述。第彼南方志士,既已不顾身命,出入死生,收此革命之效果,以为与其拘于冷静法理,宁以热烈事实作为论据。革命之成,固惟南方铁血之力是赖,于是不独将前清专制政府推翻扑灭以为满意,直欲举革命以前之文物典章破坏到底,俾扫地无余而后快,此本于历史地理关系,进步成性之南方,人心更为革命激动,益趋进步,愈为破坏之所以然也。

惟此进步精神,乃民国发展之见端,而为可贵之原动力,又不可厌忌而压制之,宜以指导为助长,使民国将来得以日益发展,乃至要也。

唯今制订宪法,乃民国前途万年长计,奠定大局之始基,将取中国固有之文物制度,以革命的精神,尽数委之于破坏荡尽乎? 抑利用保守之势力,以调节之二者之间,乃最要研究之问题也。

姑就社会心理学言之,民国国家,非有形者也,必求有形,唯其领土与四万万人之聚合而已。其所以团结而存称中华民国者,因四万万人之心目中,各有"我是称中华民国团体之一份子,故有如是"之意识,而向此意识何由而生,则不外由四千年来相倚相资,以受同一之文化而已。质而言之,以同一之言语通其心情,以同一之文学陈其理想,前世遭遇国难,经协力而底定之,而又一律今受社会之制裁,风俗习惯未尝或异,往来交际,同为国民,此国家观念之所由以生也。

乃今一旦欲废此历史、换此言语、弃此文学,且欲将本其风俗习惯所立之社会制裁,悉剪无余,则所恃以为团结者,必涣;所资以为秩序者,必滑。驯至内忧未靖、外患纷乘,而国家丁不堪设想之厄运,必然之势也,不其惧哉!

往者,北美殖民地始分十三州,其背英独立之时,纯以革命锐气猛然进行,丝毫不含保守主义。何以故? 以其本无可以保守之历史故也。无有文学,又无根本风俗习惯之社会制裁,不过以言语相通、目的一致而已。至今考其建国次第,人人至彼皆为垦新东岸于大西洋迤西,以入腹地家族之数愈增,则愈往西方分散,将方六英里之地分为三十六区,以一区一百六十耶克路为一家族园地,一百四十二家族为一村,每村设学校一、寺院一,充以二园地,如此而已。此外,无何等社会之制置也,所防备者出入蛮族之攻袭,又无敌国外患之足虞。夫如是,故无所保守，而所谓保守力者，自无须有之也。是其前后情势，与今中华民国以四千年古国，在列强环视之中创行建设共和政体，全不相同，则又知美国革命以后之历史，决非革命中华筹善后者所可取法矣。

他若法兰西，有沙烈门大帝以来最古历史，有理想，有社会的制裁，而大革命怵于新说，将旧有文明全毁悉除，以平等、自由、博爱三者为主义，更改度量衡，新定历史，甚至于国民议会宣告废止耶教而祀理神，因而秩序大乱，国团崩裂，列强侵迫，国几危矣。于是专断恃力压伏内外之霸朝以兴，其究竟结果，乃与革命初心全然相戾。《诗》曰：他山之石，可以攻错。此民国南方志士所当引为殷鉴者也。然法兰西虽有文化，考其源流，不过耶稣纪元八百年以来耳矣，其结果犹且如此，何况中华文化源远流长，有史以来四千余载，国民团结之力既强且故，绝非法比。即欲破坏，殆属万难，纵使能之，而其流弊之错出，将有不可思议设想者矣。

又若日本，仆日本人也，德川幕府篡政权者垂三百年，一旦为国民所推翻，当此之时，悉弃旧法，举凡西洋新式文物慨然输入，一若与民国革命之理想相仿佛者，虽然，实大异也。盖日本号为维新，非改新也，而为复旧。日本德川幕府之外，本有天皇系真正主权之所在，使幕府将其政权奉还天皇，即为维新之理想。天皇既受还政，而欲与西洋各国并驾齐驱，乃毅然采用西洋新式文物，以为当务之急。故日本国民之欢迎新式文明，非喜新也，特以天皇为旧式思想之中心点，遵道顺则，奉行其旨而已。质而言之，日本皇室立于新旧代谢之间，处沟通联络之便势，是以日本今日文化所输进西洋之文物固多，而吾国旧有之文物流风未歇，且以调节之宜，使二者之间，毫无不相容之扞格。惟明治二十年前后，一部政家亟欲邀功，将条约改正问题成就厉行洋化主义，虽国中一时为所鼓动，而反动之力起与相伴，国粹保存之声日喧，故幸未几复归平顺。

中华民国与此异者，以求如日本皇室处新旧代谢之间，为沟通联络之事，于以调枘凿不相容之虞者，不可得也，则不可不另讲合宜之策以调处之，明矣。

南方以进步势力，欲将中国旧有之文物悉数破除，另行建设新式文明亦是一种政见，并无不可。惟是中国古来之文明，其所存之团结力，绝非恒泛所可比，其既强且固，得由种种方面证明之：

（一）以其能持续四千年之久，未尝如印度，如埃及，又如阿细利亚之各种文明早归变灭故。

（二）以其经上下茫茫四千年之久，往往为外来民族所征服，而未尝为征服者所化，乃反使征服者为其所化，而渐渍于其文明之中故。此尤足异，通观古今东西他国民之历史，未尝见能如此者。

（三）以蒙闻欧美人言，居中国久，则不知不觉为中国俗尚所化，而乐其土风故。譬如前总税务司赫德，身虽英人，然乐中国，归而思之，世咸称之以为中国人云。

（四）更为显著者，以在外华侨，绝不为其所居之土俗所化，恒久不变，依然为中国人故。

夫中国文明之团结力，其强固如此。然则现今中国国民所赖以为强者，将不在乎，兵不在乎，富而终在此团结力者，非诬言也。

中国文明有上开之特质，非偶然也。以深远哲理论之，可谓文明文化者，乃中国之特有物，此非夸张之言，其价值之大，绝非西洋文明所可比，今乃有欲废弃之者，吾不解其究为何意也。

今人所常称"文明"之一名词，乃以当西语之"细维利塞生"。顾其字原义，乃由鄙野之俗化成都会之风之意，不是鄙，是都，不是野，是文，如此而已。夫人民相聚，以营都会生活，此在文明不过一端而已，非举文明之全局以言之也。

至于中国所谓文明则不然，其语出于《周易》，以言居野行道圣人之效，本系人文明焉之义，故人文极于经天纬地并存，人与人彼此调和之关系，具此关系，故人道之极与天地参。至中国以外之民族，虽非无此关系，但放任之于自然之发达而不理，唯此中国人人躬亲感知之，而修养之、造就之。其于人文工夫穷神知化者，谓之圣人；践履不畔者，谓之君子；将此开物成务者，谓之贤者。累世之圣人君子贤者，营营乎，积其建设之功，以至今日者，即此中国之文明也。

圣贤君子，取人间调和关系之理想，著以字句，则成文章。故曰："文章经国之大猷。"文之本义，在乎组织调和之工夫，并不在字句之编缀，即如《尧典》"文思安安"，亦系调和组织人事工夫，使之自然平安之义也。

质而言之，人事调和组织变通之工夫，唐虞三代以还，虽云质文世殊，而所行之政治，要皆为化民成俗结合团体之事。至战国时代，孔子出焉，乃将先王事绩总集大成，以为教理。用此种教理，以为由精神上统一天下之具,此道始以盛行,其后以历代之历史、文学益涵养之,以至今日,遂为至丰至润之中国文化。故此文化,实系中国国民无形之富,其能不失为全球中大国,诚有故已。

以故"中华"二字,解释之以为文化之中心,未为不当,至今欲统括民国四百兆人之意识,俾其自识为国民团体之一分子,实赖此文化之尚存,微此文化,前者清帝辞位,将团体随之崩散,时局不可收拾久矣。是以论南方革命首义之功,以能破坏爱新觉罗氏之统治权作为而止,假使破坏势力愈出愈纷,不知底止,其欲举旧有文化,使之一旦扫地荡尽,斯断断不可容矣。

虽然,常人之情,守极端主义者,恒欲推到极端,故今欲与南方革命政治家陈说保守主义,徒逆耳已。则保守势力之运用,要不能不待诸北方政治家,盖北方政治家常处与南方政治家相对待、相抵抗之地位,更以实际政治问题论之,北方政治家所可以与南方势力相对峙者,其立脚也实在此点。南方政治家仍以革命理想建设新中国,而北方政治家异是,则须公然代表旧中国以固有文明,能制人心之力,为其力推展进行以达目的。深观民国今日人心所趋,势力所归,知四万万人民之心理,于中国旧有文化尚犹未去,所静候者能以合宜之法,利用经纬世务之贤材,出其势力耳。旧中国思想,今虽未见大流露于表面,然不过一时为革命风潮所压倒。或纷纭之际,茫然自失不知所为;或姑且旁观,以俟氛息渡平、人心平顺之一日,绝非因旧日理想,因于四万万人心,已失制裁之力,灼然可知。所虑者,至旧中国思想,复得苏醒再燃之时,而同时革命政治家之短处,将皆披露于事实,此时反动之势,将非人力所能当。夫反动之危,实非吾人之所冀望,故与其俟反动既形苦于其险,孰若趁其未至暴哗之顷,先利用此久蛰之保守势力,以裁抑革命改进之热氛,于以谋民国治安之完固乎。然则为今之策,惟有使北方成就保守势力,以与南方之急进势力相持相剂,以为进步而已。盖蒙熟思审处,以为最有效验、最为合法之良策,舍是殆莫与归。兹为实行,此策于将来民国宪法,须要施行诸点开列如下:

(天)宪法须规定明文以孔教为国家风教之大本

夫孔教是否宗教,学者聚讼纷然,此一问题诚难解决,独至其对于立宪国家之关系,则与宗教势力不相悬殊,故今先述国家与宗教之大概关系。盖人民为国家之分子,而所以称分子者,即以其非孤立之故。彼以一定之主义目的相聚合而成种种之团体,如家族团体、地方自治团体是也。此等团结,皆以人民发达为要归,故国家有公认保护之应当理由。惟是多数人民生事而外,尚有精神上之要求欲求满足,具此目的,于是结合团体谓之教会,此亦国家所当公认保护者也。国家之于地方自治体,也公认之、保护之,于行政范围则利用之,以为国家之机关,其于教会亦然,得此利用之,以为维持秩序、巩固国群之具,此国家之自由权也。惟不得强迫人民为某教会之会员,又不得强迫之使参与某教会之典礼,又不以属于某教会之故,得以享有特别公私权利,是谓信教自由。是以国家既于宪法保证信教之自由,而复公认一宗,以为国教,而特别保证之、利用之,此与立宪政体未尝相戾,如《孛鲁西宪法》第十二条"保障信教之自由矣",而第十四条仍有下列之规定:

国家关乎宗教种种设施,定耶稣教为基础,然不以牵动第十二条保证之自由。

其国家一切典礼,均以耶稣教为范围,如国会开会之初,议员遭诣官寺礼拜,至今尚然,宗教与政治实际上大有势力,大概如此。又在英国,虽无成文宪法,仍立国教,国王号为教长,尝锐意将其宗旨利用于政治上,世所周悉矣。

又如诺尔威国,旧以路透新教为国教,一千九百零五年与瑞典分离之后,宪法条文多加改正,惟关乎国教,则条文仍旧,即如下开:

第二条　耶万西尔路透教会,仍为国家公教信仰,本宗人民,有依本宗抚养其子之义务。塞殊意图教,禁止不许。

第四条　国王必信仰耶稣西尔路透教而保护之者。

第十六条　国王得监督一切公开祈祷,及一切宗教上之集会,监视所有奉职教侣遵奉教规。

第二十二条　国王得设咨询枢密顾问,任免一切文武官员以及僧官。(下略)

又第九十二条中规定:非信国教者,不得为王之枢密顾问。

又丹麦宪法有下开二条:

第七十五条　国教典章,以法律规定之。

第七十六条　国民宗教举动,非害道德治安者,有自由信仰、拜祷上帝与结集教会之权。

可知诸国保证信教自由矣,而定立国教犹不废也。

惟共和国立国教者少，英〔美〕国向于民人信仰，不加干涉，宪法订立明文，举凡宗教，一切置之度外。此因当殖民之初，来美避地者，特苦母国宗教上之迫胁，遂尔惩羹吹齑，悉行放任之故。

又其国常以完全信教自由为主义，欲使欧洲之民，凡以崇信不同，而受政府之制限，因而心怀不平者，总至偕来，以此为欢迎招徕之政策。惟一千七百八十七年七月十三日之命令，当宪法未制定之前，十三州同盟会议决，宣布以为将来开垦属地（原语所谓"的利多利"）根本之法章，有及此者，此美国宪法史上最重大之公文也。（的依罗尔《美国宪法发展史》257 页）其第三条载明如下：

宗教道德及智识，为善良政治与人类幸福所不可少，故学校以及教育办法须永远励行。

未独立之前，民人信仰礼拜，依其父母所信之宗教，以为义务。如遇父母信仰不同，则男依其父、女依其母所信宗教，以为定例。

至俄罗斯及巴尔干半岛中诸国（即罗马尼亚、保加利亚、塞尔维亚、希腊、黑山国），则以希腊教为国教。

又土耳其于一千九百零八年改正宪法，其第一章第十一条，载明以回教为国教。又于第二章第十一条，将从来公认宗教仍行保障其自由。

今中华民国，则向无宗教为国家所利用者。旧之释、道，新有耶、回，则公认之以为有益之教会，予以保护，如是而止。独至孔教，其不同于以上回教者，以其尊祖祀天、不言神秘甚密之义，而于人伦，则至纤至悉、郑重周详。是故伦理者，乃中国文明之精华，为西汉以来二千年间政教之基础，其浸润于国民之意识至深，其支配国民精神之力极大。居今而言保守，不但须将通国之中所有被服儒术、崇奉孔教者总括为一团体，由国家公认而保护之，且于宪法特著明文，以此为国家风教之大本，如下：

中华民国以孔教为国家风教之大本。

假使宪法揭出此项明文，则其发生结果如下：

（一）国家设立学校，得以孔教为伦理教育之基础；

（二）国家得将孔教学位（进士、举人、秀才等），公认以为选举及被选举之资格；

（三）得以国家公款维持孔教学校；

（四）得对于孔子后裔，示特别之优遇。

凡此皆于国教之规定，而得保守势力者也。

（地）须改参议院之组织，以冀添增保守的分子

夫国力之发展，固有待于青年进取之锐气。所谓革命，亦以破坏阻挠发展之保守势力，而后有功。惟是国之存立秩序，必与进步并行。而所以能维持社会秩序者，非旧来之势力而何使。一旦破坏荡尽，无复遗余，则秩序必乱，因而国难继至，外国纷乘，邦基去矣。是故于立法上有酌留相当保守势力，俾其有效之必要，由斯而言，则现行之民国参议院组织法，不可不改订也。

惟保守力之强弱，恒与议员之年龄相关。查现行法，众议院议员例满二十五岁以上，参议院议员例满三十岁以上，年龄相差仍属过少。虽美国宪法元老院议员之年龄，订为满三十岁以上，然断非中华民国所可效法。何则？以美国众议院议员之选举法其订定也，初不关乎地方如何，只以人口为标准，以故国会之组织，宪法上无以表明各州别立之关系，乃以元老院补其缺点，两院之制由而故耳。

且美国独立无已过之历史可言，从而往昔势力，亦无有之，美国现订元老院议员年龄，与所订众议院议员者，相差仅十年耳，而美国以为未尝不可，职此故耳。

反观之法兰西，其与美国同共和国也，然法有往昔之文化，燦然眩人耳目，有已过之历史，烂漫夺人观听，其保守势力能支配国民心目者，至今尚为强固。故于元老院议员年龄，特订为满四十岁以上，人所共和者也。

乃今中华民国，其光辉历史垂四五千载，于兹绝非法国所可比，其上院议员年龄，即订为五十岁以上，未为不可，则限以必达强仕不惑之年，岂非大中至正者耶？

更有进者，以欲维持保守力，使与国民之进步力相为平衡，故于前法不可不改正，然所谓保守力者，非但观议员年龄一节已也，彼之经历、学业、财产，于保守力皆有乘除，因欲改正其组织，更为订立原则如下：

　　凡参议院议员，以中华民国男子，年龄满四十岁以上，具有下
　开资格之一者，为有被选之资格。

（一）为众议院议员已经三会期以上者，或曾为众议院议员过六年以上者（参考《意大利宪法》第三十三条）。

（二）曾为国务员或为出洋大使、公使者。

（三）为中央政府或地方官厅高级官员已过五年以上者。

（四）有举人以上之学位者，或有中外专门大学校毕业之文凭者。

（五）按年缴纳直接国税过五百元以上者。

凡此皆于改订上院组织法，而得保守势力者也。

（八）须改"请愿、陈诉"字样

人民有请愿于议会之权（《约法》第七条），本为西洋诸国宪法专条所保证，凡诸请愿，其目的不外两种：一所陈诉者，关乎小己一身之苦痛，而求救济于官府也；二以公共福利为目的，催请立法机关酌改旧章，制订新法也。二者括于请愿之中，见于法国革命以来之历史。今民国《临时约法》第七条，既准人民请愿于议会，又于第八条，准其陈诉于行政官厅，未免复沓而乖，改体似应将两条包括，订在专条请愿之中，俾其任便陈诉自己利害，或催请公共利益，方为合宜。更有进者，"请愿"二字，近于卑乞，今若改为品格较高之字样，使中国旧有之思想家，所自革命以来，潜声而伏者，乐进而沥陈时务，以便国家，此亦维持保守力之一法也。盖"请愿"二字，对于国家所有哀请愿欲，事近自卑，高尚识时之杰，未必乐为。故愚以谓莫若国家广开言路，博征忠谠之言，广益集思为济甚大，然则代以何等字样，方为合宜，意如"建议""进言"之类，皆可用也。

此乃改易请愿、开诱言路，而得保守势力者也。

第四章　共和组织论（超然内阁主义）

共和宪法最大问题，在以美国式共和政体为善，抑以法国式共和政体为善，此外尚有瑞士、汉堡等所行第三式，即不另设一名大总统，而以数名组织之行政会议（于瑞士则以七人组织联邦会议，于汉堡则以十八人组织元老会议），行使行政权是也。

然此第三式,于中华民国似无从采用,姑置不论,今先就美国式、法国式二种研究焉。

世论美式、法式之优劣者,固属不鲜,然未见有将其相异之点明晰分剖而解释者,但谓美式为大总统行使行政权之政体,法式为国会由国务员行使行政权之政体耳。然若将所谓行政权之意义,解释为执行法律之权,则其属于大总统,法、美两国固无择己。征诸两国宪法明文(《美国宪法》第二条第一节、《法国公权组织法》第三条),或其行政之实际,均未见有何等差异。

今如欲明解两者相异之点,不可不知于执行法律之任务外,另有政治之任务在也。

美国宪法虽无关乎政治之规定,而其第二条第三节,有"大总统得以关于此联合状势之报告,提出于议会,其视为必要且便宜之计图,可命议会审议"等语,政治之权属于大总统,可以推而知之。法国宪法于《公权组织法》第六条,有"国务员关于政府一般之政务,须对于议会负连带之责任,关于自己之行为,须对于议会单独任其责"等语,政治之实权在国务员对国会关系,盖可知矣。

是以欲明解美、法共和组织之差异,须先说明政治及政治上之责任为何,最属必要。

向来学者以"政治"一语为难于分解说明,在今日则不然,凡为谋国民之发达,就应以国家之力经营事业之中,量其轻重,察其缓急,由适当之顺序次第筹办,谓之政治。今日之学者,其见解殆属一致。

所谓为谋国民之发达,应以国家之力经营之事业,可大别三种:一曰使国家自体强有力应行之事业,如兵备、财政是也;二曰谋一般人民厚生应行之事业,如警察、卫生、司法是也;三曰扩张一部人民利益应行之事业,如保护通商、奖励农业、振兴工业是也。盖虽云一部人民之利益,决不可置之于度外。观察今日世界之形势,如英、如美、如法、如德,最进步之国民,大都皆系一部人民之利益最发达之国民也。以上三种事业,如欲以国家有限资力,尽数同时经营,固属不能;然欲以国家有限资力,将种种事业仅经营其小部分,亦非得策。何也? 由此办法,必致所有事业无一能达到十分之发展也。

凡国家之事业,均系有机的互相关联,故将其一二事业十分为之营养,则其余事业亦自随之发达。譬如人体内诸脏然。兹有一病人,如将其脑调治强健,其益可及于全身;又有一病人,如专营养其心脏,其利即为全体得其营养。能知此者,即所谓良医也。

国家之营养亦如此,国家应经营之事业甚多,果宜以何者为先图,而注全力以行之,是应深思远虑者也,是即所谓定大政方针之行为是也。

更详言之,有时以强大兵备为方针,则一切行政事务即依之而行;有时以丰富国家财政为方针,则一切行政事务亦即依之而行。既有定此方针之权利者,即应负方针有误之责任,是之谓政治上之责任焉。此项权利及责任,属于大总统与属于国会多数党之国务员,则即美、法共和政体之所以不同也,前者谓之总统共和政体,后者谓之议院共和政体。

美国制度,凡政治之方针,大总统以全权定之,使国务员实行。至其责任,虽应由大总统负之,实际不然。纵使方针有误,使国家明受不利,仍无大总统引咎辞职之事,又使治迹昭著无连职之必要,一经任期届满,例应引退,果能再选与否,概属未定。此北美合众国之共和组织也。

所谓国务员,但承大总统之命而行,始终不负责任,纯系一事务官,非真国务员也。然论其内容,所谓大政之方针,亦非大总统自定,实由选出大总统政党内有势力之黑幕政治家私议而成,即选举大总统时竞相出资之实业家,或受其运动之徒是也。此美国总统共和之实况也。

所谓议院共和政体者,即法兰西现在第三共和国,以英国议院内阁为模范而设立者是也。

在此政体决定政治方针者,自表面观之,虽为内阁总理,而自里面观之,实为议院内占多数党派之联合而已。

质而言之,法国本无二大政党对立,如英国然,故将数政党联合造成多数,大总统从此联合中简任国务员,使之组织内阁,殆成定例。是以数政党当互相联合之时,即订立一定之条件,内阁依此条件定政治之方针,由内阁总理出席众议院演说之,斯时联合之各党议员赞成此方针,即发议移入其次议事日程。而不在联合之诸党(即反对党)为破坏此联合,而推翻其内阁起见,对其所宣言之政治方针极力反对,即提出动议,将该方针大加修正,务使该方针与联合条件不能两立而后已。若反对党之动议成立,内阁即不能不辞职焉。

又,内阁提出法律案于议会,须择其与所采政治方针为必要者,倘非必要,而仅属研究事项,当提出之初,内阁亦须预先宣明。苟宣明与政治方针为必要之法律案不能通过,内阁亦不能不辞职焉。

又,关乎内政外交大事件发生之期,即应决定对待方略宣明议会,若稍迟疑,即受议会之催促。倘所宣明之方略,不为议会多数所容,内阁亦不能不辞职焉。

由是观之,法国决定政治之方针者,不在内阁,而在众议院占多数之党派联合,可以知矣。

以上两种共和组织,各有利害得失,兹先纯由学理观察之。英国之组织大总统,超越于各种特殊利益之上,有公平判断决定大政方针之余地,此层属其美点无疑。彼如黑斯大总统,赖共和党之势力而当选,并不保护共和党之利益,有时反认民主党之主张为公平有道而实行之,且举民主党员为州政府长官;又如卢斯福大总统,以由共和党推戴之身,而敢排斥党议,竭力抵制资本家大联合跋扈之弊,其例不一而足也。虽然,概而言之,多数大总统动辄为推举自己之大政党所掣肘,而惟自党之利益是图,固属势所不免者也。

从学理上观察,美国组织之美点,既如上述,今复从学理上考其所短之处,则在政治上之责任,有名无实是已。大总统负责任不尽其责,则被议会弹劾。宪法有明文如下:

> 第二条第四节　大总统、副总统、其他合众国之文官,由叛逆罪、收贿罪、其他对于重轻罪之弹劾,及其有罪之判定,应免其职。

虽然关于政治方针之责任,与刑罚问题万不可同日而语,故不但实行弹劾甚属困难,且审判弹劾案时,明文上有必须元老院三分之二以上之同意,是以宣告有罪者,殆几希也。又从实际观之,一千八百六十八年春,议会拟弹劾荣逊大总统,而不能得三分之二之同意,事遂止焉。此后弹劾大总统之事,殆未之闻焉。

总之,大总统任期四年之间,纵有失政,亦置不问。四年任期一旦已满,纵有〔无〕失政,仍不能不退职,此美国之特色,而即其政府权力之所以强大也。

反而观之,彼不能自党举出大总统之政党,至少四年间绝无实行其主义政策之希望。故英国每届改选大总统,竞争激烈,全国鼎沸,致有徒费人民能力大部分之弊。若使大总统任期,如墨西哥之延长(墨西哥大总统任期一千九百零四年以前订为四年,现在改为六年),反对党将用暴力推翻现政府,革命扰乱将不知底止矣。

法国之组织,从学理上观其长处,在使内阁对于政治上责任之观念,极为锐敏是也。议会常监视政治,故政治常与民间所必要者不相懈弛。达国民发达之目的,盖最适当也。

至从学理上观察法国之组织,亦有不利者,无他。国会中并无国家全体利益之代表,即至一部人民之利益,因现行选举法,非采利益代表制,而为选举区制度,故众议院内利益代表之关系,未必能与实际上各部利益之轻重缓急相符也。

质而言之,法国政治之重权在众议院,而众议院只能代表民间特殊利益,并不代表国家全体之利益。且各部利益中,最应先行伸张之利益,亦不能于议院中得最多数议员代表之保证。至下级贫民之利益,与国家大局不甚重要之一部利益,反得最有力之代表,此社会党势力大张之国,尤不适于议院共和政体,从可知已。

今再从实际上考察法国组织之利害得失,各政党均能满意,故不平者较少,而国内平稳,是利也。国是游移不定,朝视为强有力之政府,夕忽失议员多数之赞成,而不能不辞职,故国家无长久之计划,是害也。

若就中国国情论之,使采用美国式共和政体,为最初七年或十年间之临时组织,固未尝不可。然为永久计,则恐南北将分裂矣。又使采用法国式议院共和政体,于新创富国强兵诸事,殊多窒碍。又习于专制之国民,厌议院党争之烈,将渴望强有力之政治家出现,而专制将恢复矣。且万事不定,尤有碍外国之信用也。夫然,中华民国必筹一适于民国国情之特别共和组织,有断然矣。

一、超然内阁组织之共和政体内阁共和政治

大总统决定大政方针,在任期间事实上立于无责任地位之共和组织,及由国会内二三政党,联合决定政治方针之共和组织,均未足以取法,既如上论,然则所余者,只有超然内阁组织一种而已。兹将超然内阁组织之共和政体,撮要解之。大总统先行决定政治方针,不问国会内外之人,但有愿依此方针行其政治者,则举之组织国务院。至其方针之当否,一归国务员负其责任,虽有时出于不得已更迭内阁,然未必因国会失多数之赞成而以之为辞职之准绳,考其政治方针之成绩何如,征诸国内舆论之向背何如。大总统独断特行,而使内阁更迭,是为超然内阁组织之大概情形也。此项组织尚无一定名称,今姑假之曰"内阁共和政体"。

此项组织,论理本非难于成立,但因宪法学上法国第三共和政治之经验,世遂以为实际难行焉。

按史,法国与普国战争中,为协赞和约召集之国民议会,君主党占多数,遂有谋恢复君主政体者,卒以被推为君主之人辞退不果。旋于一千八百七十五年,先行议定关于国宪诸法律,同年依据该国宪而组织之众议院,其当选议员,君主党仅一百七十名,共和党得三百六十名之多数,于是共和政体之大势乃定。维时大总统麻克马亨元帅七年任期未满,而元帅本为君政之忠臣,颇有意利用其职权恢复君政,君政党为右党,改称保守党,对于大总统所拟恢复君政之议极力赞成,但终不免为少数。共和党为左党,分为中央左党、稳和左党、激烈左党三派,借多数逼使大总统行共和政治。大总统鉴兹情势,乃由共和党中最近于保守党一派,即中央左党内举图法尔,使之组织共和内阁,此内阁以不热心于贯彻共和主义之故,仅九阅月,即陷于少数,而不得已辞职。

于是,大总统取超然内阁主义,断然排斥众议院之多数,命保守党总理蒲卢里公爵组织内阁。蒲卢里公爵系知名贵族,又为学界名流,深知时势所趋,非使多数党造成内阁,终不能济时局之急,乃力劝大总统由共和党举国务员。是时,激烈左党刚别达切论曰:"大总统须从国会之多数,否则即断然解散国会。"于是麻克马亨大总统稍屈自己之主义,于一千八百七十六年十二月二十六日,命稳和党名士主尔施们组织内阁,独陆军、海军及外务大臣,以与内政无关,便属于中央左党之前内阁员,仍在其职。由是政治之实权,转移左党,即共和党。政府先斥退反对共和之官员,将往年君政党内阁限制之人民权利自由复旧,再将天主教会一切特权取消,此特权本因天主教会常助君政党,由君政党内阁给予者也。

麻克马亨大总统见共和党内阁辄破坏一切旧制不知底止,寻至侮蔑教会,愤慨不已。一千八百七十七年五月十六日,以内阁总理大臣主尔施们不奉其命之故,强使辞职,断然举保守党总理蒲卢里公爵组织保守党内阁,而命国会停会一月。及国会再开会之日,共和三党联合议决,国民之不信用内阁,大总统于是得元老院之同意,解散国会,是为法兰西共和国大总统实用解散权唯一之例。法国历史以一千八百七十七年五月十六日主尔施们免黜以后至国会解散之政变,称为五月十六日之武断解决云。

蒲卢里公爵之保守党政府,乘五个月之预备总选举期间,实行干涉选举。所有属于共和主义之地方官,以不便故,悉行免职,而代之以战斗主义(始终反对共和主义不渝之主义)之人物。禁止共和主义之报章,不准在公道发卖,将共和党员常聚之客店禁止营业,凡共和主义之演说会,务使不易开会,并将属于共和主义之区长、户长免黜。

麻克马亨复躬自游说各地方,以共和党为煽惑者,而论之曰:“今国家秩序,将为彼煽惑者所破坏。鄙人目睹耳闻,何忍独善其身,鄙人在任一日,惟有极力奋斗,以完全维持秩序之天职而已”云云。政府复派官选候补者,使与共和党候补者互相竞争,天主教僧侣亦助之激烈,共和党之刚别达,因其雄辩反对政府,被拘留者不止一次。直至十月十四日举行总选举,当选议员属共和党者三百三十五人,属保守党者二百零八人,于是前者遂得大胜利矣,保守党内阁乃辞职。十一月二十三日大总统举从来与政党无关系之罗施布耶组织内阁,所谓事务内阁是也,只办理眼面前之事务,众议院视之以为藐视国会权利之行为,议决与此内阁一概不交涉焉。

因之,一千八百七十八年之预算不能成立,政府如不按照预算而征收租税,必致滋生乱端。麻克马亨乃亦屈让,再命中央左党德法巫尔组织内阁,是为议院内阁主义之胜利。

以上所述,为以共和政体行超然内阁主义之唯一试验。然此试验,不得谓为依公平之条件而行。何也? 当时麻克马亨大总统之目的,并非在进行自己信为尽善尽美之政治方针,而在于变更政体。拿破仑第三世之君主政体失败未及十年,麻克马亨意欲再立君主政体,多数人民反对此举,固其所也。若夫政治之方针,苟为国利民福计,则赞成与反对者必各居半,除非常有误者外,举国反对之事未之有也。

试征诸君主政体之实际,德意志帝国仅于军事、外交,皇帝之权力雄大,至其他行政事务,悉应依帝国议会协赞之法律行之,且政治方针应以预算经帝国议会之协赞,其关系与共和国毫无差异,然至今日仍能行其超然内阁主义焉。

又如日本宪法制定以还迄今二十有余年,仍行超然内阁主义。顷者政党内阁之声虽渐盛,其实因超然内阁恒为萨、长二藩所垄断,流弊甚多,故拟以议会势力打破此弊,遂使超然内阁一变而成议院内阁之形势焉。

今日以后,与政党全无关系之在野大政治家,树立正大之方针,并非无组织内阁实行之之望。由是观之,代议政体与超然内阁,非必难于两立可知矣。

树立超然内阁成功之手段,视德意志帝国大可了然。质而言之,帝国宰相须与众议院内一二大政党结托,固属必要,而不必常依赖同一之政党,依其所立之方针,或结甲党或结乙党,因时制宜,利用各异,是为避议院内阁弊端之要诀。即如俾斯马克当帝国创立之初,以抑制国内加特力教会之势力为其方针,故以国民自由党为中坚,加之以帝国党即官吏党,遂得制国会之多数,至后年改树方针,课保护税,巩固帝国财政之基础,则即舍国民自由党,反与从前为政敌之中央党即加特力党,相结托焉。故欲与国会有力党派相结,使之赞成政府方针,不得不稍采其党派所怀主义而实行之,固无论已,所谓操纵国会之妙用,即在此焉。又如毕罗宰相任内占领胶州湾,其真目的并非欲得胶州湾也,特以加特力教士在山东省遇害,毕相借以交结该党,将令其赞成扩充海军之方针而已。现今德意志帝国议会社会党势力最优,故政府无论采取如何方针,必不可不先得社会党之赞成。社会党向来反对扩充军备甚力,而德国现在方谋陆军上未曾有之大扩张,因是课财产税不据按年份缴之法,以一次完纳全额为规,是即社会党之主义也。如克虏伯公司一举被课六百万马克,皇帝所有私产,亦不得不缴纳三百万马克,故社会党之不反对政府者,非偶然也。

以上所述巧妙之手段,虽在共和国,亦安有欲行不能之理? 果能行之,较诸美国大总统决定方针,使内阁施行之主义,暨法国由众议院决定方针,使内阁施行之主义,其优胜盖甚明矣。何则? 此第三组织实兼取他两组织之利益,而除其弊害者也。此第三组织超然于国会之外,秉公决定方针,故得将现在因选举法不备而发生之不公平加以匡正,如所立方针不生良善纳果,则内阁即引责辞职,内阁时时更迭,不使人心厌倦,举国中多数政治家习于政治,是亦一利益也。

二、在超然内阁组织大总统与国务员之关系

超然内阁组织大总统与国务员之关系,须与德意志皇帝与宰相之关系同。大总统立定方针,将此指示国务员,国务员如谓按此方针,难期良善结果,不能负其责任,则不可无拒绝之自由。虽然国务员系由大总统特任，非国会多数所推举，本不负奉行国会意思之义务，故当此之时，大抵依大总统所指示者居多，或不过略以加自己意见润饰之而已。

是以大总统为人活泼有为，如卢斯福然，则可自行筹画立定方针，将此教示国务总理。反之，大总统为人敦厚，如卢伯然，则凡百政事委任国务总理，但垂拱以治而已。

盖超然内阁组织之所以为大利益者，在不拘大总统为人如何，毫无惹起政治上之变动之虞。质而言之，民国将来如何人物充为大总统在未可知之数。若现在订立如美国之宪法，使凡庸之士当选大总统，则国被其害必矣。又若订立如法国之共和组织，即使大总统为不世出之英杰，亦无用其能力之余地。

若夫超然内阁组织，大总统能得人杰，国家固得利益，即使不得人杰，国务员负责辅佐，国家所受不利亦属无几。就民国视之，将来形势不可逆料，若采此伸缩自在之组织，尤为策之得宜者矣。

至于议院内阁之组织，本属易易，无论何时立即告成，惟一旦成立，欲再归超然主义，殆属不能，故莫若先行超然主义，以便历练宪政之运用也。

结论

据以上所述理由，如欲采超然主义之共和组织，须择宪法中合宜之处设下列数条：

国务员辅佐大总统执行政务，负其责任。

国务员对于为主权者之国民负责任。如有未尽其责任者，大总统应代国家定其应否免黜，此自是当然之理，盖既采用超然主义，则"对于国会负责任"字样，断不可用。国务员负政治上之责任，故大总统无政治上之责任，亦属毋庸另行宣明。惟大总统不负刑事上之责任，及对于推翻共和政体叛逆罪，应受弹劾之专条，设之亦可。

大总统任免国务员。

此条之特设，表明任免国务员无须国会之同意。《临时约法》所定须经国会同意之制，固本于美国宪法任命官吏须经元老院同意之义，其目的专在预防大总统随意任命自己合意之人物，以供推翻共和政体之具。然其实际，美国大总统任命国务员，元老院拒其同意之例，绝未曾有，不过为形式上之手续而已。

如欲预防大总统推翻共和政体,以另设弹劾之法为宜。

苟欲立法与行政互相独立,使大总统不为国会意思所羁束,独立专行政治,断不可使国会关于任命国务员有同意、不同意之权。国会如有同意、不同意之权,使同意之国务员贻误政治方针,则国会亦理应俱负责任。由是观之,使国会关于任命国务员有同意、不同意之权,与责任之义枘凿两不相容,断然排斥之可也。

大总统解散众议院,但自解散之日起六个月以内,须召集之。

如采超然内阁主义,则关乎大政之方针,国务院与国会如异其意见,其冲突久结不解时,应使国务院辞职,抑解散国会而诉之于国民之公断,其决裁之权必须属于大总统。凡国务院与国会冲突,如必使国务院辞职,则国务院不得不依据国会多数之意见,以定大政之方针,只可谓之议院共和政体,不可谓之内阁共和政体也。至国会以参、众两议院组成,如将参议院组织按照第三章所述主义改正,则无须解散之也。

或谓使大总统有解散权,则与共和政体不相容,此误解也。国务院与众议院多数关乎政治之方针异其意见时,为使主权者之国民发表意思起见,即行改选众议院最合乎共和政体者也。彼如北美合众国宪法,无规定解散之事者,则因众议院议员任期仅二年,事实上无解散之必要也。

又如法国宪法规定大总统之解散权,而自一千八百七十七年以来未尝适用之者,则因法国议院共和政治之惯例早已确立,内阁一失众议院多数之赞成,即行辞职,复无适用解散权之余地。以民国视之,均不足取法者也。

第五章　　大总统之资格任期及选举

共和国大总统之地位,须由三面观察之:一为国家元首之地位,二为国家代表者之地位,三为政治及行政最上机关之地位是也。

一、国家元首之地位

国家之元首与其主权者异,又与其统治者不同,共和国之主权在民,不属于大总统,固不待言。有国家主权者自行使之,以行国家之事务,谓之统治者。

　　共和国主权者为国民,而国民不能自行其主权,故以其事务委任于他机关,委任单一机关,则有专制之弊,故以之分任数机关,可知共和国主权者并非一人,而统治者亦不能为一人。

　　元首非主权者,而又非统治者,如人身之头脑然,将国家一切事务综合认识,且将其一切活动统括调节者,谓之元首。

　　苟微元首,则一切国家行动,不免有前后矛盾、左右支吾之弊,故鉴于国家组织之必要,不得不设如斯之机关,而大总统系由宪法委任政治及行政之权力,故认其在国家诸机关中为元首最便利之地位。共和国妙用三权分立之制,而国家之行动,仍不至于支离灭裂者,因有大总统为之元首。

　　(注)元首与君主不同。君主皆系元首,而元首不必皆系君主,君主承继祖业,举凡国家一切权力且系于一身,与人民之间有君臣之义。至大总统所有之权力,仅国家权力之一部分耳,不惟立法、司法二权绝对无之,即政治及行政权,亦非系于其一身,其依据宪法所付与者。不过限于其在职期间,不得传之子孙。其与人民之间,亦无君臣之义,大总统所以为国家之元首,而非其君主者,此也。

　　大总统为国家之元首,应规定于宪法与否,又属别一问题。试观法兰西一千八百五十二年之《共和宪法》第六条,存有"此项"字样。而现今第三共和政体之宪法,则已删去,惟普通公文及法律课本,则常称大总统为国家之元首。纵使宪法无此明文,而大总统为共和国家之元首,事实具在,又何疑焉?

　　二、国家代表之地位

　　大总统事实上既为元首,故苟欲以国家之尊威,表明于形象之上,则常使大总统当其任,此各共和国不易之定制。例如,遇国家典礼,则使大总统居于正位;与外国交际,则使大总统代表国家。

　　故大总统常于国费设备之公府起居,除俸银外,又由国库支出代表费(即交际费)也。

　　三、政治及行政首长之地位

　　"政治"与"行政"二语,世人动辄混用。不知政治者,为达国家目的所行之事业,计较其轻重缓急而决定其方针之谓;行政者,依据法律命令而施行国家事务之谓,其事绝不相同。而以大总统及辅佐之之国务员，为政治及行政最上机关，则各共和国宪法之所一致者也。美、法两国宪法，关于大总统为行政首长，虽有明文，而为政治首长，则无之，然其实际之为政治首长，观于美国大总统有发教书于国会之权，及法国大总统有任免国务员之权，而自明矣。

如上所述，大总统兼有三种地位，欲明此意，则宪法成文当规定如下：

第　条　大总统为国家元首，代表中华民国总揽政务。

"总揽政务"四字，系因袭《临时约法》第三十条之用语。惟该条"代表临时政府"一语，未免过于狭隘，大总统不只代表政府或行政权，当代表国家全体也（《临时约法》第三十七条有"代表全国"字样）。关于大总统为政治及行政首长之义，当于次章详论之。

（一）大总统之资格

世界各共和国宪法，详密规定大总统之资格者，未尝有之。美国宪法仅有"年龄三十五岁以上，十四年以上在内国住居"之规定，法国亦绝无何等制限，如以法律论之，止须成年以上之法国男子，均有为大总统之资格，无他，因大总统必要之资格，绝非人力所能测定也。

虽然今将订定中华民国宪法，此种重大问题，断不容盲从外国现行之宪法，使中国无固有之理论则已矣，有之，则登载宪章，直无须踌躇耳。

中国自来为元首者，其必要之资格有一，曰德。何谓德？此问题虽不能于法律上下定义，而亦无下定义之必要。设有一人，全国人民皆以为有德而戴之，则认为有德，奚不可者。

但有一不可不察者，所谓有德者，须全国人民诚心以为有德而推之，若因其与己有利益或其他理由而戴之，则非因有德之故而被推戴，鄙人所谓不可不察者在此。

要之，民国宪法应设资格之制限如下：

中华民国大总统，依中华民国大总统选举法，由累世有民国国籍、年满四十岁以上、四海之内莫不仰其德者中选举之。（"四海之内莫不仰其德"见《汉书·高帝纪》）

（二）大总统之任期

大总统之任期，法国七年，墨西哥及亚尔然丁六年（一千九百零四年以前为四年），北美合众国及葡萄牙四年。北美合众国任期较短者，无他。因大总统虽事实上掌握政治全权,而处于无责任之地位,自非时时使之更迭,则恐反对党不平之气郁积磅礴,一旦决裂,酿成祸乱故耳。征诸墨西哥近年之政变,盖可知矣。

然而任期太促,则又因急欲实行自己方针之故,以致政治缺稳和之态,偏于急激之弊。由是观之,须一面设法将任期展长,一面使反对党不平之气,不至于郁积,乃为不易之法耳。以鄙人视之,须采超然内阁共和组织,使国务员代大总统负责任,为最上之策。果用此项制度,纵使大总统任期为七年,亦未见其甚不可耳。现在参议院议员任期六年,众议院议员任期三年,如大总统任期订为六年,则有时国会两院与大总统同时更迭,诸多不便,故大总统任期须订为七年或五年者,盖以此耳。法、美两国,准大总统再任,而葡萄牙则禁之,墨西哥(一千八百七十八年五月五日决议)、智利(一千八百七十四年十二月一日决议),则一生准任两次大总统,而非其继续再任。

准其再任之说,乃学者之公论,不准再任之说,系党派间之政治论。以学理论之,不准再任,非惟不当,且系不利,如系善良大总统,能为国家任艰巨者,而亦不准其再任,则岂非不当乎?凡政治上之功绩,无虑一时表见,必须历有年所方能渐著,乃数年后自己之地位,必使为他人所占,则始终无著施行善政之地步,其为不利,尤非浅鲜。

法兰西大总统任期最长七年为限,而仍克烈维再任矣,其第二共和政体宪法不准大总统再任,实诱起路易・拿破仑一千八百五十二年十二月二日革命之原因,使路易・拿破仑当时得再任大总统之机会,则彼必再任,彼既再任,则十二月二日之武力解决,即无从生焉。再任之利及其当,既如上述,惟至三次,则例所不准,自卢斯福失败以来,遂成北美合众国无文之宪法矣。

(三)大总统之选举

世界各共和国选举大总统之法,大别有二:其一,使人民直接或间接选举之;其二,使国会选举之是也。

以民主国理论推之,既使人民选举其立法机关之国会议员,则其执行机关之大总统,亦当由人民选举,方为公平。国会乃立法机关,不当使之选举大总统也。是以北美合众国纂拟宪法者,以使人民选举大总统为原则,而虑其或有为私利所驱诱胁愚民之弊,特采间接选举(民国所谓复选举)之制,由各州先行选出与众议院及元老院议员同数之选举员（民国所谓初选当选人），然后选举员选举大总统，此英国之制也。乃此一行无端使二大政党对于各州选举员之选举，大为竞争，咸思借党势以拘束当选之选举员，强使投票于己党之大总统候补者，遂致纂拟宪法者所抱之理想，全归于无何有之乡，而人民亦失其选举之自由。由是观之，北美合众国现在之大总统选举，不过共和、民主两党彼此交征己党利益之手段而已。

　　法兰西以一千八百四十八年第二共和政治宪法行直接选举大总统之制，人民遂为桀黠者所诱惑，选举路易·拿破仑，卒致帝政之再兴。第三共和政体之初，有鉴于此，乃由国民议会先后选举齐耶尔及麻克马亨为大总统，有此先例，遂成国会选举大总统之原则。一千八百七十五年所订宪法，即采用国会两院联合选举大总统之制，而此制度仍不免有流弊，试略述于下：

　　选举大总统之日，两院议员集于维尔塞旧王宫，不举候补者，亦不用一切讨论，各党政治家在选举会场秘密折冲，即日决定。是以选举大总统，不但一般人民毫无从干预，即两院议员在选举会未终之际，亦无繇知何人当选。嘎尔诺被选为大总统之时，众望所归在于芙烈熙涅，而芙烈熙涅如果当选，则恐酿成内乱，因而选举会开会之后，决意辞退，突然让于嘎尔诺也。

　　如上所述，于选举一国元首，未免有缺于慎重之嫌，且大总统由国会选举，势不得不服从议会之势力，岂非于执行权对于立法权独立之义大有妨害耳？

　　瑞西共和国无大总统，使联邦会议行大总统之职，两院联合选举联邦会议议员，至近年乃有径由人民选举联邦会议议员之议。一千九百年十一月曾将此项问题付之国民一般之投票，其结果因少数而消灭也。

　　中美、南美各国，大致效法北美合众国选举法，独乌鲁该共和国由国会选举大总统耳。

　　葡萄牙大总统由两院联合选举之，其任期为四年。

结论

　　今各国现行大总统选举法均不完全，既如上述，今为民国计，宜审度本国国情，而后别出机轴，酌定适当之选举方法，使环球各国知民国共和政体之威严，并使中国国民固有之文质发挥无遗，均系于此一事。是以大总统选举法应如何订定，所关甚匪浅鲜，必须注意各点大致如下：

（一）选举大总统，须平日先行预备，庶不致临时仓卒误事，若至不能不选举之时，始急切行之，窃恐其结果不佳。何以言之？盖如斯，则辄为党派竞争，或一时感情所制，断难收公平之结果也。

是以须在现任大总统任期未满或未因他事缺额时，每届三年预选候补大总统一名，一俟任满或缺额，使与政党毫无关系之机关，于其中推荐一名方为至当，如此则庶不令政党独私大总统之地位乎。

（二）选举大总统，本属最重大之事，能得有德者与否，尤非人力所能，必凡人力所不能及者，不可不济之以神力，冠婚之礼不过个人之大事，犹用敬神之礼，况选举大总统为国家之大事哉！且使国民以敬神之念从事选举，或足以少戢其挟私之动机，故鄙意选举候补大总统之时，宜以各选举区所在孔庙充投票所，最为得当也。

（三）投票程序，依众议院议员初选举程序为宜，每届三年，众议院议员初选举之后数日行之。

选举候补大总统，如有为各种运动者，须一律严禁。何以言之？苟为四海之内莫不仰其德者，不待运动而自能被选，如须运动，则其不足为有德也，明矣。

（四）凡国家大典，如候补大总统选举会，须与国民固有之理想联络，万不可使抱外国输入制度之感，是以关于选举程序名称，务以袭用中国固有之名词为宜。

兹将鉴于上述要点纂拟之具体案，开列于下，以备采择：

大总统选举法案

第一章　仰德会（"仰德"二字见前注）

第一条　大总统任期为五年。

第二条　候补大总统，于累世有民国国籍、年满四十岁以上、四海之内莫不仰其德者中选举之。

第三条　第一届大总统就职之年，选举候补大总统一名，以后每届改选众议院议员，选举候补大总统一名。

候补大总统当选有效期间为十年。

第四条　任满之大总统，得无庸选举，因本人之意思表示，充次届候补大总统，但以二届为限。

第五条　候补大总统选举会称仰德会。

选举候补大总统于众议院议员选举之前一日，于各地孔子庙（无孔子庙之地以他庙充之）行之，得全国最多数票者为当选。

第六条　凡有选举众议院议员之权者，均有选举候补大总统之权，其禁止或停止其选举权者，仍依《众议院议员选举法》第五条至第九条之规定。

选举程序依众议院议员初选程序，另以细则定之。

第二章　戴德会（"戴德"二字见《宋书·高帝纪》）

第七条　候补大总统有二名以上时，于现任大总统任满前三个月，开戴德会于北京天坛，行祭天之礼，由有效候补大总统中推戴一名为次届大总统，其因辞职、疾病、死亡或其他理由缺员者，于缺员后两月内行之。

第八条　戴德会之员定额二十名，满四十岁以上之民国男子，对于政府暨政党居于独立之地位、才识优长、德望素孚者，由政府指定十名，由国会指定十名，其任期为十年，第一届大总统就职之时，即指定第一次戴德会之员。

第九条　戴德会之员为至高名誉职，受相当礼遇，被指定者当视为人民之义务（如当兵义务、传赴法庭当鉴定人之义务分不准辞者），除现任与政府或政党有关系之地位者外，不准辞退。

戴德会之员如有不副其名誉之行为，或因前项理由辞职者，即指定补缺员。

第十条　开戴德会之日为国庆日，全国人民应各依其信仰，一律祈祷得良善大总统。

第十一条　戴德会会员住居直隶省以外，或因疾病及其他事故不能亲赴戴德会者，得于中政府预先分交之投票纸，亲书推荐候补大总统姓名，缄送代理人。

凡戴德会之员不能亲自赴会时，系国会指定会员，由国会议员中指定代理人；系政府指定会员，由高级官员中指定代理人。

第十二条　戴德会开会之日，用抽签法推会员一名，或其代理人为会长，会长指挥关于祭典暨投票一切事宜。

投票用无记名法。

会长先自行投票于出席会员面前，将总会员投票拆开，候补大总统得票最多者，为大总统当选人，票数同者推年长者为当选人。

大总统当选人姓名,由戴德会会长通知政府。

第十三条　本法律为宪法之一部。

附则

第十四条　本法施行后,始行改选众议院议员之年,选举候补大总统一名,尔后每逢改选众议院议员,选举候补大总统一名,俟得候补大总统三名,方行选举第一届正式大总统。

正式大总统未选举以前,使临时大总统继续其任期。

第二届候补大总统未选举以前,如遇临时大总统缺员,则以第一届当选候补大总统补缺之;如于第二届候补大总统选举之后,第三届候补大总统选举之前,遇有临时大总统缺员,则以既选候补大总统中得票多数者补缺之。

第六章　大总统职权

一、总揽政务之权

大总统在为国家元首之地位,代表国家总揽政务,前章既论述矣。关乎其所谓政务者,兹须再行详加解释。

以三权分立之宗旨论之,国会为行国家立法权之机关,审判厅为行国家司法权之机关,而大总统为行国家执行权之机关。其所谓执行权者何也？平易解之,则所谓执行权者,实行事宜之权力之谓也。美国宪法始用"耶吉塞吉巫第夫巴瓦"字样,世常译之曰"行政权"。而行政与执行不同,行政者,另有"阿图米尼斯土烈生"字样,是系执行法律之义。美国宪法学者,将所谓执行权解释以为包含政治及行政二者,谓行政另有各部总长,在大总统所以为其职权者,专在政治之上,故又称之曰"大总统之政治权"。

(参照)维鲁比《美国宪法》(第二卷第六百七十二节)曰:"凡独立国为执行权之首长者(即大总统),其职务概由二项而成,曰政治上之职务、曰行政上之职务是也。"此二者孰重孰轻,因各国政体之异各不相同,在某国,则为执行权之首长者,其权威殆全在乎政治上;而在别国,则将国家执行权被委任者,其政治上之任务被立法权之监督深,故为执行权之首长者,其主要政务可谓在乎行政上,譬如瑞西国其一例也。

美国宪法之宗旨,殆全在乎以大总统为政治上执行权之首长,盖不容疑,即以办理不得以法律监督之政治上之事务,为大总统主要任务,其趣旨即如此也。彼如为联邦政府之行政长官,而指挥监督下级行政官,未能自始为置大总统之本旨也。

惟关乎设置外交部及军务部,则由国会决议,以其一般监督之权归之于大总统,然此二部并非寻常行政之官府,外交部系专关政治上之事务者,又军务部因大总统为美国陆海军司令长官之故,即监督之也。

一言以蔽之,美国宪法所谓执行权者,兼称政治、行政二事而言者也,而行政系属依法律所行之事务,各部总长专当其局,至政治则大总统自行之。所谓政治者,是系不准以法律规定,军事、外交属其主要者。然而将各种行政事务,计较其轻重缓急,决定大政方向,亦属大总统一大任务,自明矣。彼如美国大总统,发交教书于国会,对于紧要政务催求制定法律,亦由其政治权而起者也。至于法国宪法规定大总统职权,较诸美国宪法尤为茫洋,大总统有执行法律且监督法律之执行之权,即在《政权关系法》第三条载明,而至政治一言不及于此,只以该法律第六条,内开"国务员为政府一般政策,对于议会连带负责"等语,借悉有所谓政府者,行政治耳,而其所谓政府者,总称大总统及国务员而言,只可推求事实索知而已矣。

先进二大共和国宪法,关系政治之规定,其不完备夫如斯矣。盖因其意本于民主共和之精神,拟欲将委托国家重权于国会以外之单独机关(即非会议组织之机关者)之形迹,务必从轻之故已。

虽然于行政、司法之外,必须有称为政治之一种特别行为,征诸事实,无庸论难,于是愚谓民国宪法,莫若将此载明条文上,用便借视共和组织之真相。质而言之,须当既如前章所述,叙大总统地位后,继之加"总揽政务"四字,用昭政治系属大总统主一之职权也,以上四字,既在《临时约法》第三十条见之矣。

二、公布及执行法律之权

行政始于法律之公布,而终于其执行,大总统有此职权,无庸说明。

三、拒否法律及决议之权

拒否权,系法国革命宪法学者孟德斯鸠所提倡。一千七百九十一年革命宪法始行将此载明,而美国宪法转载之,以迄今日,以美国实验视之,众论归一,以为有益之制度。盖欲使大总统将国会既经议决之法律拒绝公布,一见似乎以执行权侵蚀立法权,而并非绝对准其拒绝,只使国会两院负复议之义务而已,如再遇两院各得三分二以上之多数可决前议,则大总统遂无繇再行拒否也。国会有时为私欲所惑,以破公平;或为感情所制,操切决议,亦未可保。故大总统操此职权,则足以使国会自反其本者也。

据布赖斯君名著《平民政治》一书视之,美国人民对于大总统拒否法律,并不抱怨,反而喜欢,其故何也? 无论国会与大总统均系人民所选举且信任者,今大总统悍然行使拒否权,而毫无忌惮,岂非大总统认真视事,绝不肯尸位素餐、旷废其职之左券耶? 人民德之不怨之,盖以此已。

例如,大总统克里布兰图第一期大总统任内,拒否法律为数甚夥,夙有前代未闻之称,而并无为此致失人望之事,反而声望愈隆,再选得充大总统。美国宪法所订拒否权,得对于法律案及其他一般决议一律用之,其条文如下:

《美国宪法》第一章第七节

凡代议院及元老院所通过之法案,于其成为法律之先,当以之提出于合众国大统领,大统领若认可之,当署名于法案。又若以为否,则添以异议书,还付于原发议之议院。受还付之议院,以异议之详细记载于议事录,且再议之。若再议之后,议员三分之二以上以该法案为可时,则与异议书共以之移于他议院,于此议院,亦再议之,其以为可者及于议员三分之二以上时,则该法案当成法律。虽然凡于如此之时,两院之表决依于可否法,又赞成者及反对者之名,各以之记载于议院之议事录。若法案提出于大统领之后十日以内(除日曜日)不还付时,则与有署名者同直成法律,但于议会休会无由还付法案时不在此限。

凡要元老院及代议院同意之命令、决议及表决(除休会问题)(命令、决议及表决云者,其间非有划然之区别,惟因于其目的事项,常异其用字已耳)者,可以之提出于大统领,受大统领之认可,始生其效力。若大统领不认可时,从关于法案所定之规则及制限,要依于元老院及代议院议员三分之二以上,更为可决。

如以法兰西宪法视之,付与大总统以法律拒否权,颇为啬刻,第使两院负复议之义务而已,《政权关系法》第七条曰:

共和国大总统,自回送确定可决之法律于政府之时起算,一月以内必公布其法律。但两院以特别之决议布告其为紧急公布之法律时,则三日以内以次公布之。共和国大总统于前项之公布期限内,得附其理由于通牒,求两院之再议。但两院不得拒其再议。

法国至前开要求复议之权,仍且未尝实际用之,其故无他,法国本采议院内阁制度,议会如将内阁反对之法律案仍然可决,则内阁即行辞职,绝无呈请大总统实行复议权之余地故也。

今为民国计,本拟不采议院内阁制,而采超然内阁组织。故如遇国会将与大总统所定政治方向大戾之法律案悍然可决,则大总统不可不有极力与之相争之权,而欲为之,则非有拒否权不可也。矧《临时约法》第二十三条认明大总统对于国会所有议决事项,一律有拒否权,岂有于今半途而废之理哉?

四、提出法律案之权

国会两院有此种权力,固不待言。而政府有之,必须另订明文,《临时约法》第三十八条既有明文,宜须袭用。法国《政权关系法》第三条曰:"共和国大总统于起案法律之权,与国会两院共有之。"

但至编制预算案提出国会之权,固宜属于政府专有者也。

五、发交教书于国会之权

大总统发交国会之照会文,称之曰教书,是为各共和国之常例,西语"美塞日"系照会文之义,"教书"系日本人之译语。教书有大总统就职之际,特为宣布其政治方向于国会用之;又有大总统辞职,或任满退职之际用之,以为告别之辞;又有特为将政务情形咨报国会用之;又有特为对于国会咨催制定关乎其事项之法律用之。以《美国宪法》第二章第三节视之,时时发交教书,用资指导国会,是系大总统之义务。

教书有大总统亲临国会宣诵之,又有委派国务员或大总统秘书代为宣诵。美国以务必梗塞大总统执行权干涉于国会立法权之途为宗旨,故大总统亲临国会宣诵教书之惯例,以自建国之初二三代大总统截止以迄今日,迨至现在大总统威尔逊再行复活,迄今一百十二年间久废不用之旧惯例,际其就职之初,亲临国会宣诵教书矣。

法国《政权关系法》第六条,以委派国务员代诵教书为规。先是第三共和政体之初,大总统齐耶尔以其威力震动议员多数党。有鉴于此,特为预行防范起见,一千八百七十三年三月十三日制定法律,如今以委派国务员代诵为规,即蹈袭之者也。

法国大总统自从其就职之日,全失在国会发言之权。

今以民国视之,其宪法上宜须设下开一条:

大总统以教书宣布其意见于国会。教书,大总统亲临国会宣诵,或使国务员代为宣诵。

大总统教书必须预行付之于国务会议,国务员对之负责任。

教书无大总统署名,又无国务员副署。

六、命令权

为执行法律或基于法律之委任,得发布命令并得使发布之权,既在《临时约法》第三十一条认明之矣,将来之宪法仍袭用之,则足耳。

关乎法律未存之事件发布命令之权,即宪法学者所谓发布独立命令之权,虽属必要,而与共和民主之宗旨拂戾太甚,属君主政体之国,犹且以设当面之规定于宪法为难,矧民国只可姑从断念耳。

然而,发布不基于法律之命令,本与以民生发达为目的之行政事业尤为须要,而此般事业,应归何人管掌为宜乎? 以愚见之,莫若将此归属各省管辖,尤为利便。至其所以然者,后章《省制大纲》项下再行详述。以是之故,此种命令不必须以大总统职权发布之也。

但美国宪法虽无明文,大总统以不侵害人民之既得权为其范围,发布各种行政命令,审判厅亦适用之,其中独立命令亦有之矣。又法国大总统,则不据宪法明文,只据惯例以独立命令支配各殖民地,至民国将来亦生如是惯例,是不可不望者也。

如遇有临时紧急之必要,特为行法律不准之非常手段发布命令之权。《临时约法》无关于此事之规定,而且其性质与共和民主之精神不惬,较诸独立命令更甚。惟以实际视之,此权亦必须有之,故美、法先进共和政体,以大总统命令权处于临时必要之法已备。今为民国计之,一面鉴于此等先进共和国所采之先例,一面考之于德国国法学者所主张之国家当然之必要。断然将关于此事之规定,特设明文于宪法上,但使之监督綦严,勿稍流于滥用之弊,是为至当。

以美国视之,《宪法》第一章第九节第二号规定:"如遇外兵侵入或叛乱之时,暂行中止人身保护律之权"。附之国会,而国会得不自行使此权,将此委任大总统行使,既有判决例具在(别嘎《美国宪法注释》第六十一页第十三号注)。且又一千八百九十年及一千八百九十三年之

《卫生法》，将重大权利委任大总统，大总统依之发布之命令，其性质几与紧急命令相伯仲焉（夫罗引图着《美国国法论》第三百零一页）。

又以法国视之，向有称为政治处分之惯例，如遇非常紧急之时，只据寻常法律无从救危，则政府以其命令权，特为故违法律之处分（例如，不据法律遮阻人民交通之自由）。事后对于国会辩白其不得已之理由，先自负违反宪法之责，而求其解除责任，此法原系效法英国之惯例者也。

德国国法学者，以谓国家是活物也，人体不免时有病患，国家岂独能得无异变哉？时处如是之日，如仍不可不依寻常之法律，为寻常之处分，则反有危殆国家之虞，亦未可料。苟使国家绝无非常之事则已矣，如未能免时有异变，则与其措之于宪法之度外而不理，莫若以宪法条文预先为之有所备也。即将以命令一时，故违寻常法律另为非常处分之权，委任于政府，但将实行此项权力之条件限制，又使国会严行监督，是为至当云云。是所以今兹综合上开种种理由，民国宪法拟设下开一条：

大总统为维持公共治安，或为捍御非常灾患，当国会闭会以后，且不及召集时，制定与法律有同一效力之命令。

前项命令不论继续执行与否，至次期国会开会时，须迅速提出于国会，求其承认，若有不承认之决议时，本命令当然归于无效。

大总统既为国家全体之代表，使之有授与荣典之权，固属事之当然。《约法》第三十九条既有明文，宜须遵照袭用可也。国家既将授与荣典之权委任大总统，自当亦将制定勋位、勋章之权，同委任之大总统也。

七、特赦、减刑、复权之权

《约法》第四十条既规定之，宜须遵照袭用可也。

八、宣告戒严之权

《约法》第三十六条载明，宜须遵照袭用可也，但"依法律宣告戒严"字样，恐有流弊，若夫如斯，则人或误会，以为仍须另行制订法律，方能宣告戒严。以愚视之，尤须遵照日本国宪法所规定者，订为戒严之要件及效力，依别法所定，是为合宜。若夫以实际言之，既有发布紧急命令之权，几于无庸宣告戒严也。

九、制定官制、官规且任免文武官之权（编制权）

大总统既有执行权，则须有将为行使此权必要之机关编制之权力，即所以制定官厅之编制且任免文武官之权也。《临时约法》第三十三条曰:"大总统得制定官制、官规。"又第三十四条曰:"大总统得任免文武官吏。"均系宜须遵照袭用者也。但任命国务员及外交大使、公使,须得国会之同意一节,宜须撤销,其理由既如前述,仍兹再述则如下:

（一）此项条件系美国宪法专为预先防范大总统随意任命便于推翻共和政体之官吏借为爪牙所设者,而关乎国务员几属有名无实,元老院未尝对于各部总长之任免挟持异议。

（二）官制、官规须得国会之同意,则与所以将执行权与立法权分离之义相戾。

（三）又与使国务员负责任之义相反。何则? 如使得国会之同意任命之国务员,有失职或违法等情事,前表同意之国会,亦不可不引咎而同负责也。

如至大总统对于国会之职权,俟他日专将国会之事论述之。机论之,缔结国际条约之权与陆海军统帅之权,其关系格外重大,故将此让于另章论之。若夫至如接受外国大使、公使之权,既系大总统代表国家全体,且有外交之权自然之结果,似乎无庸另设专条也。

十、大总统无责任

大总统旷废职守,则由国会弹劾,受大理院审判之制,《约法》第四十一条既有明文,然凡关于政治之得失,国务员负其责任,大总统不可负责任也。又关乎一般刑事上之犯罪,亦宜置之于无责任之地位,以使其保持威信,其关系重大,孰若将区区罪状纠弹之。

惟至意欲推翻共和政体叛逆大罪,固须即行纠弹,断勿稍有踌躇,因是之故,民国宪法立文如下为宜:

大总统不负政治及刑事上之责任,但大逆罪不在此限。

第七章　　共和宪法上之条约权

原译者按:有贺博士,为近时外交家之泰斗,就我国宪法顾问之聘。数月来,于宪法前途颇有发挥,而于外交上大总统与国会之权限尤三致意焉。观其言曰:"与大总统以无制限之权,则流于专制;与国会以过度之监督,则必致外交不振。"最后之定案曰:"大总统担任民国外交,但关于立法范围者,必得国会同意,始生效力。"折衷尽善,铁案莫移,准斯以推,将来裨益于民国宪法者,良非浅鲜。用特译之,以质留心时事之君子。

　　然吾于是而有感焉,夫宪法者,国家之根本法也。活动此法者,则赖有贤总统遵奉之,国会监督之,始克保有尊严。试思吾国自袁氏就任以来,届三载考绩有半之期,虽曰正式政府未成,宪法未定,然固有《临时约法》在也。《约法》不许私借外债,而袁氏重人民二千五百万磅之负担,而国会不与闻。《约法》不许擅失领土,袁氏弃外蒙数万里金穴,而莫之或恤,任人民之呼吁,不啻东风之马耳。秣马厉兵之壮举,不挞伐强敌,而开衅各省,喋血同胞,弁髦《约法》,蹂躏人权,至于此极。使袁氏而再攫正式总统也,安知其不以破坏《约法》之手段,破坏宪法乎? 庆父不去,鲁难未已,纸上空文,固不足以拘束奸雄之野心也,吁!

　　厘定共和宪法之组织最为困难者,则在乎关于军事、外交两项,订定大总统与国会之权限是也。何则? 盖此两项事务,非依据法律所能行者也。凡内国人民,皆有服从法律之义务,故关乎一般行政事务,则大总统只将其先后缓急慎重计较,而以关系法律行于人民之上足矣。至为外交目的之外国政府,及为军事目的之外敌,均无服从我国法律之义务,故以国会议定之法律临之,难矣。是以军事、外交两项事务,必将无须国会决议、临机应变、便宜行事之职权,委任之于大总统者,诚不得已也。然从一方面观之,如大总统此项职权全无制限,则不免有流于专制,致使共和政体之存立危殆之虞;而从他一方面观之,如以国会监督权制限大总统,此项职权稍有失当,又恐外交不振、兵力不张,或致启外国纷乘以危国家之祸。然则应如何筹拟,始得中庸,而能冀其达到国家之目的乎? 洵重要问题也。

　　本篇拟专在外交方面以解决此项问题焉。

　　凡外交之作用大别有三:曰谈判,曰会议,曰条约是也。

　　一、外交谈判

　　谈判,始于口头之折冲,而终于函件之受授。凡外交之惯例,不具文书而开议者,对手国自无答复之义务,其文书程序,则视事之轻重,而有正式、略式之别。外交文书最粗略者,则谓之公函,日本所谓书柬,其体式与日行文牍无异。惟英国,则无论事之轻重,只用公函,决不用其他程式,盖为其外交之特色。其较恭敬者,则谓之节略(西语"普罗土克尔",日语"口上书"),即系通牒之略式者。其最恭敬者,谓之照会(西语"诺图"),即系通牒之正式者,又译称公文。而日语所谓觉书(西语"美末澜达木")及声明书(西语"的克拉烈生")等,皆系正式通牒之变体者,视其内容而异其名称耳。节略及照会所以与公函相异者,则在常用第三人称,而不用第一人称及第二人称耳。例如,民国外交总长致日本公使公函,自称曰余或本官。如系节略,则自称曰中国政府。如系照会,则自称曰中华民国政府。而公函指公使曰阁下或贵官。如系节略,则曰日本政府。如系照会,则曰日本大皇帝陛下之政府。所谓常用第三人称者,此之谓也。照会文则署具送人之名,节略则否。

凡此等外交文书之受授,均属一种略式之条约,如下节所论述也。

二、国际会议

国际会议者,大概谈判涉于数国之时,避各国分别谈判之烦而开。有公会(西语"公克烈斯")及会议(公弗连斯)之别。公会者,概系大战争后之议决,如变更世界地图等重大事件。例如,拿破仑战争后一千八百十五年之维纳公会、克里密亚战争后一千八百五十六年之维纳公会、俄土战争后一千八百七十八年之柏林公会等是也。而此次巴尔干战争,半岛地图或将有大变动,谅亦将开公会以议决之也。至所谓通常会议者,则系专为解决国际行政上之问题,或协定国际法之原则而开。例如,版权同盟会议、万国邮便联合会议、万国电信联合会议等则属于前者;而仲裁裁判、陆战法规、海战法规、中立法规等事则属于后者也。

公会或会议将连日所会议决定者汇集一体,由各国委派全权委员签押,称之为最终决议书。最终决议书即系一种正式条约,一经批准,其效力即能确定。惟公会则或由君主亲临,或由国务总理、外交总长出席,故不待批准,一经签押,效力即为确定,按之历史,决非无其例焉。

三、略式条约及正式条约

条约有正式、略式之别。略式条约者,如甲国外交总长与驻扎该国之乙国大使、公使磋商谈判,将其结果缮就文书以备后日之证券者是也。其程式有公函、节略(略式通牒)及照会(正式通牒)三种,又有将同一通牒双方签押各存一份,谓之同文通牒。此种通牒于外交之实际迭次见之,亦系略式条约之一种。世所称某某协约者,概系此种同文通牒也。而所谓正式条约者,系结条约特派之全权委员谈判会议之结果所结者是也。此种正式条约之谈判,虽不另派全权委员,即由本国外交总长与外国驻扎本国之大使、公使交涉,亦须互具全权委任状而后从事。正式条约古来有一定之程式,各国皆据之,故识别尤易。正式条约于签押之后,尚须互换批准书,略式条约则无须批准,只将条约正文彼此受授,其效力即确定矣。

　　据以上所叙者总括而论,外交之作用虽谈判、会议及条约之三大段,而谈判之较属重大者,均以外交文书之受授,即略式条约之结为终结,会议则以正式条约之签押为终结。故关乎外交,欲定大总统与国会之权限,则其方法将略式条约及正式条约两种研究之足矣。今特开示于下:

　　关于条约正式、略式之别,首宜说明者,即其拘束国家之效力,二者毫无差异是也。以往昔视之,凡正式条约之前文,必先宣明对于天地起誓永久不渝之誓词,其后不奉基督教之土耳其及日本,先后与欧洲各国订结对等条约,此等古俗一概不用。同时国际间之道德大有进境,无须依赖天帝,所有正式条约及略式条约,均以国家之诚意为其根据,而生效力。故苟欲与欧美列强缔对等外交之国,虽系略式条约,亦与正式条约无异,不可有所违背,是今日之形势也。

　　其次不可不述者,正式、略式之别,不必与事之轻重相关涉是也。近来重要事件之用略式条约之形式者愈多。例如,现为欧洲外交中轴之英、俄、法三国协约,为极东外交骨子之日英同盟、日法协约、日俄协约、日美协约,又如关乎支那门户开放之列国间协商,其形式均系公函或通牒。或谓何以如此重要事件而订以略式条约? 则须知正式、略式之间,不但其效力毫无所异,如前所述,且(一)因略式条约无须谈判会议、委任全权及批准互换等事,其手续较为简单。(二)因正式条约如须改正,则亦不可不经郑重之手续,略式条约则无论何时本国外交总长与他国大使、公使之间以寻常谈判之手续即行更改足矣,其手续最为从容。(三)因正式条约世界多数国须遵宪法将条约全体或其一部分要求议会协赞或报告议会,略式条约则无须此举,尤便于守秘密。例如,法国宪法规定所有条约必须相机报告议会,而彼俄法同盟并未将其内容报告,只报告其成立者,盖因该同盟并非正式条约,即系年前法国大总统偕外务大臣往访俄国时所订结者,理当认为由通牒交换而成者也。

何种事件应用正式条约，何种事件应用略式条约，关于此项问题尚无可称为学术上之区别者，姑就近时外交之事实言之，大致如左：

苟在政府职权范围之内，及得以政府之责任自行订定、自行更改之外交政策、相关之国际间约款，即所谓政治条约者，则不拘事之轻重，一律用略式条约，是为近时一般的倾向。至于其事件属于立法范围，条约成立之后有制定法律以执行之必要者，则仍一律用正式条约也。

兹就上述倾向，举显著之例以证之，则莫如一千九百零八年十一月三十日之日美协商也。此协约系日、美两国约定对于中国采一定重要之外交政策，如用正式条约则不可不经美国元老院之同意，故特委婉其词交换公函，以订此约。全文如下（日文载在《最近三十年外交史》下卷六百九十八至七百页）：

日本高平大使致美国国务卿公函

敬启者：

顷日以来，阁下与本使之间，叠经面晤交换意见，借得了然日本国及美国在太平洋方面，保有由本国隔在之重要岛屿领土，而两国政府在该方面有共通之目的、政策及旨意，帝国政府确信宣明该目的、政策及旨意，不只使日本国与美国之间久存友好善邻之关系益致巩固，且借以维持大局之平和者甚大。训示本使，兹将认为上开共通之目的、政策及旨意之下开纲领呈交阁下。

一、设法奖励在太平洋两国商业自由平稳之发达，是两国所希望者也。

二、两国政府之政策，决不为何等侵略的倾向所制，以维持前开方面之现状及拥护在清国商工业之机会均等主义为目的。

三、因是两国政府确实决意在前开方面互相尊重他一方所有之领土。

四、两国政府决议依据属其权之一切平和手段，将清国之独立及领土保全，并在同帝国、列国对于商工业之机会均等主义极力支持，以保存在清国之列国共通利益。

五、如遇侵迫前述之现状维持或机会均等主义之事件发生，两国政府即当为其认为有益之措置，协同商议，互换意见。

前开纲领如与美国政府见解一致，则望阁下确认是荷。

肃此奉布，顺颂勋祺

北美合众国国务卿耶里富卢都阁下

一千九百零八年十一月三十日

在华盛顿日本帝国大使馆

日本帝国特命全权大使、男爵高平小五郎

美国国务卿致高平大使公函

敬启者：

顷日以来，本官叠次与阁下面晤交换意见，借得双方认识两国政府在太平洋方面之政策。本日辱奉贵谕，内开双方所认识之条件，敬悉一是。今特宣明双方所认识者，诚能适应于两国亲密之关系，且作成将两国政府关于极东向来迭次声明之协同政策，约述互认之机会，洵美国政府所专诚欢迎者也。

今得代表美国政府确认下开两国政府之宣言，本官何幸如之。

一、设法奖励在太平洋两国商业自由平稳之发达，是两国所希望者也。

二、两国政府之政策，决不为何等侵略的倾向所制，以维持前开方面之现状及拥护在清国商工业之机会均等主义为目的。

三、因是两国政府确实决意在前开方面互相尊重他一方所有之领土。

四、两国政府决议依据属其权内之一切平和手段，将清国之独立及领土保全，并在同帝国、列国对于商工业之机会均等主义极力支持，以保存在清国之列国共通利益。

五、如遇侵迫前述之现状维持或机会均等主义之事件发生，两国政府即当特为其认为有益之措置，协同商议，互换意见。

肃此奉布，顺颂勋祺

日本帝国特命全权大使、男爵高平小五郎阁下

一千九百零八年十一月三十日

在华盛顿国务省

北美合众国国务卿　耶里富卢都

关于政治上之订约正式条约之不便，前清时代，中、日两国间曾有一例，颇饶趣味，述之于下：

光绪二十二年五月（一千八百九十六年六月），李鸿章使俄贺俄皇

加冕，在俄都签押之《嘎熙呢条约》者，当时《北清日报》即宣传其内容，其后鉴于中俄之外交，世咸知中俄之间除业经公表之约款外，别有秘密条约，因而日本迭次要求将此密约开示，而清国始终否认。及至日俄开仗之初，清国守局外中立之态度，始自认密约之存在，将以示日本，讵外务部未将该条约正文保存，其后始觅得于某邸，其内容则系以日本为敌，纯然中俄攻守同盟也。

由是观之，盖因保存于外务部，则动辄泄漏机密，故特保存之于某邸耳，正式条约有时之不便如此。故现今欧洲各国务求不用正式条约，只交换机密文书以约定重大事件，其意无非欲便于守秘密故耳。今试将必须用正式条约得国会协赞者开列于下：

一　关于领土变更之条约。

二、关于主权制限之条约，例如，约定本国某地方不驻兵之类。

三、关于国际法原则之条约。

四、关于司法权之条约，例如，交付罪犯条约之类。

五、关于财政上之负担之条约。

六、关于通商、航海及人民经济上之利益之条约，但关于领事之条约亦在此内。

七、关于侨居外国之本国人民之人权及财产权之条约。

八、关于国际行政之条约，例如，版权同盟、邮电联合、卫生同盟等之类。

（参照）法国一千八百七十五年七月十六日《政权关系法》第八条：大总统与外国谈判及批准条约至无碍国家治安及利益时，必立即通告国会。和约、商约、拘束国家财政之约，及关于法国人民之在外国者之人权、财产权之约，均须经议会两院之可决而后确定，国土非以法律不得割弃、不得交换、不得增并。

四、正式条约之批准

正式条约所以与略式条约异者，则在必须君主或大总统之批准耳。因而以下不可不述：批准究因何故而为，并国会承认不承认，与批准之间有如何关系也。立宪诸国中批准一切条约者，只有日本、英吉利及俄罗斯而已，其他各君主国君主及共和国大总统，于一切正式条约或关乎特种事项之正式条约批准之前，均有须经国会承认之义务，而此承认则必须在签押之后、批准之前要求之。盖在未签押前,则条约并未确定,而既经批准,又绝无从取销也。

以外交惯例言之,凡条约签押后各存一份以昭信守,另缮誊本一份由君主或大总统署名、外交总长副署,缮填批准文即行互换,谓之批准交换。正式条约一经签押当即成立,世多以为须经批准后方能成立,不可不一辩其妄也。

批准者,西语谓之"拉的费嘎生",与法律裁可之裁可系同一语,是以人多谓"批准"一语,系视条约内容之适否而定取舍,其适当者批准之,不适当者不批准之,犹如法律之裁可、不裁可耳。其说不免误会,盖法律无委任全权之事,而条约有委任全权之事也。君主或大总统既授一定训令于委员,将训令范围之订结条约全权付之,则以此全权订结之条约,一经双方委员签押,自当完全成立。如签押之后仍须以君主或大总统之权能取舍之,则当初交付之全权并非全权,双方全权委员迭次谈判全归于无用,仍须君主或大总统直接谈判而后已。今日外交实际则不然,当谈判开始之时互阅全权委任状,彼此认明其所付与之权能,对于其所为目的之事件订约均属确实妥帖,互相信赖,方行交涉,此全权之所以为全权也。至谈判终局,一经签押,则条约即已成立,自是日始,即为有效。外交实际以签押之日为条约成立之日,不以批准之日为条约成立之日也。凡新条约有取销旧条约之效力,次序则常以签押年月日为标准,至批准之前后可置不问。又如称条约之名目,亦必举签押之年月日及其地址以明之,如谓某年某月某日在某地签押之条约之类是也。又外交史上条约不待批准,自签押之日即时实行者,亦不乏其例,是亦不待批准而有效力之一证也。例如,关于埃及处分问题,英、俄、奥、孛四国一千八百四十年七月十五日在伦敦签押之条约,乘法国干涉抗议以前亟欲实行,故一经签押即实行矣。又如,清国(光绪二年,一千八百七十六年)与英国订结之鸦片条约,清国并不待英国之批准而即实行。又如,一千八百九十三年四月十五日在土烈斯天签押之《万国卫生条约》,多数国在签押之日,宣言不待批准交换,即时实行。苟非条约一经签押,即当成立,乌能如斯哉! 凡条约一经签押,当即确定成立,故批准之际不得加以修正,或全行批准,或全不批准,二者不可不择其一,是外交上不可动之惯例也。问:条约一经签押即成立,则批准果何为者? 曰:君主或大

总统有时不可不有取销条约之自由,理由如下:

(一)条约逸于全权以外之时。

(二)违反训令之时。

(三)违反宪法之时。

(四)新订条约与现与他国订结之有效条约违反之时。

(五)条约中有按照宪法必须经国会同意之点而不得其同意之时。

有上述理由之一者,虽经签押仍不可无取销之之自由。因此条约中设一专条另订期限从缓实行,如至期犹未交换批准,则该条约即归无效,谓之留保批准之条款。

由是观之,所谓批准者并非裁可之义,而系不利用取销条件之义明矣。今以外交之实际观之,依据上述五项以外之理由而拒绝条约批准者,甚难。如中俄《犁瓦的亚条约》,即著名之一例也。光绪五年,清政府派崇厚于俄国,使订结伊犁撤兵条约,训以"除割弃土地而外,无论如何利益不妨交换"等语。崇厚乃以关于陆地通商之种种利益许俄,使之撤兵,已立约画押矣,及入奏,因张之洞等极力反驳,遂不允批准此项条约,又苦无所借口,乃以崇厚违反训令,赐死以谢俄国(旋因俄之劝告特免其死)。

由是观之,已经画押之条约,只因其内容不满意之故拒绝批准事属甚难,灼然可知。虽然关于宪法上订有明文,须经国会同意之事件,如不能得其同意,则借以拒绝批准当属易易耳。其不得国会同意之,政府关于效力不足,德义上之责任则有之,至于法律上则绝无何等之责任也。何以言之?盖宪法固与寻常法律异,各国彼此有应知之义务,犹如关于他国之国名、国旗及元首之名,有不可不知之义务也。

由是观之,共和国之大总统关于已经签押之条约,因国会之同意与否,尚得据之以为取舍,其条约批准权可谓较诸君主国君主反为广大也。

结论

兹将以上四段所分别说明者,综合思之,民国将来之宪法关于条约权应如何规定,此问题之判断固易易耳。

(一)《临时约法》第三十五条只有"临时大总统经参议院之同意,得宣战、媾和及缔结条约"等语。

又视国民党《宪法刍议》第六十九条"大总统经国会之同意,得宣战、媾和及缔结条约,但遇敌人侵犯领土时,得先行宣战再要求国会追认"等语,均皆一语不及外交之事。其他各国宪法类此者居多,今就前所说明者察之,凡外交之事以谈判为本,而以条约为末。而外交之绝局,虽有时归于战争,而未必尽然,故只言有宣战之权,而未言及有外交之权,则意有未尽也。要之,军事与外交两项非依据法律而行之行政事务,故将其全权归于大总统,实为共和宪法重大之要点,故此义不可不先明也。

今观现行之共和宪法,其意似乎务必使人以大总统职权视为狭隘,是以订立专条,载明大总统有外交权者寥寥无几,至近时始见其实例,即《葡萄牙宪法》第四十七条曰:

总统所管掌事件如下(前略):

戊 总理外交事务惟不得有碍国会之权,并代表本国对待外国。

(中略)

庚 有与列国订约之权。(下略)

又《俄国宪法》规定如下:

第十二条 皇帝为俄国外交之最高指导者,定外交政策之方针。

第十三条 皇帝宣战、议和及与外国缔结条约。

然则民国宪法亦宜设下之规定:

大总统担任民国外交。

(二)决定外交政策,既属大总统职权之内,则受授外交文书及缔结略式条约,同属其职权中之一作用,而无须国会之承认矣。

(三)如关于正式条约可订立下之明文:

凡条约关乎立法范围之事件者,须经国会之同意始生效力。

换语而言之,宪法条文须当如下:

第 条 大总统担任民国外交。

凡条约关乎立法范围之事件者,须经国会之同意始生效力。

第八章 共和宪法上之陆海军

建设民立共和之政体,其主一目的,在振兴国民之实业,而图其经济上之发达,固勿论已。然窃惟独以内国为标准,而图实业发达之时代既属已往,现今乃以世界为目的,而图实业发达之竞争时代。为此竞争,其尤必要者为兵力,而兵力本系不生产的物也。故国民虽审其为必要,而不愿为之设充分之准备。彼政府当轴者,对于国会提倡将海陆军逐渐扩张到相当程度之必要,竭力开导,惨淡任劳,极力辩论,舌根为枯,而后其愿仅能偿得,因以维持国力,而对于环球行其威力,是当今各国之情势也。矧共和国视兵力,直以为民主共和之公敌,如此观念先入为主,浸寻于国民脑筋之中,古来尤深,以是之故,共和国宪法上关于兵力设完全之条规,尤其为难者也。

民国论议宪法之士,大致对于兵力之事冷淡,以谓惟有将统帅权委任大总统之一条,已足矣。然非及今为陆海军,收其当收者,深虑宪政确立之后,权限局促,操纵无由,及此之时,心中焦灼,时既迟矣,后悔噬脐,亦不可及也。

世咸谓美国宪法载明“大总统为合众国陆海军,及被征募于合众国各州民兵之元帅”等语,又法国宪法载明“大总统处置兵力”等语,而至民国《临时约法》,既有“临时大总统统帅全国陆海军队”等字样,故以之移载于将来制定之正式宪法亦可矣。然关乎兵力之事,民国与美、法两国,其情事全异,历史亦不相埒,断不可以法、美为则也。为民国者,必不可取范于法、美为已足,必也机轴出于自己,特设先人未发之规定,以此为心,国家庶有豸乎?

兹先将民国关乎陆海军与先进二大共和国情事不同之所以然者,陈而论之。北美合众国,位置于西半球,与欧西列强海洋遥隔,殆无须虑及外敌之侵入也,是以美国法律准其平时仅备十万之兵,而其实数不过七八万,且因民力丰富,如遇一旦有事,立即招募义勇,购办军火、船舰,绰绰有余。

今以民国视之,既与欧亚列强及其属领地疆域相邻,必须筹办国防,至切至要,而今民力未展,碍难临时招募多数义勇兵,购办军火、船舰。又如法国,往昔夙有宣扬威武于欧洲之历史。近世普法战争之惨祸血泪未干,言念及此,全国发指,而且其疆土与三国同盟中之二国毗连相接,通国之人雄心敌忾,深悉兵不可忽。

今以民国视之,古来以文经国,近世又无足以兴奋国民敌忾之气,一旦有事,将何由而保持国家安全。为今之计,惟有于宪法上鉴于此义立订明文,使统帅权之活动绰绰有裕,文武之关系截然分明,订定制度,法良意美,以资补于实力之不足而已。

又,将所以民国与法、美共和国关乎兵事各异其历史者,略陈述之。法、美两国关于文武关系之观念,有全与民国异者。美国自从建国之功,不认所以武权独立于文权以外之理,以兵马之事仍为普通行政之一耳。至如将校士卒,关于战场勤务章程,仍归国会定之,法律不准国家设置中将以上之将官(皆须少将以下),大总统统帅权归陆海军总长行之,陆军总长必须文官,其武官则只得署理,不准任其本官(一千八百八十二年八月五日法律)。又以法国视之,拿破仑一世以来,有使军队独立于国家以外之无文宪法,大总统以其为国家文政长官之资格,统帅陆海军。每到共和国庆日举行之观兵式,上将以下穿军服,威风堂堂,骑马参列,独至大总统身穿文官大礼服,驱马车亲临其式。

今翻而观中国古来之惯例,四千年来文武两权对立而不相下,惟独元首兼具此两权于一身,以克文克武为理想,至大小臣工文武分群,文政则有台阁,武备则有帷幄。国家兵乱之后,政令出于帷幄,虽非无其例(例如前清军机处),而至兵马之号令出于台阁之例,未尝有之。然而自从清朝之季以迄今日,陆海军制度,其规模大致采之日本及德意志,将关于陆海军统帅权之事务,特置于一般行政事务之外,另设参谋本部,使之当计画之任。虽然此制本系君主国所行者,与共和政体之宪法组织不相容,如将中华民国宪法取法于法、美共和宪法而制订,则现在兵制与宪法枘凿不相容,将归废绝也。彼今之反对大总统政府者,焉得谓无窃谋乘此破坏之耶!岂可不惧且慎哉!

特为将前项所概论者,更使之明了起见,兹将日、德与法、美所以其兵制相异者,及其间民国须采之方针计画,分别下开四项说明:

(一)关于开战权之差异。

(二)关于纯粹陆海军行政事务、军政事务之差异。

(三)关于纯粹统帅事务、军令事务之差异。

(四)关于统帅、行政两属事务之差异。

兹将上开四项逐序说明。

一、关于开战权之差异

以日本宪法视之,宣战之权固专属于天皇,无须国会之同意。又以德意志宪法视之,宣战、讲和之权属于皇帝,只须得联邦会议之协赞,而联邦会议系各邦政府代表之会议,并非议会,且会议内之重权,常在孛鲁士王(即德意志皇帝)掌握之中,而因德意志帝国宰相为一联邦会议议长之故,无不言听计行者也。

然而,以美国宪法视之,开战之权不属于大总统而属于国会(第一条第八节第十一项)。又以法国《政权关系法》视之,其第九条载明大总统非预先经两院之承诺,不得宣告开战。

以上开宪法正文彼此对照,则日、德与法、美之间,似乎大有差异,而以安危之决,实系于一发之间。如开战之事,必须经国会之承诺,则一见不无不协机宜之感也。虽然备观事之实际而考求之,则足征上开差异,止在表面上见之。其实开战之事,纵令如同法、美之制度,而未至其不利不便。为民国者效法法、美亦决无忧也,其理由开陈于下:

原来开战事虽关系于陆海军,而其实不属于陆海军之职权,当属政府之职权者也。何则?政府决计对于外国绝断平和外交之关系,而移入于交战状态,此则系属外交之一作用,而外交本非军旅之事,是系政治之一端也。

是以君主国宪法,将宣战之权归于君主,并非将此归属其为大元帅之资格,而系归属其为国家元首之资格者,故国务大臣不可不将开战谕旨连带副署,用昭责任也。

任同一之理由,共和国亦以宣战为属政治上之一事件,订为须经国会之同意,固不足怪耳。此事犹如将重大条约,订为须经国会之同意,固属当然之事。且以今日开战之实际视之,纵使宪法之原则,订为须经国会之同意,方能宣战。而大总统之权力未见为此原则所限制,无论宪法有此明文,其实与宣战之权专属于大总统者不甚差异,其理由如下:

凡战争有内战,有外战。内战并非突尔发生,乱萌一动,地方纷扰,事端渐滋,范围日广,遂驯致战争者也。而其分界常不明了,屡有内国仍视为叛乱,而外国早已认为战争,持以局外中立之态度。又以国际法视之,并无内战必须宣战之专条,故戡定叛乱之权,既在大总统,则虽有宣战须经国会之同意之条款,而究无庸受何等掣肘也。大总统先以镇抚内乱之权对待之,内乱之范围随广,则用兵之规模亦随大,自然变成战争之状态,是固属大总统操权之自由,无须要求国会之同意,倘须经国会之同意,仍属易办矣。

再所述者为外战,即国际战争之事也,外战有二:一为对待外国之侵攻立于守势之时,一为我采攻势进而袭击外国之时是也。守势战争之时,自无先经国会之同意然后防战者,立即从事防战,是有用兵实权者之义务也。方此之时,事实上之必要,校诸宪法条文更为有效,故大总统即不视宪法,亦无咎也。论至此,则知必须经国会同意,止在于攻势外战之时而已,而此时且不为国会之承诺与否所羁束,其理由多矣,开列于下:

(一)国会动辄为人所激动

国会自操宣战之权,或大总统宣战须经国会之同意,盖以其事关重大,用昭慎重之意,而其实全属无用之事。何以言之?盖大总统如有意开战,则借种种事实煽动国会,尤属易易耳。夫拿破仑三世为维持自家权势,权略用事,小题大作,将法国代议院煽惑激动,遂为孛法开战之决议。

又,美国国民之一部分,为私利所动,对于国会规画运动,将古巴独立脱离西班牙,而使之附隶于美国权利之下,麦荆来大总统尚且游移不决,而国会早已决议开战矣。

又如此次,日、美两国间在加州日本人土地所有权问题,日本政府如有战意,则激动国民,令之决意开战,亦易易耳。

(二)以战斗准备之行动挑拨敌国,亦属易易耳

纵令宣战须经国会决议或同意,而至为战争之准备,即输送兵于国界以内,或行动员,或购办军火、兵舰等项,无须先经国会之同意,乃在行政权内所能决行者。故大总统如谓难得国会正式之决议或同意,则宜先为前开等项准备,然则是时为对面之外国者,亦为不误机宜起见,亟图筹办战争准备必矣。事如至此,则彼此冲突间不容发。例如,中东〔日〕失和之时,清国为筹画对于日本开战准备之手段,将兵输送朝鲜牙山,日本军舰觅而得之于半途,甲午之役衅端于兹始焉。时处如此,要求国会之决议,或其承诺,固属无须,纵有行之,全是属形式的,实际之战争不待宣战而已开始矣。维斯图烈吉博士,英国国际法之泰斗也,今年接其噩耗矣。博士尝论日准备作业之冲突一起,战争亦从兹而始,此时无须另行宣战,第二平和会议签押关于开战之条约,只定其原则而已,凡原则必有例外云云。

(三)有不依战争之名派兵于外国之法

一千八百八十一年法国对于亚非利加朱尼斯用兵之名义,在以朱

尼斯民族屡次侵迫其西邻法国殖民地内,流害深痛,特为膺惩之,即行远征,其借词用兵,即如此耳。又其后对于马达嘎斯加尔王国,亦先以膺惩远征之名,开始战端,旋求国会之同意矣。又一千八百八十四年中法战争何为起衅？今究其所以然者,则当有思过于半者,其初清国不以法国安南保护条约为然,提倡异议,赴援安南之华兵全为法兵所破,李文忠公在天津议和,将关于法国安南保护权之条约允诺画押矣。而北京政府未将此项条约批准之间,华兵在谅山与法兵肇开衅端,法国以故违条约为名,对于清国要索巨万赔款,或攻击福州造兵厂,或封锁台湾,种种要挟,以为强制手段。而当时法国内阁总理费利,对于议会之质问,复云:“窃谓开战不利于法国。故一面支持平和关系,而一面行强压手段而已。”然至于英国政府,不以衅端未肇,法国先封锁台湾为然,对于此事提出抗议,法国则无辞可答,遂正式宣布开战矣。

因是观之,或用膺惩手段,或以强制手段为名,以从战争之事用图,无须先经国会同意之,方是属抱怀侵略主义之政治家惯用之常套手段,可知耳。以前项所论述者视之,民国《临时约法》载有“大总统经参议院之同意得宣战”云云字样,而且将来之宪法仍袭用之,亦未足以为不便也已。法、美共和宪法,关于兵事足以效法者,惟属此一点耳。如至其他三点,则有决不可效法者,请兹将此开示于下。

二、关于纯粹陆海军行政事务、军政事务之差异

兹称纯粹陆海军行政事务者,即谓平时将陆海军人员材料适当合宜筹画、置备之事务也,又称之军政事务,或谓之编制事务。此项事务不可不依国家之法律及预算行之,此节则与一般行政事务无异。今将法、美共和宪法与日、德宪法之间有何差异言之。日本国陆海军之编制,不只宪法特有第十二条明文将此属于天皇之大权,得以敕令规定之而已。尚且宪法第六十七条,载明所谓既定岁出之制度,国会非经政府之同意,不得将关于陆海军之编制之经费,撙节减到上年度所定之款额以下。以是之故,如欲重新添设师团,则使国会承诺其预算决非易易,而一经设置,则第二年以后,无庸关乎筹画的款多费焦虑也已。

又就德国陆军视之,有所谓继续预算之制度。当初七年,现今改订五年,关于陆军经费要求国会之同意,是为惯例。每届续订之年,愿得国会同意之时,自当稍形困难。然一经国会同意,则该年期间,无须按年筹款,颇属晏如矣。德国每逢改订继续预算之时,设法操纵国会之多

数,能协机宜逐渐扩张其陆军,以迄今日矣。

如以法国视之,关乎陆海军预算,无有何等特别之制度,按年不可不经国会之承诺。

在美国则以法律定常备义勇兵之总额,使大总统以该总额为限,按年酌定召募兵额,而其预算准其两年继续。换言之,则一时要求国会决两年之议之谓也。法国陆军预算制度如此桎梏,而所以无不利于国家者,何也?以法国国民颇富敌忾之心,故国会年年绝无拒否同意之虞也。

又在美国,则因陆军之必要极少,兵数不多,仍不觉不便也。今观民国之情势,果何如哉?国会如果不愿协赞政府所持之政治方向,则不免将陆军预算大加撙节,使陆军行政陷于穷地,国防渐薄且弱,以致招国难之虞。果其如此,则不可不以宪法或会计法,讲究对待预防之策也。

(注)法、美两国陆海军行政,皆取法英吉利,而英吉利宪法惯例,其可忌者有一,曰无他,每年议决陆军预算,并且议决将执行惩戒律之权能附与政府之案,为借便国会监督政府,以此为使政府不得不行国会多数之意思之具是也。然而,此项惯例与重视兵力之法国国情不惬,故法国以一千八百七十二年七月二十七日之法律,制定陆军平时编制,又以一千八百七十五年三月十三日之法律,禁止将陆军预算撙节减到平时编制之需款以下。

借问民国陆军,每逢国会讨议预算,如以国费不敷为理由,借图将陆军经费任便节减,则果有何如之策?

三、关于纯粹统帅事务、军令事务之差异

兹称纯粹统帅事务者,即谓以我陆海军破坏敌之兵力,或行防御其侵袭之行动也。太平无事之日,为行此破坏或防御所准备之行为,亦在其中,是与参谋部官制所谓国防用兵一其揆矣。

以日本及德国宪法视之,君主一面为国家之元首,而他一面为陆海军之大元帅,即以一人并此两资格,绝无孰重孰轻之别也。此则因于国家与军队之关系,有深远之理由存焉,抑陆海军系以国家之人员与资财所编制,其体必不可不为属国家之一种营设,固自明矣。然至其用,即国防用兵之行动,必不可不独立于国家之外,其理由有三。其最重大者无他,凡陆海军之行动,宜须以敌国民之强力为标准,一有不合此标准,则败衄接踵,而臻以致国家危亡,以是之故,未遑并顾国民之意思。关于法律或预算国会之决议何如,而鉴于作战及其准备之必要,其当行者不可不即行之也。

如以见于国会决议国民之意思视之,则服兵之义务,务必从轻,军事费之预算,务必从减,是为至便。虽然对于当面之敌军,当为而不为,又对于将来敌我,亦不可知之,国民当备而不备,则国亡无日矣。以是之故,既以国防用兵之必要为心,未遑兼顾,见于法律预算之上,国民之意思也,而又除此重大理由之外,所以不可不使统帅事务独立于一般行政之外者有二:曰军略尚机密,不使敌知之,而后方能奏功者多矣。而至国家事务附之绝对秘密难矣,以是之故,国防用兵之事不可不便之,独立于国家以外,是其一也;又曰普通行政事务,只能对于一般人民附之秘密,万不能对于国会秘密之,而国会议员对于作战上或国防上须守秘密之事务与否,无辨别之能力,故将国防用兵事务置之于国会监督之下,则于制胜之道大有窒碍,而且文武异途,因而其精神亦异,故各分畛域,彼此不敢相侵,是于双方发展之道,犹为尤要,是其二也。

以前叙种种理由视之,使国防用兵之事务,独立于国家一般行政以外之必要,既明矣。然而,宪法既将君主之权力拘束,不准其只将统帅事务逸出于法律及预算之外,亦明矣。如果准其逸出于法律及预算之外,则不可谓之立宪政体,于是特为一面完全统帅权之独立,而一面勿违法律预算起见,使同一人兼充双方之首长,是为日本及德国统帅权之原则。惟其法、美两国共和政体不认统帅权之独立,使为国家行政最上官吏之大总统,以其为大总统之资格统帅陆海军,是并非使国家之长与军队之长并立者,即系使国家之元首指挥陆海军之行动者也。如借民国古文之语言之,是使武权服从于文权者也。今将此关系显于事实者解述如下:

在日本及德国,君主为行使统帅权,立其计画所设之参谋本部直隶于君主,与国务大臣全分立矣。在德国,则以各邦陆军组织帝国陆军,故陆军省在各邦而不在帝国,参谋本部在帝国而不在各邦。在日本,亦参谋本部与陆军省全分立矣。然而法、美,则大总统统帅权由陆军大臣行。其陆军大臣,在法国,则以军人充之之时盖希矣,大致以文官充之。如美国兵单,至迩年无参谋本部之设,美西战争以后,以一千九百零三年二月十四日之法律,始将参谋将校团设置于陆军省内部,充为陆军大臣之咨询机关,运筹国防用兵之计画及命令。参谋将校团以将校四十五名组织之。

如在法国,则将陆军省内部两分为军政部及参谋部,而在其参谋部运筹国防用兵之计画及命令,盖法国古来关于统帅权之独立,有无文之原则。故参谋本部纵令从属陆军省内,而双方之上,有高等军事会议。陆军总长身为文官,如遇有战术上之问题,则不得不遵此会议之意见也。

日本及德国之国务大臣,对于君主之统制命令不负责任,美国各部总长原无责任之事,而法国陆海军大臣,关于大总统之统帅命令亦负责任,固勿论也。

参谋本部独立于陆军省与否,则大总统之统帅权独立于国务员与否之所以由而分者也。而国务员原系受国会之监督者,故参谋本部如在陆军省内,则非大总统之统帅事务仍受国会之监督者而何焉?

今以民国现行制度视之,参谋本部直隶于大总统,关于国防用兵一切计划及命令,呈请大总统之认可后,分别咨行陆海军部办理,是日本之制度也。以日本《参谋本部条例》视之,"立国防用兵之计划,上奏裁可之后,移之陆海军大臣"等语,内有"移"之一字,其义尤深矣。何以言之? 参谋本部独立于陆海军省矣,然统帅上之命令,倘遇违反法律预算,则其责任陆海军大臣不可不负之,故行移牒陆海军大臣知之之意也,是从责任之关系而来者,原系日本固有之制度。未审民国亦由同一之理由,而采此制耶否耶?

四、关于统帅、行政两属事务之差异

凡陆海军之事,不关于战机军略之秘密,而涉于国防用兵之计画者几希。故一面依法律预算所行之军政事务,而他一面为统制事务者,十中居八九之多,例如,筑造要塞,其建筑工事行政事务,然相其位置,而为其内部之设计,反系统帅事务。又如,陆海军之人事,即授任务于将校之事,亦以官俸关系言之,则系统帅事务,故如以此种事务,皆为军政事务,由国务员行之。则致大总统之统帅权,大部分受国家之监督,于强大陆海军之战斗能力,保护其机密,文治以外另养军人之独立精神,有种种不利之处。要之,前述宪法上之困难,职在乎两属事务之上。

夫将统帅权与行政权之关系适当整理之事,以君主国之宪法视之,仍属极困难之事,现在俄国判定宪法之后,为此酿成绝大风潮。又在日本，亦最近激成一大波澜，由本月（二年六月）十三日发表之行政整理，关于动员计画（整旅计画）之所管有所变更，以是之故，如在共和宪法，则其困难尤其大，是不可不察者也。

今先将日、德之制度与法、美之制度比较，则如下。

日本制度之要点，须分之为下开三项而观：

（一）宪法订以军政为非法律事务

日本宪法，除其第十一条载明统帅权属于天皇之外，另置第十二条订明定陆海军编制及常备兵额之事属于天皇之大权，其目的不独如前所叙，预行防范国会由财政上缩小军备，又且预行防范军政事务及两属事务入于法律范围之内。夫若纯然军政事务，将此订成法律，则未必不可。然至两属事务，是系一面与军机战略之秘密、国防用兵之计画有密接关系，故以之为法律，则不可不将国防用兵之计画开示之于国会，既将此开示国会，即与将此公开全球一样，为维持陆海军之效力计，诚不可有者也。

（二）陆海军大臣必将军人任之

所谓两属事务者，一面即系行政事务，陆海军总长以为国务员之资格，不可不负其责任。陆海军总长，如非有自行监督两属事务，倘遇有违戾大政之方向，或超过预算，或违反法律等情事，即行抵制之权力，则不得负其责任，固勿论已。故两属事务虽系关于战机军略之秘密，如何深厚者，必须经陆海军总长之承诺，如使陆海军总长为常人，则须秘密与否无辨别之能力，其结果甚可虑也。如日本，迨最近时止订明陆海军大臣必以现役大中将任之，则以此而已。而本月（二年六月）十三日改正此制，订明续后备大中将亦能充为陆海军大臣。对于此项更正，在陆海军部内大有反对，其故何也？凡军人在现役之间，立于严重纪律之下，虽不得关系于政治，而一入于续后备，则有身出入于政治界，充为国会议员之自由，严守军机秘密之义务亦随之减退，其故如此而已。

（三）参谋总长与陆海军大臣之间立订协议制度

所谓两属事务者，一面系陆海军大臣所管掌之行政事务，一面系参谋本部所计画之统帅事务。故参谋总长与陆军大臣或海军大臣之间，协议一致，再行联衔，上奏天皇裁可之后，再执行之，是系日本制度之特色也。

且有平日参谋本部与陆海军之间，预先订定两属事务之分担，然其系何项事属秘密,未尝发表。如据本月(二年六月)十三日发表之《行政整理大纲》,稍有变更,寺内伯充当陆军大臣之时,属于陆军省之动员计画(整旅计画)。今兹复归参谋本部矣,是系对于陆军大臣,亦得以续备后备之将官任之之交换条件也。

海军军令部与海军大臣之间所有之分担规程,虽未见公布,然在海军部内,此事既非秘密,今观民国《法令全书》(民国二年期)所载"海军部参谋本部连带职掌",似乎将此为则。今兹细述协议手续,例如,属陆军省事务,则归陆军省计画拟订,先将陆军省将校与参谋本部部员之间,预行协议了结之后,由拟案之大臣上奏天皇,天皇大概咨询军事参议院裁可,交该大臣执行。如系属参谋本部之事务,则由参谋本部计画拟订,与陆军省先行预备协议,再行正式协议,参谋总长与陆军大臣联衔,上奏裁可之后,再交参谋总长执行。

如以德意志帝国之制度视之,依据帝国宪法及帝国陆军法,将陆军一切事务,或属于纯粹行政事务,或属于纯粹统帅事务,分别清楚,其间不容两属事务在,是德意志帝国成立历史之结果也。如前项叙述,无所谓德意志帝国陆军,惟将属各邦(以孛鲁西、巴威伦、瓦敦堡、索撒四王国为其主要者)之陆军联合以为帝国陆军而已,而陆军行政属于各邦事务,惟独巴威伦王只准平时有指挥自国陆军之权,战时则不可不移其指挥权于皇帝。其他三王无论平时战时,均无指挥自国陆军之权,其指挥权(统帅权)系德国皇帝所独有者,是以势自不得不将行政事务与统帅事务,截然分于帝国与各邦之间,是所以上开两分制度由而起也。释而言之,依照帝国宪法第六十三条及第六十四条,凡将各邦军团之最上司令官、指挥二邦以上军队之司令官,及城塞司令官任命之权,并且检阅团队配置动员(整旅)等项,均属皇帝之统帅权(德意志称之曰最高号令权)。又有一千八百七十四年五月二日之帝国陆军法,依据其第六条,所有以敏速动员为目的之事务(出师准备),归之于皇帝之统帅权。因是观之,其性质应须依据法律及预算行之之行政事务,德国仍以宪法法律之明文,故意牵强归之于统帅事务矣。

(参照)俄国宪法出于日本宪法之后,效法日本者居多,即关于陆海军之行政事务,特为宏张皇帝统帅权之范围,取法于日本宪法第十一条及第十二条,再行敷衍之规定如下:

皇帝为俄国海陆军之大元帅,统率海陆军队,定海陆军之编制,发关于军队之移动、聚集、教练、勤务及其他关于俄国兵力国防之敕令、命令。皇帝以高等行政之手续，在要塞地带并海陆军之根据地加制限于不动产之获得。

再为预行防范国会以预算决议之权，抵制关于陆海行政事务统帅权之自由起见，设下开一条：

关于军人之战地、勤务、技术及经理之规程，并对于陆海军官衙及官吏之命令及训令，均须上奏皇帝。而此项规程、命令、训令，只关于陆海军，不关于一般法律。又不另须国家开支款项，或关于此事所需之款，能足以陆海军预算之剩款开支之时，一经陆军会议及海军会议后，即行上奏皇帝。然若该需款碍难以剩款开支，则以法定手续得国会对于该需款之同意，然后方行上奏。

一千九百零九年俄国海军省，拟欲新设海军参谋本部备案，要求国会对于所需款之同意，于是众议院不将需款全体可决，即将随同预算案海军参谋本部编制之细目逐条可决。而定陆海军官衙之编制之事，原属皇帝之大权，由是之故，以此决议为无效之议起，政府与国会之间有绝大风潮。其后皇帝本于国务员之上奏，一千九百零九年八月二十四日下裁决，曰：凡关于海陆军官厅、官吏之规程，无关系于一般法律者，宜须其草案经海军会议、陆军会议后，直行奏请裁可。一经裁可，既而为一种预算，国会无动之权。约而言之，关于海陆军编制之预算，皇帝有先于国会钦定之权之谓也。

如以法、美两共和国视之，不另为两属事务立何等特别制度，将其全部作为行政事务，使陆军总长管掌之，即所以陆海军总长在其部内特置军事专门之参谋机关，对之咨询而已。

结论

凡两属陆海军行政权及统帅权之事务，如非在宪法上为之另设特别制度，则统帅权之自由活动，为国会由法律及预算所抵制。不但如此，且并有害于军机战略之秘密，视前所叙者可知矣，未审民国陆海军对之果有如何之策。

若有人问鄙人曰："今为将统帅权之独立更愈完全保护起见，宪法制定之际，果采何等制度，方为合宜？"鄙人则复云："须先设置军防会议。"质而言之，政府与国会及陆海军之间，设一会议，作为宪法上之机关，以各国务员、高级陆海军人（陆海军大臣、参谋总长及专任军防会议员）及国会选出委员组织之。凡关于两属事务及其经费，一经该会议之决议者，如同属于日本宪法第十二条范围之事务，一般不准国会以法律或预算变更之是也。

以民国视之，附与大总统以日本宪法第十二条一般之职权，固属困难，然如以两属事务尽数为国会所容喙，则大总统统帅权之大部分必受抵制，以致民国陆军势甚脆弱。以是之故，今拟特置军防会议，作为日本宪法第十二条规定之效用，似为共和政体最合宜之组织。迩年英国陆军特设帝国国防会议，然属有名无实，无甚效用。法国及奥国之高等军事会议，现仍不使国务员及国会议员参与，然以势计之，使之参与此会议，为使国会服从其决议起见，谅亦不可已之势也。如能由国会两院预算委员中互选委员，则为更妙。以愚视之，宪法置下开两条为宜：

第　条　大总统统帅民国陆海军。

第　条　陆海军行政事务与大总统统帅权相交涉者，及其经费经军防会议之议决定之，军防会议以陆海军干部将官、各国务员及国会选出之委员组织之。

窃谓将来中东〔日〕两国军队，难保无共同作战之必要，及至其时，两国兵制如有著大差异，则虑诸多不便，今特提出此问题，用资编订宪法草案者之参考云尔。

第九章　省制大纲

国家行政事务可别为五。军事、外交、财政等项，所以强固国家自体者，须归于中央政府管理，不可属之地方官厅管理。司法事务须通国划一方能秉公平断，亦不可委之各地方便宜行之。又，交通事务亦须通筹全国，酌定计画。此五项事务，勿论其行政组织属何种，皆必归中央政府直接管辖者也。若夫所以筹画人民身体上、精神上及财产上之发达，各行政事务，如民治、农林、商工、教育等项，宜因各地方情况何如而定其计画，无庸以全国政治方向一律统括，将此归为地方行政官厅事务实为合宜，此种区别，于民国决定行政机关之编制最有关系者也。

窃以民国现状观之，中央政府非强固有力，则国势不振，动辄启外国轻侮之渐,虽然如拟将一切行政事务均归中央政府直接管辖,则地方民生之发达亦必因而迟滞。何则? 国家全体所施之行政事务,因其轻重缓急,须有一定方针(即政治方向),至地方行政事务亦然,亦须有一定方针方为至当。惟国家政治方向与地方政治方向未必一致,如以国家全体政治方向一律管束地方政治,其地方必致不能充分发达。比喻言之,如有一地方因其情况视之,以普及教育为其急务,然而国家如以强兵为方向,不欲多致力于教育事宜,则以国家政治方向加于地方行政之上,即有害于地方之发达也。

且既设立共和政体,不可不使全国有才识知能之人,熟习代议政治之运用,然如以国会为其习练之处,则恐操刀伤手,且虑危险及于国家,故莫若以地方议会为之习练之处也。

莫若将中央政府组织分为两部,以军事、外交、财政、司法、交通等项,为大总统直辖行政事务,使北京所设中央各部行之,定其方向,采用超然内阁主义,此为大总统共和政体之组织。至于民治、农林、商工、教育、地方交通等项事务,地方所设中央政府管辖为之,于其地方采用议院内阁组织,是为最合宜之法也。

如采此组织,则各省行政官厅负第二重性质。质而言之,就北京政府所行大总统直辖事务而言,则各行省之资格,系从中央集权分出之地方行政厅。然就为民生发达施设之事务而言,则各行省之资格,为地方所在之中央政府。是以各省长官系国务员,各省议会系国会分派,各省长官驻于地方所在之中央政府,代表大总统,由省议会就其多数党举用人材以组织省内阁,施行行省政治,恰如英国自治殖民地总督之制焉,此组织之大体也。

此项组织,并非中央集权之制,亦非地方分权之体,纯系第三种特别制度,不可不察也。

今将此区别略加解说:

(一)各地方所属各项事务,中央政府亦依国家所定法律管辖之,使中央派往地方行政官,仍据中央政府所定方向行之,是为中央集权。如以此组织论,各地方官并无将其所属地方各项事务自行决定之权,仅有特为执行国家法律命令,而便宜酌定其手续之权而已。

(二)凡属地方行政事务,各依各地方所制定之法律,使其地方长官所任命之官员行之,是为地方分权。如以此组织论,中央政府之政治方向,不施及于地方,各地方按照其地情况,如何将其行政事务前后缓计较合宜,另行核夺方向,按照施行,所谓地方政治是也。

(三)然则所谓第三种组织,其所以与地方分权相异者,何哉？以地方分权视之,中央大政府之政治方向,与地方小政府之政治方向,二者之间并无一定关系。而今以第三种组织视之,有互相影响之亲密关系,所谓与地方分权相异者,即在于此。如求纯然地方分权之实例,则于英国坎拿大自治殖民地政府见之,驻坎拿大总督代表英国国王,裁可坎拿大法律且公布之,仍无不裁可权。如遇一内阁为坎拿大议会之多数推覆,另行探出得多数赞成者,令之组织,下次内阁是为坎拿大总督唯一之政务。

近年组织之英国澳州自治殖民地总督,以及同国南斐州自治殖民地总督,对于殖民地议会议决之法律拒否之权较大,虽然要非以国务员资格责成代表本国利益于殖民地者,故以是等殖民地为英国领土,几于有名无实,如以实际论之,可谓全然独立者矣。

兹所拟省制组织则不然。各省行政长官以国务员资格,列于大总统直辖之内阁,当然得主张本省利益,以影响于大政府政治方向之上,而且置身于以定地方政治之方向为其职守之议院内阁之上,遵照大政府之政治方向监督之,故得以国家全体之利益影响于地方政治之上。此项关系于维持国家全体预算,与各省预算之权衡,最为重要者也。

所谓第三组织,于外国之历史非无先例。奥大利各地方,其历史、言语、风俗均不同,故宪法未定以前,在维纳政府内专为各地方分别设立内阁矣,至今奥大利各地方所谓总督(原语"斯达图哈尔的尔"),仍与寻常属于中央集权之地方官不同:

(一)该总督在该地方一切典礼代表皇帝。

(二)对于地方议会代表中央政府。

(三)地方议会行使国家立法权,其所议决之关于地方法律,由皇帝裁可之,由大政府国务员副署之,惟不使地方总督直列于大政府国务员中,与兹所拟者不同,仅有此一点耳。而使地方总督直入于大政府国务员之列,而使之负责任之制度,则先例甚多,举例于下:

英国年来为爱兰特设国务大臣,以爱兰总督或其书记官长充之,以内阁一员资格管理爱兰行政。德意志帝国曾割取法朗西之亚尔塞斯罗冷,当初作为帝国直辖地方,使帝国宰相管掌,关于此地行政事务,现今以一千八百七十九年之宪法附属法,专为亚尔塞斯罗冷特设总督府,总督代表皇帝,使其秘书长以国务大臣资格,负其责任,总理二州行政。

如上所云,以总督列于国务员,是从宪法上责任之关系而生者也。如不然,则不可不须使中央政府一国务员对于行省政治负其责任,然则行省政治方向,未免为国家政治方向所压倒,于地方发达极为不利。但有一节,纵使总督为国务员,不必使之驻在京师,但来往地方与京师之间,或常川驻在该地方,具函电与大政府互相交通,未尝不可也。

今如纯以国法学专家之见识视之,中国各省之起源,并非中央集权之地方厅,亦非地方分权之地方厅,全系与所谓第三组织若合符节者也。元来“省”字系指中央政府官厅而称之名目。唐朝夙有门下省、黄门省、中书省(后改为紫微省)等之目,又如日本现仍以中央官厅名曰“省”,始于《太宝令》,而《太宝令》乃系效法唐《永徽令》而编纂者也。中国内地划成省份,以元朝为其权舆,按《元史》省之发端,盖本于范文虎建议,《世祖纪》曰:

范文虎言:台懿东京等处,人心未安,宜立省以抚绥之,诏立辽阳等处行尚书省。

又《元史・地理志》曰:

立中书省一,行中书省十有一,曰:岭北、辽阳、河南、陕西、四川、甘肃、云南、江浙、江西、湖广、征东。

因是观之,行省本系政治之枢轴,中书省之行辕,绝非寻常地方官厅所可相提并论者也。故今拟以行省视为地方所在中央政府,使其长官列于国务员,鉴之于中国历史,并非无据之事也。

且就前清及现今中央与地方之关系视之,各省实为地方所在中央政府,并非普通地方厅,其实据历如指掌,开列于下:

(一)前清时代总督上奏权

各省总督关于地方政务,对于皇上专折封奏之事,盖亦以其为中书省、尚书省之行辕而生之惯例也。按元中书省中书令二人,正二品,掌佐天子执大政,即知出差于地方之中书省(即行省)长官,亦同佐天子执大政明矣。若使之为普通地方官,分应先行呈请中央政府大臣,由大臣代奏以为格式,而视其实际不然,径由总督专折具奏皇帝,将原折交内阁军机处议奏,此则实据之一也。

(二)现在之惯例

现在地方行政官厅组织,令以中央集权为主义,征诸《各部官制通则》第五条已明然,因使都督兼行政长官,故都督关于地方政务直接电禀大总统之惯例,仍未废止,亦为元朝以来之惯例遗在今日,实据之一也。

结论

今如采用上所述之第三组织,则各省行政官厅组织大致应如下:

(一)各地方置一总督府,惟不必各省置一总督府,按照前朝之惯例合二三省以为一总督管辖之区亦可。

(二)总督列于国务员,或亲自晋京,或用函电参与国务员会议,而关乎责任关系,不必须与大政府国务员一齐进退,惟遇大政府国务员辞职之原因,关于本省所生事由,乃行联带辞职。如有碍难,使总督亲自充当国务员,则使其秘书长列于国务员亦可。

(三)总督对于本省代表大总统主裁一切国家典礼。

(四)总督对于本省代大总统行陆海军统率权,但或使别人行之亦可。

(五)总督对于本省依据国家法律命令执行大总统直辖之行政事务,即军事、外交、财政、交通、司法行政是也。

(六)教育、卫生、农林等项,订为行省行政事务,总督在大总统监督之下,由省议会组织议院内阁所定方向行之,是为省政治。省内阁员称之政务员,以下开数司司长组织之:民政司长,农林司长,商工司长,教育司长,地方交通司长,主计司长。

上开司长中使其一人,充总务处长兼司省内阁总理之职,总督命令总理组织内阁,如议院内阁之国之故事。

(七)虽系行省行政事务,其一部分既属国家事务者,则使大政府一总长兼之,例如民政司长,虽管警察、卫生、户籍等项事务,而至全国户籍事务,归中央财政总长兼管,政治警察事务归陆军总长兼管,又如大学教育事宜亦可归财政总长兼管。

(八)大总统直辖之行政事务,在地方执行之机关即为总督。故前清藩、臬两司及道台等所行事务,可由今日总督部下之高等官,即现行官制所设科长行之。

(九)总督将地方条例认可且公布之,既有认可之权,则不认可之权固勿论已。其中应须分别有径自认可者,或暂行中止公布施行,先转致北京国务院审议,然后认可者。

(十)总督为执行省条例或由其委任发布省命令。

(十一)总督编纂省预算交省议会议决。

(十二)特为国家行政事务与地方行政事务彼此之间,维持适当合宜之关系,于总督府置行政咨问会,称之省参事会。以总督充为议长,以各司长、各科长、由大总统指名之专任参事官,及由省议会互选之专任参事官组织之,加之以总督指名之陆军代表者,及高等审判厅厅长、高等检察厅检察长审议下开各件:

1. 省预算案;

2. 省预算外支出案;

3. 本省借款;

4. 本省交通事务之计画;

5. 省法律案;

6. 省命令案;

7. 由省议会委任省参事会事宜;

8. 由国务总理、各部总长要求咨询省参事会事宜。

如欲依据前开规模以立省制,则须先于宪法置下开一章,而另行制定行省组织法,其具体案如下:

　　第　章　省制

　　第一条　凡关乎内地人民厚生之行政事务,即户籍、教育、卫生、农工商,及其他所有之生业,以及地方财政、交通等项,以行省为中央政厅。

　　凡关乎国家全体大总统直辖之行政事务,以行省为地方厅。

　　第二条　前条第一项所开事务,延及国家全体者,使国务总理或各部总长中,对于该事务关系最深者兼辖之。

　　(说明)例如,警察事务,虽属行省所管辖者,而因政治警察关系于全国之故,归陆军总长兼辖之。又如,全国户籍事务,因为中央大政府不置内务总长,归财政总长兼辖之。

　　第三条　总督入则列国务员,辅佐大总统政务,出则代表大总统,总理本省政务。

　　第四条　总督为大总统统帅陆海军之机关,统辖本省军务。

　　(说明)行省政务、军务不必须使同一人管辖之,由大总统另将统辖军务之权委任总督以外之人亦可。

第五条　省议会行使关乎本省之国家立法权。

省议会组织权限,另以法律定之。

第六条　总督宣告省议会开会及闭会。

第七条　大总统得命省议会停会及解散,但停会以十日为限,同会期内不得逾两次。

大总统命省议会解散时,须在六个月内召集之。

第八条　总督代大总统将省法律公布执行。

省法律不得与国家法律抵触,前此公布之省法律,如与其后公布之国家法律互相抵触时,省法律所订之相当条款即失其效力。

不得以大总统命令变更省法律。

第九条　总督如认省法律为与国家利益不相容时,得拒绝公布或经大总统允准后再公布之。

第十条　总督为执行省法律,或由其委任发布省命令。

第十一条　省政厅置分司,分掌总督行政事务。

第十二条　以各司长为政务员。

政务员关于本省政务辅助总督,所有总督所发公文,均由政务员副署,对于省议会负责任。

总督得依省议会之赞同任命司长。

第十三条　省法律之发议权,由总督及省议会共同行使之。

第十四条　省预算案及省预算外支出案,由总督提出于省议会。

行省组织法案

第一条　总督驻总督府,对于本省代表大总统。

第二条　总督在自己主管行政事务,受大总统监督。依据法律命令,以及省法律总理本省政务。

(说明)单称法律命令,系对于国家全体法律命令而言,后皆仿此。大总统关于各个行政事务无有分别指令总督或指示以遵循之条件,只以大体政治方针示谕总督,或匡正总督所取之方针耳。此条所谓政务,除施行法律命令之事外,并将考究各种行政事务之轻重缓急,而决定全体方针之要务一包在内。日本现在朝鲜总督府官制、台湾总督府官制、关东都督府官制,均用此项字样,借便与一般地方官职权相区别也。

第三条　凡在大总统直辖之行政事务,总督受国务总理暨各部总长之指挥监督施行法律命令,管理本省行政事务。

(说明)指挥为发指令、训令之意。凡关乎大总统直辖行政事务,在国务会议定其方向,故不称为政务,而谓为行政事务。

现行《地方行政官厅组织法》第二条所载,委任制度窃所不取,盖凡关乎此项事务,多宜采用绝对中央集权主义,宜用命令,断不宜委任也。

第四条　总督关于前条所载行政事务施行法律命令,得发布省规则。

第五条　为执行第二条所开事务,总督府设政务处及下列各司:

1. 民政司;

2. 教育司;

3. 农林司;

4. 商工司;

5. 主计司;

6. 省交通司。

第六条　民政司长兼政务处长为政务员首领,承总督命保持本省政务之统一。

第七条　政务处长对于各司长之命令或处分,认为与本省政务之统一有窒碍时,得中止之,取决于政务会议。

第八条　凡关乎省法律、省命令,及其他本省政务一切公文,在关系各司全体者,政务员全体副署;在关系一司或数司者,政务处长及该司长会同副署。

(说明)至省规则与政治上之责任无涉,无须副署。

第九条　为执行第三条所载事务,在总督府设总务处,总务处内置下开各科:

1. 军务科;

2. 交涉科(外交科);

3. 财务科;

4. 司法科;

5. 交通科。

总务处长一人统理总督府属于地方官厅资格之行政事务。

各科置科长一名、科员数名,以为总督依据法律、命令管理本省行政事务之机关。

第十条　为使第二条所载事务与第三条所载事务之间,维持适当合宜之关系,于总督府置省参事会,以下列各员组织之:

1. 总督;

2. 本省高等审判厅厅长;

3. 本省高等检察厅检察长;

4. 本省陆军代表官一名;

5. 各司长;

6. 各科长;

7. 专任参事官八名至十二名。

总督自为省参事会议长。

陆军代表官由总督于本省在职将校中指命之。

专任参事官半数由大总统简任,半数由省议会推荐,大总统简任之。

专任参事官任期三年。

第十一条　国务总理、各部总长认为必要时,得委派官员出席省参事会陈述意见,但不入表决之列。

第十二条　省参事会应总督之咨询,审议下列事件:

1. 省预算案;

2. 省预算外支出案;

3. 本省借款;

4. 本省交通事务之计画;

5. 省法律案;

6. 省命令案;

7. 由省议会委任省参事会事宜;

8. 由国务总理、各部总长要求咨询省参事会事宜。

第十三条　省参事会规则,以大总统命令定之。

第十四条　总务处长由总督呈请简任,科长由总督荐请任命,其他科员由总督委任。

第十五条　总督有事故时,由总务处长临时代理政务。处长有事故时,总督由各司长中指名临时代理。

第十章　任命国务总理必须众议院同意之可否论

第一节　问题之要点

　　窃观此次两院选出之宪法起草委员，连日会于天坛所议定之民国宪法大纲，颇能得各共和国宪法之精髓，轻重合宜，繁简适中，殆无间然，可谓共和宪法中之白眉。余初以起草委员人数过多，当恐议论庞杂，虽有归宿，乃征之实际竟无此弊。委员诸君皆能不拘党见，以定民国千年大计为目的，和衷共济，盖此重任诚足令人倾佩，不禁为民国获此宪法大纲称庆焉。曩者鄙人曾著《观奕闲评》九章，以就质于诸大君子之前，今复不揣疏陋，草此一编，以重烦民国贤士之一顾者，实欲于此完璧更加一层光彩，借以答民国招聘之盛意而已，用心岂有他哉！

　　宪法全篇犹人之身体，其骨肉皮爪为机械的部分者，人人千篇一律，无甚殊异，惟其主宰全身之脑髓之组织，则人各不同，而人之贤愚强弱，亦即由是。而分就宪法观之，如领土之列记也，人权之保证也，司法之独立也，预算决算之制度也，不过宪法之骨肉皮爪，各国宪法皆大同小异，其优劣所由分者，惟在责任制度。盖责任制度乃使其全体之立宪国家活动之脑髓，为全篇精神之所寄。宪法起草最困难之问题亦即在此。如何圆满其精神之活动，此次民国制定宪法，其最宜注意者，即在责任制度。彼宪法之骨肉皮爪，纵令如何完备，苟于此精神之活动有所障碍，则终不能谓为完全之宪法也。

　　立宪政体最初起于英国，由美之独立立法之革命，更经德奥之立宪君主制渐次发展，以至于今日，由今日以上稽其次序，觉其所谓骨肉皮爪者，凤已成熟。新制定宪法之国，但模仿之已足，几无别出机轴之余地。至于责任制度则不然，即老成如英、法，其责任制度今亦尚在发达之中途，而缘是而生之政界波澜亦未全然静止。中华民国宪法一旦告成，实为地球上最老大国之宪法，大足招一般世界之注意，而精通宪法法理之士，第一着即注目其关于责任所采之制度。故使责任制度而有所误谬，则其关于民国宪法之威信者,实非细故也。

何为责任? 应之曰:此在君主国,则辅弼君主之政治家;在民主国,则赞襄大总统之政治家之极,微妙之政治道德心之激发而已。无论宪章如何美善,法律如何精良,徒恃此以行政治。则甚难国家政治,其结局终不能不赖一人之灵智也,申言之,即立于政治要路之一人。以一身任天下之重,慨然为国家而起,以行其自信,为最利于国家之良政治。万一不幸未睹良好之结果,则即奉身以退,复为他人开行其所信,为最良政治之途。如是者,谓之责任。一国之内,惟依政治上自己良心所指示以为进退,毫不顾一身荣辱之元老的伟大政治家,立于要路,以行政治之时,庶几人民得生活于良好政治之下,否则国民之利益,或将为一政治家,或一政党所牺牲。此责任制度之所以不可忽也,若然则宪法究取若何制度,而后责任上政治道德感觉最敏锐之人,始获常立要路。如操左券而不爽,诚制定宪法至重且巨之问题,而又其宪法优劣之所由分也。

第二节　《临时约法》第三十四条及天坛议定 宪法大纲中之一项

为行政首长之元首(君主又大总统),与辅弼赞襄之之国务员合之曰政府。夫监督政府,使之能尽其责任,本为国会之事业,盖国会乃直接代表因政治得失而蒙其利害之人民者也。欲使国会能尽监督政府之任务,则于政府与国会间势力之关系,不可不适当调节之,此责任制度之根本也。现观天坛议定之宪法大纲,所以定国会与政府之关系者,不一而足。而其中最当研究者,则为任命国务总理,必须众议院同意之一项。此制本发源于《临时约法》第三十四条,而《临时约法》第三十四条又滥觞于美国宪法第二条第二节之第二款,考美国宪法第二条第二节之第二款,既载明大使、公使、领事、大理院法官及其他一切官吏之任命,须得元老院之同意,则各部总长之任命,当然赅括其中,然美国各部总长仅为供大总统使役之,事务官非负责任而行政治之,国务员故与《临时约法》第三十四条外,形虽颇相似而实体则全然不同。夫既为事务官,则所以使役,此事务官之大总统,当然有择人之自由,此又势所必至。故美国宪法自施行以来,以至今日,元老院对于各部总长之任命,拒而不与同意者,事实上殆绝无之。今民国《临时约法》第三十四条及此次天坛议决之一项,则不然是。盖对于大总统任命某人为国务员,使之负政治上之责任,而以同意为必要者,故与为宪法之脑髓精神之责任制度,有密切之关系焉。

凡在采合议内阁制之共和国,各部总长必先立其所担任一科行政之计画于其职权,与其经费,所许之范围内有行最良行政之责任,而国务总理为使各部总长之行政计画,不致互相轧轹起见,应立一统一全体之大方针,此之谓一般政治方针。至于组织国务院,实际之手续则必由将为国务总理之一人先立一般政治之方针,于此方针之下,集合其信为能担任一科行政以行其计划之人,拟为各部总长。而国务总理及各部总长各有其政治上之责任,即在国务总理有使一般政治方针善合时势,真能增进国利民福之责任,在各部总长则有使其所担任之一科行政计画,能达其目的之责任。故任命国务员,而须得国会之同意,是使对于国务总理之一般政治方针有决其可否之权。对于各部总长之各部行政计画有取舍之权,是所谓议院政府制也。国家若严密实行此制时,则国务员将成为忠顺国会多数意志之奴仆,政治之实权必移于国会,三权分立之组织,行将变为二权分立之组织。盖政治之权常埋没于立法权之内,其能于国会之外,独立行其统治权之一部者,惟余一法院故也。

然而三权分立为《临时约法》向所采用之主义,此证之《约法》中他之条项(如第四条及第三十条)毫无可疑者,今天坛制定宪法,关于国务员之任命,忽采二权分立主义,即议院政府制者,其故何哉?以余思之,此非出于宪法组织之法理问题,而实政治上一时的事情之结果也。何以言之?初,南方以其力企图革命大业成就甫半,而南北统一之议起,不得不使政治重权归于北方,于是对于临时大总统之权力,遂有力加限制,使不得再行专制之必要。《临时约法》第三十四条,即出于预防临时大总统任命专制主义之国务员,以蹂躏共和政体之目的者也。乃《临时约法》实施以后,此第三十四条之弊害,着着显露于事实,因有此条之故,致民国久不得善良之中央政府,政务因而停滞,甚招国家之不利,故此次从新制定宪法,欲将临时约法第三十四条仍旧保存,亦不为天坛会议起草委员多数所同意。然欲全然删除,又恐大总统或以不习立宪政治运用,不喜立宪政治主义之政治家任为国务员,以蹂躏共和之精神,且欲使大总统登用国会意中之人,则留此一途,亦非无用。于是略为让步,将全体国务员由国会同意之事决意废止,而独以国务总理之任命,为须得众议院之同意。是殆天坛议定之宪法大纲存留此一项之理由也。虽然宪法为定国家永久基础之法，不应以一时的事情左右之，欲合一时的事情，应别求适当之方法（例如，定国务总理就任后必须于若干日以内出席议会，宜布大政方针，又或定国务员每周间必须出席议会一次等事），为此而利用宪法，以自损其千载长久之至计，不可谓为得策也。

第三节　以众议院之同意为必要足害责任思想之发达

任命国务总理，必须得众议院之同意，此事果足以使政治家责任之良心锐敏，有益于一般政治界，责任思想之发达则虽为出于一时的事情之条项，令其永久存留，尚无不可，然此条项实足以害责任思想之发达者也，故断不容使之永久存留。所谓有害于责任思想者，可就下列三理由证明之：

一、使责任之所归暧昧不用

试举一例以明之。设有一主张强硬外交主义之国务总理于此，众议院于其任命已与以同意，嗣因对外极端强硬，致事端百出，其不利着着显露于事实，斯时应任此失误之责者，果何人乎？欲以其责归之大总统，则大总统曰："余初不赞成对外强硬主义者，然当时苟非素持此主义之人为国务总理，则绝难望得众议院之同意，乃不得已而任命此人。"故不甚引疚，于是转而责国务总理。国务总理亦曰："余之外交方针非余一人之方针，实经众议院多数间接与以同意者，其结果之不良，非余一人之责。"于是此失政之责任，遂以暧昧不明，而无所归宿，终致政治家良心上之击刺迟钝，而不能敏锐于设国会以监督政府之目的，转生反对之结果焉。此其妨害责任思想发达之第一理由也。

二、事前问责之弊

夫责任云者，回顾政治之结果，知其未能良善而自责之良心击刺也，欲此良心之击刺锐敏，必先使实行其政治之方针而稽核其成绩，故实行以前本无所谓真责任，彼英国责任制度，所以优于法国者，即在此一点。英国于内阁就任之初，虽照例使宣言其政纲，然不过使发表其政见而已，未经实行以前，决不即行攻击，必待其实行以后，始加以批评。果为失策，然后问其责任。而法国则不然，内阁初成立之日，在国会演说其政纲，反对党（或敌党之反对联合）立即加以非难，非难之议员若居多数，即可使初成立之内阁自行辞职。又内阁成立以后，每遇一新事件发生,政府皆有演说其所定处理方法之义务,反对党即可对之试其攻击,内阁犹未实施其处理方法,即已陷于少数而被推倒者,事实上往往有之,故法国因议论而迫内阁交替者恒,数见不鲜焉。凡此皆为理想而动之,法兰西国民之性癖,与见与事实而后动之英吉利国民大异其趣旨者也。法国之责任制度,缺点既如此其多,中华民国乃尤而效之,可谓取法乎下者矣。近视中华民国政治现象,国会于大总统所拟为国务总理之政治家,尚未判明其采取何等政治方针,遂对其任命拒而不与同意,使不得组成内阁,殊非所以明关于政治方针责任之道,盖在彼不能得众议院同意之。政治家其所取之方针犹未形诸议论,而其实际之成绩,亦未为人所攻击,遽遭摈斥。纵谓其所取方针不良,而本人终难心服,欲其感发真正良心上之自责,必有所不能也。此其妨害责任制度发达之第二理由也。

三、湮没破坏内阁者之责任

天下事,衡人易而躬行难。故凡指摘他人政治方针之不良而斥退之者,不可不负进而自以善良方针施行政治之义务,此实责任制度之第二要义也。中国往昔所行之御史制度,所以不为良法者,无他,即徒使局外人破坏当局者之政策,而又不使其负自己进而当局之义务,故常有滥用其弹劾权而不顾政务举否之弊,此其所以不得谓为良善之制也。责任制度最称发达之英国,其反对政府党所以不欲徒事破坏内阁者,即常思现内阁既被破坏之后,有赓替而当其责任之困难故也。法国则常联合数党而作成反对政府之多数,以图破坏内阁。既达其破坏目的之后,则其联合自然解散,其能赓绩而造成次期之内阁者甚少,故破坏者无建设之责任,以致政策变动频繁,颇贻不利于国务,此即法国责任制度之所短也。

今民国议会于欲以一定方针行其政治之国务总理任命时,不与同意,使其政治方针不得见诸施行,而又不使拒绝同意之多数党(或数小党之多数联合)负以他种方针,自组国务院之义务,行见滥用多数之弊,与年俱进。驯至此责任制度之第二要义终无发达之余地,此其妨害责任制度发达之第三理由也。

第四节　以众议院之同意为必要足妨伟大
　　　　政治家之置身政局

《临时约法》第三十四条规定:"任命全体国务员须得参议院之同

意"。而天坛议定之一项则定为仅任命国务总理须得众议院之同意,此种改正由责任制度上观之,果足为真正之改良乎? 此实大费研究之点,对于此点,不可不由学理与实际两方面研究之。

　　先就学理方面观之,所谓合议制内阁政治者,如前所述,以国务总理之一般政治方针,统一各部总长之各科行政计画以行之者也。而一般政治方针与各科行政计画比较,果孰为重要? 则自当以一般政治方针为要,其所以然之,故试将何为一般方针说明之,自能明了。各科行政事务,可大别为三种曰:(一)使国家强有力之事务,例如扩张军备事务。(二)有利益于国民全体之事务,例如教育行政。(三)有利益于一部分人民之事务,例如保护商民事务是也。此三种事务,虽悉为重要,然国家财源有限,欲同时尽量而完全实行,势必有所不可,故政治家宜审察各种行政事务间相互之关系,直接多用国家之权力与财力于某种行政事务,而间接以谋达其他各种事务之目的。此之谓定一般政治方针,例如有时扩张军备,直接跻国家于强有力地位,而其结果间接亦足增进幸福于一般人民。又有时直接保护从事外国贸易一部人民之利益,而间接即因是以伸张一般人民之利益。故仅谋保护一般人民之利益,决不足为政治家之方针。然而众议院则为一般人民所选议员集会之所,故对于以直接谋一般人民利益为方针之政治家任命为国务总理常易与以同意,反之于以直接利国家、间接利一般人民为方针之政治家任命为国务总理时,则多不欲与以同意焉。例如,有向持增税主义之政治家,于此大总统欲任命之为国务总理,则得众议院之同意,必甚困难。然有一时实行增税以谋国家全体富强,亦极重要,而一般人民,即间接缘是得以增进其幸福,亦意中事。此一般政治方针,所以尤重于各科行政事务,而国务总理任命,必须得众议院同意之,殊非善制,可观此而益显然也。

　　以上根于学理论任命国务总理须得众议院同意制度之不善,兹当更由实际上以论其不善之所以焉。以今日民国国情而论,当务之急,无有过于求得强有力之中央政府者,而此强有力之中央政府,又非以素以国家之休戚自任,政治经验既富而德望亦高之伟大政治家起,而身当国务总理之任不为功,然经验富、德望高之伟大政治家其出也,果能甘心服从预求众议院同意之条件乎? 此则与众议院议院议员任期之长短,极有关系者也。夫民国国会本有两院,而天坛议定之大纲,所以定任命国务总理,止须得众议院之同意者,其故何哉? 揣其用意,盖恐规定两院均须同意，难免有一院同意，一院不同意之虞。其苦心虽觉可谅，然何以不畀同意权于任期六年，每二年改选三分之一之参议院，而偏与其权于任期较短之众议院，则有令人难于索解者。民国众议院任期现为三年，较之美国众议院任期仅长一年。而美国众议院对于政府，则毫无权力。盖因其任期过短，于监督政府必要之经验不足故也。今民国众议员任期与美国比较，虽有二年与三年之差，而因是而遂谓其所积监督政府必要之经验已足，则诚不能无疑也。就其任期三年计之，其各省议员当选之第一年，必消费日力于通晓民国法令之大体与议会典例之运用；其第二年则耗其光阴于审察中外大势，略定自己对于政治上之意见，以求稍稍见重于本党；第三年始能经历与识见俱备，足尽监督政府之任。然此时已届改选之期，而次期总选举之能赓续当选与否，则又在未可知之数。故众议院议员任期虽有三年，而前二年均不足为监督政府适当之机关。其能胜任而愉快者，仅最后之一年耳。虽前期议员，次期常有当选之望，然此属偶然之事，究非其制度上结果必生之现象。故必欲维持天坛之决议，则亦应改众议院之同意为参议院之同意。否则，宜仿照法国，将众议院议员任期至少改为四年。然此等枝节上之改正，终不足为伟大政治家置身政局开平坦之途径。其结果所至，将使愿为国务总理之人，皆限于才识与望，仅为中流之政治家。常以如此，中流人才之总理，使当伟大复杂之新共和国之政局，果于民国利乎不利乎？此不待智者而知也。凡此所言，皆事实论而非学理论。余一外人，虽无哓哓辩论之资格，然民国之休戚关系于一般东亚之休戚者至巨，故余终不得不一言，以促民国朝野人士之反省也。

第五节　结论

尝观民国历朝史册，贤臣名士之事迹，书不胜书。其政治上之良心，要皆异常敏锐，非道弗履，非义弗行，不阿于权势，不染于流俗，自信之心极坚。苟知其意见不能实行，常高蹈勇退，以保一身之廉洁。如彼司马光、王安石之进退，皆足证明历代贤臣名士，其理想高，而政治的良心极其敏锐者也。此等敏锐之良心，将来以之处共和政治之运用于责任上，必能为敏锐之感觉。一旦见国利之所在，即慨然而起其执政权也。非为一身，实为国家，故其结果苟与其所预期者相违，则不待他人之诘责，必勇退以完其廉洁之身。是即将来足为民国政治家敏锐良心之击刺者也。此等高尚理想之制造，究非宪法条文所能为功，必待关系政治责任之善良习惯自然成熟而后可。然欲涵养政治责任之善良习惯，则凡有害于责任思想发达之制度，必先由宪法上排除之，使尽绝其根蒂。今天坛议定任命国务总理，必须得众议院之同意，即宪法条文之最有害者也。因一时的事情，遂存留此有害条文，致千古不磨之大典受其污点，而国民子孙且将永蒙其不利。此不佞所以为民国深抱其遗憾也。